R2010a

MATLAB® & SIMULINK®

STUDENT VERSION

MATLAB & Simulink
Student Version Software 포함

ALSO INCLUDES:

- » Symbolic Math Toolbox™
- » Control System Toolbox™
- » Signal Processing Toolbox™
- » Signal Processing Blocksett™
- » Stratistics Toolbox™
- » Optimization Toolbox™
- » Image Processing Toolbox™

MATLAB & Simulink 입문

A-JIN 도서출판 아진

MathWorks®
Accelerating the pace of engineering and science

파생상품 Modeling Series No I.

파생상품 Modeling I : MATLAB® 활용

Derivatives Modeling I : Using MATLAB®

이경수 · 권영은 · 신진호 공저

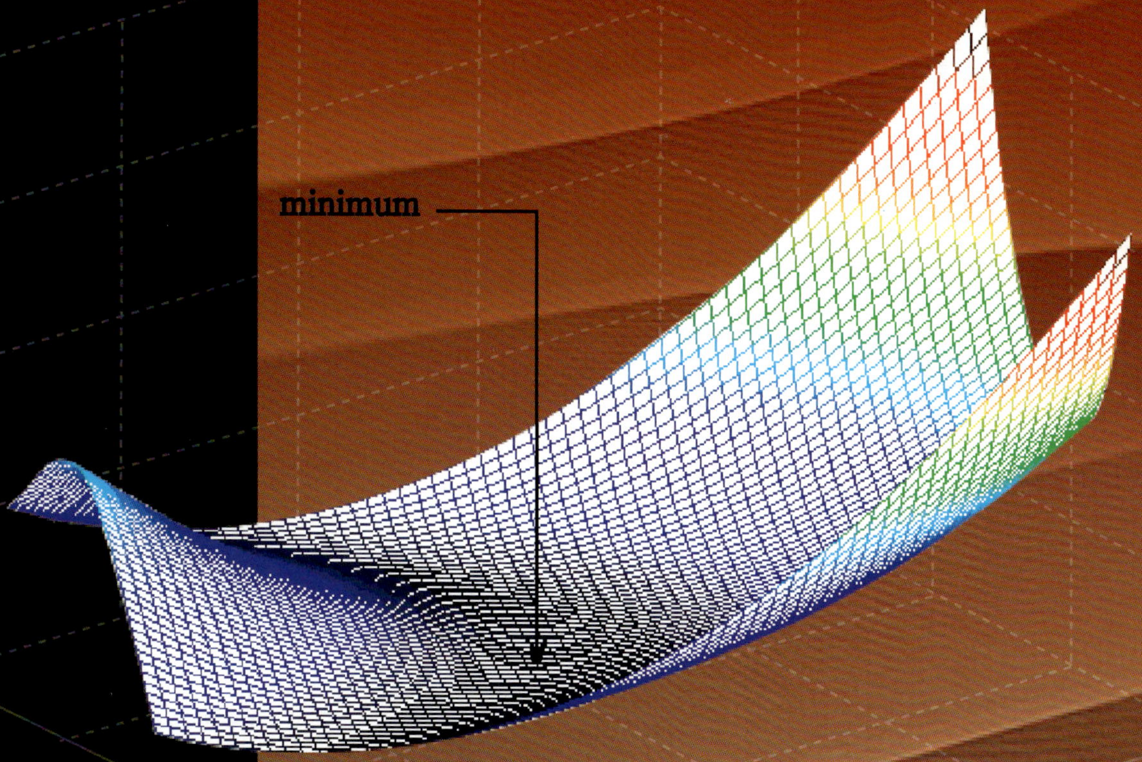

A-JIN 도서출판 아진

"나의 가는 길은 오직 그가 아시나니 그가 나를 단련하신 후에는 내가 정금같이 나오리라 (욥23 : 10)"

서 문

2007년 10월, 책을 내면서

• 이 경 수

2006년 여름, 우리 3명이 의기투합해서 책을 쓰기로 결정한 지 어언 1년이 흘렀다. 시작이 있으면 끝이 있는 법, 결국 끝을 보았다. 다 쓴 원고를 다시 본다면 뭔가 어설프거나 부족할 수 있다. 그러나 부끄러워하진 않겠다. 책을 마감하는 이 시점은 마냥 기쁘고 행복할 뿐이며, 스스로 대견할 따름이다. 스무 살 역사학도로 시작하여 금융공학자의 길을 가고 이제 전문서적까지 쓰게 되었으니 "마음이 사무치면 꽃이 핀다"라는 어느 시인의 말처럼 마음이 제대로 사무친 것 같다.

파생상품에 대한 풍부한 실무경험과 전문지식 그리고 프로그래밍을 통한 실무구현 능력이라는 3박자를 갖춘다면 가장 이상적인 파생상품 전문가가 될 것이다. 이 중에 풍부한 실무경험은 독자들의 몫이라 생각하며, 이 책은 나머지 두 가지 능력배양에 초점을 맞추었다. 즉, 이 책의 목적은 파생상품 평가와 리스크측정에 대한 전문지식을 체계적으로 설명하고 이를 MATLAB을 이용하여 실무에 구현하는 것이다.

MATLAB®을 처음 접하는 독자들은 생소함과 막연한 어려움을 느낄 것이다. 그러나 미리 겁먹고 포기하지 않기를 바란다. 새로운 프로그래밍 언어를 배운다는 것이 쉽지 않은 것은 당연하므로 어느 정도의 고생과 노력이 필요할 것이다. 다소 다행스러운 점은 MATLAB은 초기에 기본기능을 충분히 익힌다면, 이 후에는 강력한 Help기능을 이용하여 큰 어려움 없이 프로그래밍 능력을 배가시킬 수 있다. 따라서 독자들은 초기학습에 인내와 집중력을 가지고 시간을 투자하기 바란다.

저자의 소망으로 독자들이 이 책을 잘 보이는 곳에 두고 필요할 때마다 도움을 받는다면 더할 나위 없이 좋겠지만, 냄비 받침대(책 표지가 하드커버 임)로 사용해서라도 자주 눈에 띄기만 하면 감사할 따름이다. 한 번 핀 꽃은 지는 법이다. 그러나 씨앗은 남아서 퍼지듯이 이 책이 국내에서 몇 안 되는 MATLAB을 이용한 파생상품 Modeling책으로서 작은 씨앗이 되길 바란다.

이 책이 나오기까지 따뜻한 애정과 관심을 보여준 산업은행 트레이딩센터 임직원 여러분들에게 감사의 마음을 전하며, 특히 항상 힘이 되어주신 산업은행 광저우 지점 박동주 지점장님, 트레이딩센터 민경진 팀장님, 마국환 차장님, 연금사업실 김건수 차장님, 그리고 리스크관리 전문가의 비전을 제시하여 주신 NH투자증권 CRO 김중구 전무님에게 고마움을 느낀다. 마지막으로 내 자신에 대한 무한한 애정을 보내며, 멀리 타향에서 고생하시는 부모님과 형님, 눈에 넣어도 아프지 않은 나의 딸 송연이, 그리고 영원한 동반자인 나의 아내 선희에게 하고 싶은 말이 있다.

Thank you ! I love you so much !

• 권 영 은

이 책을 쓰겠다고 마음먹은 밤… 그때까진 이렇게 오랜 시간이 걸리고 많은 고민을 해야 되는지 상상도 하지 못했다. 다행히 경수 형이 계속 방향을 잡아주시고 고군분투를 한 연유로 이 책이 나올 수 있었다고 말하고 싶다.

파생상품에 대한 학문적인 지식은 물론 MATLAB을 응용하는 기술이 많이 부족하였지만 내가 맡은 업무에서 얻은 작은 지식이 책을 쓸 수 있겠다는 무모한(?) 자신감을 주었고 시간이 지나면 지날수록 제 부족함 때문에 실망하기도 했지만 이 책을 쓰면서 많은 것을 정리하고 알게 된 시간이었던 것 같아 기쁠 따름이다.

길지는 않았지만 파생상품관련 업무를 하면서 시장에 대한 눈을 뜨게 해준 상규형님, 부족한 지식을 채워준 성태형님, 어려운 시기에 항상 내 옆자리에 버텨준 김지건 대리, 항상 힘을 주시는 양용승 부사장님, 김윤모 상무님과 홍용재 팀장님과 곁에서 많은 도움을 주는 김상빈 과장님, 이상호 과장님, 이민아씨, 조수민씨, 김남희씨께 감사드리고 싶고, 마지막으로 사랑하는 내 아내 희경이, 세 돌을 향해 열심히 달려가고 있는 가원이와 무한한 믿음과 신뢰를 보내주시는 양가 부모님께 감사의 말씀을 드린다.

• 신 진 호

먼저 부족한 내가 책을 출간할 수 있도록 인도해 주신 하나님께 감사드린다. 지금껏 다른 분들이 저술한 책을 수동적으로 읽기만 했기에 이번의 첫 번째 책 저술은 나에게 큰 도전이었다. 나름 큰 포부를 갖고 시작한 일이지만 막상 원고를 마감하게 되니 "처음"이란 단어가 주는 설레임과 함께 그 이면의 왠지 모를 아쉬움도 남는다. 아직은 파생상품에 대해서도 MATLAB이란 프로그램에 대해서도 배워야 할 것들이 많이 있기에 이러한 아쉬움은 내가 한 단계 더 발전할 수 있는 계기로 삼고자 노력할 것이다.

짧은 기간이었지만 즐겁게 직장생활을 할 수 있게 해주셨던 피스트글로벌 김선기 사장님, 한성원 상무님, 한종숙 과장님, 서여진 대리님, 늘 든든한 친구이자 동료인 하나대투증권 여연수 과장님, 그리고 열심히 주경야독하고 있을 대학원 동기들, 끝으로 나에겐 늘 큰 산이신 아버님과 사랑하는 어머님께 감사드린다.

· 이 책은 3인이 공동으로 집필하였다. 각자 저술한 부분은 다음과 같다.

제1부 주가파생상품 평가 : 이 경 수
제2부 주가파생상품 리스크측정 : 이 경 수
제3부 주가연계증권(ELS) Modeling : 신 진 호
제4부 MATLAB의 이해 : 권 영 은

· 이 책의 학습방법

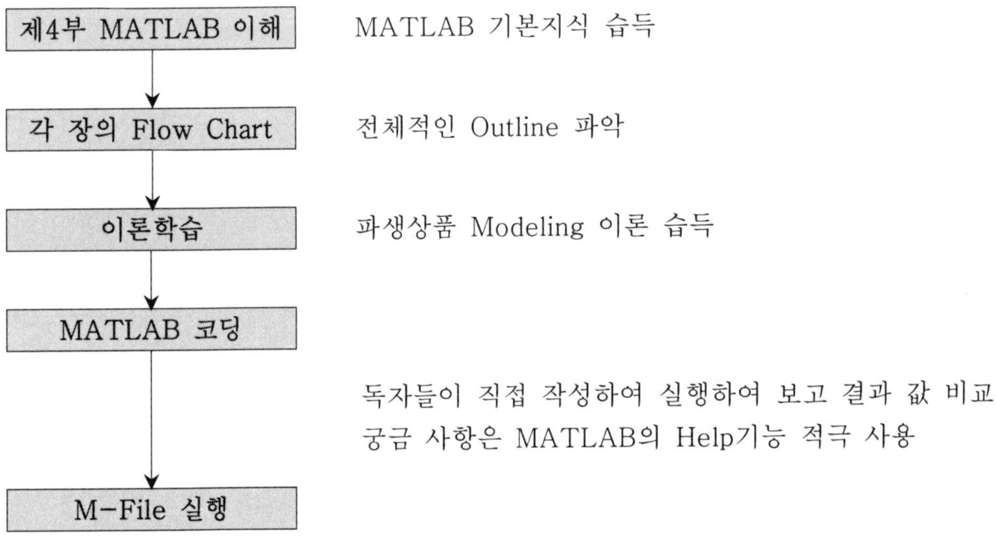

· 이 책에서 작성된 MATLAB M-File 및 기타자료들은 저자의 인터넷 카페를 참조하시기 바란다.

http://cafe.naver.com/riskmax.cafe

· 이 책은 파생상품 Modeling 시리즈의 첫 번째로서 주가파생상품이 주요대상이다. 향후 계획은 금리파생상품에 대하여 쓰고자 한다.(파생상품 Modeling II: MATLAB 활용) 주요내용은 각종 이자율 모형, Calibration, Structured Note에 대한 Modeling으로서 2008년 하반기 출판을 목적으로 하고 있다. 독자들의 많은 관심을 바란다.

감사의 글

저자 3인은 하나IB증권 리스크관리팀에서 같이 근무한 바 있으며 이 팀은 각자에게 나름대로의 특별한 의미가 있다. 이 책이 나오기까지 하나IB증권 리스크관리팀의 OB와 YB들에게 감사의 마음을 전하고 싶다. OB멤버들로서 하나IB증권 감사팀 문봉성 팀장, 한화증권 CRO 이병찬 상무, 하나대투증권 OTC상품부 김선화 부장, 맥쿼리증권 리스크관리부 김창환 이사와 김근영 차장, 교보증권 리스크관리팀 성대원 대리, 또한 YB멤버들로서 CRO 조수연 이사, 리스크관리팀 김학우 팀장, 임천묵 과장, 최혜영 대리, 이들 모두의 아낌없는 격려와 지원에 감사드린다. 모쪼록 모두가 각 분야의 전문가로서 승승장구하시기를 바란다.

또한 Book Program을 통해 전폭적인 지원을 해준 MathWorks Korea, 교정에 힘써주신 한빛소프트 김정옥 과장에게 고마운 마음을 전하고 싶다. 끝으로 아진출판사의 사업이 계속 번창하시기를 바란다.

파생상품 Modeling 개요

A는 Riskmax라는 증권회사의 장외파생상품 리스크관리자이다. Riskmax사는 장외파생상품 취급을 인가 받은 회사이다. 이 회사는 주가연계파생상품인 ELS의 발행을 지속적으로 하고 있으며, 이를 헤지하기 위해 외국계 은행과 동일 구조의 ELS를 매입하는 Back to Back 거래를 수행하고 있다. A는 이러한 거래의 시장리스크는 없다고 판단하고 거래상대방인 외국계 은행에 대한 신용리스크관리에만 집중하고 있다. 또한 신용 Exposure산출을 위한 ELS평가도 최근에 외부 솔루션업체로부터 도입한 시스템에서 수행되고 있기 때문에 A에게는 ELS 평가 및 리스크측정을 위한 자체 Modeling 작업이 당장 필요하지는 않은 상황이다.

어느 날 A는 ELS운용부서로부터 발행예정인 ELS에 대해 Back to Back 헤지가 아닌 자체헤지(Book Running)를 할 예정이므로 이에 대해 협의를 하자는 연락을 받았다. 이제 A는 자체헤지에 대비하여 리스크관리 방안을 수립하고 이를 모니터링하기 위해 해당 ELS의 평가 및 리스크를 측정해야 한다. 더욱이 이번 발행예정인 ELS는 시스템에서도 지원되지 않는 신상품이다. A는 어떻게 해야 할지 고민이다. 인터넷 등에 돌아다니는 각종 자료는 무척 많지만 각기 개별적 사안들이 다수이고 이를 실무에 적용하려니 도무지 감이 오지 않는다.

상기 예시는 필자가 가상으로 만든 것이지만 충분히 개연성이 있다고 본다. A의 고민을 해결하는 절차를 살펴보자. 우선 해당 상품의 구조를 분석한다. 예를 들어 기초자산은 2개의 개별주식, 행사시기는 조기상환 가능, 지급구조는 베리어옵션 형태 등으로 구조를 분석한다. 이러한 분석을 토대로 적합한 평가방법론을 선택한다. 즉, 기초자산이 2개이고, 지급구조가 만기이전의 기초자산 가격경로에 의존하는 상품에 적합한 평가방법론인 몬테칼로 시뮬레이션방법을 적용한다. 또한 시뮬레이션을 위한 기초자산가격의 경로는 기하학적브라운운동을 따른다고 가정하고, 입력변수 중 변동성은 지수가중이동평균법을 적용한다. 한편 자체헤지 리스크관리에 가장 중요한 민감도측정은 평가 값을 기반으로 근사적 방법을 이용하여 측정하고, 주가 및 변동성 변화에 따른 시나리오 분석도 수행한다. 각각의 작업들은 필수적으로 프로그래밍을 통한 모듈을 작성해야 한다. 모듈작성을 위한 프로그래밍 도구는 시뮬레이션 등 수치해석기법에 강한 MATLAB을 이용한다. 이제 최종적으로 측정값들을 엑셀에 출력하여 이를 모니터링하고, 보고하는 화면을 작성한다. 이러한 작업들을 통칭하여 파생상품 Modeling이라고 할 수 있다. 즉, 파생상품 Modeling은 평가 및 리스크측정의 일련의 단계에 대해 이론적 부분을 프로그래밍 도구를 이용하여 실무적으로 구현해나가는 과정으로서 이를 통하여 솔루션업체가 제공한 시스템과는 달리 사용자의 필요에 따라 결과 값들을 유연하게 이용할 수 있게 된다.

파생상품 중 특히 장외파생상품은 구조의 복잡성과 다양성으로 인하여 시스템 지원에 한계가 있다. 또한 향후 국내금융기관도 대형 IB를 위해 Back to Back헤지에서 자체 Book을 확대 운용하리라 생각된다. 따라서 파생상품 담당자들은 점차 복잡 다양해지는 각종 파생상품에 대한 평가 및 리스크측정을 위해 자체 Modeling 역량을 강화해야 할 것이다. 이 책은 파생상품 중 주가를 기초자산으로 하는 주가파생상품 Modeling에 대한 이론적 내용을 체계적으로 정리하였으며, 각 이론들을 실무에 구현할 수 있도록 MATLAB 프로그래밍을 소개하였다. 금리파생상품 Modeling에 대해서는 향후 집필예정이다.

주가파생상품 Modeling Flow Chart 및 이 책의 구성

◈ 주가파생상품 평가

상품구조분석

기초자산	파생상품
주가	선도
금리	선물
환율	옵션
상품	스왑
신용	파생결합

주가파생상품 구조분석
- 행사시기 : 유럽형, 미국형, 중도의무상환형
- 지급구조 : 경로독립형, 경로종속형
- 기초자산 수 : 1개, 2개 이상

파생상품 가격결정원리(제1장)

기초자산(주가) 확률과정 + 파생상품 확률과정 ⟶ 파생상품 가격결정원리

기초자산(주가) 확률과정
- Geometric Brownian Motion
- 기타 : CEV, JP, SV

파생상품 확률과정
- Ito's Lemma

파생상품 가격결정원리
- 블랙-숄즈 편미분방정식 해
- 위험중립평가

파생상품 평가방법론(Solution)

입력변수 추정(제2장)

변동성/상관계수
- 과거수익률자료 : SMA, EWMA, GARCH
- 파생상품시장가격 : 내재변동성
- 변동성 Surface : Local Volatility Surface

무이표채 수익률곡선
- Bootstrapping
- Interpolation

분석적방법(Analytic Solution)

가격결정식(Closed-Form) (제3장)
- 블랙-숄즈 옵션가격결정식 : (1), (2)의 일부
- 미국형 옵션가격결정 근사식 : (3)

수치해석방법(Numerical Solution)

몬테칼로 시뮬레이션(제4장)
- 일반 몬테칼로 시뮬레이션 : (1), (2), (5)
- 최소자승 몬테칼로 시뮬레이션 : (3), (4)

트리모형(제5장)
- 이항, 삼항트리 : (1), (2), (3), (4)

유한차분법(제6장)
- Explicit, Implicit, Crank-Nicolson : (1), (2), (3), (4)

방법론 선택 ← 주가파생상품유형

구 분	유럽형	미국형
경로독립	(1)	(3)
경로종속	(2)	(4)

* 기타 : 기초자산 2개 이상 (5)

※ 유형 (1) ~ (5) 중에서 효율적인 적용방법론에 음영표시 함

◈ 주가파생상품 리스크측정

Greeks(제7장)

측정지표

· Delta, Gamma, Vega, Theta, Rho

측정방법론

· 분석적방법 : 가격결정식 편미분
· 근사적방법 : 각 가격결정요소의 증분에 해당하는 파생상품 가격의 증분 이용

Value at Risk(제8장)

측정지표

· 목표기간(1일, 10일) 동안 특정 신뢰수준(95%, 99%) VaR

측정방법론

· 부분가치평가법 : Delta-Normal VaR, Delta-Gamma VaR,
· 완전가치평가법 : Historical Simulation VaR, Monte Carlo Simulation VaR

시나리오 분석(제9장)

시나리오 설정

· 파생상품 가격에 영향을 주는 요인(주가, 변동성, 잔존만기 등)들에 대한 시나리오 설정
→ 극단적 시나리오 설정 시 Stress Test 분석에 활용

시나리오 분석

시나리오 —입력→ 평가 및 리스크측정 모델 —산출→ 파생상품가격 변화 / Greeks 변화 / VaR 변화 / 손익 변화

◈ 주가파생상품 실무 구현 및 활용

주가파생상품 평가 및 리스크 측정이론(제1,2부) → **활용**

구현 : 프로그래밍

<u>Tool</u>
- MATLAB(제4부)
- Visual Basic
- C++

<u>Front</u>
- 거래(투기/차익/헤지), 판매

<u>Midddle</u>
- 리스크식별, 측정, 모니터링, 보고
- 한도설정 및 관리
- 가격적정성 점검(Validation)

<u>Back</u>
- 거래확인, 결제, 회계처리 등

※ 실전응용(주가연계증권(ELS) Modeling) : (제3부)

예제상품

다음은 이 책에서 소개한 주가파생상품 평가 및 리스크측정 이론을 MATLAB으로 구현할 때 적용한 예제상품들이다.

<table>
<tr><th>구 분</th><th>변수명</th><th>sample1</th><th colspan="2">sample2</th><th>sample3</th><th colspan="2">sample4</th></tr>
<tr><td>행사시기</td><td>style</td><td>유럽형(EU)</td><td colspan="2">유럽형(EU)</td><td>미국형(AM)</td><td colspan="2">미국형(AM)</td></tr>
<tr><td>지급구조</td><td></td><td>Vanilla
(경로독립형)</td><td colspan="2">Barrier
(경로종속형)</td><td>Vanilla
(경로독립형)</td><td colspan="2">Barrier
(경로종속형)</td></tr>
<tr><td>콜/풋</td><td>C_P</td><td>C, P</td><td colspan="2">C, P</td><td>C, P</td><td colspan="2">C, P</td></tr>
<tr><td>현재가격</td><td>S</td><td>100</td><td colspan="2">100</td><td>100</td><td colspan="2">100</td></tr>
<tr><td>행사가격</td><td>X</td><td>100</td><td colspan="2">100</td><td>100</td><td colspan="2">100</td></tr>
<tr><td>무위험이자율(연)</td><td>r</td><td>0.05</td><td colspan="2">0.05</td><td>0.05</td><td colspan="2">0.05</td></tr>
<tr><td>잔존만기(연)</td><td>T</td><td>0.5</td><td colspan="2">0.5</td><td>0.5</td><td colspan="2">0.5</td></tr>
<tr><td>변동성(연)</td><td>vol</td><td>0.3</td><td colspan="2">0.3</td><td>0.3</td><td colspan="2">0.3</td></tr>
<tr><td>배당수익률(연)</td><td>q</td><td>0.01</td><td colspan="2">0.01</td><td>0.01</td><td colspan="2">0.01</td></tr>
<tr><td>Barrier 형태</td><td>B_type</td><td></td><td>ui, uo</td><td>di, do</td><td></td><td>ui, uo</td><td>di, do</td></tr>
<tr><td>Barrier 가격</td><td>B</td><td></td><td>130</td><td>70</td><td></td><td>130</td><td>70</td></tr>
</table>

주) ui : Up and In, uo : Up and Out, di : Down and In, do : Down and Out

차 례

제1부 주가파생상품 평가

제2부 주가파생상품 리스크측정

제3부 주가연계증권(Equity Linked Securities : ELS) Modeling

제4부 MATLAB® 이해

제1부

주가파생상품 평가

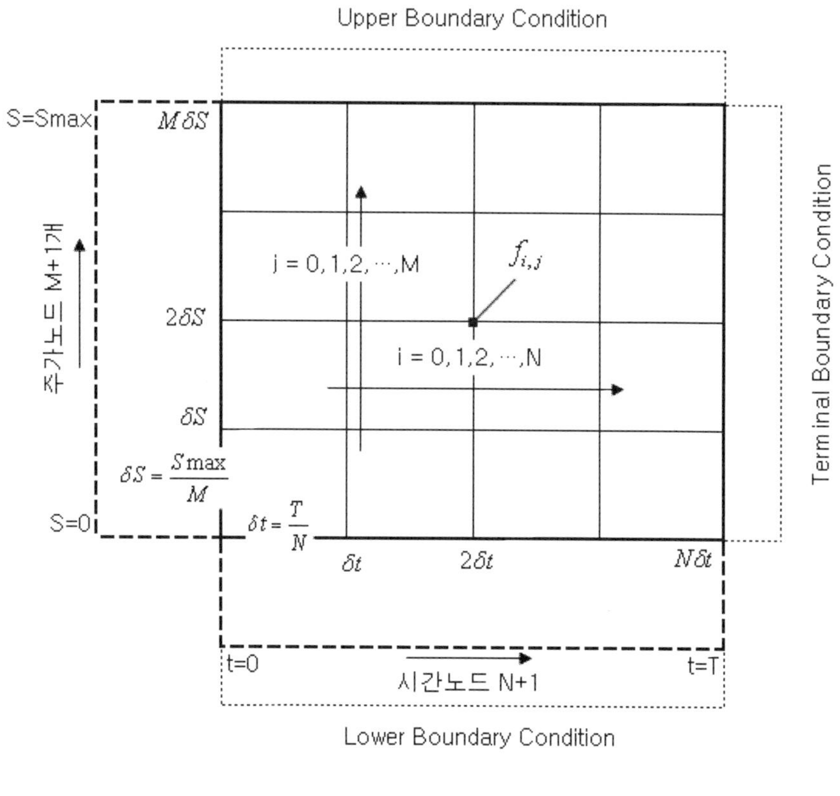

제1장

파생상품 가격결정원리

파생상품의 가격 움직임은 기초자산 가격에 따라 결정된다. 따라서 파생상품의 가격을 결정하기 위해서는 기초자산가격의 확률과정(stochastic process)을 모형화 하는 것이 우선순위이다. 제1.2절에서는 주가의 확률과정모형으로서 기하학적브라운운동(Geometric Brownian Motion) 모형을, 제1.3절에서는 이토렘마(Ito's Lemma)에 의해 도출되는 파생상품의 확률과정모형을 소개하고자 한다. 이러한 확률과정모형을 토대로 파생상품 가격을 결정하는 원리는 파생상품이 만족해야 하는 편미분방정식(partial differential equation)의 해를 구하는 것과 위험중립평가모형(risk neutral valuation)으로 크게 두 가지로 구분할 수 있다. 제1.4절에서는 이러한 두 가지 원리를 분석적인 방법(analytic method)으로 풀어서 가격결정식(closed-form)을 도출하거나 수치해석적 방법(numerical method)을 이용하여 파생상품가격을 결정하는 방법을 설명을 하고자 한다.

1.1 Flow Chart

주가확률과정모형

Geometric Brownian Motion

· 주가 process : $dS = \mu S dt + \sigma S dz$

· lnS process : $d\ln S = \left(\mu - \frac{1}{2}\sigma^2\right)dt + \sigma dz$

dz : Wiener Process

$dz = \varepsilon\sqrt{\Delta t},\ \varepsilon \sim N(0,1)$

파생상품가격 확률과정모형

Ito's Lemma

· S와 t의 함수인 파생상품 f의 확률과정 :

$$df = \left(\frac{\partial f}{\partial S}\mu S + \frac{\partial f}{\partial t} + \frac{1}{2}\frac{\partial^2 f}{\partial S^2}\sigma^2 S^2\right)dt + \frac{\partial f}{\partial S}\sigma S dz$$

파생상품가격결정

원리 1 : 편미분방정식 해

· 편미분방정식 도출 :

$$PDE\ :\ \frac{\partial f}{\partial t} + rS\frac{\partial f}{\partial S} + \frac{1}{2}\sigma^2 S^2\frac{\partial^2 f}{\partial S^2} = rf$$

· 경계조건 :

예) 유럽형 콜옵션 $f_T = Max(S_T - X,\ 0)$

Solution

· 분석적방법 : Black-Scholes 옵션모형

· 수치해석방법 : Finite Difference Method

원리 2 : 위험중립평가

· Probability Measure Q 측정(위험중립확률)

· Q Measure하의 미래 Payoff 기대값 계산 :

$E_Q(f_T)$

· 무위험이자율로 할인하여 파생상품 가격 f 결정

$f = e^{-rT}E_Q(f_T)$

Solution

· 분석적방법 : Black-Scholes 옵션모형

· 수치해석방법 : Tree 모형, Monte Carlo Simulation

1.2 주가의 확률과정모형(Stochastic Process)

주가는 시간에 따라 불확실하게 변한다.[1] 그러나 주가변화의 불확실성을 모형화 하여야만 주가를 기초자산으로 하는 파생상품을 평가할 수 있다. 따라서 우리의 관심사는 현재 t시점의 주가 S가 $t+1$시점의 기간 동안 어떻게 변화할 것인가를 모형화 하는 것으로서 주가 변화의 불확실성이 반영된 확률적 부분을 모형화 해주어야 한다. 이러한 모형 중에 가장 널리 이용되는 모형이 주가의 통계적 속성을 잘 반영하고 있는 기하학적브라운운동(Geometric Brownian Motion, 이하 GBM)이다.

1.2.1 주가의 통계적 속성(Statistical Properties)

주가의 확률과정모형은 주가의 통계적 속성이 잘 반영되어야 한다. 시장에서 관찰되는 주가 움직임에 대한 통계적 속성들을 다음과 같이 가정할 수 있다.

① 주가는 불확실(uncertain)하다. 오늘 현재의 주가만 알 수 있고 내일의 주가는 모른다.
② 주가변화는 연속적(continuous)이다.[2] 짧은 기간 동안 주가변화는 매우 작으며 기간이 0으로 갈수록 주가변화도 0에 근접한다.
③ 주가는 0부터 양의 무한대를 갖는 로그정규분포(lognormal distribution)를 따른다.[3]
④ 주가수익률은 음의 무한대에서 양의 무한대를 갖는 정규분포를 따른다.
⑤ 주식 보유에 따른 기대수익률과 수익률의 불확실성은 보유기간이 증가할수록 증가하는 경향이 있다.

[그림 1.1]은 국내 S社의 2년간(2004~2005) 일별 주가, 일별 로그수익률의 산포도 및 히스토그램으로서 상기속성을 가지고 있음을 확인할 수 있다.[4]

---

1) 어떤 변수의 값이 시간에 따라 불확실하게 변할 때 그 변수는 확률과정(stochastic process)을 따른다고 한다.

2) 드물지만 갭 발생 등으로 점프가 일어나는 경우를 제외하고는 연속성 가정은 합리적일 수 있다.

3) 로그정규분포란 어떤 확률변수에 자연로그를 취하면 정규분포가 되는 확률분포를 말한다.

4) 일일 로그수익률은 연속복리수익률로서 ln(오늘주가/전일주가)로 구하며, 일반적으로 금융자산의 수익률계산은 시계열적 합산의 편리성 및 여러 장점들로 인하여 이산수익률보다 연속복리수익률을 사용한다.

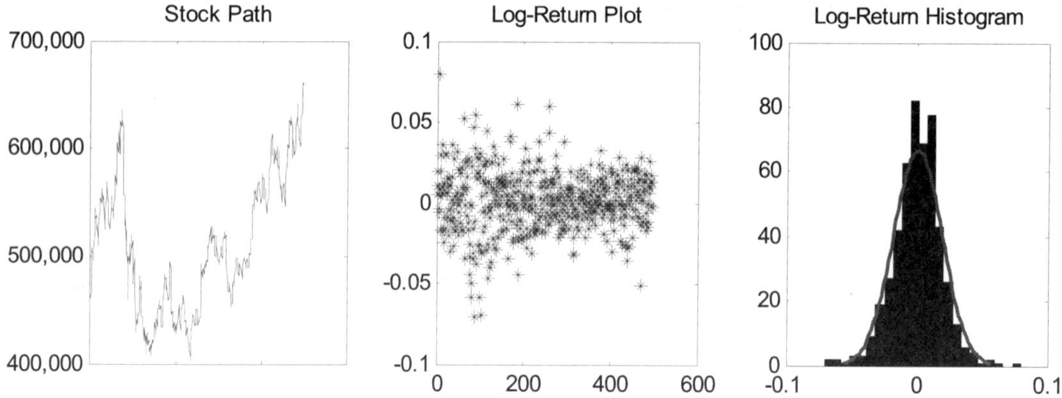

[그림 1.1] 주가추이, 로그수익률 산포도, 로그수익률 히스토그램

[코드 1.1]은 [그림 1.1]을 위한 MATLAB 코드이다. 코드 내용 중 xlsread, price2ret, plot... 등은 MATLAB의 내장함수, Tool Box함수, 명령어 등으로서 이에 대한 이해는 제4부 MATLAB소개와 MATLAB의 Help 기능을 이용하기 바란다.

[코드 1.1] 주가의 Statistical Properties

```
%%%%% 주가추이, 로그수익률 산포도, 로그수익률 히스토그램 %%%%%

% Excel의 일별 주가데이터를 MATLAB으로 Input
price=xlsread('stock_price.xls');

% 주가를 로그수익률로 전환
ret=price2ret(price);

% 주가 path plot
subplot(1,3,1)
plot(price)
title('Stock Path')

% 로그수익률 산포도
subplot(1,3,2)
plot(ret, '*')
title('Log-Return Plot')

% 로그수익률 히스토그램
```

```
subplot(1,3,3)
histfit(ret)
title('Log-Return Histogram')
```

1.2.2 기하학적브라운운동(Geometric Brownian Motion, GBM)

GBM은 [그림 1.1]과 같은 주가의 통계적 속성들을 잘 반영한 확률과정이라 할 수 있다. 주가 S가 GBM을 따른다면 주가의 확률과정모형은 다음과 같다.

$$dS = \mu S dt + \sigma S dz \tag{1.1}$$

여기서 모수 μ(연율)와 σ(연율)는 각각 일정한 상수인 주가의 기대수익률과 변동성이다.[5)]주가의 확률과정모형을 구체적으로 살펴보기 위해 식(1.1)의 우변의 두 항을 설명하고자 한다.

(1) $\mu S dt$

순간적인 시간변화 동안에 주가 S의 순간적인 기대변화분이 $\mu S dt$임을 의미하며 확정적인 (deterministic) 부분으로 추세를 나타낸다. 주가 변동성 σ를 0이라고 가정하면, 식(1.1)은 다음과 같다.

$$dS = \mu S dt \tag{1.2}$$

$$\frac{dS}{S} = \mu dt \tag{1.3}$$

식(1.3)을 0시점과 T시점 사이로 적분하면 다음과 같다.

$$S_T = S_0 e^{\mu T} \tag{1.4}$$

식(1.4)는 주가 변동성이 0일 때 주가가 단위시간 당 연속복리기준(continuously compounding) μ로 기하학적(geometric)으로 증가함을 보여준다. 식(1.2)를 직관적으로 이해하기 위해 이산화(discrete) 하여 그림으로 표현하면 [그림 1.2]와 같으며 μ가 결정되면 확정적인 추세가

5) μ는 시장에서 추정하기가 쉽지 않은 모수이다. 그러나 제1.4.2절에서 설명한 위험중립세계를 가정하면 μ는 무위험이자율 r로 대체된다. 배당수익률 q를 지급하는 경우에는 $(r-q)$로 대체된다.

형성됨을 보여주고 있다.[6] 그러나 실제로 주가의 변동성은 0이 아니며 이를 모형에 반영해준 것이 $\sigma S dz$항 이다.

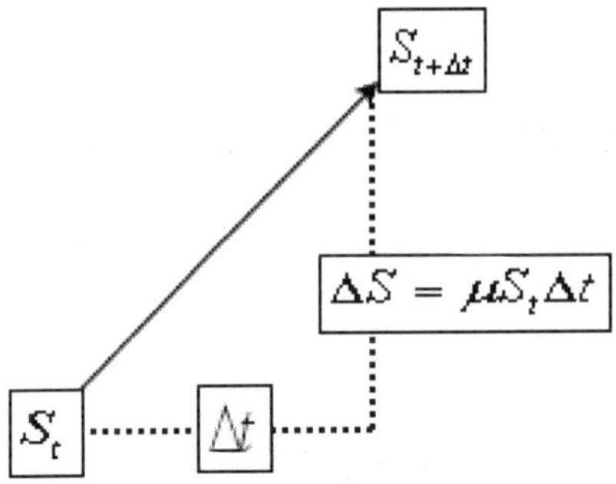

$$\Delta S = S_{t+\Delta t} - S_t = \mu S_t \Delta t$$
$$\Rightarrow S_{t+\Delta t} = S_t + \mu S_t \Delta t$$

[그림 1.2] $\sigma = 0$일 때 Δt동안 S_t의 변화과정

(2) $\sigma S dz$

순간적인 시간변화 dt동안에 주가 S 변화분의 순간변동성이 $\sigma S dz$임을 의미하며 확률적(stochastic) 부분으로 불확실성을 나타낸다. 여기서 변수 z는 주가변화의 불확실성을 반영하는 것으로서 위너과정(Wiener Process)을 따르며 다음 두 가지 속성을 갖는다.[7]

· 속성1 : 짧은 Δt기간 동안 변수 z의 변화분인 Δz는 다음과 같다.

$$\Delta z = \varepsilon \sqrt{\Delta t}, \ \varepsilon \sim N(0,1) \tag{1.5}$$

이는 Δz가 평균은 0이고 분산이 Δt인 정규분포를 따른다는 것을 의미한다.

· 속성2 : 서로 다른 Δt기간 동안 Δz의 값은 독립적이다.

---

6) 기초자산가격의 확률과정을 모형화 하는 것은 짧은 시간(dt)동안 가격의 증분(ds)을 모형화 하는 것이라 할 수 있으며, $dt \to \Delta t$, $dS \to \Delta S$로 이산화 할 수 있다. 이전 가격 S_t에 증분인 $\Delta S = \mu S_t \Delta t$를 더하면, 다음의 가격 경로인 $S_{t+\Delta t}$를 구할 수 있다.

7) 위너과정은 브라운운동 이라 하며 어떤 변수의 연간 변화의 평균이 0이고 분산이 1인 확률과정을 말한다.

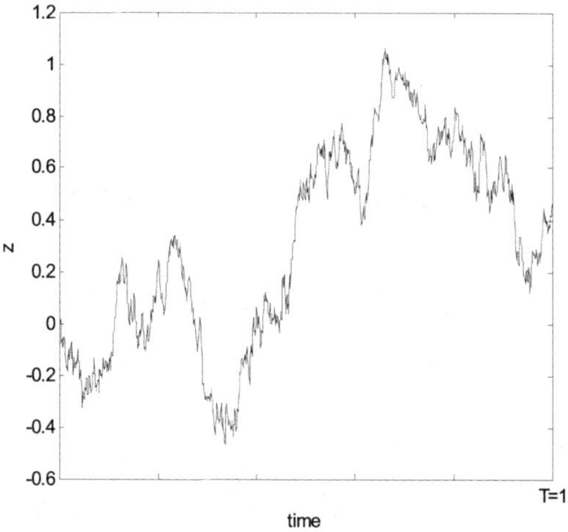

[그림 1.3] z의 위너과정

[그림 1.3]은 상기 속성을 갖는 위너과정을 보여주며 Δt가 0으로 근접할 때 z는 진정한 과정으로 근사하게 된다.

[코드 1.2] Wiener Process

```
%%%%% Wiener Process %%%%%

T=1;                          % 잔존만기
N=1000;                       % 총 time step 수
dt=T/N;
w=randn(1,N);                 % 표준정규분포를 따르는 난수생성
dz=w*sqrt(dt);                % 식(1.5)

% z의 Wiener Process, cumsum함수 : elements의 누적 합
z=[0 cumsum(dz)];

% z의 Wiener Process Plot
plot(z)
xlabel('time')
ylabel('z')
```

식(1.1)을 구성하는 두 항을 설명하였는데 이를 종합하여 주가 확률과정모형을 다시 설명하고자 한다.

식(1.1)을 이산시간 모형으로 전환하면 다음과 같다.

$$\Delta S = \mu S \Delta t + \sigma S \varepsilon \sqrt{\Delta t}\,,\ \ \varepsilon \sim N(0,1) \tag{1.6}$$

식(1.6)의 ΔS는 짧은 기간인 Δt동안 주가 S의 변화 분으로서 기대수익인 μSdt만큼 변화하나 기대수익의 변동 폭인 $\sigma S \epsilon \sqrt{\Delta t}$는 불확실하여 확률분포($\epsilon \sim N(0,1)$)에 의존한다는 의미이다. 이는 주가의 통계적 속성 중 주가의 불확실성과 기간이 증가할수록 주가의 기대수익과 기대수익의 변동성이 증가한다는 것을 반영한 모형임을 알 수 있다.

식(1.6)을 다음과 같이 이산화모형으로 전환하면 주가의 확률과정을 시뮬레이션 할 수 있다.

$$\begin{aligned} \Delta S = S_{t+\Delta t} - S_t &= \mu S_t \Delta t + \sigma S_t \varepsilon \sqrt{\Delta t} \\ \Rightarrow S_{t+\Delta t} &= S_t + \mu S_t \Delta t + \sigma S_t \varepsilon \sqrt{\Delta t}\,,\ \ \varepsilon \sim N(0,1) \end{aligned} \tag{1.7}$$

식(1.7)에서 S_t, μ, σ, Δt가 주어지면 표준정규분포를 따르는 난수 ϵ를 생성하여 $S_{t+\Delta t}$를 계산할 수 있으며, 이러한 작업을 $S_{t+2\Delta t}$, $S_{t+3\Delta t}$, … , S_T까지 반복적으로 수행하면 t시점의 S_t에서 만기 T시점의 S_T까지의 주가과정을 시뮬레이션 할 수 있게 된다. 식(1.7)을 직관적으로 이해하기 쉽게 그림으로 표현하면 [그림 1.4]와 같다.

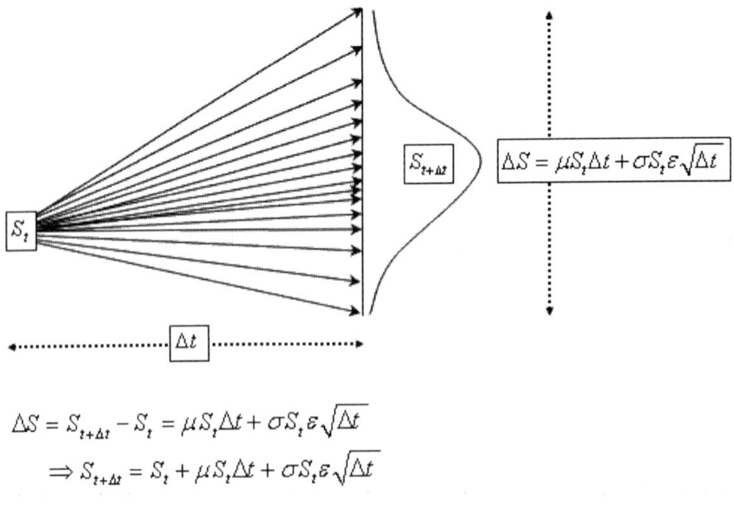

[그림 1.4] 불확실성이 반영된 Δt동안 S_t의 변화과정

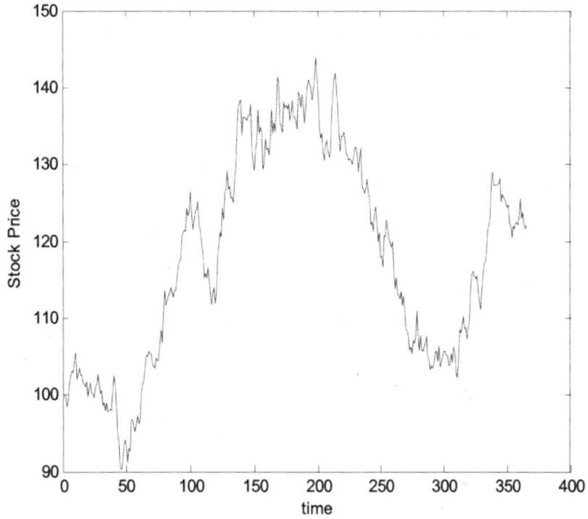

[그림 1.5] GBM 따르는 주가 path 시뮬레이션

[그림 1.5]는 식(1.7)을 이용하여 GBM을 따르는 주가확률과정 1path를 시뮬레이션 한 것이며, 이에 대한 MATLAB 코드는 다음과 같다. 실행 때마다 각기 다른 난수가 생성되므로 [그림 1.5]와는 다른 것이 출력될 것이다.

[코드 1.3] Stock Process (GBM, Euler's Discretization)

```
%%%%% GBM 이용 Stock Process Simulation(Euler's Discretization) %%%%%

S=100;                          % 초기주가
mu=0.1;                         % 기대수익률
vol=0.3;                        % 변동성(연)
T=1;                            % 잔존만기
N=365;                          % 총 time step 수
dt=T/N;                         % time step 간격
SP=zeros(1,N+1);                % 주가 path 초기화
SP(1)=S;                        % 첫 번째 열벡터에 초기주가 입력
w=randn(1,N);                   % 표준정규분포를 따르는 난수생성
for i=2:N+1,
    SP(i)=SP(i-1)+SP(i-1)*(mu*dt+vol*w(i-1)*sqrt(dt));      % 식(1.7)
end

plot(SP)                        % 그래프 출력
xlabel('time')
```

```
ylabel('Stock Price')
```

식(1.7)은 연속시간모형인 GBM을 이산시간모형으로 전환하여 증분인 $(S_{t+\Delta t} - S_t)$의 값을 근사한 것인데, 이를 이용하여 주가의 확률과정을 시뮬레이션 할 경우에 오차가 발생할 수 있다.[8] 따라서 가급적 GBM모형에 충실하게 시뮬레이션 하는 방법이 필요하며, 다음에 설명할 주가에 자연로그를 취한 $\ln S$의 확률과정을 이용하면 된다.

주가의 또 다른 중요한 통계적 속성 중 하나는 주가는 0부터 양의 무한대를 갖는 로그정규분포를 따른다는 것으로서 이는 주가에 자연로그를 취한 수익률이 음의 무한대에서 양의 무한대를 갖는 정규분포를 따른다는 것과 동일한 의미이다. 주가가 식(1.1)과 같이 GBM을 따른다면 주가에 자연로그를 취한 $\ln S$의 확률과정은 식(1.8)과 같다.[9]

$$d\ln S = \left(\mu - \frac{1}{2}\sigma^2\right)dt + \sigma dz \tag{1.8}$$

식(1.8)을 이산시간모형으로 전환하면 다음과 같다.

$$d\ln S = \left(\mu - \frac{1}{2}\sigma^2\right)\Delta t + \sigma\varepsilon\sqrt{\Delta t}\,,\ \ \varepsilon \sim N(0,1) \tag{1.9}$$

식(1.9)에서 $dlnS$는 $\ln\frac{S_{t+\Delta t}}{S_t}$이므로 주가의 로그수익률이다. 그러므로 주가의 로그수익률은 Δt동안에 평균이 $\left(\mu - \frac{1}{2}\sigma^2\right)\Delta t$이고 표준편차가 $\sigma\epsilon\sqrt{\Delta t}$인 정규분포를 따름을 보여준다. 즉 어떤 변수의 자연로그가 정규분포 되어 있으면, 그 변수는 로그정규분포를 따르게 되므로 GBM은 주가의 로그정규분포 속성을 반영한 모형이라 할 수 있다. 식(1.9)를 $S_{t+\Delta t}$로 정리하면 다음 식(1.10)이 되며, 이 식은 주가가 절대로 0이하로 떨어지지 않음을 보여준다.

---

8) ① 연속시간모형을 이산화한 식(1.7)을 Euler's Discretization 방법이라고도 한다.
② Δt가 작아질수록 오차는 작아지게 된다. 제5장과 제6장에서 소개할 트리(Tree)방법과 유한차분법(Finite Difference Method) 역시 이산형태의 모형이나 식(1.7)과 트리방법은 기초자산인 주가 자체를 이산화 한 것이고 유한차분법은 파생상품자체를 이산화(파생상품이 만족해야하는 편미분방정식을 이산화) 한 것이므로 유한차분법의 오차가 더 작다.

9) ① 식(1.8)은 이토렘마(Ito's Lemma)에 의해 도출되며 제1.3.2절에 소개하였다.
② 식(1.8)은 주가 S가 GBM을 따른다면 $\ln S$는 일반화된 위너과정(Generalized Wiener Process) 또는 Arithmetic Brownian Motion(ABM)을 따름을 보여준다. ABM은 dt와 dz의 계수(drift와 variance rate)가 상수일 때의 확률과정을 말한다.

$$\Delta \ln S = \ln \frac{S_{t+\Delta t}}{S_t} = \ln S_{t+\Delta t} - \ln S_t = \left(\mu - \frac{1}{2}\sigma^2 \right)\Delta t + \sigma\varepsilon\sqrt{\Delta t}$$

$$\Rightarrow \ln S_{t+\Delta t} = \ln S_t + \left(\mu - \frac{1}{2}\sigma^2 \right)\Delta t + \sigma\varepsilon\sqrt{\Delta t}$$

$$\Rightarrow S_{t+\Delta t} = S_t \exp\left(\left(\mu - \frac{1}{2}\sigma^2 \right)\Delta t + \sigma\varepsilon\sqrt{\Delta t} \right),\ \varepsilon \sim N(0,1) \qquad (1.10)$$

식(1.7)과 더불어 식(1.10)을 이용하여 주가의 확률과정을 시뮬레이션 할 수 있으며, 식(1.10) 방법이 GBM모형을 보다 충실히 반영한 모형이다. 앞으로 설명하게 될 몬테칼로 시뮬레이션을 이용한 주가 시뮬레이션은 식(1.10)을 이용하도록 하며 제4장에서 구체적으로 설명하였다.

1.2.3 기하학적브라운운동 대안

GBM은 주가는 일정한 변동성(constant volatility)을 가진 로그정규분포를 따른다고 하였다. 그러나 변동성은 시간에 따라 변하고(time varying) 있음을 시장에서 관측할 수 있다. 대표적으로 옵션의 시장가격에 반영된 내재변동성 기간구조를 예로 들 수 있다. 또한 주가의 점프(jump)현상이 관측되기도 하며, 시장에서 거래되는 주식옵션에 내재된 주가의 확률분포도 로그정규분포보다는 왼쪽 꼬리가 두터운(fat-tail) 분포를 보여주고 있다. 이러한 취약점을 보완하기 위해 많은 연구가 진행되어 왔으며 여기서는 대표적인 3가지 대안모형을 간략히 소개해 보고자 한다.

(1) Constant Elasticity of Variance 모형(CEV 모형)

CEV 모형은 주가와 변동성의 관계를 모형화한 것으로서 주가의 확률과정을 다음과 같이 가정하였다.10)

$$dS = \mu S dt + \sigma S^{\frac{\beta}{2}} dz \qquad (1.11)$$

여기서 dz는 위너과정이다. CEV모형은 주가 S와 변동성 $\sigma_{S,t}$와의 관계를 $\sigma_{S,t} = \sigma_0 S^{\frac{(\beta-2)}{2}}$

10) Cox, J. C., and S. A. Ross (1976) : "The Valuation of Options for Alternative Stochastic Processes," *Journal of Financial Economics*, 3, 145-166.

로 가정하고 있다. 이는 주가 S에 관한 분산 σ^2의 탄력성(Elasticity)이 $\beta-2$와 같음을 말한다. 여기서 $\sigma_{S,t}$는 주가수준과 시간에 따라 변하게 된다. β는 상수로서 $\beta=2$일 경우 변동성 $\sigma_{S,t}$는 σ가 되어 식(1.11)은 GBM과 동일하게 된다. 한편 $\beta<2$일 경우 주가와 변동성은 역(inverse)의 관계가 되어 주가가 하락함에 따라 변동성은 증가하게 된다. 따라서 주식옵션에서 관찰되는 것과 유사하게 왼쪽꼬리가 두터운 확률분포를 갖게 된다. 반대로 $\beta>2$일 경우 주가가 상승함에 따라 변동성이 증가하게 된다. 여러 실증분석의 결과로 주가와 변동성의 관계는 역의 관계임을 입증하고 있으므로 $\beta<2$인 경우가 현실성이 있을 것이다. 콕스-로스(1976)는 $\beta=1$을 제안한 바 있다.

(2) Jump Diffusion 모형(JD 모형)

JD 모형은 GBM에 주가의 점프를 추가한 모형으로서 주가의 확률과정을 다음과 같이 가정하였다.11)

$$dS=\left(\mu-\lambda k\right)Sdt+\sigma Sdz+dp \tag{1.12}$$

여기서 dz는 위너과정, dp는 점프를 생성하는 포아송(poisson)과정을 나타내며 각각은 독립적인 것으로 가정한다. λ는 주가의 연평균 점프 횟수, k는 주가의 백분율로 측정한 점프의 평균 크기를 나타낸다. 식(1.12)가 내포하는 확률분포는 로그정규분포보다 양쪽 꼬리부분이 두터운 분포가 된다.

(3) Stochastic Volatility 모형(SV 모형)

SV 모형은 변동성이 일정하지 않고 확률과정을 따른다고 가정한 모형으로서 주가의 확률과정을 다음과 같이 가정하였다.12)

$$dS=\mu Sdt+\sqrt{V}dz_S \tag{1.13}$$

V의 확률과정을 추가

$$dV=a\left(V_L-V\right)dt+\zeta V^{\alpha}dz_V \tag{1.14}$$

11) Merton, R. C. (1976) : "Option Pricing When Underlying Stock Returns are Discontinuous," *Journal of Financial Economics,* 3, 125-144.

12) Hull, J., and A. White (1987) : "The Valuation of Options on Assets with Stochastic Volatilities," *Journal of Finance*, 42, 281-300.

여기서 dz_S는 주가와 관련된 위너과정이고, dz_V는 변동성과 관련된 위너과정이다. 또한 a, V_L, ξ, α는 모두 상수이다. V는 주가의 분산비율(변동성의 제곱)로서 a의 속도로 V_L수준으로 회귀하는 것으로 가정한다.

이상 GBM의 대안으로서 3가지의 모형을 소개하였다. 이들 모형들은 GBM에 비하여 실제 시장에서 관측되는 주가의 확률과정에 좀 더 가깝다고 할 수 있다. 그러나 많은 실무자들은 이들 모형보다 GBM을 더욱 선호하고 있으며 그 이유로는 GBM이 단순한 모형이라는 점도 있지만 대안모형들은 시장에서 직접 관측할 수 없는 추가적인 입력변수(β, γ, k, a, V_L, ξ, α)들을 필요로 한다는 점이다. 더욱이 이러한 변수들의 추정은 통계적 기법이 사용되어야 하며 모형이 복잡할수록 추정오차가 커지게 될 것이다. 또한 대안모형들을 이용한 옵션가격결정모형이 GBM보다 크게 좋은 성과를 보여주지 못함을 많은 연구결과가 실증적으로 지적하고 있다.[13] 따라서 GBM이 현실적으로 취약한 가정을 지니고 있다 할지라도 실무적으로 적용하기에는 큰 무리가 없어 보이며 앞으로 이 책에서는 주가의 확률과정은 GBM을 따른다고 가정하고 파생상품을 평가하기로 한다.

1.3 파생상품가격 확률과정모형

1.3.1 이토과정(Ito's process)

파생상품가격의 확률과정을 모형화 하기 위해서는 이토과정(Ito's process)을 살펴볼 필요가 있다. 이토과정은 GBM보다 좀 더 확장된 확률과정으로서 변수 a, b가 기초변수 x와 시간 t의 함수로서 일반화된 위너과정이라 하며 수식으로 표현하면 다음과 같다.

$$dx = a(x,t)dt + b(x,t)dz \tag{1.15}$$

여기서 평균율은 $a(x,t)$, 분산은 $b(x,t)^2$ 이다.

식(1.15)에서 a, b가 x(GBM에서 S에 해당)하고만 상관이 있고 t와는 상관이 없다면 식(1.15)는 앞서 배운 GBM과 동일하며 $a=0$, $b=1$인 경우에는 앞에서 설명한 위너과정과 동일하다. 즉 GBM은 이토과정의 특별한 형태임을 알 수 있다.

---

13) 대안모델들의 옵션평가에 적용할 때에 성과를 검증하기 위해서는 크게 두 가지 방법이 사용될 수 있다. 첫 번째는 모델에 의한 가격과 시장가격의 차이를 비교하는 것이며, 두 번째로는 모델에 의한 헤지비율을 이용하여 헤징을 수행할 때 헤지오차를 비교하는 것이다.

1.3.2 이토렘마(Ito's lemma)

일반적으로 파생상품의 가격은 기초자산과 시간의 함수이다. 이토렘마(Ito's lemma)에 의하면 기초자산의 확률과정을 이용하여 파생상품가격의 확률과정을 도출할 수 있다. 이토렘마는 기초자산의 확률과정을 이토과정으로 가정하고 테일러전개식(Taylor series expansion)을 이용하여 유도할 수 있다.[14)]

기초변수 x가 식(1.15)와 같이 이토과정을 따른다고 하고 x와 t의 함수인 파생상품 가격을 G라고 하자. 이토렘마에 의하면 G는 다음과 같은 과정을 따른다.

기초자산의 확률과정(Ito's process) : $dx = a(x,t)dt + b(x,t)dz$

↓

파생상품가격의 확률과정 : $$dG = \left(\frac{\partial G}{\partial x} a + \frac{\partial G}{\partial t} + \frac{1}{2} \frac{\partial^2 G}{\partial x^2} b^2 \right) dt + \frac{\partial G}{\partial x} b dz \qquad (1.16)$$

여기서 평균율은 $\left(\frac{\partial G}{\partial x} a + \frac{\partial G}{\partial t} + \frac{1}{2} \frac{\partial^2 G}{\partial x^2} b^2 \right)$, 분산은 $\left(\frac{\partial G}{\partial x} \right)^2 b^2$ 이다.

식(1.16)이 이토렘마 이다. 식(1.15)와 식(1.16)의 dz는 동일한 위너과정으로 G는 이토과정을 따름을 알 수 있다. 따라서 이토렘마에 의한 파생상품가격의 확률과정은 기초자산의 확률과정과 동일함을 알 수 있다. 즉, 우리가 기초자산의 확률과정을 사전에 정의할 수 있다면 이에 대한 파생상품 가격의 확률과정도 이토렘마에 의해 알 수 있게 된다. 식(1.16)를 근거로 주가를 기초자산으로 하는 파생상품가격 f의 확률과정을 모형화 하면 다음과 같다.

주가의 확률과정(GBM) : $dS = \mu S dt + \sigma S dz$

↓ $(x = S,\ G = f,\ a = \mu S,\ b = \sigma S)$

파생상품의 확률과정 : $$df = \left(\frac{\partial f}{\partial S} \mu S + \frac{\partial f}{\partial t} + \frac{1}{2} \frac{\partial^2 f}{\partial S^2} \sigma^2 S^2 \right) dt + \frac{\partial f}{\partial S} \sigma S dz \qquad (1.17)$$

---

14) K. Itô, (1951) : "On Stochastic Differential Equations," *Memoris, American Mathematical Society,* 4, 1-51.

식(1.17)을 보면 주가가 이토과정의 특별한 형태인 GBM을 따를 경우에는 주가를 기초자산으로 하는 어떠한 파생상품도 GBM을 따르게 됨을 알 수 있다.

이제 앞에서 소개한 바 있는 주가가 GBM을 따를 때 주가에 자연로그를 취한 ln$S$의 확률과정인 식(1.8)을 이토렘마를 이용하여 도출해 보자.

$G = \ln S$ 라 하자.

G는 기초자산이 주가인 S이므로 주가가 GBM을 따를 때 이토렘마에 의해 G의 과정은 다음과 같다.

$$dG = \left(\frac{\partial G}{\partial S}\mu S + \frac{\partial G}{\partial t} + \frac{1}{2}\frac{\partial^2 G}{\partial S^2}\sigma^2 S^2 \right) dt + \frac{\partial G}{\partial S}\sigma S dz \tag{1.18}$$

식(1.18)의 편도함수들을 구하면 다음과 같다.

$$\frac{\partial G}{\partial S} = \frac{1}{S},\quad \frac{\partial^2 G}{\partial S^2} = -\frac{1}{S^2},\quad \frac{\partial G}{\partial t} = 0 \tag{1.19}$$

구해진 편도함수들을 식(1.18)에 대입하여 정리하면 최종적으로 G가 따르는 과정을 도출할 수 있다.

$$dG = \left(\mu - \frac{1}{2}\sigma^2 \right) dt + \sigma dz \tag{1.20}$$

1.4 파생상품 가격결정원리[15)]

파생상품의 가격을 구하기 위한 1차 작업으로 주가와 파생상품의 확률과정모형을 설명하였다. 이를 이용하여 파생상품가격을 구하는 방법론은 크게 두 가지가 있다. 첫째, 무위험포트폴리오를 구축하고 무차익거래(no-arbitrage)조건을 이용하여 파생상품이 만족해야하는 편미분방정식을 유도한다. 이 편미분방정식을 경계조건(boundary conditions)을 이용하여 분석적(analytical) 또는 수치해석적(numerical)방법으로 해(solution)를 구한다.[16)] 여기서 블랙

15) 기초자산이 주가가 아니라 할지라도(금리, 환율, 상품 등) 여기서 소개하는 파생상품 가격결정원리는 동일하다.

16) 분석적 해는 가격결정식(closed-form)이 존재하는 것이며 수치해석적 해는 공식이 존재하지 않는 것을 말한다.

-숄즈(Black-Scholes, 1973) 옵션가격결정식이 대표적인 분석해이며, 수치해석적 해를 구하는 방법으로 유한차분법(finite difference method)이 있다. 둘째, 위험중립평가(risk neutral valuation) 방법이다. 일반적으로 편미분방정식의 해를 구하는 과정은 매우 복잡하다. 콕스-로스(Cox-Ross, 1976)는 위험중립평가 방법을 이용하면 편미분방정식을 구하지 않고 옵션의 가치를 구할 수 있음을 증명하였다. 경제 내에 차익거래가 없으면 확률측도(probability measure) Q가 존재하며, 이를 이용하여 미래의 payoff의 기댓값을 구하고 무위험이자율로 할인하면 파생상품의 가치를 구할 수 있다. 여기서 probability measure Q는 실제 확률과 다른 위험중립확률(risk neutral probability)이다. 위험중립평가방법을 이용하여 파생상품의 가치를 구할 때에는 트리(tree)방법이나 몬테칼로 시뮬레이션(monte carlo simulation) 방법론과 같은 수치해석 방법을 적용하거나 분석적 방법을 사용할 수 있다.

1.4.1 블랙-숄즈 편미분방정식(Black-Scholes's Partial Differential Equation)

블랙-숄즈 편미분방정식은 무배당 주식에 기초하는 모든 파생상품의 가격이 만족시켜야 하는 방정식으로서 이 방정식을 도출하고 해를 구함으로써 파생상품의 가격을 결정할 수 있다. 다음은 블랙-숄즈 편미분방정식의 도출과 이를 이용하여 파생상품 가격을 결정하는 과정이다.

(1) 블랙-숄즈 편미분방정식 도출 논리

블랙-숄즈의 편미분방정식은 차익거래 기회가 존재하지 않는다는 가정 하에 파생상품과 기초자산인 주식으로 구성된 무위험 포트폴리오의 수익률은 아주 짧은 기간 동안 무위험 이자율 r이어야 한다는 논리에 근거하여 유도된다.

(2) 주가 및 파생상품가격 확률과정

주가 S의 확률과정은 GBM을 따른다고 가정할 경우 다음과 같다.

$$dS = \mu S dt + \sigma S dz \xrightarrow{\text{이산화}} \Delta S = \mu S \Delta t + \sigma S \Delta z \tag{1.21}$$

S와 t의 함수인 파생상품 가치 $f(S,t)$의 확률과정은 이토렘마에 따라 다음과 같다.

$$df = \left(\frac{\partial f}{\partial S}\mu S + \frac{\partial f}{\partial t} + \frac{1}{2}\frac{\partial^2 f}{\partial S^2}\sigma^2 S^2\right)dt + \frac{\partial f}{\partial S}\sigma S dz \xrightarrow{\text{이산화}} \Delta f = \left(\frac{\partial f}{\partial S}\mu S + \frac{\partial f}{\partial t} + \frac{1}{2}\frac{\partial^2 f}{\partial S^2}\sigma^2 S^2\right)\Delta t + \frac{\partial f}{\partial S}\sigma S \Delta z \tag{1.22}$$

(3) 포트폴리오 Π구성

파생상품과 기초자산인 주식으로 다음과 같은 포트폴리오를 구성하여 보자.

상품	매수/매도	수량	포트폴리오 가치 Π
파생상품	매도	-1	$$\Pi = -f + \frac{\partial f}{\partial S} S \qquad (1.23)$$
주식	매수	$+\frac{\partial f}{\partial S}$ (델타만큼 매수)	

식(1.23)에서 f는 파생상품의 가치이고 S는 기초자산인 주식의 가격이다. $\frac{\partial f}{\partial S}$는 기초자산 가격의 변화에 대한 파생상품 가격의 변화율로서 델타(delta)라고 부르며 매시점마다 델타만큼 주식을 보유하면 파생상품 가치 f를 정확히 복제할 수 있음을 의미한다.17)

(4) Δt기간 동안 포트폴리오 Π의 가치변화 $\Delta\Pi$

주식과 파생상품으로 구성된 포트폴리오 가치 Π(식 (1.23))의 Δt기간 동안의 변화는 다음과 같다.

$$\Delta\Pi = -\Delta f + \frac{\partial f}{\partial S}\Delta S \qquad (1.24)$$

식(1.24)에서 주식가치의 변화인 ΔS는 식(1.21)로, 파생상품 가치의 변화인 Δf는 식(1.22)로 도출되었으므로 두 식을 식(1.24)에 대입하여 정리하면 다음과 같다.

$$\Delta\Pi = \left(-\frac{\partial f}{\partial t} - \frac{1}{2}\frac{\partial^2 f}{\partial S^2}\sigma^2 S^2 \right)\Delta t \qquad (1.25)$$

포트폴리오 Π의 process인 식(1.25)를 보면, 불확실성이 존재하는 Δz(위너과정)가 제거되었기 때문에 포트폴리오 Π는 Δt동안 무위험 상태가 되며 차익거래 기회가 배제된 상태에서 무위험 수익률을 얻어야 한다. 즉 우리가 구성한 포트폴리오 Π는 무위험포트폴리오가 되

---

17) 이를 동적델타헤징(dynamic delta hedging)이라고 부르며 제7.3절에 상세히 설명하였다.

어 다음 식(1.26)을 만족해야 한다.

$$\Delta\Pi = r\Pi\Delta t \tag{1.26}$$

Δt기간 동안 포트폴리오가치 Π가 무위험이자율 r의 수익률을 얻음

포트폴리오 가치변화

(5) 블랙-숄즈 편미분방정식 도출

식(1.23)과 식(1.25)를 식(1.26)에 대입하여 정리하면 다음과 같이 블랙-숄즈 편미분방정식을 도출할 수 있다.

$$\frac{\partial f}{\partial t} + rS\frac{\partial f}{\partial S} + \frac{1}{2}\sigma^2 S^2 \frac{\partial^2 f}{\partial S^2} = rf \tag{1.27}$$

여기서 $\frac{\partial f}{\partial t}$, $\frac{\partial f}{\partial S}$, $\frac{\partial^2 f}{\partial S^2}$는 각각 쎄타(theta), 델타(delta), 감마(gamma)를 의미한다.

식(1.27)은 주가를 기초자산으로 하는 모든 파생상품(이색옵션도 포함)이 만족해야 하는 식으로서 특성 상 무수한 해(solutions)를 가지게 된다. 따라서 이를 풀 때 해당 파생상품의 특정한 경계조건(boundary condition)이 필요하게 된다.

(6) 경계조건 (Boundary Condition)

옵션의 경계조건은 지급금액(payoff)을 결정하는 조건들이며 옵션의 형태에 따라 다르다. 예를 들어 유럽형 옵션의 만기 시 경계조건은 다음과 같다.

콜옵션 : $f_T = Max(S_T - X,\ 0)$
풋옵션 : $f_T = Max(X - S_T,\ 0)$

(7) 블랙-숄즈 옵션가격결정식

블랙-숄즈는 편미분방정식 (1.27)을 상기 경계조건을 이용하여 해를 구함으로써 무배당 주식에 대한 유럽형 콜옵션과 풋옵션의 가격결정식을 다음과 같이 도출하였다.[18]

$$C = SN(d_1) - Xe^{-rT}N(d_2) \tag{1.28}$$

$$P = Xe^{-rT}N(-d_2) - SN(-d_1) \tag{1.29}$$

여기서 $d_1 = \dfrac{\ln\left(\dfrac{S}{X}\right) + \left(r + \dfrac{1}{2}\sigma^2\right)T}{\sigma\sqrt{T}}$, $d_2 = \dfrac{\ln\left(\dfrac{S}{X}\right) + \left(r - \dfrac{1}{2}\sigma^2\right)T}{\sigma\sqrt{T}} = d_1 - \sigma\sqrt{T}$

$N(x)$는 누적정규분포함수로서 표준정규분포를 따르는 변수가 x보다 작을 확률이다.

식(1.28)과 식(1.29)는 편미분방정식을 경계조건을 이용하여 분석적으로 푼 결과로서 입력변수들을 공식에 대입하면 쉽게 옵션의 가격을 구할 수 있다. 만일 위와 같이 유럽형 단순바닐라옵션(plain vanilla option)이 아니더라도 주가를 기초자산으로 하는 어떤 파생상품이라 할지라도 편미분방정식(1.27)과 해당 경계조건을 분석적으로 풀 수가 있다면 가격결정식을 도출할 수 있다. 그러나 복잡한 지급구조를 가지는 이색옵션이나 또는 행사시점이 만기 이전인 미국형 옵션의 경우에는 편미분방정식을 분석적으로 풀기가 쉽지 않다. 따라서 이러한 경우에는 수치해석적 방법을 이용할 수 있으며 편미분방정식을 수치해석적으로 푸는 대표적 방법이 제6장에서 소개할 유한차분법이다.

1.4.2 위험중립평가(Risk-Neutral Valuation)

파생상품가격 결정원리 중 두 번째는 위험중립평가이다. 위험중립평가는 모든 증권의 기대수익률은 무위험이자율 r과 같다는 위험중립세계(risk neutral world)를 가정하고 미래에 기대되는 파생상품의 기대 현금흐름을 r로 할인하여 파생상품의 가격을 결정하는 방법이다. 블랙-숄즈 편미분방정식인 식(1.27)를 살펴보면, 위험선호(risk preference)에 영향을 받는 유일한 변수인 주식의 기대수익률 μ가 제거되고 무위험이자율 r로 대체되었다. 따라서 편미분방정식은 위험선호와 독립적으로 되어 어떠한 위험선호(위험회피/위험중립/위험추구) 가정도 파생상품을 평가하는데 사용할 수 있게 된다. 이때 세 가지 위험선호 중 위험중립세계를 가정할 경우에는 파생상품을 평가할 때에 편미분방정식을 직접 풀지 않고 위험중립평가 방법을 적용할 수 있게 된다.

위험중립평가 방법을 이용하여 파생상품가격 f를 결정하는 일반적인 정리는 다음과 같다.

---

18) Black, F., and M. Scholes (1973) : "The Pricing of Options and Corporate Liabilities," *Journal of Political Economy* 81, 637-654.

$$f = e^{-rT} E_Q(f_T) \tag{1.30}$$

차익거래기회가 없으면 언제나 위험중립확률인 Q가 존재하여 식 (1.30)이 성립한다. 식 (1.30)의 의미를 살펴보면, T시점의 파생상품 payoff인 f_T를 Q라는 확률측도(probability measure)하에 기댓값 $E_Q(f_T)$를 구하고 이를 해당기간 무위험이자율 r로 할인하면 파생상품의 가격 f를 구할 수 있다는 의미이다.[19] 편미분방정식을 직접 풀어서 옵션가격결정식을 도출한 식(1.28)과 식(1.29)를 위험중립평가방법을 이용하여 도출하고자 한다면 다음과 같이 식을 정의하여 풀면 된다.

무위험이자율 r로 할인

$$C = e^{-rT} \tilde{E}\left[Max(S_T - X, 0) \right] \tag{1.31}$$

만기 payoff f_T

Q 측도하의 기댓값

$$P = e^{-rT} \tilde{E}\left[Max(X - S_T, 0) \right] \tag{1.32}$$

식(1.31)은 유럽형 콜옵션의 가격은 위험중립확률하에 구한 만기 payoff의 기댓값을 무위험이자율로 할인한 값이라는 의미이다. 식(1.31)과 식(1.32)를 풀어서 식(1.28)과 식(1.29)와 동일한 가격결정공식을 구하는 것이 위험중립평가원리를 이용한 분석적 방법이라 할 수 있다. 만일 만기 payoff가 상기 두 식과 다른 조건인 옵션이라 할지라도 위험중립평가원리를 이용하여 분석적 해를 얻을 수 있다. 그러나 앞의 편미분방정식의 해와 마찬가지로 위험중립평가원리를 이용하여 분석적 해를 구하기 힘들면 수치해석방법을 적용해야 한다. 이에 대하여는 제4장 몬테칼로 시뮬레이션과 제5장 이항 및 삼항트리에서 구체적으로 다룰 것이다.

파생상품의 가격이 투자자의 위험선호와 무관하게 결정될 수 있으므로 위험중립가정을 이용하여 파생상품 가격을 결정할 수 있다는 사실은 상당히 매력적이다. 위험중립평가방법을 이

---

19) T시점의 파생상품 payoff인 f_T는 기초자산가격의 확률과정모형을 이용하여 T시점의 기초자산가격(S_T)를 구하고 이것과 해당 경계조건을 이용하여 구할 수 있다.

용하면 어떠한 파생상품이라도 특정시점에서 payoff의 기댓값을 알 수 있다면 이를 무위험이자율로 할인하여 가격을 구할 수 있다. 따라서 이제 우리의 관심사는 특정시점에서 payoff의 기댓값을 도출하는 것이 되며 이는 향후 살펴보게 될 수치해석방법인 몬테칼로 시뮬레이션, 트리모형, 유한차분법으로 구할 수 있다.

식(1.30)의 예를 들기 위해 무배당주식에 대한 선도계약을 매수한 경우의 이론가격을 위험중립평가모형을 이용하여 구해보자. 인도일 T, 인도가격 K, 만기 시 주가 S_T, 현재시점의 선도계약가격 f라고 하자. 인도일 T시점의 선도계약 매수포지션의 payoff는 다음과 같다.

$$S_T - K$$

위험중립을 가정할 경우 현재시점에서 f의 가격은 T시점 payoff의 기댓값을 무위험이자율로 할인한 값이 되므로 다음식이 성립한다.

$$f = e^{-rT}\,\tilde{E}(S_T - K) = e^{-rT}\,\tilde{E}(S_T) - K\,e^{-rT} \tag{1.33}$$

여기서 $\tilde{E}$는 위험중립세계에서의 기댓값을 의미한다. 주가의 기대성장률 μ는 위험중립세계에서는 무위험이자율 r과 같으므로 앞서 소개한 식(1.4)로부터 다음 식을 도출할 수 있다.

$$\tilde{E}(S_T) = S_0 e^{rT} \tag{1.34}$$

식(1.34)를 식(1.33)에 대입하면 다음과 같이 선도계약 매수포지션의 가격결정식을 구할 수 있다.

$$f = S_0 - Ke^{-rT} \tag{1.35}$$

제2장

입력변수(Input Variables) 추정

제1장에서는 파생상품의 가격결정을 위한 첫 단계인 기초자산 가격의 확률과정 모형화에 대해 설명하였으며, 주가파생상품의 기초자산인 주가는 GBM을 따른다고 가정하였다. 이제 GBM을 모형화하기 위해서는 입력해야 할 변수들을 추정하여야 한다. 즉, 주가의 기대수익률 μ, 배당수익률 q, 무위험이자율 r, 변동성 σ, 상관계수 ρ를 추정해야 한다. 여기서 μ는 위험중립평가 방법을 적용하면 r로 대체된다.

최근 파생상품의 구조가 복잡해지면서 평가방법도 점점 정교해지고 있으며 컴퓨터 연산능력도 증대하고 있다. 그러나 평가방법이 아무리 정교하더라도 추정된 입력변수들이 부정확하면 평가결과를 신뢰하기 어렵다. 즉 부정확한 변수들이 입력되면 아무리 정교한 평가방법론을 사용하더라도 실효성이 없다는 것이다. 본 장에서는 주가파생상품 평가를 위해 입력되어야 할 변수들의 추정방법들을 소개하고 이를 MATLAB으로 구현하고자 한다.

2.1 Flow Chart

$$dS = (r - q)Sdt + \sigma Sdz$$

r → 수익률곡선 추정　　σ → 변동성 추정

변동성(σ) 추정

Source Data	추정모형	추정모형식
과거수익률자료	· 단순이동평균법(SMA) ⇒ 과거데이터 동일가중	$\sigma_t = \sqrt{\frac{1}{m-1}\sum_{i=1}^{m}\left(x_{t-i} - \bar{x}\right)^2}$
	· 지수가중이동평균법(EWMA) ⇒ 최근데이터 높은가중 (시간가변성/군집성 반영)	$\sigma_t = \sqrt{\lambda\sigma_{t-1}^2 + (1-\lambda)x_{t-1}^2}$
	· 일반화된자기회귀조건부이분산법 (GARCH(1,1)) ⇒ 장기평균분산 반영 (시간가변성/군집성, 평균회귀성 반영)	$\sigma_t = \sqrt{\gamma V_L + \alpha x_{t-1}^2 + \beta\sigma_{t-1}^2}$
파생상품시장가격	· 내재변동성(Implied Volatility) ⇒ 이론가격과 시장가격을 일치 시키는 변동성(이분법, 뉴튼랩슨법)	$C = f(S, X, r, T, \sigma, q)$ $\rightarrow \sigma_{imp} = g(C, S, X, r, T, q)$

※ EWMA 및 GARCH(1,1)모형의 모수 $(\lambda, \gamma, \alpha, \beta)$추정은 최우추정법(Maximum Likelihood Method)을 사용함

변동성 기간구조 추정

- GARCH(1,1) 변동성 기간구조(Volatility Term Structure)

$$\frac{1}{N}\sum_{k=0}^{N-1} E\left(\sigma_{t+k}^2\right)$$

$$E\left(\sigma_{t+k}^2\right) = V_L + (\alpha + \beta)^k (\sigma_t^2 - V_L)$$

- 국소변동성표면(Local Volatility Surface)
  - ⇒ 변동성을 행사가격과 만기의 함수로 가정
  - ⇒ 행사가격별/만기별 변동성표면(volatility surface)을 이용하여 변동성 스마일현상 및 기간구조를 반영할 수 있음

$$\sigma_L(X,T) = \sqrt{\frac{\frac{\partial C}{\partial T} + (r-q)X\frac{\partial C}{\partial X} + qC}{\frac{X^2}{2}\frac{\partial^2 C}{\partial X^2}}}$$

수익률곡선(Yield Curve) 추정

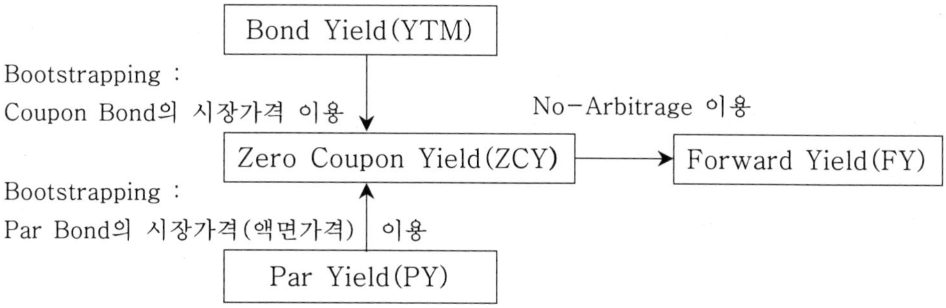

2.2 변동성 및 상관계수(Volatility and Correlation) 추정

변동성은 파생상품평가 및 리스크측정을 위한 중요한 입력변수들 중에 하나이다. 변동성 추정방법은 추정을 위한 데이터의 원천(source)에 따라 크게 두 가지로 나눌 수 있는데 기초자산가격의 과거 데이터를 이용한 것과 해당 파생상품의 시장가격을 이용하는 것이라 할 수 있다. 첫 번째 방법은 과거 데이터의 가중치를 어떻게 부여하는가에 따라 변동성의 시간가변성(time-varying) 및 군집(clustering)현상을 반영할 수 있다. 이러한 방법들로는 단순이동평균법(simple moving average), 지수가중이동평균법(exponential weighted moving average), 일반화된자기회귀조건부이분산법(generalized autoregressive conditional heteroscedasticity) 등이 있다. 두 번째 방법은 첫 번째 방법이 과거 데이터로부터 미래 변동성을 예측하기 때문에 발생되는 실제 변동성과의 오차를 줄이기 위해 시장가격에 내재된 변동성을 추정하는 방법이다. 또한 이 방법은 시장가격에 내재된 변동성이 행사가격과 만기에 따라 다르게 관측되고 있는 변동성스마일(volatility smile) 및 변동성기간구조(volatility term structure) 현상을 반영하고 있으며, 내재변동성(implied volatility)과 국소변동성(local volatility)등이 대표적인 방법이다. 이 절에서 다양한 변동성 및 상관계수 추정모형을 설명하고 모수추정에 널리 쓰이는 최우추정법(Maximum Likelihood Method)을 소개하고자 한다.[1]

2.2.1 단순이동평균법(Simple Moving Average, SMA)

(1) 변동성 추정

SMA 방법은 주가변동성을 구하는 가장 기본적인 방법으로 특정기간동안 주가수익률의 표준편차로 정의되며 각 수익률의 관찰 값들은 동일한 가중치가 부여된다. $(t-1)$일에 추정한 t일 기준 변동성을 σ_t라고 할 때 추정식은 다음과 같다.[2]

$$\sigma_t = \sqrt{\frac{1}{m-1}\sum_{i=1}^{m}\left(x_{t-i}-\bar{x}\right)^2}, \quad x_i = \ln\left(\frac{S_i}{S_{i-1}}\right), \quad \bar{x} = \frac{1}{m}\sum_{i=1}^{m} x_{t-i} \tag{2.1}$$

m : 수익률 관찰 값 개수, x_i : $(i-1)$일부터 i일까지의 주가 로그수익률, $\bar{x}$: x_i의 평균

1) 이 장에서의 변동성과 상관계수 추정은 주가를 예제로 하였으나 금리, 환율, 상품 등 다른 기초자산의 변동성과 상관계수 추정의 경우에도 동일한 방법론이 적용된다.

2) 오늘(t-1일)까지의 일별 수익률 자료를 이용하여 내일(t일)의 변동성 σ_t을 예측할 경우, x_i는 일별수익률 자료들로서 x_{t-1}은 오늘의 수익률, x_{t-2}는 어제의 수익률, ... , x_{t-m}은 m일전 수익률을 의미한다.

(2) 상관계수 추정

기초자산이 두 개 이상일 경우에 이들 자산 간의 상관관계를 반영하여야 하는데 두 자산 수익률의 공분산을 각 자산 수익률의 표준편차의 곱으로 나눈 값인 상관계수를 이용하면 된다. 두 주식의 주가수익률을 각각 $x1$, $x2$라고 할 때 $(t-1)$일에 추정한 t일 기준 공분산은 다음과 같다.

$$\text{cov}_t = \frac{1}{m-1}\sum_{i=1}^{m}\left(x1_{t-i}-\overline{x1}\right)\left(x2_{t-i}-\overline{x2}\right) \tag{2.2}$$

$x1$과 $x2$간의 t일 기준 상관계수는 다음과 같다.

$$\rho_t = \frac{\text{cov}_t}{\sigma_{x1,t}\sigma_{x2,t}}, \quad \left(-1 \le \rho_t \le 1\right) \tag{2.3}$$

식(2.1)과 식(2.2)에서 x_i가 주가의 일일수익률일 경우 일반적으로 $\bar{x}$는 매우 작은 값이 추정되므로 0이라 가정할 수 있으며 또한 관찰치수가 많아지면 $(m-1)$을 m으로 대체하여도 추정치는 거의 영향이 없다.

MATLAB® 이용하여 SMA 변동성과 상관계수를 추정하면 다음과 같다.3)

[코드 2.1] SMA Volatility & Correlation

```
%%%%% SMA(Simple Moving Average) Volatility & Correlation %%%%%

% Excel의 일별 주가데이터를 MATLAB으로 Input
price=xlsread('price.xls');

% 주가를 로그수익률로 전환
x=price2ret(price);

% SMA Volatility 추정
SMA_vol = std(x)

% SMA Correlation 추정
SMA_corr = corr(x)
```

3) MATLAB®에 표준편차(std)와 상관계수(corr)를 구하는 함수가 있으므로 이를 사용하여 코딩을 하였다.

2006.1.2~2006.6.30 기간 동안의 KOSPI200지수, 삼성전자, 현대차 일별 종가데이터(price.xls)가 다음과 같다고 할 때에 [코드 2.1]을 실행하면 다음과 같다.4)

price.xls

A	B	C	D
Date	**KOSPI200**	**삼성전자**	**현대차**
2006-01-02	178.29	659,000	98,400
2006-01-03	178.81	665,000	97,000
2006-01-04	179.91	699,000	95,600
2006-01-05	178.82	679,000	95,600
2006-01-06	180.87	687,000	96,000
2006-01-09	180.30	688,000	95,000
2006-01-10	178.98	698,000	92,800
:	:	:	:
:	:	:	:
2006-06-28	160.18	580,000	78,000
2006-06-29	163.30	590,000	79,500
2006-06-30	167.45	603,000	80,600

```
SMA_vol =
   0.0139    0.0173    0.0193

SMA_corr =
   1.0000    0.8055    0.5173
   0.8055    1.0000    0.3569
   0.5173    0.3569    1.0000
```

상기 M-File은 관측 자료가 일별 수익률자료이므로 일변동성을 산출하게 된다. 한편 주, 월, 연간 변동성을 구하기 위해서는 관측자료를 주간, 월간, 연간 수익률을 사용하거나 일변동성$\times\sqrt{\text{해당영업일수}}$를 곱하여 사용하면 된다.5)

2.2.2 지수가중이동평균법(Exponential Weighted Moving Average, EWMA)

(1) 변동성 추정

SMA 방법은 모든 일자의 수익률에 동일한 가중치를 부여한다. 그러나 시장에서 관측된 수익률의 시계열 자료들을 보면 수익률의 분포가 동일하지가 않고 큰 기간과 작은 기간으로 구

4) 이 후에 소개되는 각종 엑셀데이터들은 저자의 인터넷카페인 http://cafe.naver.com/riskmax.cafe를 참조하기 바란다.

5) 파생상품 가격결정 시 입력되는 변동성은 연변동성이다. 이를 구하기 위해서는 연 수익률 자료를 사용하기 보다는 일변동성에 $\sqrt{\text{1년 영업일수}}$를 곱해주어 산출한다. 1년 영업일수는 대략 250일 또는 252일을 주로 사용한다.

별됨을 알 수 있다. 이는 변동성이 한번 증가하거나 감소하게 되면 이러한 상태가 어느 정도 지속됨을 의미하며 이를 변동성의 군집(clustering)현상이라고 한다. 또한 변동성이 시간에 따라 변하므로 이를 변동성의 시간가변성(time-varying)이라고도 한다. 따라서 이러한 현상을 반영해야 보다 정확하게 변동성을 예측할 수 있으며 이는 최근의 자료에 보다 많은 가중치를 부여하는 방법으로 해결할 수 있다.

EWMA 방법은 오래된 자료일수록 그것의 가중치를 지수적(exponentially)으로 감소시키는 모형으로 $(t-1)$일에 추정한 t일 기준 변동성은 다음과 같다.

$$\sigma_t^2 = \lambda\sigma_{t-1}^2 + (1-\lambda)x_{t-1}^2 \tag{2.4}$$

여기서 λ는 충격소멸계수(decay factor)로서 0과 1 사이의 상수이다. 식(2.4)는 오늘($t-1$일) 추정하는 내일(t일)의 분산 추정치 σ_t^2은 오늘의 수익률제곱 x_{t-1}^2과 어제($t-2$일)에 추정된 오늘($t-1$일)의 분산 추정값 σ_{t-1}^2만 있으면 계산이 가능함을 말해준다. 이제 식(2.4)가 과거자료에 대한 가중치를 어떻게 지수적으로 감소시키는지를 살펴보자.

$(t-1)$일 기준 변동성 추정치는 $\sigma_{t-1}^2 = \lambda\sigma_{t-2}^2 + (1-\lambda)x_{t-2}^2$이므로 이를 식(2.4)에 대입하면 다음 식이 성립한다.

$$\sigma_t^2 = \lambda\left[\lambda\sigma_{t-2}^2 + (1-\lambda)x_{t-2}^2\right] + (1-\lambda)x_{t-1}^2 \tag{2.5}$$

식(2.5)를 정리하면 다음과 같다.

$$\sigma_t^2 = (1-\lambda)\left(x_{t-1}^2 + \lambda x_{t-2}^2\right) + \lambda^2\sigma_{t-2}^2 \tag{2.6}$$

같은 방식으로 σ_{t-2}^2을 대입하고 풀어서 전개하면 다음과 같다.

$$\sigma_t^2 = (1-\lambda)\left(x_{t-1}^2 + \lambda x_{t-2}^2 + \lambda^2 x_{t-3}^2\right) + \lambda^3\sigma_{t-3}^2 \tag{2.7}$$

이와 같은 전개를 계속하면 다음과 같은 일반화된 식을 얻을 수 있다.

$$\sigma_t^2 = (1-\lambda)\sum_{i=1}^{m}\lambda^{i-1}x_{t-i}^2 + \lambda^m\sigma_{t-m}^2 \tag{2.8}$$

식(2.8)에서 $m \to \infty$이면 $\lambda^m \sigma_{t-m}^2 \to 0$이므로 $i=1$에서 m에 이르기까지 x_{t-i}^2의 비중은 각각 $(1-\lambda)$, $(1-\lambda)\lambda$, $(1-\lambda)\lambda^2$, ... , $(1-\lambda)\lambda^{m-1}$이 된다. 이는 λ가 0과 1 사이의 상수이므로 수익률의 관찰치가 과거로 갈수록 가중치가 작아짐을 의미한다.[6]

이제 EWMA 변동성 추정은 식(2.4)를 이용하거나 식(2.8)을 이용하여 추정할 수 있다. 식(2.4)를 이용할 경우에는 $(t-1)$기준의 분산추정치 σ_{t-1}^2을 일단 구해야 하는데, 이 값은 식(2.8)을 이용하여 구할 수 있으며, 이를 통하여 일별로 변동성 추정을 업데이트하면 된다.

EWMA는 업데이트를 위해서 단지 2가지(최근의 분산과 수익률) 자료만 필요하다. 이는 최근 수익률이 크게 움직이면 추정 변동성에 큰 영향을 주게 되므로 EWMA는 변동성의 변화추세를 고려하는 모형임을 알 수 있다. 여기서 얼마나 영향을 미칠 것인가의 반응정도를 나타내는 값이 λ이며 이 값이 클수록 상대적으로 느리게 반응하게 된다.[7] 최적 λ는 추정해야 할 모수로서 최우추정법(maximum likelihood method)으로 추정할 수 있으며 제2.2.4절에 소개하였다.

(2) 상관계수 추정

EWMA방식의 공분산 추정식은 다음과 같다.

$$\text{cov}_t = \lambda\,\text{cov}_{t-1} + (1-\lambda)\,x1_{t-1}\,x2_{t-1} \tag{2.9}$$

식(2.8) 도출과정과 동일한 방법을 적용하면 다음과 같으며 과거 수익률자료일수록 가중치가 지수적으로 감소함을 알 수 있다.

$$\text{cov}_t = (1-\lambda)\sum_{i=1}^{m} \lambda^{i-1}\,x1_{t-i}\,x2_{t-i} + \lambda^m\,\text{cov}_{t-m} \tag{2.10}$$

식(2.10)을 이용하여 $(t-1)$기준의 공분산추정치 cov_{t-1}를 구한 후 식(2.9)를 통하여 일별로 공분산 추정을 업데이트하면 된다. EWMA 상관계수는 식(2.10)에서 구한 EWMA 공분산과 식(2.4) 또는 식(2.8)에서 구한 EWMA변동성을 식(2.3)에 대입하여 구하면 된다. MATLAB을 이용하여 EWMA 변동성과 상관계수를 추정하면 [코드 2.2]와 [코드 2.3]과 같다.

---

6) SMA는 $\dfrac{1}{m-1}$이라는 가중치를 동일하게 부여한 것이다.

7) JP Morgan社의 RiskMetrics에서는 일별 변동성에 0.94, 월변동성에 0.97의 λ값을 사용하고 있다.

[코드 2.2] EWMA Volatility

```
%%%%% EWMA(Exponential Weighted Moving Average) Volatility %%%%%

function vol=EWMA_Vol(price, lambda) % 함수정의

% 주가를 로그수익률로 전환
x=price2ret(price);
[m,n]=size(x);                              % x는 m×n행렬(수익률 m개, 주식수 n개)

% EWMA Volatility 추정
vol=zeros(1,n);
for j=1:n
    k=(1:m)';
    h=(m:-1:1)';
    vol(j)=sqrt((1-lambda)*sum(lambda.^(k-1).*x(h,j).^2));     % 식(2.8)
end
```

이 함수를 이용하여 앞에서 사용했던 종가데이터(price.xls)를 가지고 EWMA 변동성을 추정해보면 다음과 같다.(lambda=0.94)

```
>> price = xlsread('price.xls');
>> vol = EWMA_Vol(price, 0.94)

vol =
    0.0167    0.0171    0.0240
```

이제 추정된 변동성을 가지고 식(2.4)를 이용하여 일별로 업데이트 하면 된다.

[코드 2.3]은 EWMA방식으로 변동성과 상관계수를 동시에 추정하는 MATLAB 함수를 작성한 것이다.

[코드 2.3] EWMA Volatility & Correlation

```
%%%%% EWMA Volatility & Correlation %%%%%

function [vol, rho] = EWMA_VolCorr(price, lambda)     % 함수정의

x=price2ret(price);
```

```
[m,n]=size(x);

k=(1:m)';
h=(m:-1:1)';

% EWMA Variance-Covariance Matrix 추정, 식(2.10)
cvar=zeros(n);
for i=1:n
    for j=1:n
        cvar(i,j)=(1-lambda)*sum(lambda.^(k-1).*x(h,i).*x(h,j));
    end
end

% EWMA Correlation Matrix 추정
rho=zeros(n);
for i=1:n
    for j=1:n
        rho(i,j)=cvar(i,j)/sqrt(cvar(i,i)*cvar(j,j));    %식(2.3)
    end
end

% EWMA Volatility 추정
vol=sqrt(diag(cvar))';      % Variance-Covariance Matrix의 대각원소들 추출
```

이 함수를 이용하여 앞에서 사용했던 종가데이터(price.xls)를 가지고 EWMA 변동성과 상관계수 행렬을 추정해보면 다음과 같다.(lambda=0.94)

```
>> price = xlsread('price.xls');
>> [vol, rho] = EWMA_VolCorr(price, 0.94)

vol =
    0.0167    0.0171    0.0240

rho =
    1.0000    0.8930    0.6554
    0.8930    1.0000    0.6135
    0.6554    0.6135    1.0000
```

2.2.3 GARCH(Generalized Autoregressive Conditional Heteroscedasticity)

GARCH는 조건부 분산(Conditional Variance)이 자기회귀과정(Autoregressive Process)을 따른다는 의미로서 변동성이 특정 패턴을 가지고 시간에 따라 변한다는 것이다. GARCH모형은 EWMA모형에서 확장된 형태로 추정 변동성이 최근일의 수익률과 분산뿐만 아니라 장기평균분산에 의해서도 결정된다는 것이다. 즉, 현재의 조건부 분산이 장기평균분산(Long-term Variance)에 장기적으로 수렴한다는 것이다. GARCH모형 중 가장 일반적인 GARCH (1,1)의 공식은 다음과 같다.[8)]

$$\sigma_t^2 = \gamma V_L + \alpha x_{t-1}^2 + \beta\sigma_{t-1}^2 \tag{2.11}$$

여기서 V_L은 장기평균분산이며, γ, α, β는 가중치들로서 합은 1이 된다.[9)] 식(2.11)에서 추정해야 할 모수들은 총 4개($V_L, \gamma, \alpha, \beta$)이며, 제약식은 1개($\gamma+\alpha+\beta=1$)이다. $\omega=\gamma V_L$이라 하면 식(2.11)은 다음과 같이 정리되어 추정모수는 3개로 줄어든다.

$$\sigma_t^2 = \omega + \alpha x_{t-1}^2 + \beta\sigma_{t-1}^2 \tag{2.12}$$

ω, α, β가 추정되면 γ는 $(1-\alpha-\beta)$로 추정할 수 있으며, V_L은 $\frac{\omega}{\gamma}$으로 계산된다.[10)] 각 모수를 추정하면 σ_{t-1}^2을 구할 수 있으며, EWMA방식과 마찬가지로 업데이트 방식으로 변동성을 추정할 수 있다.

GARCH(1,1) 모형은 분산이 시간의 흐름에 따라 장기평균수준인 V_L에 회귀하는 것으로 인식하고 있으며 이는 실제로 분산이 평균회귀경향이 있다는 점에서 EWMA 모형보다 더 매력적이다. 즉 변동성은 무한히 커지거나 작아지는 것이 아닌 장기적인 어떤 균형 상태에 도달하고자 한다고 보는 것이 더욱 합리적인 추론일 것이다.

GARCH(1,1) 방식의 공분산 추정식은 다음과 같으며 이 식의 값과 식(2.12)의 변동성 추

---

8) 일반모형인 GARCH(p,q)는 p개의 최근 수익률 관찰치와 q개의 최근 분산추정치에 의해 σ_t^2이 계산되는 모형인데 이 중 p=1, q=1인 GARCH(1,1)모형이 주가 또는 환율 변동성 추정에 보다 효과적이라고 알려져 있다.

9) β는 변동성의 지속성(persistent)을 의미하며 이 값이 높으면 변동성 변화에 오랜 시간이 걸린다. 또한 α는 뾰족성(spiky)을 의미하며 이 값이 높으면 시장변화에 빠르게 반응한다. (대략 $0<\alpha<0.25, \beta>0.7, \alpha+\beta<1$에서 설정) 식(2.11)은 $\gamma=0, \alpha=1-\lambda, \beta=\lambda$일 경우 EWMA 식(2.4)와 같아지므로 EWMA는 GARCH(1,1)의 특별한 형태이다.

10) 또한 $\alpha+\beta<1$이어야 안정적인 GARCH(1,1)과정이 된다.

정치를 식(2.3)에 대입하여 구하면 상관계수를 추정할 수 있다.11)

$$\text{cov}_t = \omega + \alpha\left(x1_{t-1}x2_{t-1}\right) + \beta\,\text{cov}_{t-1} \tag{2.13}$$

GARCH(1,1)의 모수들은 일반적으로 최우추정방법(Maximum Likelihood Methods)을 이용하여 추정할 수 있다.12)

2.2.4 최우추정법(Maximum Likelihood Method)을 이용한 모수 추정

최우추정법이란 주어진 데이터의 발생 가능성(likelihood)을 가장 크게 하는 모수 값을 찾아내는 것으로서 이러한 방법으로 구해진 추정치를 최우추정량(Maximum Likelihood Estimator, MLE)이라고 한다. 다시 말하면 데이터의 확률분포를 알 때, 어떠한 모수를 추정해야 실제 관찰된 데이터의 발생확률이 제일 큰가의 문제이다. 앞서 설명한 주가의 확률과정모형을 포함하여 각종 모형들에는 추정해야 할 모수들이 존재하며 이들은 과거의 샘플 데이터들을 이용하여 추정될 수 있다. 대표적인 추정방법들은 최소자승법(Least Square Method), 적률법(Method of Moments), 최우추정법 등이 있으며 여기서는 최우추정법을 소개하고 이를 이용하여 SMA, EWMA, GARCH(1,1) 모형들의 모수들을 추정하고자 한다.13)

(1) 최우추정법 예제

주머니 속에 두 가지의 공(검정색 공과 흰색 공)이 존재한다고 하자. 전체 공에서 검정공이 차지하는 비율을 P라고 하면 흰공의 비율은 $(1-P)$가 된다. P는 모수가 되는데 이를 어떻게 추정할 것인지 살펴보자. 1개를 뽑고 넣는 복원추출을 10번 시행하였는데 검정공이 1번 나왔고, 흰공이 9번 나왔다. 이럴 경우 검정공의 비율 P를 1/10로 추측하는 것이 최선이 될 것이다. 이를 최우추정법으로 추정해보면 다음과 같다.

· 실제 발생사건 : 검정공 1번, 흰공 9번

---

11) 분산과 공분산은 일관성을 가지고 계산되어야 한다. 즉 EWMA방식으로 분산을 계산하면 공분산도 동일 방법으로 계산되어야 한다. 식(2.13)의 모수들을 추정하기 위해서는 다변량 모형을 적용해야 한다.

12) MATLAB®의 GARCH ToolBox에는 GARCH와 관련된 함수들이 다양하게 있으며 이 중 garchfit 함수를 이용하여 모수를 추정할 수 있다.

13) 최우추정량은 샘플의 크기가 작으면 편의(bias)를 보이는 단점이 있으나 일치성과 효율성을 보이는 추정량이다.

· 발생확률 : $P^1(1-P)^9$

⇒ 이 확률을 우도(likelihood)라 하며 이를 최대화 하는 P를 구하는 것, 즉 검정공 1번, 흰공 9번 나올 가능성이 최대가 되는 P를 구하는 것이 최우추정법이며, P가 최우추정량(MLE)이 된다.

· likelihood function을 max : $\hat{P} = \underset{P}{Max}\, P^1\left(1-P\right)^9$

⇒ likelihood function을 최대화 하는 P값은 이 함수를 1차 미분한 값이 0이 되는 해를 구하는 것

· 도함수 이용(1차 미분) : $(1-P)^9 - 9P(1-P)^8 = 0,\ \hat{P} = \frac{1}{10}$

⇒ P의 최우 추정치가 기대한대로 1/10임을 보여준다.

(2) 최우추정법을 이용한 SMA 분산추정

일별 주가수익률 x_i의 확률분포는 다음과 같은 정규분포를 따른다고 하자.

$$x_i \sim N\left(0,V\right),\ pdf : f\left(x\right) = \frac{1}{\sqrt{2\pi V}} e^{-\frac{x^2}{2V}}$$

일별 주가수익률의 평균은 0이고, V는 분산으로서 추정해야 할 모수이다. V를 최우추정법으로 추정하여 보자.

실제 발생수익률 : $x_1, x_2, x_3, \ldots, x_m$

↓

발생확률 : $f(x_1)=\frac{1}{\sqrt{2\pi V}}e^{-\frac{x_1^2}{2V}},\ f(x_2)=\frac{1}{\sqrt{2\pi V}}e^{-\frac{x_2^2}{2V}},\ f(x_3)=\frac{1}{\sqrt{2\pi V}}e^{-\frac{x_3^2}{2V}},\ldots,f(x_m)=\frac{1}{\sqrt{2\pi V}}e^{-\frac{x_m^2}{2V}}$

↓ 각 발생확률을 곱함(joint 확률)

likelihood function : $\prod_{i=1}^{m}\left(\frac{1}{\sqrt{2\pi V}}e^{-\frac{x_i^2}{2V}}\right)$, 이 likelihood를 최대화 하는 V를 구하는 것이 MLE

↓ 이 식에 로그를 취함[14)]

log−likelihood function : $\sum_{i=1}^{m}\left(-\frac{1}{2}\ln(2\pi V)-\frac{x_i^2}{2V}\right)$

↓

상수 곱셉요인 무시하여 정리 : $\sum_{i=1}^{m}\left(-\ln(V)-\frac{x_i^2}{V}\right)=-m\ln(V)-\frac{1}{V}\sum_{i=1}^{m}x_i^2$

↓ 최대화 : V에 관해 미분하여 0이 되는 해 구함

모수추정식 도출 : $-m\frac{1}{V}-\sum_{i=1}^{m}x_i^2\left(-\frac{1}{V^2}\right)=0,\ V=\frac{1}{m}\sum_{i=1}^{m}x_i^2$ (2.14)

식(2.14)는 SMA 변동성 추정식 (2.1)에서 일별 수익률평균이 0이고 $(m-1)$을 m으로 대체한 것과 같다.

(3) 최우추정법을 이용한 GARCH(1,1) 모수 추정

일별 주가수익률 x_i의 확률분포는 다음과 같이 조건부 분산을 가지는 정규분포를 따른다고

14) 어떤 값을 최대화 한다는 것은 그 식의 로그를 취한 값을 최대화 하는 것과 같으며 로그를 취하면 곱이 합으로 되고, 지수함수 부분이 사라지게 되는 등 식이 단순해지게 된다.

하자.

$$x_i \backslash (i-1) \sim N(0, V_i)$$

일별 주가수익률의 평균은 0이고, V_i는 조건부분산으로서 $(i-1)$까지의 정보를 가지고 계속 변하게 된다. V_i를 최우추정법으로 추정하여 보자.

실제 발생수익률 : $x_1, x_2, x_3, \ldots, x_m$

↓

발생확률 : $f(x_1) = \frac{1}{\sqrt{2\pi V_1}} e^{-\frac{x_1^2}{2V_1}},\ f(x_2) = \frac{1}{\sqrt{2\pi V_2}} e^{-\frac{x_2^2}{2V_2}},\ f(x_3) = \frac{1}{\sqrt{2\pi V_3}} e^{-\frac{x_3^2}{2V_3}}, \ldots, f(x_m) = \frac{1}{\sqrt{2\pi V_m}} e^{-\frac{x_m^2}{2V_m}}$

각 발생확률을 곱함(joint 확률)

↓

likelihood function : $\prod_{i=1}^{m} \left(\frac{1}{\sqrt{2\pi V_i}} e^{-\frac{x_i^2}{2V_i}} \right)$, $V_i = \sigma_i^2$이므로 $V_i = \omega + \alpha x_{i-1}^2 + \beta V_{i-1}$를 대입하면

$$\prod_{i=1}^{m} \left(\frac{1}{\sqrt{2\pi \left(\omega + \alpha x_{i-1}^2 + \beta V_{i-1} \right)}} e^{-\frac{x_i^2}{2\left(\omega + \alpha x_{i-1}^2 + \beta V_{i-1} \right)}} \right)$$

이 likelihood를 최대화 하는 ω, α, β를 구하여 V_i를 추정하는 것이 MLE

이 식에 로그를 취하고 상수 곱셉요인을 무시하여 정리하면,

↓

log-likelihood function : $\sum_{i=1}^{m} \left(-\ln\left(\omega + \alpha x_{i-1}^2 + \beta V_{i-1} \right) - \frac{x_i^2}{\omega + \alpha x_{i-1}^2 + \beta V_{i-1}} \right)$ (2.15)

식(2.15)는 미분을 이용하여 0이 되는 값을 분석적으로 구하기 쉽지 않기 때문에 수치해석적으로 풀어야 한다. 추정할 모수가 많아질 경우에 초기값 문제 등으로 최적화 수행이 불안정할 수 있는데 분산표적법(variance targeting) 방법을 이용하면 이를 다소 해결할 수 있다. 이 방법은 장기평균분산 V_L을 과거자료로부터 계산된 표본분산으로 대체하면 ω는 $V_L(1-\alpha-\beta)$와

동일하게 되므로 추정할 모수는 2개(α, β)만 남게 된다. 한편 EWMA는 $\omega = 0, \alpha = 1 - \lambda, \beta = \lambda$ 라고 하면 추정모수는 λ 1개만 남게 된다. 최적화방법을 통하여 모수를 추정하기 위해서 MATLAB의 Optimization ToolBox 함수를 이용하여 코딩할 것이다.

앞의 예에서 보듯이 최우추정법을 위해서는 일단 로그우도함수(log-likelihood function)를 도출해야 한다. [코드 2.4], [코드 2.5], [코드 2.6]은 모수 추정을 위한 로그우도함수에 대한 것이다.

[코드 2.4] SMA 모수 추정을 위한 log-likelihood function

```
%%%%% SMA log-likelihood function %%%%%

function f=SMA_llh(b, x)
f=sum(log(b)+(x.^2)/b);
```

[코드 2.5] GARCH(1,1) 모수 추정을 위한 log-likelihood function

```
%%%%% GARCH(1,1) log-likelihood function %%%%%

function f=GARCH_llh(b, x)    % 함수정의 b는 추정할 모수, x는 실제발생수익률

VL=var(x);                    % 분산표적법, 표본분산을 장기평균분산으로 대체
V=zeros(length(x)-1,1);
V(1)=x(1)^2;              % 첫 번째 분산 예측값을 첫 번째 수익률의 제곱으로 설정

for i=2:length(x)-1
    %식(2.12), b(1)=α, b(2)=β
    V(i)=(1-b(1)-b(2))*VL+b(1)*x(i)^2+b(2)*V(i-1);
end

f=sum(log(V)+(x(2:end).^2)./V);     % 식(2.15) log-likelihood function
```

[코드 2.6] EWMA 모수 추정을 위한 log-likelihood function

```
%%%%% EWMA log-likelihood function %%%%%

function f=EWMA_llh(b, x)
```

```
V=zeros(length(x)-1,1);
V(1)=x(1)^2;

for i=2:length(x)-1
    V(i)=(1-b)*x(i)^2+b*V(i-1);      % 식(2.4), b=λ
end

f=sum(log(V)+(x(2:end).^2)./V);      % 식(2.15) log-likelihood function
```

[코드 2.7]은 최적화 함수 fminsearch를 이용하여 각 방법론에 대한 모수들을 추정하였다.[15] 추정대상 수익률자료는 2002년 9월 3일 ~ 2007년 9월 14일 기간 동안의 KOSPI200 주가지수 자료(KOSPI200.xls)이다.

[코드 2.7] 최우추정법을 이용한 SMA, EWMA, GARCH(1,1) 모수추정

```
%%%%% 최우추정법을 이용한 SMA, EWMA, GARCH(1,1) 모수추정 %%%%%

x=xlsread('KOSPI200.xls');
x=price2ret(x);                 % 산술수익률 계산시 'Periodic' 입력
o=optimset('maxiter',300);      % 최적화 수행 시 최대 iteration을 300으로 설정

% MLE SMA
SMA_b0=0.01;                    % 추정할 모수(분산)의 초기값
% 로그우도함수 최대화
[SMA_var,SMA_fval]=fminsearch(@SMA_llh,SMA_b0,o,x)

% MLE EWMA
EWMA_b0=0.9;                    % 추정할 모수(λ)의 초기값
% 로그우도함수 최대화
[EWMA_para,EWMA_fval]=fminsearch(@EWMA_llh,EWMA_b0,o,x)

% MLE GARCH
% 추정할 모수(α,β)의 초기값(대략 0<α<0.25, β>0.7, α+β<1에서 설정)
GARCH_b0=[0.1 0.8];
% 로그우도함수 최대화
```

15) fminsearch함수 : MATLAB의 Optimization ToolBox의 함수(Find minimum of unconstrained multivariable function using derivative-free method)이다. 이 함수는 최소값을 반환하므로 최대값을 구하기 위해 원래 -부호인 log-likelihood function에 음수를 붙이게 되어 +부호가 되었다.

```
[GARCH_para,GARCH_fval]=fminsearch(@GARCH_llh,GARCH_b0,o,x)

% GARCH ToolBox를 이용하여 모수추정, garchfit함수 이용
coeff=garchfit(x);
ToolBox_para=[coeff.ARCH, coeff.GARCH]
```

이제 상기 m-file을 실행해 보면 다음과 같다.[16)]

```
SMA_var =
  2.1167e-004

SMA_fval =
 -9.3183e+003

EWMA_para =
    0.9371                     ⇒ λ

EWMA_fval =
 -9.4924e+003

GARCH_para =
    0.0737    0.9101           ⇒ α, β

GARCH_fval =
 -9.5117e+003
```

2.2.5 내재변동성(Implied Volatility)

블랙-숄즈 옵션평가모형의 모수 중 직접 관찰할 수 없는 것이 기초자산의 변동성이다. 따라서 나머지 변수들과 시장에서 관찰되는 옵션가격을 알면, 변동성을 역산할 수 있는데 이를 내재변동성이라 한다. 내재변동성은 분석적 방법으로 해를 구할 수 없기 때문에 일반적으로 수치해석적 방법을 적용하여 계산한다. 여기에서는 수치해석적 방법의 대표적인 형태인 이분법과 뉴튼랩슨법을 이용하여 내재변동성을 구하는 방법을 알아보도록 한다.

16) SMA_favl : fminsearch를 이용한 로그우도함수의 최소값을 의미하나 이는 주석 14)에 언급하였듯이 로그우도함수에 -부호를 붙였기 때문에 결국은 로그우도함수의 최대값이 된다.

(1) 이분법(Bisection Method)

이분법은 비선형방정식의 해를 찾는 가장 간단한 형태로 기본개념은 다음과 같다. 함수 $f(x)$에 대해 a, b 두 구간의 값, 즉 $f(a)$와 $f(b)$의 부호가 다를 경우 두 구간사이에서 $f(x)$가 연속적이면 반드시 $f(x)=0$을 만족시키는 방정식의 해가 존재하게 된다. 따라서 a와 b의 중점을 c라 할 때, $f(c)=0$이면 c가 구하고자 하는 방정식의 해가 된다. 그러나 $f(c)=0$이 아닐 경우 $f(a)$와 $f(b)$중에 $f(c)$와 부호가 다른 것과 $f(c)$를 동일한 방식으로 중점을 구하는 과정을 반복하여 $f(x)=0$의 근사 해를 구하게 된다.

예컨대 함수 $f(x)$가 $y=x^2-4$일 경우 임의의 구간 0과 5사이에서 $f(x)=0$을 만족시키는 x값을 이분법을 이용하여 구해보도록 한다. $f(0)=-4$이고 $f(5)=21$이므로 두 값의 부호가 다르기 때문에 이 구간사이에 해가 반드시 존재하게 된다. 여기서 0과 5의 중점은 2.5이며, $f(2.5)=2.25$가 양수이기 때문에 0과 2.5가 새로운 구간이 된다. 동일한 방법으로 0과 2.5의 중점 1.25의 값 $f(1.25)=-2.4375$즉 음수이므로 1.25와 2.5 사이에 해가 있게 된다. 이러한 식으로 구간을 좁혀 가면 결국 $f(x)=0$이 되는 x값인 2에 근접한 값을 얻을 수 있다.[17)]

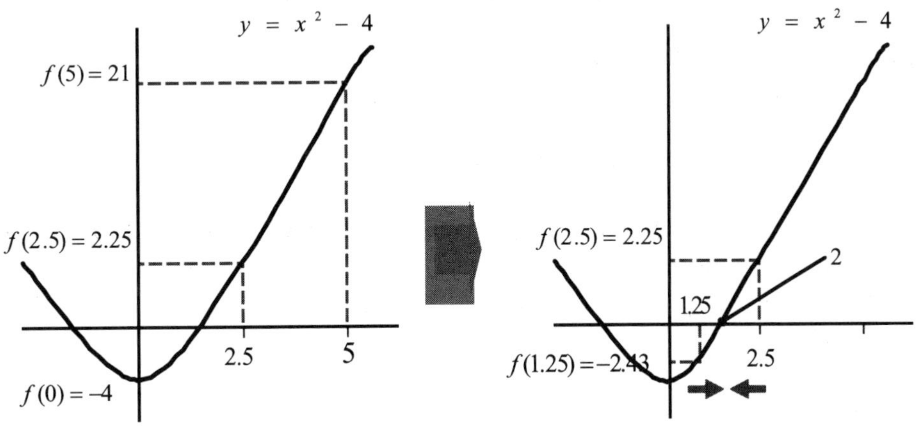

[그림 2.1] 이분법으로 해 찾기 ($y=x^2-4$)

이분법은 매단계마다 해가 있는 구간이 반으로 줄어들기 때문에 다른 방법에 비해 수렴속도가 느리다는 단점이 있으나, 어떠한 경우라도 반드시 수렴하므로 적용 범위가 넓다는 장점이 있다.

이제, 이분법을 이용하여 내재변동성(연변동성)을 구하는 함수를 만들어 보도록 한다. 이분

---

17) $f(x)=x^2-4$의 근은 −2와 2의 값을 갖는다. 위의 예에서는 2를 포함하는 구간(0~5)에서 이분법으로 계산하였기 때문에 2를 근사치로 추정한 것이다. 만약 −2를 포함하는 구간으로 이분법을 계산하게 되면 근사치는 −2가 된다.

법은 초기 구간을 정해야 하는데 내재변동성을 구하는 과정이므로 두 개의 초기변동성 수치를 매우 낮은 0.01과 매우 높은 2로 설정하였다. 또한 수치해석적 방법으로 해를 구할 경우 무한 반복에 빠질 위험이 있으므로 오차한계치를 정해야하는데 여기서는 그 값을 0.000001로 하였다.

[코드 2.8] Implied Volatility(Bisection Method)[18)]

```
%%%%% Implied Volatility(Bisection Method) %%%%%

function Imp_Vol=Bisection_ImpVol(C_P, S, X, r, T, q, MP)

V_low = 0.01;                    % 변동성 초기값(lower boundary)
V_high = 2;                      % 변동성 초기값(higher boundary)
tol = 0.000001;                  % 오차한계

% 변동성 초기값 V_low일때 옵션가격계산
P_low = BS_Vanilla(C_P, S, X, r, T, V_low, q);

% 변동성 초기값 V_high일때 옵션가격계산
P_high = BS_Vanilla(C_P, S, X, r, T, V_high, q);

vi = V_low + (MP - P_low) * (V_high - V_low) / (P_high - P_low);

% Implied Volatility (Bisection), 시장가격과 차이가 오차한계 이하면 중지
while abs(MP - BS_Vanilla(C_P, S, X, r, T, vi, q)) > tol
    if BS_Vanilla(C_P, S, X, r, T, vi, q) < MP
        V_low = vi;
    else
        V_high = vi;
    end
    P_low = BS_Vanilla(C_P, S, X, r, T, V_low, q);
    P_high = BS_Vanilla(C_P, S, X, r, T, V_high, q);
    vi = V_low + (MP - P_low) * (V_high - V_low)/(P_high - P_low);
end

Imp_Vol = vi;
```

18) BS_Vanilla 함수는 블랙-숄즈 옵션가격결정공식을 이용하여 유럽형 바닐라옵션의 가격을 구하는 함수로서 제3장에서 소개하였다.

이 함수를 이용하여 현재주가 100, 행사가격 100, 만기 6개월, 무위험이자율 5%, 현재 옵션시장가격 10인 무배당 콜옵션의 내재변동성을 구해보면 다음과 같다.

```
>> Bisection_ImpVol('C', 100, 100, 0.05, 0.5, 0, 10)

ans =
    0.3133
```

(2) 뉴튼랩슨법(Newton-Rapson Method)

뉴튼랩슨법은 접선의 기울기, 즉 미분을 통해 근사 해에 수렴하는 방법으로 기본개념은 다음과 같다. 아래 그림에서와 같이 $f(x)$에서 초기 근사 값을 x_0라고 할 때, 점$(x_0, f(x_0))$에서 함수 $f(x)$의 접선의 방정식을 $h(x)$라고 할 때, $h(x)=f'(x_0)(x-x_0)+f(x_0)$이 된다. 이 직선과 x축과의 교점을 x_1이라 할 때, x_1을 구하기 위해 $h(x_1)=0$을 대입하여 정리하면 $x_1 = x_0 - \frac{f(x_0)}{f'(x_0)}$이 된다. 동일한 방법으로 점 $(x_1, f(x_1))$에서 함수$f(x)$의 접선방정식이 x축과 만나는 x_2를 계산할 수 있다. 이러한 과정을 반복하여 오차한계치보다 작은 x값을 찾게 되면 우리가 원하는 근사해를 구할 수 있다.

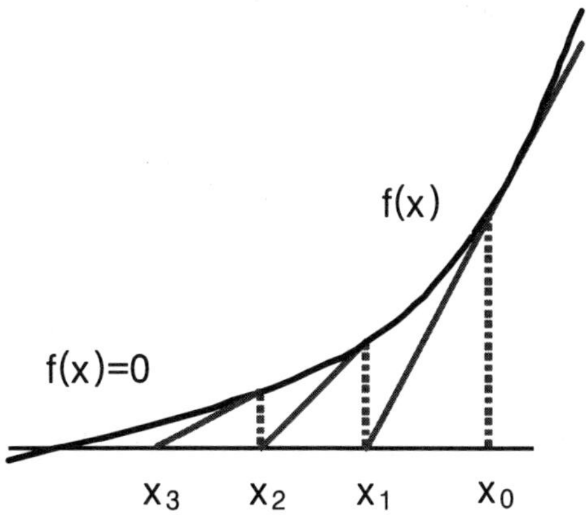

[그림 2.2] 뉴튼랩슨법 해 찾기

앞에서 살펴본 이분법 예제와 동일하게 함수 $y=x^2-4$를 초기값 $x_0=5$에서 뉴튼랩슨법으로 계산하여 보면, 기울기 $f'(x)=2x$이므로 다음과 같이 근사해를 구할 수 있다.

$$x_1 = x_0 - \frac{f(x_0)}{f'(x_0)} = 5 - \frac{21}{10} = 2.9$$

$$x_2 = x_1 - \frac{f(x_1)}{f'(x_1)} = 2.9 - \frac{4.41}{5.8} = 2.14$$

$$x_3 = x_2 - \frac{f(x_2)}{f'(x_2)} = 2.14 - \frac{0.58}{4.28} = 2.00$$

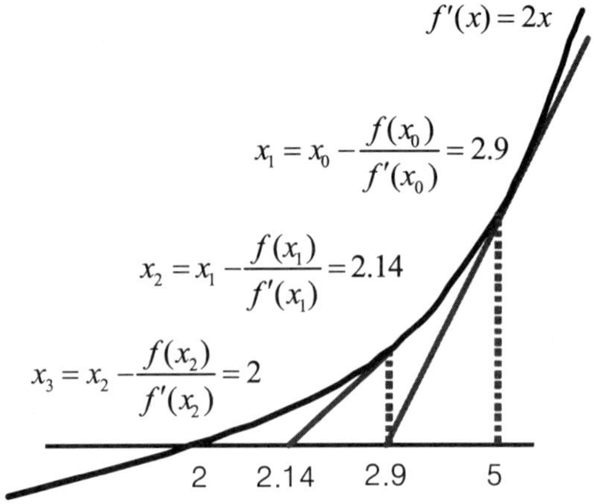

[그림 2.3] 뉴튼랩슨법으로 해를 구하기 ($y = x^2 - 4$)

뉴튼랩슨법은 미분을 통해 근사해에 수렴하므로 이분법보다 수렴속도가 빠른 장점이 있으나 미분을 할 수 없는 경우 이 방법을 사용할 수 없고, 초기값을 잘못 설정할 경우 근사해로 수렴되지 않는다는 단점이 있다.

이제 뉴튼랩슨법을 이용해서 내재변동성을 구하는 함수를 만들어 보도록 한다. 내재변동성을 뉴튼랩슨법에 따라 구하는 공식은 아래와 같다.

$$\sigma_{i+1} = \sigma_i - \frac{P(\sigma_i) - P_m}{\partial P / \partial \sigma_i} \tag{2.16}$$

여기서 σ_i는 추정변동성, P_m은 옵션의 시장가격, $\frac{\partial P}{\partial \sigma_i}$는 베가(변동성의 변화에 따른 옵션가치의 민감도)를 나타낸다. 이는 앞의 예에서 $f(\sigma) = P(\sigma) - P_m$, $f'(\sigma) = \frac{\partial P}{\partial \sigma_i}$와 같은 의미이다. 식(2.16)을 이용하여 내재변동성을 구하는 MATLAB 코드를 작성하여 보자. 초기 값은 아주 큰 값인 0.2로 설정하였고, 이분법과 동일하게 수치해석적 방법으로 해를 구할 때 필요한 오차한계치는 0.000001로 하였다.

[코드 2.9] Implied Volatility(Newton-Rapson Method)[19]

```
%%%%% Implied Volatility(Newton-Rapson Method) %%%%%

function Imp_Vol = Newton_ImpVol(C_P, S, X, r, T, q, MP)

vol = 0.2;                      % 변동성 초기 값
tol = 0.000001;                 % 오차한계

% 변동성 초기 값에 대한 옵션가격
P = BS_Vanilla(C_P, S, X, r, T, vol, q);

% 변동성 초기 값에 대한 베가
vega = BS_Vanilla_Greeks(C_P, 'vega', S, X, r, T, vol, q);

% Implied Volatility (Newton-Rapson Method)
% 시장가격과 차이가 오차한계 이하면 중지
while abs(P - MP) > tol
    vol = vol - (P - MP) / vega ;
    P = BS_Vanilla(C_P, S, X, r, T, vol, q);
    vega = BS_Vanilla_Greeks(C_P, 'vega', S, X, r, T, vol, q);
end

Imp_Vol = vol;
```

이 함수를 이용하여 이분법에서와 동일한 예제의 내재변동성을 구해보면 다음과 같다.

```
>> Newton_ImpVol('C', 100, 100, 0.05, 0.5, 0, 10)

ans =
    0.3133
```

MATLAB®의 Financial Toolbox 함수인 blsimpv를 이용해서도 내재변동성을 구할 수 있는데, 동일한 예제에 적용해 보면 다음과 같다.

```
>> blsimpv(100, 100, 0.05, 0.5, 10)
```

19) BS_Vanilla_Greeks함수는 블랙-숄즈 옵션가격결정공식을 이용하여 유럽형 바닐라옵션의 가격 및 민감도를 구하는 함수로서 제7장에서 소개하였다.

```
ans =
    0.3133
```

2.3 변동성 기간구조(Volatility Term Structure) 추정

널리 알려진 블랙-숄즈 옵션가격결정(1973) 모델은 기초자산가격이 일정한 변동성(constant volatility)을 가진 로그정규분포(log-normal distribution)를 따른다고 가정하였다.[20] 그러나 이러한 가정과는 달리 옵션의 시장가격으로부터 관측되는 내재변동성(implied volatility)은 행사가격과 만기에 따라 다르다. 옵션에 내재된 변동성이 행사가격에 따라 스마일(smile) 또는 스큐(skewed)된 곡선 형태를 보여주는 현상을 변동성스마일(volatility smile) 또는 변동성스큐(volatility skew)라 하며, 잔존만기에 따라 다르게 나타나는 것을 변동성기간구조(Volatility Term Structure)라 한다. 변동성표면(volatility surface)은 변동성스마일과 변동성기간구조를 결합한 것으로서 행사가격과 잔존만기별 변동성을 3차원 형태로 나타낸 것이다. 변동성표면은 임의의 행사가격과 만기를 갖는 옵션의 가격을 구하는데 이용될 수 있다.[21] 여기서는 앞서 설명한 GARCH(1,1)를 이용하여 변동성 기간구조를 추정할 것이며, 또한 국소변동성표면(local volatility surface)에 대해 설명하고자 한다.

2.3.1 GARCH(1,1) 변동성 기간구조

t일부터 $t+N$일 기간 동안 분산의 기댓값은 다음과 같다.

$$\frac{1}{N}\sum_{k=0}^{N-1} E\left(\sigma_{t+k}^2\right) \tag{2.16}$$

식(2.16)을 이용하면 옵션의 존속기간이 10일 일 경우에 $\sigma_t^2, \sigma_{t+1}^2, \sigma_{t+2,\ldots,}^2 \sigma_{t+9}^2$의 기댓값을 추정하여 평균을 취하면 잔존만기 10일 분산을 추정할 수 있다. $E(\sigma_{t+k}^2)$는 $(t-1)$일의 정보를 이용하여 추정한 $(t+k)$일의 분산 기댓값으로 다음과 같이 구할 수 있다. 식(2.11)에서 $\gamma = 1-\alpha-\beta$로 대체하면, $(t-1)$일에 추정한 t일의 분산은 다음과 같다.

20) 이 가정이 맞는다면 동일 기초자산을 가지는 모든 옵션의 내재변동성은 동일해야 한다.

21) 변동성표면은 시장에서 거래가 없거나 신규 개발된 옵션의 변동성 적용에 활용할 수 있으며 유한차분법의 격자에 접목시킬 경우 상수변동성가정인 블랙숄즈모델의 적절한 대안모델이 될 수 있다.

$$\sigma_t^2 = (1-\alpha-\beta)V_L + \alpha x_{t-1}^2 + \beta\sigma_{t-1}^2 \tag{2.17}$$

상기 식을 정리하면 다음과 같다.

$$\sigma_t^2 - V_L = \alpha\left(x_{t-1}^2 - V_L\right) + \beta\left(\sigma_{t-1}^2 - V_L\right) \tag{2.18}$$

t일을 $(t+k)$일로 확장하여 보자.(즉, $(t+k)$일의 분산 추정치)

$$\sigma_{t+k}^2 - V_L = \alpha\left(x_{t+k-1}^2 - V_L\right) + \beta\left(\sigma_{t+k-1}^2 - V_L\right) \tag{2.19}$$

양변에 기댓값을 취하고 수익률의 평균을 0이라 할 때 $E(x_{t+k-1}^2) = \sigma_{t+k-1}^2$이 되므로 식은 다음과 같이 된다.

$$E\left(\sigma_{t+k}^2 - V_L\right) = (\alpha+\beta)E\left(\sigma_{t+k-1}^2 - V_L\right) \tag{2.20}$$

상기 식에서 $t+k$ 대신 $t+k-1$일 경우인 $E(\sigma_{t+k-1}^2 - V_L) = (\alpha+\beta)E(\sigma_{t+k-2}^2 - V_L)$을 식 (2,20)에 대입하면 다음과 같다.

$$E(\sigma_{t+k}^2 - V_L) = (\alpha+\beta)^2 E(\sigma_{t+k-2}^2 - V_L)$$

이를 $t+k-2$, $t+k-3$, $\cdots$, t까지 반복하면 최종적으로 다음 식을 도출할 수 있다.

$$E\left(\sigma_{t+k}^2 - V_L\right) = (\alpha+\beta)^k\left(\sigma_t^2 - V_L\right) \text{ or } E\left(\sigma_{t+k}^2\right) = V_L + (\alpha+\beta)^k\left(\sigma_t^2 - V_L\right) \tag{2.21}$$

앞의 'KOSPI200.xls' 데이터를 이용하여 추정된 GARCH(1,1)의 모수가 다음과 같을 때 변동성 기간구조를 추정하여 보자.

$$\alpha = 0.0737,\ \beta = 0.9101,\ V_L = 0.000211,\ \sigma_t^2 = 0.000309$$

장기평균 연변동성은 $\sqrt{V_L} \times \sqrt{252} = 0.2306$

[코드 2.10] GARCH(1,1) Volatility Term Structure

```
%%%%% GARCH(1,1) Volatility Term Structure %%%%%

alpha=0.0737;
beta=0.9101;
VL=0.000211;
Vt=0.000309;                                   % 현재(t일 기준) 분산추정치

N=10:10:500;                                   % 추정 기간설정
vol_term=zeros(length(N),1);
for i=1:length(N)
    k=1:N(i)-1;
    V_term=[Vt VL+((alpha+beta).^k)*(Vt-VL)];  % 식(2.21)
    vol_term(i)=sqrt(mean(V_term))*sqrt(252);  % 식(2.16)
end
term_structure=[N;vol_term'];
plot(N, vol_term)                              % 기간구조 plot
```

상기 M-File을 실행하면 다음과 같다.

```
term_structure =
 N      10       20       30       40       50      ...   500
 vol   0.2759   0.2728   0.2699   0.2673   0.2649   ...   0.2371
```

상기 수치들은 옵션의 각 존속기간들에 해당되는 연변동성들이다.

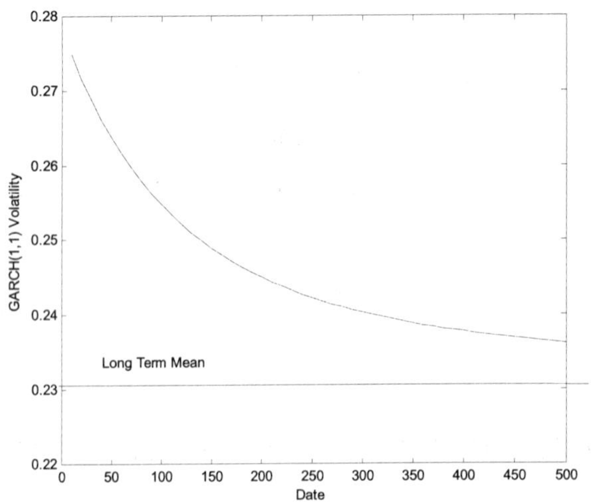

[그림 2.4] KOSPI200 주가지수 GARCH(1,1) 연변동성 기간구조

[그림 2.4]를 보면 장기일수록 변동성은 장기평균 연변동성인 0.2306에 수렴하고 있다. 현재의 분산추정치가 장기평균분산보다 높은 수준일 경우에는 우 하향 곡선의 형태를 보여주며 반대의 경우에는 우 상향 곡선을 보여준다.

2.3.2 국소변동성표면(Local Volatility Surface)

모든 행사가격 X와 만기 T에 대하여 콜옵션 또는 풋옵션의 가격이 주어진다면 이들 가격들로부터 블랙-숄즈 편미분방정식을 통해 X와 T의 함수인 변동성 $\sigma_L(X,T)$를 구할 수 있으며 이 함수를 국소변동성이라 한다.[22] 앞에서 설명한 내재변동성과 다른 점은 국소변동성은 시장가격과 블랙-숄즈 편미분방정식에 내재된 변동성이라는 점이다.

Dupire(1994)가 제시한 국소변동성 계산 공식은 다음과 같다.[23]

$$\frac{\partial C}{\partial T}=\sigma_L^2(X,T)\frac{X^2}{2}\frac{\partial^2 C}{\partial X^2}-(r-q)X\frac{\partial C}{\partial X}-qC \tag{2.22}$$

식(2.22)는 유럽형콜옵션이 만족해야할 식으로서 C는 옵션가격, X는 행사가격, r은 무위험이자율, q는 배당수익률이다. 식(2.22)에서 $\sigma_L(X,T)$를 좌변으로 이항하여 정리하면 다음과 같은 국소변동성함수를 도출할 수 있다.

$$\sigma_L(X,T)=\sqrt{\frac{\frac{\partial C}{\partial T}+(r-q)X\frac{\partial C}{\partial X}+qC}{\frac{X^2}{2}\frac{\partial^2 C}{\partial X^2}}} \tag{2.23}$$

식(2.23)은 두 가지 잠재적인 문제점이 있다. 첫째, 올바른 국소변동성을 구하기 위한 행사가격별 및 만기별 옵션 시장가격들이 충분히 제공되지 않는다는 점이며 둘째, 행사가격과 멀리 떨어진 심외가격(deep out of the money)옵션과 심내가격(deep in the money)옵션의 경우에는 식(2.23)의 분자와 분모항의 값이 너무 작아져서 수치적으로 부정확한 값이 산출될 수 있다. Elder(2002)는 내재변동성을 이용하여 콜옵션의 가격을 구한다면 식(2.23)을 다음

22) Dupire(1994)는 기초자산가격이 위험중립임의보행(risk-neutral random walk)를 따르고 모든 행사가격 X와 만기 T에 대해 유럽형 바닐라옵션의 무차익시장가격(no-arbitrage market price)이 존재한다면 이들 가격으로부터 국소변동성을 분석적으로 도출할 수 있음을 보여주었다

23) Dupire, B. (1994) : "Pricing with a Smile," *Risk Magazine,* 7(1).

과 같이 내재변동성함수 $\sigma_I(X,T)$를 이용한 식으로 대체할 수 있음을 보여주었다.24)

$$\sigma_L(X,T)=\sqrt{\frac{\sigma_I^2(X,T)+2\sigma_I(X,T)T\left(\frac{\partial\sigma_I(X,T)}{\partial T}+(r-q)X\frac{\partial\sigma_I(X,T)}{\partial X}\right)}{\left(1+Xd_+\frac{\partial\sigma_I(X,T)}{\partial X}\sqrt{T}\right)^2+\sigma_I(X,T)X^2T\left(\frac{\partial^2\sigma_I(X,T)}{\partial X^2}-d_+\left(\frac{\partial\sigma_I(X,T)}{\partial X}\right)^2\sqrt{T}\right)}} \quad (2.24)$$

여기서 d_+는 다음과 같다.

$$d_+=\frac{\ln\left(\frac{S}{X}\right)+\left(r-q+\frac{1}{2}\sigma_I^2(X,T)\right)T}{\sigma_I(X,T)\sqrt{T}}$$

이제 국소변동성표면을 Elder(2002)의 공식을 사용하여 다음 절차에 따라 도출할 수 있다.

①단계 시장가격을 이용하여 행사가격 및 잔존만기별 내재변동성 추정
⇒ 이분법 또는 뉴튼랩슨법을 이용하여 추정

②단계 ①단계 산출 값을 이용하여 내재변동성함수(implied volatility function) $\sigma_I(X,T)$ 추정
⇒ 내재변동성함수 모델 설정25)

$$\sigma_I(X,T)=a+bT+cT^2+dMT+eM+gM^2+hM^3 \quad (2.25)$$

M은 머니니스(moneyness)로서 $M=\ln\left(\frac{Se^{(r-q)T}}{X}\right)$와 같이 정의하고 데이터 적합도를 더욱 향상시키기 위해 식(2.25)를 다음과 같이 변형한다.

$$\sigma_I(X,T)=a+c\exp(bT)+dM+eM^2+gM^3+hM^4 \quad (2.26)$$

24) Elder, J. (2002) : "Hedging for Financial Derivatives," *University of Oxford*, Ph.D. Thesis.

25) 식(2.25), 식(2.26)은 Sepp, A. (2002) : "Pricing Barrier Options under Local Volatility," *Working Paper* 참조

식(2.26)의 의미를 살펴보자. 우변의 앞 두 항은 등가격(at the money)옵션의 변동성기간구조와 관련이 있다.[26] a는 장기 등가격옵션 변동성이고 c는 현재 등가격옵션 변동성과 a와의 차이가 되며, b는 평균회귀속도를 의미한다. 나머지 계수들은 스마일을 조정하는 역할을 한다.

③단계 식(2.26)의 계수 추정 : 최소자승법(least−square method) 사용하여 계수 추정

$$Minimize\sum_{j}\left\{\sigma_I\left(X_j,T_j\right)-\sigma_j\right\}^2$$

④단계 ②와 ③단계에서 추정된 내재변동성함수 $\sigma_I(X,T)$를 이용하여 국소변동성함수(식(2.24))에 입력할 도함수 계산[27]

$$\frac{\partial\sigma_I\left(X,T\right)}{\partial T}=cb\exp(bT)+\left(r-q\right)\left(d+2eM+3gM^2+4hM^3\right)$$
$$\frac{\partial\sigma_I\left(X,T\right)}{\partial X}=-\frac{1}{K}\left(d+2eM+3gM^2+4hM^3\right)$$
$$\frac{\partial^2\sigma_I\left(X,T\right)}{\partial X^2}=\frac{1}{K^2}\left(d+2e\left(M+1\right)+3gM\left(M+2\right)+4hM^2\left(M+3\right)\right)$$

⑤단계 ④단계에서 도출된 도함수를 식(2.24)에 대입하여 국소변동성 $\sigma_L(X,T)$ 계산
⇒ X와 T에 따른 $\sigma_L(X,T)$를 계산하여 국소변동성표면 도출

이제 국소변동성표면을 MATLAB을 이용하여 도출하여 보자. 다음은 KOSPI200지수를 기초자산으로 하는 상장ELW 콜의 시장관측 데이터(market_data.xls)이다.[28]

---

26) $X\approx Se^{(r-q)T}\rightarrow M\approx 0$

27) 도함수들은 MATLAB의 기호연산(symbolic math)을 사용하면 쉽게 도출할 수 있다.(제13.6절 참조)

28) 시장데이터 선택 시 거래가 일정정도 이루어진 것, 시장가격이 이론적 불가능한 가격이 아닌 것과, 너무 낮거나 높게 왜곡된 가격이 아닌 것 등을 선택하는 등 주의가 필요하다.

	A	B	C
1	strike	maturity	call_price
2	170	0.147945	19
3	175	0.147945	14.55
4	180	0.147945	10.6
5	180	0.243836	12.65
6	180	0.320548	13.85
7	185	0.071233	4.3
8	185	0.147945	7
9	185	0.243836	7.8
10	190	0.071233	1.9
11	190	0.147945	4.85
12	190	0.320548	8.15
13	195	0.071233	0.6
14	195	0.243836	3.6
15	195	0.320548	6.2
16	200	0.243836	2.5
17	205	0.320548	3.3

<주의> call_price : KOSPI200지수 상장ELW의 시장가격/전환비율
* KOSPI200지수 상장ELW의 전환비율은 통상 100

[코드 2.11]은 제②단계인 내재변동성 함수의 모델을 설정하고 각 계수들을 추정하기 위한 함수이다.

[코드 2.11] Implied Volatility Function

```
%%%%% Implied Volatility Function %%%%%

function f=ImpVol_f(a, Mdata)

% Implied Volatility Function 모델(식2.26)
f=a(1)+a(3)*exp(a(2)*Mdata(:,2))+a(4)*Mdata(:,1)+...
 a(5)*Mdata(:,1).^2+a(6)*Mdata(:,1).^3+a(7)*Mdata(:,1).^4;
```

[코드 2.12] Local Volatility Surface

```
%%%%% Local Volatility Surface %%%%%

% 기초 입력변수
C_P='C'
S=186.24;   % 기초자산 현재가격
r=0.048;
q=0.0029;

% 옵션 거래데이터
market_data=xlsread('market_data.xls');
temp_size=size(market_data);
X=market_data(:,1);                  % 행사가격
```

```
T=market_data(:,2);                    % 잔존만기
P=market_data(:,3);                    % 시장가격

% 1단계 : 행사가격/잔존만기별 내재변동성 추정(뉴튼랩슨법)
Imp_Vol=zeros(temp_size(1),1);
for i=1:temp_size(1),
    Imp_Vol(i) = Newton_ImpVol(C_P, S, X(i), r, T(i), q, P(i));
end

% 2, 3단계 : 내재변동성 함수 모델설정 및 계수추정
M=log((S*exp((r-q)*T))./X);            % Moneyness
Mdata=[M T];
% 최소자승법
a=lsqcurvefit(@ImpVol_f,[0.1 0.1 0.1 0.1 0.1 0.1 0.1], Mdata,...
 Imp_Vol);

% Moneyness, 잔존만기의 범위 설정(구할 내재변동성 범위를 위함)
M=linspace(min(M),max(M),20);
T=linspace(min(T),max(T),20);

% 해당 Moneyness, 잔존만기의 범위에 따른 행사가격
X=(S*exp((r-q)*T))./exp(M);

% 4단계 : 내재변동성 함수이용 도함수 계산
Imp_Vol=zeros(length(M),length(T));
dT=zeros(length(M),length(T));
dX=zeros(length(M),length(T));
dXX=zeros(length(M),length(T));
d=zeros(length(M),length(T));
for i=1:length(M),
    for j=1:length(T),
        Imp_Vol(i,j)=ImpVol_f(a,[M(i) T(j)]);
        dT(i,j)=a(3)*a(2)*exp(a(2)*T(j))+(r-q)*...
            (a(4)+2*a(5)*M(i)+3*a(6)*M(i)^2+4*a(7)*M(i)^3);
        dX(i,j)=-(a(4)+2*a(5)*M(i)+3*a(6)*M(i)^2+4*a(7)*M(i)^3)/X(i);
        dXX(i,j)=(a(4)+2*a(5)*(M(i)+1)+3*a(6)*M(i)*(M(i)+2)+...
            4*a(7)*M(i)^2*(M(i)+3))/X(i)^2;
        d(i,j)=(log(S/X(i))+(r-q+0.5*Imp_Vol(i,j)^2)*...
            T(j))/(Imp_Vol(i,j)*sqrt(T(j)));
    end
end

% 5단계 : Local Volatility Surface 계산
```

```
Local_Vol=zeros(length(X),length(T));
for i=1:length(X),
    for j=1:length(T),
        Local_Vol(i,j)=(Imp_Vol(i,j)^2+2*Imp_Vol(i,j)*T(j)*...
           (dT(i,j)+(r-q)*X(i)*dX(i,j)))/((1+X(i)*d(i,j)*dX(i,j)*...
           sqrt(T(j)))^2+Imp_Vol(i,j)*X(i)^2*T(j)*(dXX(i,j)-d(i,j)*...
           dX(i,j)^2*sqrt(T(j))));                % 식(2.24)
    end
end
Local_Vol= sqrt(Local_Vol);

% Plot
[X,T]=meshgrid(X,T);
Imp_Vol=Imp_Vol';
Local_Vol=Local_Vol';

figure (1)              % Implied Volatility Surface
mesh(X,T,Imp_Vol)
figure (2)              % Local Volatility Surface
mesh(X,T,Local_Vol)
```

상기 M-File을 실행하면 Implied Volatility Surface와 Local Volatility Surface 그림이 다음과 같이 출력된다. 만일 KOSPI200지수를 기초자산으로 하는 장외옵션을 평가할 경우의 변동성은 Volatility Surface를 이용하여 해당 잔존만기와 행사가격에 해당하는 변동성을 구하여 사용할 수 있다.

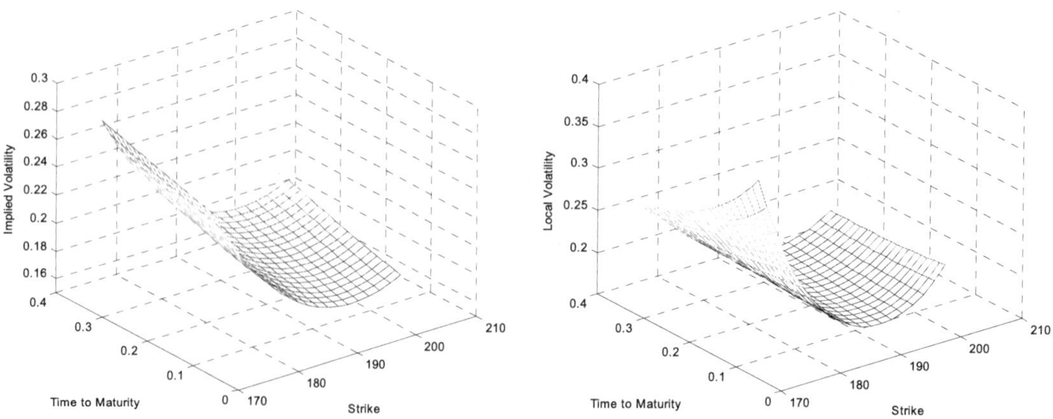

[그림 2.5] Kospi200 Implied Volatility Surface(좌), Local Volatility Surface(우)

2.4 무이표채 수익률곡선(Zero Coupon Yield Curve) 추정

위험중립평가 원리를 이용한 파생상품 평가 시 미래의 기대 현금흐름을 무위험이자율로 할인하는 과정이 있다. 이 경우 무위험이자율은 국채와 같이 위험이 없는 이자율로서 무이표채 수익률(zero coupon yield)을 말하며, 변동성과 더불어 중요한 입력변수가 된다. 따라서 잔존만기에 해당하는 수익률의 괘적인 무이표채 수익률곡선(zero coupon yield curve) 추정이 필요하다.

2.4.1 수익률곡선의 종류

수익률곡선(yield curve, term structure of interest rate)이란 채권이 위험과 기타 모든 조건이 동일할 때 만기구조만의 변수에 따라 변동하는 수익률의 궤적으로서 만기와 수익률의 함수관계를 말한다. 수익률곡선의 종류는 크게 4가지로 구분할 수 있다.

(1) Bond Yield(채권수익률, 만기수익률, 유통수익률, 시장수익률) Curve

bond yield는 채권의 현금흐름의 현재가치와 시장가치를 일치시키는 수익률로서 채권을 만기까지 보유하였을 경우 받게 되는 모든 수익(이자수익, 상환손익, 이자소득의 재투자 수익)이 투자원금에 대하여 1년당 어느 정도의 수익을 가져오는가를 화폐의 시간가치를 고려하여 나타내는 만기수익률(Yield to Maturity, YTM)이다. 또한 현재 시장에서 채권 거래 시 호가되는 유통수익률을 말하며, 증권업협회 및 채권평가사가 시가평가테이블로 제공하고 있다. 다음 이표채권(coupon bond)의 예를 통하여 bond yield의 개념을 알아보자.

<이표채권> 액면 100, 만기 4년, Coupon Rate 7%, Coupon 지급주기 1년, 시장가격 105

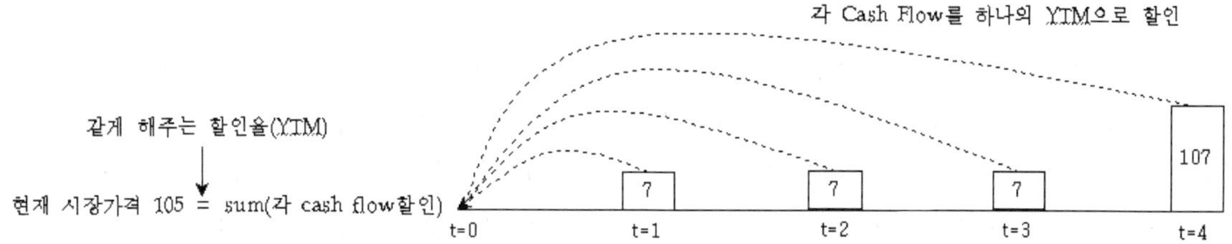

$$105 = \frac{7}{(1+y)} + \frac{7}{(1+y)^2} + \frac{7}{(1+y)^3} + \frac{107}{(1+y)^4}$$

y : YTM, 시행착오법으로 계산

[그림 2.6] Bond Yield의 개념

[그림 2.6]에서 보듯이 이표채권에서 발생되는 4개의 현금흐름의 현재가치 총합계와 시장가격(105)을 일치시키는 수익률을 시행착오법(trial and error)으로 구한 것이 YTM이다. YTM은 모든 현금흐름을 단 하나의 수익률(상기그림 y)로 할인하기 때문에 재투자수익률과 YTM이 동일하다는 의미이며, 이는 수익률곡선이 평탄(flat)함을 가정한 것이다. 그러나 이러한 가정은 현실과 맞지 않기 때문에 이표효과를 제외한 무이표채 수익률이 필요하게 된다.[29)]

(2) Zero Coupon Yield(Spot Rate(현물이자율)) Curve

zero coupon yield는 cash flow가 단 하나뿐인 zero coupon bond의 수익률로서 특정채권의 이표에 따라 수익률이 달라지는 이표효과(coupon effect)를 제거한 수익률이다. 채권평가사, 블룸버그, 로이터 등에서 이론적 zero yield curve를 생성하여 제공하고 있다. 앞의 이표채권의 예를 통하여 zero coupon yield의 개념을 알아보자.

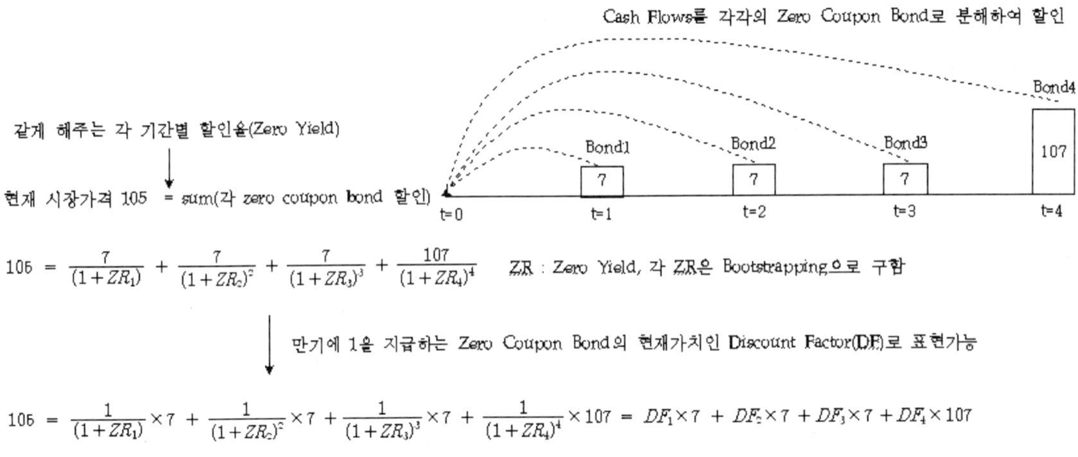

[그림 2.7] Zero Coupon Yield의 개념

[그림 2.7]에서 보듯이 이표채권의 이표들은 각각의 해당 이표지급일을 만기로 하는 무이표채권(zero coupon bond)으로 분해할 수 있다. 일물일가의 원칙에 따라 무차익거래(no-arbitrage)조건을 만족하기 위해서는 분해된 무이표채권들의 현재가치의 합이 분해하기 전의 이표채권의 가치와 동일해야하며, 동일하게 만드는 각 기간별 할인율(ZR_1, ZR_2, ZR_3, ZR_4)이 zero coupon yield가 된다.

일반적으로 시장에서 할인채들은 무이표채권들로서 이 채권들로부터 zero coupon yield를 관측할 수 있다. 그러나 할인채들은 대부분 만기가 1년 미만이므로 1년 이상의 zero coupon

29) 또한 동일 만기일지라도 쿠폰에 따라 YTM이 달라지는 문제가 존재한다.

yield는 시장에서 관측할 수 없으며, 이에 따라 시장에서 거래되고 있는 이표채권이나 액면가채권(par bond)의 가격을 붓스트래핑(bootstrapping) 방법을 이용하여 zero coupon yield curve를 생성하여야 한다.

(3) Par Yield(액면가수익률)

par yield는 채권의 시장가격이 액면가치(par value)와 동일하게 되도록 하는 이표금리(coupon rate)로서 채권발행 시 대부분의 채권은 par value(시장수익률 = coupon rate)로 발행된다.[30] IRS(interest rate swap) 금리는 대표적인 par yield로서 IRS시장을 통해 직접 계산하는 것이 가능하다. 앞의 이표채권의 예에서 이 채권이 액면가채권(par bond)이 되도록 이표금리를 정하는 과정을 통해 par yield의 개념을 알아보자.

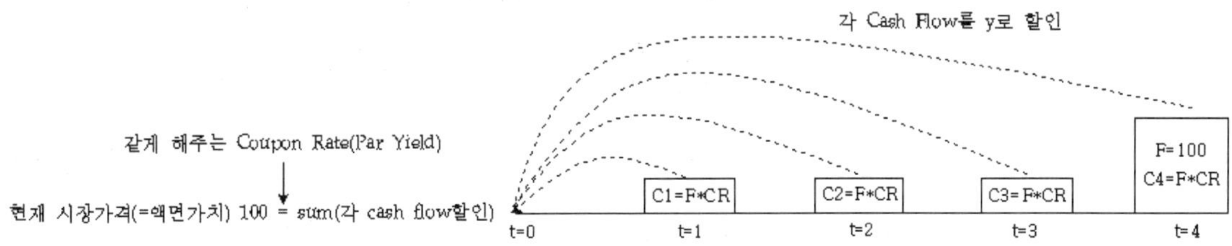

$$100 = \frac{F\times CR}{(1+y)} + \frac{F\times CR}{(1+y)^2} + \frac{F\times CR}{(1+y)^3} + \frac{F\times (1+CR)}{(1+y)^4}$$

CR : Coupon Rate, Par Yield
Par Bond 가격 이용 Bootstrapping으로 도출

[그림 2.8] Par Yield의 개념

[그림 2.8]에서 보듯이 coupon rate를 얼마로 정해야 각 cash flow의 현재가치 합이 액면가치 100이 되는가의 문제이다. 즉 coupon rate를 시장수익률과 동일하게 하면($CR = y$) 액면가치 100이 될 수 있음을 알 수 있다. 또한 그림에서 y는 YTM인데, 이를 zero coupon yield로 대체할 경우 앞에서 말한 붓스트래핑을 이용하여 zero coupon yield curve를 생성할 수 있다. 이는 대표적인 par yield인 IRS금리를 만기별로 입수하여 붓스트래핑을 통해 쉽게 zero coupon yield curve를 생성할 수 있음을 의미한다.

(4) Forward Yield(선도수익률)

forward yield는 zero coupon yield에 내재된 미래에 대한 기대이자율로서 현재 시장참가자들의 미래에 대한 기대를 반영하고 있다. 앞의 이표채권의 예를 통하여 forward yield의 개

30) 실무에서 채권발행으로 자금조달 할 경우, coupon rate는 시장에서 거래되는 해당 만기의 무위험 액면가채권(par bond)의 수익률과 신용스프레드를 참조하여 결정된다.

념을 알아보자.

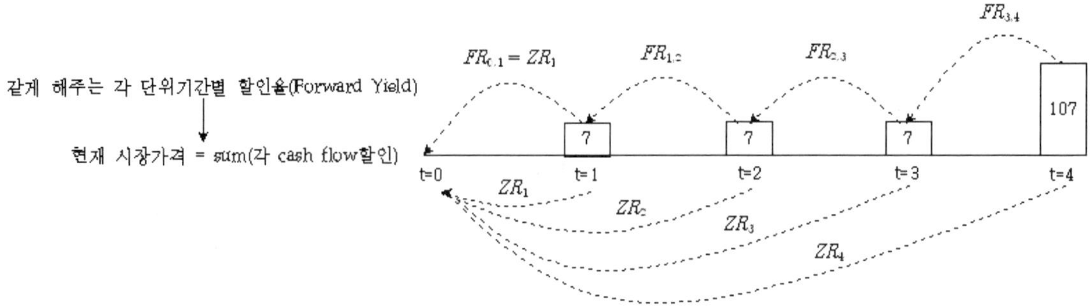

$$106 = \frac{7}{(1+ZR_1)} + \frac{7}{(1+ZR_1)(1+FR_{1,2})} + \frac{7}{(1+ZR_1)(1+FR_{1,2})(1+FR_{2,3})} + \frac{107}{(1+ZR_1)(1+FR_{1,2})(1+FR_{2,3})(1+FR_{3,4})}$$

→ 관계를 이용하여 $FR_{1,2}$ 도출 : $(1+ZR_1)(1+FR_{1,2}) = (1+ZR_2)^2$, $FR_{1,2} = \frac{(1+ZR_2)^2}{(1+ZR_1)} - 1$

$$= \frac{7}{(1+ZR_1)} + \frac{7}{(1+ZR_2)^2} + \frac{7}{(1+ZR_2)^2(1+FR_{2,3})} + \frac{107}{(1+ZR_2)^2(1+FR_{2,3})(1+FR_{3,4})}$$

→ $FR_{2,3}$ 도출 : $(1+ZR_2)^2(1+FR_{2,3}) = (1+ZR_3)^3$, $FR_{2,3} = \frac{(1+ZR_3)^3}{(1+ZR_2)^2} - 1$

$$= \frac{7}{(1+ZR_1)} + \frac{7}{(1+ZR_2)^2} + \frac{7}{(1+ZR_3)^3} + \frac{107}{(1+ZR_3)^3(1+FR_{3,4})}$$

$FR_{3,4}$도출 : $(1+ZR_3)^3(1+FR_{3,4}) = (1+ZR_4)^4$, $FR_{3,4} = \frac{(1+ZR_4)^4}{(1+ZR_3)^3} - 1$ ←

$$= \frac{7}{(1+ZR_1)} + \frac{7}{(1+ZR_2)^2} + \frac{7}{(1+ZR_3)^3} + \frac{107}{(1+ZR_4)^4}$$

[그림 2.9] Forward Yield의 개념

[그림 2.9]에서 보듯이 forward yield는 zero coupon yield에 내재된 금리로서 zero coupon yield curve로부터 도출될 수 있다. Cap과 Floor와 같이 대부분의 금리파생상품은 기초자산이 forward yield가 되므로 이를 도출하는 것이 중요하다고 할 수 있다.

2.4.2 붓스트래핑(Bootstrapping)을 이용한 수익률곡선 추정

[그림 2.10]에서 보듯이 zero coupon yield curve는 이표채권이나 액면가채권의 시장거래가격을 바탕으로 붓스트래핑을 이용하여 추정할 수 있다.31) 간단한 예시를 통하여 이 방법을 설명해보고자 한다.

31) 붓스트래핑(Bootstrapping)이란 이표채를 무이표채의 포트폴리오라고 간주하여 만기가 짧은 무이표채로부터 시작하여 순차적으로 수익률을 구해가는 방법으로 그 모양이 마치 신발끈을 꿰어나가는 것과 같다 하여 Bootstrapping이라 부른다.

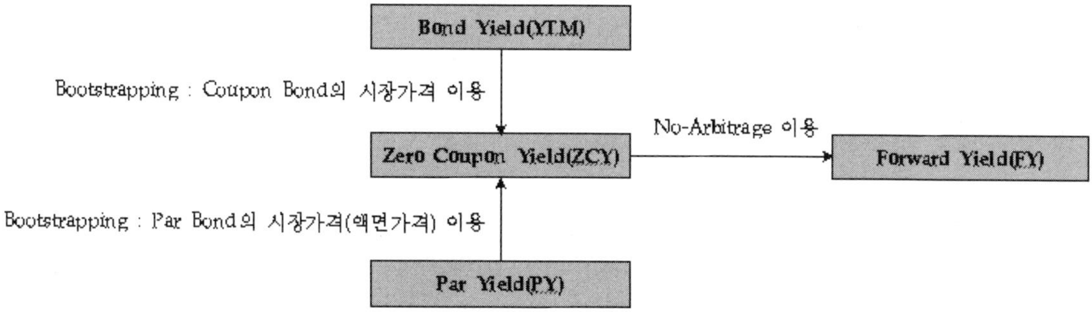

[그림 2.10] 수익률곡선 추정 방법

현재 시장에서 거래된 4개의 이표채권(잔존만기 1년~4년)이 존재한다. 이자지급주기는 1년에 한번이며 액면은 100이다. 각 채권의 조건이 다음 [표 2.1]과 같을 때 zero coupon yield curve를 구하여 보자.

[표 2.1] 4개 이표채권들의 시장거래가격 및 발행정보

Maturity	Coupon Rate	Bond Price	Cash Flows			
			1y	2y	3y	4y
1y	4.00%	99.60	104			
2y	4.50%	99.80	4.5	104.5		
3y	5.00%	100.50	5	5	105	
4y	5.50%	101.20	5.5	5.5	5.5	105.5

만기 1년 zero coupon yield는 다음과 같이 쉽게 구할 수 있다.

$$99.60 = \frac{104}{(1+ZR_1)},\ ZR_1 = 4.4177\%\text{다.}$$

만기 2년 이표채권은 만기 1년과 2년의 zero coupon bond로 구분할 수 있으므로 만기 2년 zero coupon yield는 이미 구한 만기 1년 zero coupon yield인 4.4177%를 이용하여 다음과 같이 구할 수 있다.

$$99.80 = \frac{4.5}{(1+0.044177)} + \frac{104.5}{(1+ZR_2)^2},\ ZR_2 = 4.6112\%$$

동일한 방식으로 3년과 4년의 zero coupon yield를 구하면 각각 4.8309%, 5.2013%가 된다.

이제 상기예제를 MATLAB을 이용하여 zero coupon yield를 추정하는 방법을 알아보자. 여기서는 별도의 함수를 만들지 않고 MATLAB에서 제공하는 Financial Toolbox의 zbtprice 함수를 활용할 것이다. zbtprice함수는 채권의 시장거래가격이 있을 경우 붓스트래핑을 이용하여 zero coupon yield를 구하는 함수로 만약 시장거래가격 대신 거래수익률이 있을 경우엔 zbtyield함수를 사용할 수 있다.

[코드 2.13] Zero Coupon Yield Curve(Bootstrapping)

```
%%%%% Zero Coupon Yield Curve(Bootstrapping) %%%%%

% Bond 정보, 입력변수는 차례로 만기, 이표금리, 액면, 이표지급주기 임
Bonds=[datenum('09-01-2007') 0.04  100 1;
       datenum('09-01-2008') 0.045 100 1;
       datenum('09-01-2009') 0.05  100 1;
       datenum('09-01-2010') 0.055 100 1];

% 시장거래가격, 반드시 Clean Price(경과이자 불포함)이어야하며,
% 이를 구하려면 bndprice 함수를 이용하면 됨
Prices=[99.60 99.80 100.50 101.20]';

% Yield Curve 추정일
Settle=datenum('09-01-2006');

% Annual Compounding
OutputCompounding=1;

% Zero Yield Curve
[ZeroRates, CurveDates] = zbtprice(Bonds, Prices, Settle,...
 OutputCompounding)
```

상기 M-File을 실행하면 다음과 같다.

```
ZeroRates =

    0.0442
    0.0461
    0.0483
    0.0520

CurveDates =

      733286
      733652
      734017
      734382
```

CurveDates는 zero coupon yield의 해당 만기들로서 MATLAB 형식으로 출력되었다. 산출된 ZeroRates을 해당만기와 대응시키면 zero coupon yield curve가 생성되는 것이다. 만일 출력된 만기 사이의 zero coupon yield를 구하기 위해서는 보간법을 이용하면 된다.

시장에서 관측된 IRS커브를 이용하여 zero coupon yield curve를 산출하기 위해서는 Financial Toolbox의 pyld2zero함수를 이용하면 된다. 참고로 수익률곡선 추정과 관련된 MATLAB 함수들을 소개하면 다음과 같다.

· zbtprice : 이표채권 가격으로부터 zero yield 계산
· zbtyield : 이표채권 거래수익률로부터 zero yield 계산
· pyld2zero : par yield로부터 zero yield 계산
· zero2pyld : zero yield로부터 par yield 계산
· zero2fwd : zero yield로부터 forward yield 계산
· fwd2zero : forward yield로부터 zero yield 계산

제3장

가격결정식(Closed-form Solution)

제 1장에서 설명하였듯이 파생상품의 평가원칙으로는 편미분방정식의 해를 푸는 방법과 위험중립평가모형을 적용하는 방법이 있으며, 이에 따라 분석적 방법(analytic method)으로 풀어 가격결정식(closed-form solution)을 도출하거나 수치해석적 방법(numerical method)으로 파생상품의 가치를 구할 수 있다. 일반적으로 분석적 방법은 계산이 간편하다는 장점이 있으나 지급구조가 복잡할 경우 공식을 도출하는 과정이 어렵고 적용할 수 있는 파생상품이 한정적이라는 단점이 있다. 그럼에도 불구하고 만약 어떤 파생상품에 널리 쓰이는 가격결정식이 존재한다면, 다른 평가방법을 적용하기보다 해당 공식을 이용하여 파생상품을 평가하는 것이 효율적이다. 본 장에서는 분석적 방법을 통해 유럽형 및 미국형 바닐라옵션 그리고 베리어 옵션 가격을 계산하는 방법과 이를 MATLAB으로 구현하는 것에 대해 알아보도록 한다.

3.1 블랙-숄즈 옵션가격결정식 (Black-Scholes Option Pricing Formula)

피셔 블랙(Fischer Black)과 마이런 숄즈(Myron Scholes)에 의해 발표된 블랙-숄즈(1973) 모형은 유럽형 바닐라 옵션을 계산하는 공식으로 널리 알려져 있다. 이 모형은 기초자산 수익률의 변동성을 제외하고는 대부분의 모수가 관측가능하다는 점과 단순하면서도 모형이 갖는 경제적 의미의 명료함 때문에 이론적으로나 실무적으로 많이 활용되고 있다.

무배당 유럽형 바닐라 옵션에 대한 블랙-숄즈 옵션가격공식은 다음과 같다.[1)]

$$c = SN(d_1) - Xe^{-rT}N(d_2)$$

$$p = Xe^{-rT}N(-d_2) - SN(-d_1)$$

$$d_1 = \frac{\ln(S/X) + (r + \sigma^2/2)T}{\sigma\sqrt{T}}, \quad d_2 = d_1 - \sigma\sqrt{T}$$

이를 연속배당수익률 q를 지급하는 경우도 감안하여 일반화된 유럽형 바닐라 옵션으로 확장해 보면 다음과 같다.[2)]

$$c = Se^{-qT}N(d_1) - Xe^{-rT}N(d_2) \tag{3.1}$$

$$p = Xe^{-rT}N(-d_2) - Se^{-qT}N(-d_1) \tag{3.2}$$

$$d_1 = \frac{\ln(S/X) + (r - q + \sigma^2/2)T}{\sigma\sqrt{T}}, \quad d_2 = d_1 - \sigma\sqrt{T} \tag{3.3}$$

3.2 바론-아데시-웨일리(Barone-Adesi and Whaley) 미국형 옵션가격결정 근사식(Approximation)

유럽형 옵션과 달리 미국형 옵션은 만기이전에 행사가 가능하기 때문에 만기에만 권리를 행사할 경우 적용하는 블랙-숄즈 모형을 그대로 사용하기 힘들다. 따라서 미국형 옵션들은

---

1) 옵션가격공식은 1.4.1절의 블랙-숄즈 편미분방정식 부분에서 설명한 바 있다.

2) 기초자산이 환율일 경우 q는 r_f(외국무위험이자율)로 바뀌게 된다.

트리모형이나 유한차분법 등 수치해석적인 방법으로 옵션가치를 계산하는 것이 일반적이다. 그러나 분석적 방법에 의해서도 미국형 옵션의 가치를 근사적으로 구할 수 있는데, 바론-아데시-웨일리(Barone-Adesi and Whaley)의 2차 근사법(quadratic approximation)[3]이 그것이다. 이 공식에 따르면 미국형 콜옵션과 풋옵션의 가치는 다음과 같다. 단, 유럽형과 미국형 옵션의 가치를 구분하기 위해 각각을 $C^E_{S,T}$, $P^E_{S,T}$ $C^A_{S,T}$, $P^A_{S,T}$로 구분하여 표기하기로 한다.

(1) 미국형 콜옵션

미국형 옵션의 가격 $C^A_{S,T}$를 다음과 같이 유럽형 옵션가격 $C^E_{S,T}$와 조기행사 프리미엄 $\epsilon C^E_{S,T}$로 나눌 수 있다.

$$C^A_{S,T} = C^E_{S,T} + \epsilon C^E_{S,T}$$

미국형 옵션의 가격 $C^A_{S,T}$를 구하기 위해서는 $\epsilon C^E_{S,T}$를 어떻게 구하는가의 문제인데, 이에 대한 근사공식은 다음과 같다.

$$C^A_{S,T} = \begin{cases} C^E_{S,T} + A_2\left(\dfrac{S}{S^*}\right)^{q_2} & \text{if } S < S^* \\ S - X & \text{if } S \geq S^* \end{cases} \qquad (3.4)$$

$$A_2 = \frac{S^*}{q_2}\left[1 - e^{(b-r)(T-t)}N\left(d_1\left(S^*\right)\right)\right]$$

$$q_2 = \frac{-(N-1) + \sqrt{(N-1)^2 + \dfrac{4M}{K}}}{2}$$

$$d_1\left(S^*\right) = \frac{\ln\left(\dfrac{S^*}{X}\right) + \left(b + \dfrac{\sigma^2}{2}\right)(T-t)}{\sigma\sqrt{T-t}}$$

$$M = \frac{2r}{\sigma^2},\ N = \frac{2b}{\sigma^2},\ K = 1 - e^{-r(T-t)}$$ [4]

---

3) Barone-Adesi, G., and R. E. Whaley (1987) : "Efficient Analytic Approximation of American Option Values," *Journal of Finance*, 42(2), 301-320.

4) b는 보유비용으로 기초자산이 연속적인 배당수익률을 지급할 경우 $b=r-q$가 된다.

여기서 변수 임계값 S^*를 구하는 문제가 남는다. 이는 다음과 같이 풀 수 있다.

$$S^* - X = C^E_{S^*,T} + \frac{S^*}{q_2}\left[1 - e^{(b-r)(T-t)}N(d_1(S^*))\right] \tag{3.5}$$

상기 식을 아래와 같이 $g(S^*) = 0$이라 하고 이 방정식의 해를 제2.2.5절에서 배운 뉴튼랩슨법을 이용하여 풀면, S^*를 구할 수 있다.

$$g(S^*) = S^* - X - C^E_{S^*,T} - \frac{S^*}{q_2}\left[1 - e^{(b-r)(T-t)}N(d_1(S^*))\right] = 0$$

이제 각 입력변수들과 S^*를 구할 수 있으므로 식(3.4)를 이용하여 미국형 콜옵션가격의 근사치를 계산할 수 있다.

(2) 미국형 풋옵션

미국형 풋옵션의 근사식은 다음과 같다.

$$P^A_{S,T} = \begin{cases} P^E_{S,T} + A_1\left(\dfrac{S}{S^{**}}\right)^{q_1} & \text{if } S > S^{**} \\ X - S & \text{if } S \le S^{**} \end{cases} \tag{3.6}$$

$$A_1 = -\frac{S^{**}}{q_1}\left[1 - e^{(b-r)(T-t)}N(-d_1(S^{**}))\right]$$

$$q_1 = \frac{-(N-1) + \sqrt{(N-1)^2 + \dfrac{4M}{K}}}{2}$$

$$d_1(S^{**}) = \frac{\ln\left(\dfrac{S^{**}}{X}\right) + \left(b + \dfrac{\sigma^2}{2}\right)(T-t)}{\sigma\sqrt{T-t}}$$

$$M = \frac{2r}{\sigma^2},\ N = \frac{2b}{\sigma^2},\ K = 1 - e^{-r(T-t)}$$

여기서 변수 임계값 S^{**}는 앞의 S^*를 구하는 과정과 동일하다.

$$X - S^{**} = P^E_{S^{**},T} + \frac{S^{**}}{q_1}\left[1 - e^{(b-r)(T-t)}N\left(-d_1\left(S^{**}\right)\right)\right] \tag{3.7}$$

$$g\left(S^{**}\right) = X - S^{**} - P^E_{S^{**},T} - \frac{S^{**}}{q_1}\left[1 - e^{(b-r)(T-t)}N\left(-d_1\left(S^{**}\right)\right)\right] = 0$$

이제 각 입력변수들과 S^{**}를 구할 수 있으므로 식(3.6)를 이용하여 미국형 풋옵션가격의 근사치를 계산할 수 있다.

3.3 베리어옵션(Barrier Option) 가격결정식

베리어 옵션은 이색옵션 중 가장 일반적인 형태로 특정값(barrier)의 통과여부에 따라 옵션 계약의 효력이 발생(Knock-in)하거나 소멸(Knock-out)되는 옵션이다. 옵션의 효력이 없어지거나 발생하지 않으면 rebate를 줄 수도 있는데, 만약 rebate가 없다면 Knock-in옵션의 가치와 Knock-out옵션의 가치의 합은 바닐라옵션의 가치와 같게 된다. 여기서는 계산의 편의를 위해 rebate가 없는 베리어 옵션에 국한하여 평가방법을 알아보도록 한다.

Merton[5], Reiner-Rubinstein[6]은 블랙-숄즈 공식을 이용하여 베리어 옵션을 평가하는 모형을 제시하였는데 기본식은 다음과 같다.

$$A = \phi S e^{-qT} N(\phi x_1) - \phi X e^{-rT} N(\phi x_1 - \phi\sigma\sqrt{T})$$

$$B = \phi S e^{-qT} N(\phi x_2) - \phi X e^{-rT} N(\phi x_2 - \phi\sigma\sqrt{T})$$

$$C = \phi S e^{-qT} (H/S)^{2(\mu+1)} N(\eta y_1) - \phi X e^{-rT} (H/S)^{2\mu} N(\eta y_1 - \eta\sigma\sqrt{T})$$

$$D = \phi S e^{-qT} (H/S)^{2(\mu+1)} N(\eta y_2) - \phi X e^{-rT} (H/S)^{2\mu} N(\eta y_2 - \eta\sigma\sqrt{T})$$

위의 네 가지 기본공식에 사용되는 변수들은 다음과 같이 정의된다.

---

5) Merton, R. C. (1973) : "Theory of Rational Option Pricing," *Bell Journal of Economics and Management Science*, 4, 141-183.

6) Reiner, E., and M. Rubinstein (1991) : "Breaking Down the Barriers," *Risk*, September, 28-35.

$$x_1 = \frac{\ln(S/X)}{\sigma\sqrt{T}} + (1+\mu)\sigma\sqrt{T}, \quad x_2 = \frac{\ln(S/H)}{\sigma\sqrt{T}} + (1+\mu)\sigma\sqrt{T}$$

$$y_1 = \frac{\ln(H^2/SX)}{\sigma\sqrt{T}} + (1+\mu)\sigma\sqrt{T}, \quad y_2 = \frac{\ln(H/S)}{\sigma\sqrt{T}} + (1+\mu)\sigma\sqrt{T}$$

$$z = \frac{\ln(H/S)}{\sigma\sqrt{T}} + \lambda\sigma\sqrt{T}, \quad \mu = \frac{r-q-\sigma^2/2}{\sigma^2}, \quad \lambda = \sqrt{\mu^2 + \frac{2r}{\sigma^2}}$$

여기서 ϕ는 권리구분(Call = 1, Put = −1)을 나타내며 η는 주가가 장벽(H)을 넘으면 1, 그렇지 않으면 −1을 나타낸다.(S > H = 1, S < H = −1)

베리어 옵션은 형태에 따라 위의 A, B, C, D 네 가지 식의 조합으로 옵션평가를 할 수 있는데, 이를 정리하면 아래의 표와 같다.

[표 3.1] 베리어옵션 평가 구성표

Up/Down	In/Out	Call/Put	X > H	X < H	η	ϕ
Down	In	Call	C		1	1
				A-B+D	1	1
Up	In	Call	A		-1	1
				B-C+D	-1	1
Down	In	Put	B-C+D		1	-1
				A	1	-1
Up	In	Put	A-B+D		-1	-1
				C	-1	-1
Down	Out	Call	A-C		1	1
				B-D	1	1
Up	Out	Call	0		-1	1
				A-B+C-D	-1	1
Down	Out	Put	A-B+C-D		1	-1
				0	1	-1
Up	Out	Put	B-D		-1	-1
				A-C	-1	-1

베리어 옵션의 가격은 먼저 네 가지 기본식(A, B, C, D)을 계산한 후 옵션형태에 따라 각각의 조합으로 구하면 된다.

3.4 예제상품 MATLAB® Programming

(1) 블랙-숄즈 옵션가격결정식

블랙-숄즈 옵션가격결정식은 공식 자체가 간결하기 때문에 MATLAB 코딩은 다음과 같이 손쉽게 할 수 있다.7)

[코드 3.1] European Vanilla Option Pricing(Black-Scholes Closed Form)

```
%%%%% European Vanilla Option Pricing(Black-Scholes Closed Form) %%%%%

function price=BS_Vanilla(C_P, S, X, r, T, vol, q)

% 배당수익률을 입력하지 않을 경우 0으로 처리, 즉 q는 optional
if nargin < 7, q = 0;
end

% d1, d2
d1 = (log(S/X)+(r-q+vol^2/2)*T)/(vol*sqrt(T));                    % 식(3.3)
d2 = d1-vol*sqrt(T);

% price 계산
if C_P == 'C'
   % N(d1) : Normal cumulative probability density function, μ=0, σ=1,
   % normcdf 함수사용
   price = S*exp(-q*T).*normcdf(d1)-X*exp(-r*T)*normcdf(d2);  % 식(3.1)
elseif C_P == 'P'
   price = -S*exp(-q*T)*normcdf(-d1)+X*exp(-r*T)*normcdf(-d2);% 식(3.2)
end
```

이 책 앞에 명시한 예제상품 중 유럽형 바닐라옵션인 sample1의 가격을 위에서 만든 옵션가격결정 함수를 이용하여 도출하여 보자.

```
>> Call = BS_Vanilla('C', 100, 100, 0.05, 0.5, 0.3, 0.01)

Call =
     9.3436

>> Put = BS_Vanilla('P', 100, 100, 0.05, 0.5, 0.3, 0.01)]
```

7) 이와 같이 가격결정식이 존재할 경우의 코딩은 해당 공식을 알기만 하면 이를 그대로 옮기면 되므로 수치해석적 방법에 비해 손쉽게 모델링이 가능하다.

```
Put =
    7.3733
```

한편, MATLAB에서 제공하는 Financial Toolbox의 blsprice함수를 이용하여도 유럽형 바닐라옵션의 가격을 계산할 수 있다.

```
>> [Call, Put]=blsprice(100, 100, 0.05, 0.5, 0.3, 0.01)

Call =
    9.3436

Put =
    7.3733
```

(2) 바론-아데시-웨일리 미국형 옵션가격결정 근사식

우선 [코드 3.2]와 [코드 3.3]에서 임계값인 S^*와 S^{**}를 구하는 별도의 함수를 만들고 [코드 3.3]에 가격결정함수를 작성하였다.

[코드 3.2] Barone-Adesi and Whaley American Put Option 임계치

```
%%%%% Barone-Adesi and Whaley American Call Option 임계치 %%%%%

function result = nrcall(X,T,r,vol,q)

% 기초상수 계산
b=r-q;
n=2*b/vol^2;
m=2*r/vol^2;
K=2*r/(vol^2*(1-exp(-r*T)));
Q2=(-(n-1)+sqrt((n-1)^2+4*K))/2;

% 초기 Si값 추정8)
```

8) Newton-Raphson방식으로 Si를 추정하기 위해서는 초기값(seed value)가 필요하며, Barone-Adesi, Whaley가 제안한 Si 초기값은 다음과 같이 구함

$$S_1^* = X + [S^*(\infty) - X][1 - e^{h_2}], \qquad h_2 = -(bT + 2\sigma\sqrt{T})[\frac{X}{S^*(\infty) - X}]$$

여기서 $S^*(\infty)$는 옵션만기까지의 기간이 무한대일 때 기초자산의 가격으로 다음과 같이 계산함

$$S^*(\infty) = \frac{X}{1 - 2[-(N-1) + \sqrt{(N-1)^2 + 4M}\,]^{-1}}$$

```
q2u=(-(n-1)+sqrt((n-1)^2+4*m))/2;
Su=X/(1-1/q2u);
h2=-(b*T+2*vol*sqrt(T))*X/(Su-X);
Si=X+(Su-X)*(1-exp(h2));

% Newton-Raphson 방식으로 Si 계산9)
% 옵션 가치는 [코드 3.1]에서 만든 BS_Vanilla함수 사용
d1=(log(Si/X)+(b+vol^2/2)*T)/(vol*sqrt(T));
% 식(3.5)의 좌변
LHS=Si-X;
% 식(3.5)의 우변
RHS=BS_Vanilla('C',Si,X,r,T,vol,q)+(1-exp((b-r)*T)*normcdf(d1))*Si/Q2;
bi=exp((b-r)*T)*normcdf(d1)*(1-1/Q2)+(1-exp((b-r)*T)*...
    normcdf(d1)/(vol*sqrt(T)))/Q2;
E=0.000001;          % E는 Newton-Raphson방식으로 계산할 때의 오차범위를 말함

% |LHS(Si)-RHS(Si)|/X의 값이 오차범위 안으로 나올 때까지 반복적으로 계산
while abs(LHS-RHS)/X > E
     Si=(X+RHS-bi*Si)/(1-bi);
     d1=(log(Si/X)+(b+vol^2/2)*T)/(vol*sqrt(T));
     LHS=Si-X;

RHS=BS_Vanilla('C',Si,X,r,T,vol,q)+(1-exp((b-r)*T)*normcdf(d1))*Si/Q2;
     bi=exp((b-r)*T)*normcdf(d1)*(1-1/Q2)+(1-exp((b-r)*T)*...
        normpdf(d1)/(vol*sqrt(T)))/Q2;
end

result = Si ;
```

[코드 3.3] Barone-Adesi and Whaley American Put Option 임계치

```
%%%%% Barone-Adesi and Whaley American Put Option 임계치 %%%%%

function result = nrput(X,T,r,vol,q)

% 기초상수 계산
b=r-q;
```

9) bi는 RHS의 기울기로 다음과 같이 계산됨

$$\frac{\partial RHS}{\partial S_i} = b_i = e^{(b-r)T} N[d_1(S_i)](1-1/q_2) + \left\{1 - \frac{e^{(b-r)T} n[d_1(S_i)]}{\sigma\sqrt{T}}\right\} \frac{1}{q_2}$$

```
n=2*b/vol^2;
m=2*r/vol^2;
K=2*r/(vol^2*(1-exp(-r*T)));
Q1=(-(n-1)-sqrt((n-1)^2+4*K))/2 ;

% 초기 Si값 추정10)
q1u=(-(n-1)-sqrt((n-1)^2+4*m))/2;
Su=X/(1-1/q1u);
h1=(b*T-2*vol*sqrt(T))*X/(X-Su);
Si=Su+(X-Su)*exp(h1) ;

% Newton-Raphson 방식으로 Si 계산11)
d1=(log(Si/X)+(b+vol^2/2)*T)/(vol*sqrt(T));
% 식(3.7)의 좌변
LHS=X-Si;
% 식(3.7)의 우변
RHS=BS_Vanilla('P',Si,X,r,T,vol,q)-(1-exp((b-r)*T)*normcdf(-d1))*Si/Q1;
bi=-exp((b-r)*T)*normcdf(-d1)*(1-1/Q1)-(1+exp((b-r)*T)*...
   normcdf(-d1)/(vol*sqrt(T)))/Q1;
E=0.000001;

% |LHS(Si)-RHS(Si)|/X의 값이 오차범위 안으로 나올 때까지 반복적으로 계산
while abs(LHS-RHS)/X > E
    Si=(X-RHS+bi*Si)/(1+bi);
    d1=(log(Si/X)+(b+vol^ 2/2)*T)/(vol*sqrt(T)) ;
    LHS=X-Si;

    RHS=BS_Vanilla('P',Si,X,r,T,vol,q)-(1-exp((b-r)*T)*...
        normcdf(-d1))*Si/Q1 ;
    bi=-exp((b-r)*T)*normcdf(-d1)*(1-1/Q1)-(1+exp((b-r)*T)*...
        normcdf(-d1)/(vol*sqrt(T)))/Q1;
```

10) Newton-Raphson방식으로 Si를 추정하기 위해서는 초기값(seed value)가 필요한데, Barone, Adesi, Whaley가 제안한 Si 초기값은 다음과 같이 구함

$$S_1^{**} = S^{**}(\infty) + [X - S^{**}(\infty)]e^{h_1}, \qquad h_1 = (bT + 2\sigma\sqrt{T})[\frac{X}{X - S^{**}(\infty)}]$$

여기서 $S^{**}(\infty)$는 옵션만기까지의 기간이 무한대일 때 기초자산의 가격으로 다음과 같이 계산함

$$S^{**}(\infty) = \frac{X}{1 - 2[-(N-1) - \sqrt{(N-1)^2 + 4M}\,]^{-1}}$$

11) bi는 RHS의 기울기로 다음과 같이 계산됨

$$\frac{\partial RHS}{\partial S_i} = b_i = -e^{(b-r)T}N[-d_1(S_i)](1 - 1/q_1) - \left\{1 + \frac{e^{(b-r)T}n[-d_1(S_i)]}{\sigma\sqrt{T}}\right\}\frac{1}{q_1}$$

```
end

result = Si ;
```

[코드 3.4] Barone-Adesi and Whaley American Vanilla Option Pricing Approximation

```
% Barone-Adesi and Whaley American Vanilla Option Pricing Approximation %

function price = BAW_Vanilla_Am(C_P, S, X, r, T, vol, q)

% 배당수익률을 입력하지 않을 경우 0으로 처리
if nargin < 7, q = 0;
end

if C_P == 'C'
    if q == 0
         price = BS_Vanilla('C', S, X, r, T, vol, q) ;
    else
        % 임계치 Si를 구하기 위해 [코드 3.2]의  nrcall함수 사용
        Si = nrcall(X, T, r, vol, q) ;
        n = 2 * (r - q)/ vol ^ 2 ;
        K = 2 * r / (vol ^ 2 * (1 - exp(-r * T))) ;
        d1 = (log(Si / X) + (r - q + vol ^ 2 / 2) * T) /...
             (vol * sqrt(T)) ;
        Q2 = (-(n - 1) + sqrt((n - 1) ^ 2 + 4 * K)) / 2 ;
        a2 = (Si / Q2) * (1 - exp((-q) * T) * normcdf(d1)) ;
        if S < Si
            price = BS_Vanilla('C', S, X, r, T, vol, q)...
                    + a2 * (S / Si) ^ Q2 ;      % 식(3.4)
        else
            price = S - X ;
        end
    end
elseif C_P == 'P'
       % 임계치 Si를 구하기 위해 [코드 3.3]의 nrput함수 사용
       Si = nrput(X, T, r, vol, q) ;
       n = 2 * (r - q)/ vol ^ 2 ;
       K = 2 * r / (vol ^ 2 * (1 - exp(-r * T))) ;
       d1 = (log(Si / X) + (r - q + vol ^ 2 / 2) * T) /...
            (vol * sqrt(T)) ;
       Q1 = (-(n - 1) - sqrt((n - 1) ^ 2 + 4 * K)) / 2 ;
```

```
        a1 = -(Si / Q1) * (1 - exp((-q) * T) * normcdf(-d1)) ;
        if S > Si
            price = BS_Vanilla('P', S, X, r, T, vol, q)...
                    + a1 * (S / Si) ^ Q1 ;        % 식(3.6)
        else
            price = X - S ;
        end
end
```

미국형 바닐라옵션인 sample3 상품을 상기 함수를 이용하여 평가하면 다음과 같다.

```
put=BAW_Vanilla_Am('P', 100, 100, 0.05, 0.5, 0.3, 0.01)

put =
    7.5524
```

(3) 베리어옵션 가격결정식

유럽형 베리어옵션 가격결정식을 MATLAB을 이용하여 작성하면 다음과 같다.

[코드 3.5] European Barrier Option Pricing(Closed Form)

```
%%%%% European Barrier Option Pricing(Closed Form) %%%%%

function price = BS_Barrier(C_P, S, X, r, T, vol, B_type, B, q)

% 배당수익률을 입력하지 않을 경우 0으로 처리
if nargin < 9, q = 0;
end

% 계산 시 필요한 상수 계산
if C_P == 'C'
   phi = 1;
elseif C_P == 'P'
   phi = -1;
end

if B_type == 'di'| B_type == 'do'  % Down and in=di, Down and out=do
    eta = 1;
elseif B_type == 'ui'| B_type == 'uo'  % Up and in=ui, Up and out=uo
```

```
    eta = -1;
end

mu = (r-q-vol^2/2)/vol^2 ;
x1 = log(S/X)/(vol*sqrt(T))+(1+mu)*vol*sqrt(T) ;
x2 = log(S/B)/(vol*sqrt(T))+(1+mu)*vol*sqrt(T) ;
y1 = log(B^2/(S*X))/(vol*sqrt(T))+(1+mu)*vol*sqrt(T);
y2 = log(B/S)/(vol*sqrt(T))+(1+mu)*vol*sqrt(T) ;

% 네가지 기본식 계산
f1 = phi*S*exp(-q*T)*normcdf(phi*x1)-...
    phi*X*exp(-r*T)*normcdf(phi*x1-phi*vol*sqrt(T));
f2 = phi*S*exp(-q*T)*normcdf(phi*x2)-...
    phi*X*exp(-r*T)*normcdf(phi*x2-phi*vol*sqrt(T));
f3 = phi*S*exp(-q*T)*(B/S)^(2*(mu+1))*normcdf(eta*y1)-...
    phi*X*exp(-r*T)*(B/S)^(2*mu)*normcdf(eta*y1-eta*vol*sqrt(T));
f4 = phi*S*exp(-q*T)*(B/S)^(2*(mu+1))*normcdf(eta*y2)-...
    phi*X*exp(-r*T)*(B/S)^(2*mu)*normcdf(eta*y2-eta*vol*sqrt(T));

% 옵션유형별 기본식 조합으로 옵션가치 평가
if C_P == 'C'
    switch B_type
        case 'di'
            if X > B
                price = f3;
            elseif  X < B
                price = f1-f2+f4;
            end
        case 'do'
            if X > B
                price = f1-f3;
            elseif  X < B
                price = f2-f4;
            end
        case 'ui'
            if X > B
                price = f1;
            elseif  X < B
                price = f2-f3+f4;
            end
        case 'uo'
            if X > B
                price = 0;
```

```
            elseif  X < B
                price = f1-f2+f3-f4;
            end
    end
elseif C_P == 'P'
    switch B_type
        case 'di'
            if X > B
                price = f2-f3+f4;
            elseif  X < B
                price = f1;
            end
        case 'do'
            if X > B
                price = f1-f2+f3-f4;
            elseif  X < B
                price = 0;
            end
        case 'ui'
            if X > B
                price = f1-f2+f4;
            elseif  X < B
                price = f3;
            end
        case 'uo'
            if X > B
                price = f2-f4;
            elseif  X < B
                price = f1-f3;
            end
    end
end
if price<=0,
    price=0;
end
```

유럽형 베리어옵션인 sample2 상품을 상기 함수를 이용하여 평가하여 보자. di와 do는 70, ui와 uo는 130이다.

```
>> a=BS_Barrier('C', 100, 100, 0.05, 0.5, 0.3, 'uo', 130, 0.01)
```

```
   ⇒ Knock-out 콜옵션가격

a =
    2.8481

>> b=BS_Barrier('C', 100, 100, 0.05, 0.5, 0.3, 'ui', 130, 0.01)
   ⇒ Knock-in 콜옵션가격

b =
    6.4955

>> c=BS_Vanilla('C', 100, 100, 0.05, 0.5, 0.3, 0.01)
   ⇒ 바닐라 콜옵션 가격

c =
    9.3436

>> check=a+b
   ⇒ 체크 : 바닐라 콜옵션가격=Knock-out 콜옵션가격 + Knock-in 콜옵션가격

check =
    9.3436

>> a=BS_Barrier('P', 100, 100, 0.05, 0.5, 0.3, 'do', 70, 0.01)
   ⇒ Knock-out 풋옵션가격

a =
    4.6447

>> b=BS_Barrier('P', 100, 100, 0.05, 0.5, 0.3, 'di', 70, 0.01)
   ⇒ Knock-in 풋옵션가격

b =
    2.7287

>> p =BS_Vanilla('P', 100, 100, 0.05, 0.5, 0.3, 0.01)
   ⇒ 바닐라 풋옵션 가격

p =
    7.3733

>> check=a+b
```

⇒ 체크 : 바닐라 풋옵션가격=Knock-out 풋옵션가격 + Knock-in 풋옵션가격

```
check =
    7.3733
```

제4장

몬테칼로 시뮬레이션 (Monte Carlo Simulation)

몬테칼로 시뮬레이션(Monte Carlo Simulation, 이하 MC)이란 시뮬레이션 기법의 일종으로서 상품의 가치에 영향을 주는 변수들 간의 관계를 모형화하여 해당변수들의 미래의 값을 예측하고, 이에 따라 상품의 가치를 평가하는 방법이다. 이때 예측하고자 하는 변수들에 대해서 특정한 분포를 가정하게 되며, 해당 분포를 따르는 난수(random variable)를 반복적으로 발생시켜 변수의 미래 값을 예측하게 된다.

MC는 대표적인 수치해석 방법으로서 분석적 해를 도출할 수 없는 경우에 사용된다. MC방법을 이용한 파생상품 가격 결정의 기본구조는 위험중립가정하의 주가 프로세스를 생성하여 특정 시점의 파생상품 기대이득을 계산한 후 이를 무위험이자율로 할인하는 것이다.

MC는 파생상품의 가치가 기초자산의 최종 값에 따라 결정되는 경우뿐 아니라, 기초자산의 경로에 따라 가치가 달라지는 경로종속형 상품에도 적용할 수 있다는 장점이 있다. 또한 기초자산의 수가 여러 개인 파생상품 가격결정에도 쉽게 적용할 수 있다. 그러나 미국형 옵션에 적용하기는 어려우며 정확성을 높이기 위하여 시뮬레이션 횟수를 늘리게 되면 연산시간이 오래 걸린다는 단점이 있다. 본 장에서는 MC의 기본이 되는 난수생성방법과 주가 프로세스 생성방법을 소개하고 이를 이용하여 파생상품가치를 평가하는 방법을 설명하고자 한다. 아울러 MATLAB 코드도 소개할 것이다.

4.1 Flow Chart

1. 주가Process에 대한 모델결정

· Geometric Brownian Motion : $dS = \mu Sdt + \sigma Sdz$

2. 주가 Process 생성

· 위험중립세계하의 주가 Process생성

$$dlnS = \left(r - q - \frac{1}{2}\sigma^2\right)dt + \sigma dz$$

↓ 이산화

$$S_{t+\Delta t} = S_t e^{\left(r - q - \frac{1}{2}\sigma^2\right)\Delta t + \sigma \varepsilon \sqrt{\Delta t}}, \ \varepsilon \sim N(0,1)$$

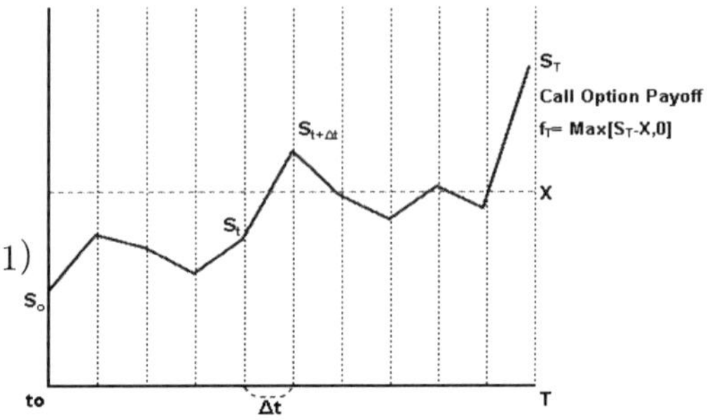

· 난수 ε 생성법
Inverse Transform Method
Box-Muller Approach
Quasi-Random Sequences
※기초자산 2개 이상 : 촐레스키 분해를 이용하여 상관관계 반영된 난수 생성

3. Option Payoffs 계산

· 주가 Process에 따른 파생상품 Payoff 계산
예) 유럽형 바닐라 콜옵션 만기 Payoff : $f_T = Max(S_T - X, 0)$

· 2번을 반복하여 시뮬레이션 횟수만큼 Payoff 값들을 도출

4. Payoffs 기댓값 추정

· Payoff 값들의 기댓값 추정
예) 유럽형 바닐라 콜옵션 Payoff 기댓값 : $E_Q(f_T) = \frac{1}{N}\sum_{i=1}^{N} Max(S_{T,i} - X, 0)$

5. 옵션가치 도출

· 기댓값을 무위험이자율로 할인하여 옵션가치 도출
예) 유럽형 바닐라 콜옵션 가치 :

$$f_0 = e^{-rT}\left[E_Q(f_T)\right]$$

$$= e^{-rT}\left[\frac{1}{N}\sum_{i=1}^{N} Max(S_{T,i} - X, 0)\right]$$

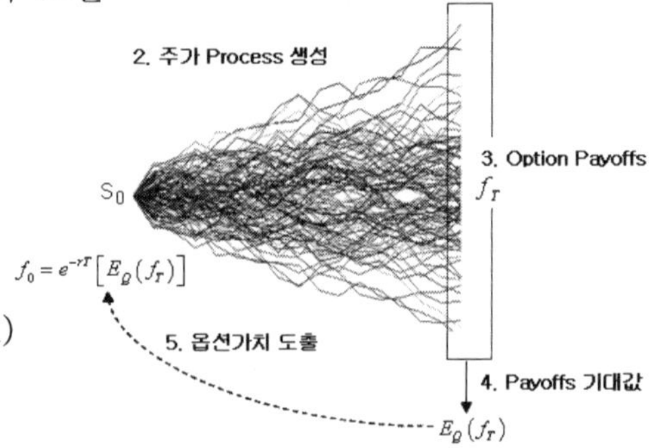

· 분산감소기법 적용(추정치의 표준오차 감소)
대조변수법(Antithetic Variates)
통제변수법(Control Variates)
Quasi-Random Monte Carlo Simulation

4.2 몬테칼로 시뮬레이션 예시(원주율 추정)

몬테칼로 시뮬레이션을 이용하여 파생상품을 평가하기 이전에 간단한 예제를 통해 몬테칼로 시뮬레이션을 이해하고자 한다. 간단한 예제로서 원주율(π)을 추정해 보기로 한다.

원의 면적을 구하는 공식은 이미 알고 있는 바와 같이 다음과 같다.

$$\text{원의면적} = r^2 \times \pi$$

여기서 r은 반지름이고 π는 원주율로서 약 3.14로 알려져 있다. 몬테칼로 시뮬레이션이라는 수치해석기법을 이용하여 π를 구하기 위해 다음과 같은 실험을 해보자.

가로 1, 세로 1인 정사각형 나무판에 화살을 랜덤(random)하게 충분히 많이 쏘아서 명중된 부분을 표시하고 이를 좌표의 형태로 표현하면 [그림 4.1]과 같다.[1)]

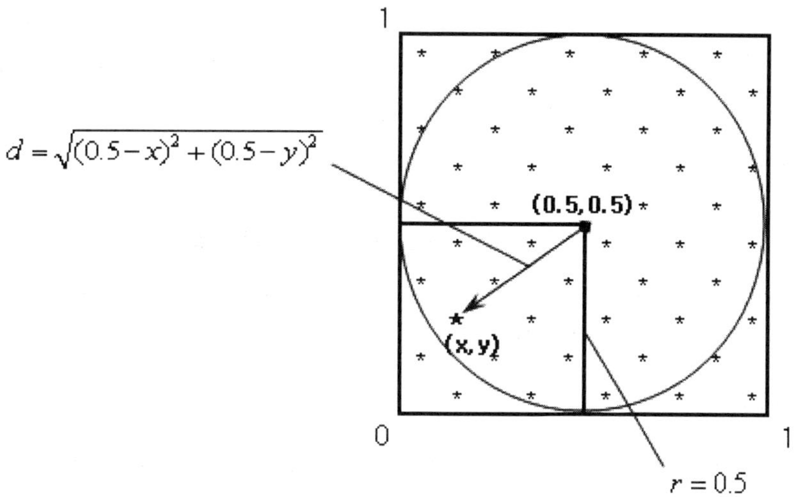

[그림 4.1] 명중된 화살의 좌표

사각형의 중심좌표를 (0.5, 0.5), 화살이 맞은 좌표를 (x, y), 중심좌표에서 (x, y)까지의 거리를 d[2)]라 하고 정사각형에 원을 그리면 원의 반지름은 0.5가 된다. 측정된 거리 d가 반지름인 0.5보다 작으면 (x, y)는 원안에 있고, 0.5보다 크면 원밖에 있음을 알 수 있다. 따라서 원안의 명중확률 P는 다음과 같다.

---

1) 균등분포(uniform distribution)를 따르는 확률변수로서 0과 1사이의 난수를 생성하는 작업과 동일한 의미이다.

2) 거리 d는 피타고라스 정리를 이용하여 구할 수 있다. $d=\sqrt{(x-0.5)^2+(y-0.5)^2}=\sqrt{(0.5-x)^2+(0.5-y)^2}$

P = 원안명중개수 ÷ 전체명중개수(정사각형 안 명중개수)

화살을 정사각형 안에 촘촘히 쏘았다면 P는 다음과 같이 정의할 수 있으며, 원주율 π를 계산할 수 있다.

$$
\begin{aligned}
&\text{원의면적} \div \text{정사각형면적} = P \\
&(0.5^2 \times \pi) \div 1 = P \\
&\pi = P \div 0.5^2
\end{aligned}
\tag{4.1}
$$

여기서 P를 구해야 π를 구할 수 있다. 따라서 P를 구하는 것이 핵심문제가 된다. 우선 0과 1사이의 난수를 랜덤하게 생성한 후 각 난수들을 화살을 쏜 결과인 [그림 4.1]의 각 점들로 간주할 수 있다. 이제 원안의 점들의 개수(원안명중개수)와 전체 점들의 개수(전체명중개수)를 구하여 비율을 구하면 P를 추정할 수 있다. 이렇게 난수를 생성하여 변수를 추정하는 작업이 몬테칼로 시뮬레이션이라고 한다. 앞으로 설명할 몬테칼로 시뮬레이션을 이용한 파생상품의 가격 결정을 위해 주가의 확률과정을 시뮬레이션 할 때에 상기 예제와 같이 사전에 가정한 특정 확률분포를 따르는 난수를 반복적으로 생성하는 것이 핵심작업임을 보여 줄 것이다. 상기 예제를 MATLAB을 이용하여 함수로 만들면 다음과 같다.

[코드 4.1] MC방법을 이용한 원주율 추정

```
%%%%% MC방법을 이용한 원주율 추정 %%%%%

function result = MC_pi(rand_n)

x=rand(rand_n,1);                   % 균등분포(0~1사이)를 갖는 난수를 rand_n개 발생
y=rand(rand_n,1);
d=sqrt((x-0.5).^2+(y-0.5).^2);      % 중심좌표로부터 거리측정
inner_n=d<0.5;                      % 거리가 0.5(반지름)이하인 것들 체크
inner_dot=sum(inner_n);             % 거리가 0.5(반지름)이하들의 합
inner_prob=inner_dot/rand_n;        % 원안명중확률=원안명중갯수÷전체명중갯수
result=inner_prob/0.5^2;            % 식(4.1)
```

이를 실행하면 다음과 같으며, 시행횟수를 늘릴수록 우리가 알고 있는 π값에 수렴할 것이다.

```
>> result = MC_pi(1000000)
```

```
result =
    3.1410
```

4.3 난수생성(Random Number Generation)

MC를 이용하여 주가 프로세스를 생성하기 위해서는 주가가 따르는 확률분포를 구해야 하며 이를 위해서는 해당 분포를 따르는 난수를 생성하는 것이 필수 작업이다. 난수를 생성하기 위해서는 컴퓨터 프로그램을 이용할 수 있다. 그러나 컴퓨터에 의한 난수는 일정한 알고리듬을 사용하여 난수가 반복적으로 생성되므로 순수한 의미의 난수가 아닌 유사난수(pseudo-random number)라 할 수 있다.

여기서는 다음 3가지 난수생성방법을 소개하고자 한다.

(1) Inverse Transform Method
(2) Box-Muller Approach
(3) Quasi-Random Sequences

4.3.1 Inverse Transform Method

우리가 생성하기를 원하는 확률변수를 X라 하고 X의 분포함수(distribution function)를 다음과 같다고 하자.

$$F(x) = P\{X \le x\}$$ [3)]

F(x)는 누적분포함수로서 확률의 개념이므로 그 값들은 구간 [0, 1]을 가진 균등분포를 따른다. 따라서 F(x)의 역함수를 구할 수 있다면 다음 방법에 따라서 원하는 확률변수 $X = x_1, x_2, x_3, \ldots\ldots$를 생성시킬 수 있다.

① 구간 [0, 1]을 가진 균등분포 U(0,1)로부터 난수 발생 : $U \sim U(0,1)$
② F(x)의 역함수를 구하고 ①번에서 생성된 난수를 대입하여 X를 생성 : $x = F^{-1}(U)$

Inverse transform method는 분포함수의 역함수와 균등부포를 따르는 난수를 이용하여 쉽게 해당 확률분포를 따르는 확률변수를 생성 할 수 있으므로 분포함수의 역함수를 구할 수

---

3) 분포함수는 누적분포함수라고도 하며 다음 성질을 가진다.
$x_1 < x_2$ 이면 $F(x_1) \le F(x_2)$ (단조성), $F(x+0)=F(x)$ (우방연속), $\lim_{x \to +\infty} F(x) = \lim_{x \to -\infty} F(x) = 0$

만 있다면 정규분포뿐만 아니라 다른 확률분포를 따르는 변수들을 생성 시킬 수 있다. 확률변수 X가 표준정규분포를 따를 때 Inverse transform method를 이용하여 표준정규분포를 따르는 난수생성법을 그림으로 표시하면 [그림 4.2]와 같다.

· 표준정규분포의 확률밀도함수(probability density function, pdf) :

$$f(x)= \frac{1}{\sqrt{2\pi}} e^{\frac{-x^2}{2}}$$

· 표준정규분포의 누적분포함수(cumulative distribution function, cdf) :

$$F(x)= \frac{1}{\sqrt{2\pi}} \int_{-\infty}^{x} e^{\frac{-x^2}{2}} dt$$

[그림 4.2]를 설명하면, F(x)는 누적표준정규분포함수로서 0과 1사이 값을 가지며 U값이 0.8일 때 $F^{-1}(0.8)$의 값은 0.8416이 된다. 이렇게 생성된 값이 표준정규분포를 따르는 난수가 된다. Inverse transform method의 단점은 분포함수의 역함수의 값을 분석적(analytical)으로 구할 수 없거나 구하더라도 쉽지 않을 수 있다는 점인데 MATLAB Statistics Toolbox에는 대표적 분포함수들의 역함수 값들을 구하는 명령어가 있으므로 이를 이용할 수 있다.[4)]

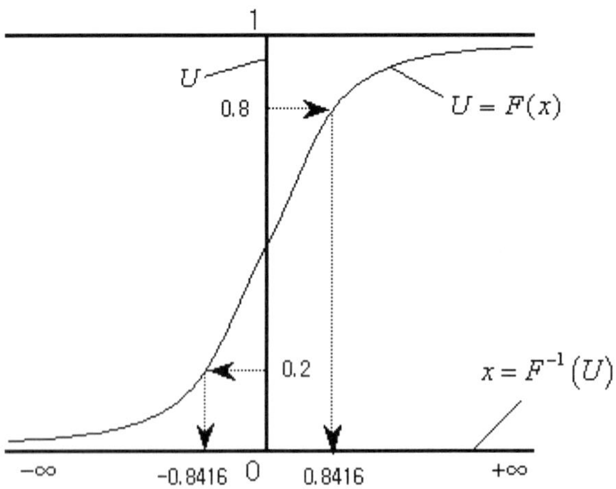

[그림 4.2] 누적표준정규분포함수로부터 확률변수 X생성

4) X = norminv(P,mu,sigma) : Inverse of normal cumulative distribution function
X = binoinv(Y,N,P) : Inverse of binomial cumulative distribution function
X = poissinv(P,lambda) : Inverse of Poisson cumulative distribution function
X = expinv(P,mu) : Inverse of exponential cumulative distribution function
X = betainv(P,A,B) : Inverse of beta cumulative distribution function

표준정규분포를 따르는 난수생성을 Inverse transform method를 이용하여 MATLAB으로 구현하여 보자.

[코드 4.2] Standard Normal Random Number(Inverse transform method)

```
%%%%% Inverse transform method 이용 표준정규난수 생성 %%%%%

% 균등분포를 따르는 확률변수 생성
U=rand(10000,1);

% 표준정규누적분포함수의 역함수
X=norminv(U,0,1);

% Plot
subplot(1,2,1)
histfit(X)
subplot(1,2,2)
plot(X,U,'*')
xlabel('X')
ylabel('U')
```

상기 M-File을 실행하면 다음과 같다.

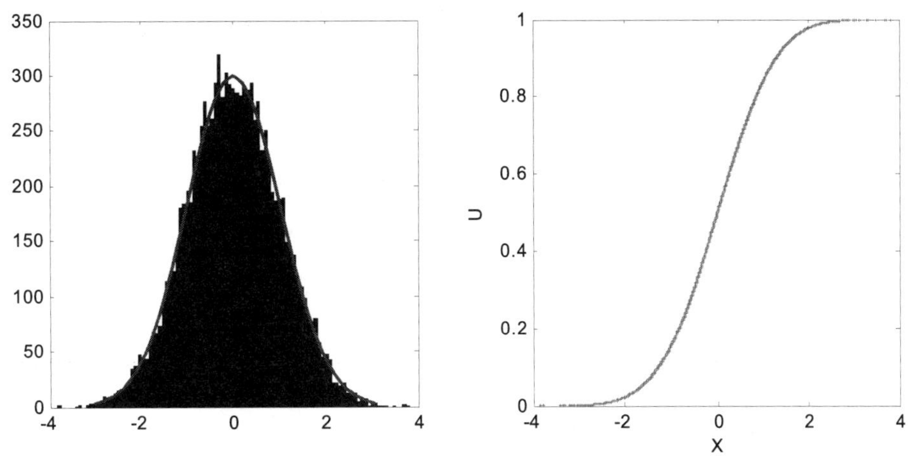

[그림 4.3] 생성된 확률변수 X의 히스토그램(좌) 및 분포함수(우)

[코드 4.2]의 변수 X값이 생성된 표준정규난수이며, 이 난수들의 히스토그램과 분포함수가 [그림 4.3]이다. 이 그림에서 볼 수 있듯이 Inverse transform method를 이용하여 생성된 난수들이 원하는 표준정규분포를 따름을 알 수 있다.

4.3.2 Box-Muller Approach

Inverse transform method의 단점으로 역함수의 값을 구하기 쉽지 않다고 하였는데 역함수를 사용하지 않고 난수를 생성시키는 방법으로 가장 널리 사용되는 방법이 Box-Muller Approach 이다. Box-Muller 알고리듬은 다음과 같다.

① 균등분포를 따르는 두개의 독립적 난수 생성 : $U_1, U_2, \sim U(0,1)$
② U_1과 U_2를 다음과 같이 변환시켜 표준정규분포 $N(0,1)$을 따르는 X_1과 X_2를 생성

$$X_1 = \sqrt{-2\ln U_1}\cos 2\pi U_2,\ \ X_2 = \sqrt{-2\ln U_1}\sin 2\pi U_2 \tag{4.2}$$

표준정규분포를 따르는 난수생성을 Box-Muller approach를 이용하여 MATLAB으로 구현하면 다음과 같다.

[코드 4.3] Standard Normal Random Number(Box-Muller approach)

```
%%%%% Box-Muller approach 이용 표준정규난수 생성 %%%%%

U1=rand(10000,1);
U2=rand(10000,1);
X1=sqrt(-2*log(U1)).*cos(2*pi*U2);         % 식(4.2)
X2=sqrt(-2*log(U1)).*sin(2*pi*U2);         % 식(4.2)
subplot(1,2,1)
histfit(X1)
subplot(1,2,2)
histfit(X2)
```

상기 M-File을 실행하면 다음과 같다.

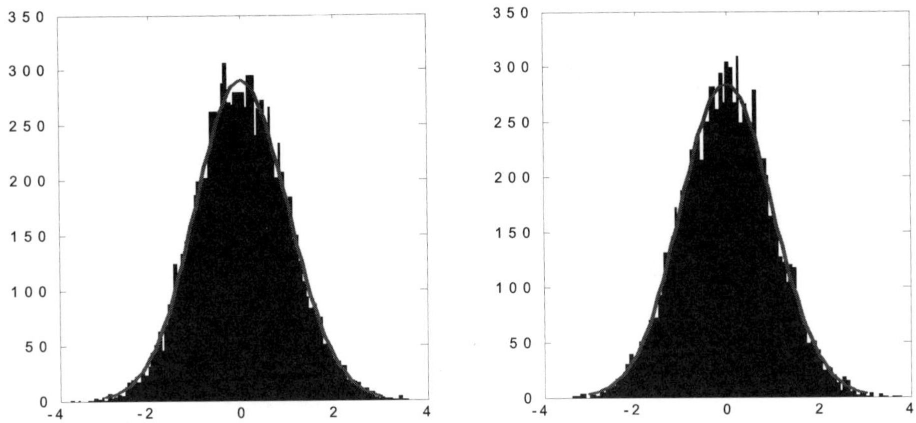

[그림 4.4] 생성된 확률변수 X_1(좌) 및 X_2(우)의 히스토그램

[그림 4.4]에서 볼 수 있듯이 Box-Muller approach를 이용하여 생성된 난수들이 원하는 표준정규분포를 따름을 알 수 있다.

상기 소개한 두 가지 방법에 의해서 표준정규분포를 따르는 난수를 생성하고 이를 이용하여 주가 프로세스를 시뮬레이션 할 수 있다.[5] 두 가지 방법들의 중요한 점은 특정 확률분포를 따르는 확률변수를 생성하기 위해서는 우선 균등분포를 따르는 난수를 생성해야 하는 것이다. 이를 위해 MATLAB의 rand함수를 이용하여 난수를 생성하였는데 이는 유사난수로서 실제로는 난수생성 알고리듬의 성격상 전혀 랜덤하지 않고 확정적(deterministic)이며 또한 분포가 균등하지 못함을 보여줄 수 있다. 다음에 설명하는 quasi-random sequences는 확정적(deterministic)인 number sequences이나 각 난수간의 빈 공간을 균등하게 채워 주기 때문에 MC의 성과를 높일 수 있다.

4.3.3 Quasi-Random Sequences

quasi-random sequences는 low-discrepancy sequences라고도 하며 기본구조는 각 point들이 이전 수와의 간격을 넓히려는 성질을 이용하여 틈새를 메워서 각 난수의 군집현상을 최대한 배제시키는 난수들을 생성하는 것이다. 이 방법으로 잘 알려진 것은 홀톤(Halton's sequences)과 소볼(Sobol's sequences) 두 가지가 있으며 비교적 간단히 코딩 할 수 있는 Halton's sequences를 소개하고자 한다.

Halton's sequences는 다음과 같은 절차에 따라 생성할 수 있으며 이 숫자들은 균등분포

---

5) MATLAB®의 randn 명령어를 이용하면 별도의 코딩 없이 쉽게 표준정규난수를 생성할 수 있다.

를 따르는 0과 1사이의 난수들이 된다.

① 10진수 n을 다음과 같이 변환한다.

$$n=\left(\cdots d_4 d_3 d_2 d_1 d_0\right)_b \tag{4.3}$$

여기서 b는 base로서 솟수(prime number)이다. 식(4.3)을 다시 표현하면 다음과 같다.

$$n=\sum_{k=0}^{m} d_k b^k$$

예를 들면 n=4, b=2 일 경우, 4를 2진수로 변환시키는 의미로서 다음과 같다.

$$4=100_2,\ (d_2=1, d_1=0, d_0=0)$$

$$4=\sum_{k=0}^{2} d_k 2^k = d_0 2^0 + d_1 2^1 + d_2 2^2 = 0\times 2^0 + 0\times 2^1 + 1\times 2^2$$

② 식(4.3)을 다음과 같이 역으로 배열한다.

$$h=\left(0.d_0 d_1 d_2 d_3 d_4 \cdots\right)_b \tag{4.4}$$

식(4.4)를 10진수로 변환하면 base b를 가지는 Halton's sequences의 n번째 수가 된다. 이를 일반화 시키면 다음과 같다.

$$h(n,b)=\sum_{k=0}^{m} d_k b^{-(k+1)}$$

앞의 예를 이어서 설명하면,

$4=100_2$의 역배열은 $h=0.001_2$이 되고 이를 10진수로 변환하면

$$h(4,2)=\sum_{k=0}^{2} d_k 2^{-(k+1)} = d_0 2^{-1} + d_1 2^{-2} + d_2 2^{-3} = 0\times 2^{-1} + 0\times 2^{-2} + 1\times 2^{-3} = \frac{1}{8} = 0.1250$$

즉 0.1250은 base 2를 가지는 Halton's sequences의 4번째 수가 됨을 알 수 있다. Halton's sequences를 생성하기 위한 MATLAB 코드는 다음과 같다.

[코드 4.4] Halton's sequences

```
%%%%% Halton's sequences 생성 %%%%%

function seq=RN_Halton(n, b)

seq=[];
for i=1:n
    n0 = i;
    h = 0;
    f = 1 / b;
    while (n0 > 0)
        n1 = floor(n0 / b);
        r = n0 - n1 * b;
        h = h + f * r;
        f = f / b;
        n0 = n1;
    end
    seq=[seq;h];
end
```

상기 M-File을 이용하여 base 2를 갖는 Halton's sequences 중 처음 10개의 수들을 생성하여 보자.

```
seq=RN_Halton(10, 2)
seq =
    0.5000
    0.2500
    0.7500
    0.1250    ⇒ 앞의 예시에서 base 2를 갖는 4번째 수와 동일
    0.6250
    0.3750
    0.8750
    0.0625
    0.5625
    0.3125
```

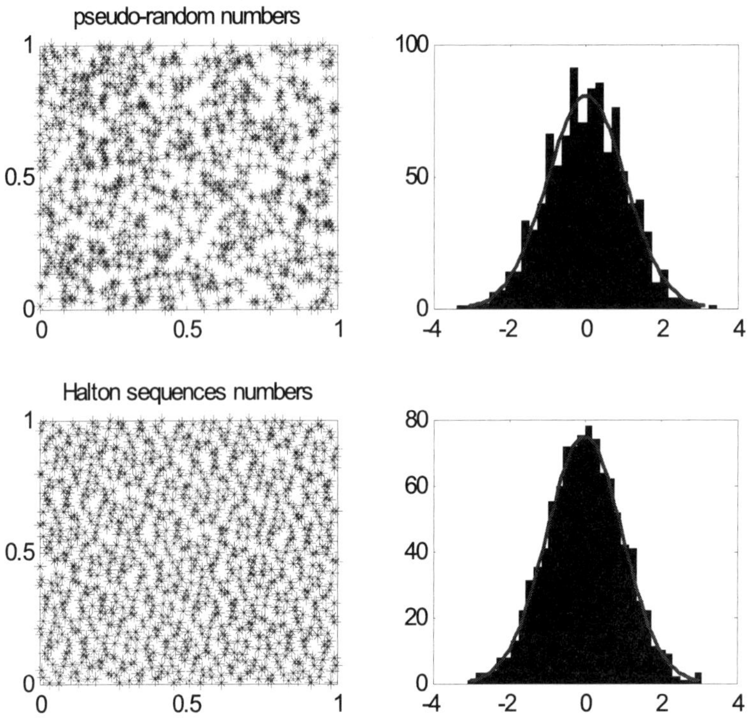

[그림 4.5] pseudo-random number와 Halton's sequences(좌) 히스토그램(우)

[그림 4.5]의 좌측그림은 균등분포를 따르는 난수(1000×1000)를 pseudo-random number와 Halton's sequences(base 2와 7)로 생성한 것이며 우측 그림은 각 방법에 따라 생성된 난수들을 Box-Muller approach에 의하여 전환된 표준정규난수들의 히스토그램이다. 그림에서 볼 수 있듯이 pseudo-random numbers는 난수들 사이의 공간들이 보이고 있으나 Halton's sequences는 촘촘히 고르게 분포됨을 알 수 있다. 이를 이용하여 전환된 표준정규분포를 따르는 난수들 역시 Halton's sequences가 조금 더 표준정규분포에 가깝다. 즉 Halton's sequences는 알고리듬 성격 상 난수들 사이의 빈 공간을 채우도록 되어 있어서 MC 수행 시 유사난수보다는 성과가 좋다. 그러나 base가 클 경우(대략 40보다 클 경우)에는 랜덤성격이 붕괴될 수 있는 단점이 있으며 또한 최적 base를 선택하는 문제가 생긴다.6)

만기에 한번 payoff가 발생하는 유럽형 옵션 또는 MC VaR측정 시에는 주가시뮬레이션을 dt=T로 하여 1개의 step만 있어도 충분하다. 이 경우에는 Halton's sequences를 이용하는 것이 효율적이다. 그러나 만기 이전의 주가 경로를 시뮬레이션 해야 하는 경로종속형 옵션의

6) Halton's sequences는 base별로 확정적인 수들이다.

경우에는 Halton's sequences의 단점으로 인하여 효율적이지 못하다.[7] 하지만 Halton's sequences를 재배열 하는 방법을 통해 이러한 단점을 극복할 수 있는 간단한 방법을 설명하고자 한다.

$$\begin{bmatrix} a_{1,1} & a_{1,2} & \cdots\cdots & a_{1,j} & \cdots\cdots & a_{1,T} \\ a_{2,1} & a_{2,2} & \cdots\cdots & a_{2,j} & \cdots\cdots & a_{2,T} \\ \vdots & \vdots & & \vdots & & \vdots \\ a_{i,1} & a_{i,2} & \cdots\cdots & a_{i,j} & \cdots\cdots & a_{i,T} \\ \vdots & \vdots & & \vdots & & \vdots \\ a_{N,1} & a_{N,2} & \cdots\cdots & a_{N,j} & \cdots\cdots & a_{N,T} \end{bmatrix}$$

N은 시뮬레이션 횟수, T는 time step 횟수이다.

우선 첫 번째 열벡터 $[a_{1,1}\ a_{2,1} \cdots a_{N,1}]$는 예를 들어 base 2와 같은 Halton's sequences를 생성한다. 그리고 두 번째 열벡터는 첫 번째 벡터의 각 원소들을 랜덤하게 재배열 시킨다. 이러한 작업을 마지막 T시점의 열벡터까지 반복하면 T개의 time step을 가진 N개의 시뮬레이션 path들을 생성시킬 수 있다. 여기서 중요한 것은 재배열된 각 난수들의 독립성을 확보하여야 하는데, MATLAB 함수 randperm을 이용할 수 있다.[8] 이에 대한 MATLAB 코드는 다음과 같다.

[코드 4.5] Halton's sequences 재배열

```
%%%%% Halton's sequences 재배열 %%%%%

function seq=hqmc(n,T,b)
seq=zeros(n,T);
seq(:,1)= RN_Halton(n,b);
for j = 2:T,
    rp=randperm(n);
    for i = 1:n,
        seq(i,j) = seq(rp(i),1);
```

7) 경로종속형 옵션의 payoff를 결정하기 위해서는 여러 개의 time step들이 필요하다. 따라서 time step들 만큼 각기 다른 base가 필요하다. 그러나 Halton's sequences의 base는 솟수들로 구성되며 base가 40이상이면 랜덤성격이 붕괴될 수 있기 때문에 많은 time step이 필요한 경로종속형 옵션평가에 적용하기는 곤란하다.

8) p = randperm(n), p = randperm(n) returns a random permutation of the integers 1:n.

```
    end
end
```

N=10000, T=365, base=2인 Halton's sequences를 생성하고 그 중 임의의(156번째) 열벡터 원소들의 분포를 보면 [그림 4.6]과 같다. 이는 base 2를 가지는 1만개의 난수들이 365번 재배열 된 것으로서 그 중 156번째 재배열된 난수들을 말한다.

```
>> seq=hqmc(10000,365,2);
>> plot(seq(:,156),'*')
```

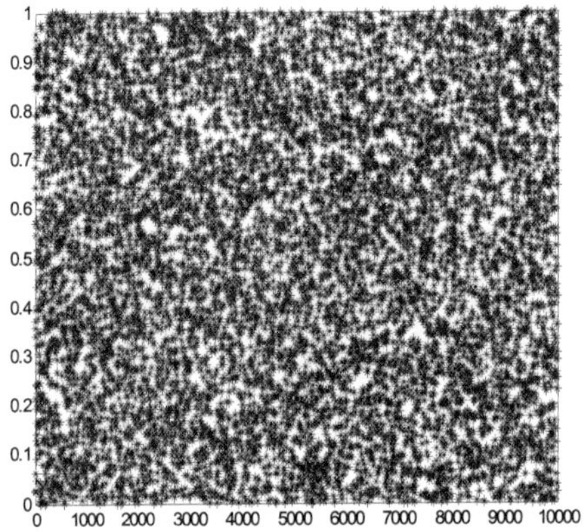

[그림 4.6] Halton's sequences 재배열

Halton's sequences를 이용하여 균등분포를 따르는 난수들을 생성하고, 이 난수들을 Inverse Transform Method 또는 Box-Muller Approach를 이용하여 표준정규난수들을 생성할 수 있다.

4.3.4 촐레스키 분해(cholesky decomposion)

앞서 설명한 방식대로 생성된 난수들은 정의에 따라 서로 독립적이다. 그러나 파생상품의 기초자산이 2개 이상이고 각 기초자산간에 상관관계가 존재한다면 상관관계를 반영한 난수들을 생성해야 한다. 이때 촐레스키 분해를 이용하면 기초자산간 상관관계가 반영된 난수를 생성할 수 있다.

A가 양정부호(positive definite) 행렬이면 $A = L \times L^T$ 되는 하부삼각행렬(lower triangular matrix) L과 이것의 전치행렬인 상부삼각행렬(upper triangular matrix) L^T을 구할 수 있으며 이를 촐레스키 분해라고 한다.[9] 즉 2개 이상의 기초자산에 관한 상관계수 행렬이 A라 한다면 A를 두개의 행렬로 분해하고 이 중 하나의 행렬을 생성된 난수행렬에 곱하면 상관관계가 반영된 난수들이 된다. 기초자산이 2개인 경우를 예를 들어 설명하면 다음과 같다.

앞서 설명한 3가지 방식 중 하나에 의해 표준정규분포를 따르는 난수 ε_1과 ε_2를 생성하였다고 하자. 두 난수는 서로 독립적으로 상관관계가 반영이 되지 않은 상태이다. 두 난수를 촐레스키 분해를 이용하여 상관관계가 반영된 난수로 전환하여 보자. 상관계수가 ρ일 경우 상관계수 행렬을 A라 하자.

$$A = \begin{pmatrix} 1 & \rho \\ \rho & 1 \end{pmatrix}$$

행렬 A를 촐레스키 분해를 하면 다음과 같다.

$$A = L \times L^T = \begin{pmatrix} 1 & 0 \\ \rho & \sqrt{1-\rho^2} \end{pmatrix} \begin{pmatrix} 1 & \rho \\ 0 & \sqrt{1-\rho^2} \end{pmatrix}$$

상기 분해 된 행렬 중 하나를 이용하여 상관계수가 반영된 난수 ε_1^*, ε_2^*로 전환하면 다음과 같다.

하부삼각행렬 이용 : $$\begin{pmatrix} \varepsilon_1^* \\ \varepsilon_2^* \end{pmatrix} = \begin{pmatrix} 1 & 0 \\ \rho & \sqrt{1-\rho^2} \end{pmatrix} \begin{pmatrix} \varepsilon_1 \\ \varepsilon_2 \end{pmatrix} = \begin{pmatrix} \varepsilon_1 \\ \varepsilon_1 \rho + \varepsilon_2 \sqrt{1-\rho^2} \end{pmatrix}$$

상부삼각행렬 이용 : $$\begin{pmatrix} \varepsilon_1^* & \varepsilon_2^* \end{pmatrix} = \begin{pmatrix} \varepsilon_1 & \varepsilon_2 \end{pmatrix} \begin{pmatrix} 1 & \rho \\ 0 & \sqrt{1-\rho^2} \end{pmatrix} = \begin{pmatrix} \varepsilon_1 & \varepsilon_1 \rho + \varepsilon_2 \sqrt{1-\rho^2} \end{pmatrix}$$

MATLAB®에서는 촐레스키 분해를 수행하는 chol이라는 함수가 내장되어 있기 때문에 이를 위해 별도의 함수를 작성할 필요가 없다.

---

9) 촐레스키 분해와 관련된 구체적 사항은 양원영 (2000) : 「수치해석과 MATLAB」, 교우사, p204 ~ p205 참조

4.4 몬테칼로 시뮬레이션 방법을 이용한 파생상품 가격결정원리

4.4.1 주가경로(Stock Process) 시뮬레이션

제1장에서 설명하였듯이 파생상품의 가격을 결정하는 작업 중 첫 단계는 기초자산가격의 확률과정(stochastic process)을 모형화 하는 것이며 MC를 이용하여 구현할 수 있다. MC를 이용하여 주가 프로세스를 생성하는 단계는 다음과 같다.

① Step 1 : 주가의 확률과정 모형 결정
⇒ 주가의 확률과정은 GBM을 따른다.

$$dS = \mu S dt + \sigma S dz \xrightarrow{risk-neutral\ world(\mu \to r)} dS = rSdt + \sigma Sdz$$

여기서 r은 무위험이자율, σ는 주가의 연변동성으로 상수임.

② Step 2 : 입력변수 r, σ 추정

③ Step 3 : 주가 프로세스 생성
⇒ 위험중립 세계에서의 주가 프로세스를 생성하는 방법은 다음 두 가지가 있다.

방법1 : 주가 S의 확률과정을 이산(discrete)시간 모형으로 전환

$$S_{t+\delta t} - S_t = rS_t \delta t + \sigma S_t \varepsilon \sqrt{\delta t} \tag{4.5}$$

$$\to\ S_{t+\delta t} = S_t + rS_t \delta t + \sigma S_t \varepsilon \sqrt{\delta t},\ \ \varepsilon \sim N(0, 1)$$

방법2 : 주가에 자연로그를 취한 $\ln S$ 의 확률과정을 이산시간 모형으로 전환

$$\ln\left(\frac{S_{t+\delta t}}{S_t}\right) = \left(r - \frac{1}{2}\sigma^2\right)\delta t + \sigma\varepsilon\sqrt{\delta t}$$

$$\to\ \frac{S_{t+\delta t}}{S_t} = \exp\left[\left(r - \frac{1}{2}\sigma^2\right)\delta t + \sigma\varepsilon\sqrt{\delta t}\right] \tag{4.6}$$

$$\to\ S_{t+\delta t} = S_t \exp\left[\left(r - \frac{1}{2}\sigma^2\right)\delta t + \sigma\varepsilon\sqrt{\delta t}\right],\ \ \varepsilon \sim N(0, 1)$$

$S_t, r, \sigma, \delta t$가 주어지고, 난수 ε를 생성하면 방법1 또는 방법2에 의해서 $S_{t+\delta t}$를 구할 수 있으며 이러한 과정을 [0, T] 구간에 반복적으로 수행하면 초기주가 S_0가 주어질 때 만기 T시점의 주가 S_T를 시뮬레이션 할 수 있다.10)

방법1과 2는 연속시간모형인 GBM모형을 이산시간모형으로 변형시킨 것이다. 그런데 방법1은 근사치로서 방법2보다 오차가 클 수 있으며 δt가 0으로 수렴하는 경우에만 성립한다. 반면에 방법2는 조금 더 정확한 시뮬레이션으로서 모든 δt에 대하여 정확히 성립한다. 우리는 앞으로 주가 프로세스를 방법2를 이용하여 시뮬레이션 하기로 한다.

이제 예제를 통하여 간단한 주가 프로세스를 생성하여 보자.

$S_o = 100, r = 0.05, \sigma = 0.3, T = 1, time\,step = 4, \delta t = 1/4$일 경우 T=1시점의 주가 프로세스 생성과정은 다음과 같다.(ϵ는 표준정규난수로서 임의적으로 생성 가정)

$$S_{0.25} = 103.17 = 100 \times \exp\left[\left(0.05 - \frac{1}{2}\times 0.3^2\right)\times\frac{1}{4} + 0.3\times 0.2\times\sqrt{\frac{1}{4}}\right],\ \varepsilon = 0.2$$

$$S_{0.5} = 95.84 = 103.17 \times \exp\left[\left(0.05 - \frac{1}{2}\times 0.3^2\right)\times\frac{1}{4} + 0.3\times(-0.5)\times\sqrt{\frac{1}{4}}\right],\ \varepsilon = -0.5$$

$$S_{0.75} = 100.38 = 95.84 \times \exp\left[\left(0.05 - \frac{1}{2}\times 0.3^2\right)\times\frac{1}{4} + 0.3\times 0.3\times\sqrt{\frac{1}{4}}\right],\ \varepsilon = 0.3$$

$$S_1 = 97.53 = 100.38 \times \exp\left[\left(0.05 - \frac{1}{2}\times 0.3^2\right)\times\frac{1}{4} + 0.3\times(-0.2)\times\sqrt{\frac{1}{4}}\right],\ \varepsilon = -0.2$$

이를 그림으로 나타내면 [그림 4.7]과 같다. [그림 4.7]은 주가 path 1개를 생성한 것으로서 파생상품 가격을 정밀하게 측정하고자 한다면 상기 작업을 반복하여 path의 수를 늘려가야 할 것이다. 한편 파생상품의 이득이 만기시점 T에서의 S값에 의해서만 결정되는 경우에는 주가의 중간경로를 생성할 필요 없이 0시점의 S_0에서 T시점의 S_T를 곧장 시뮬레이션 하면 된다. 즉, $\delta t = T$로 하고 계산하면 된다.

10) 배당수익률 q가 존재하면 r은 r−q가 된다.

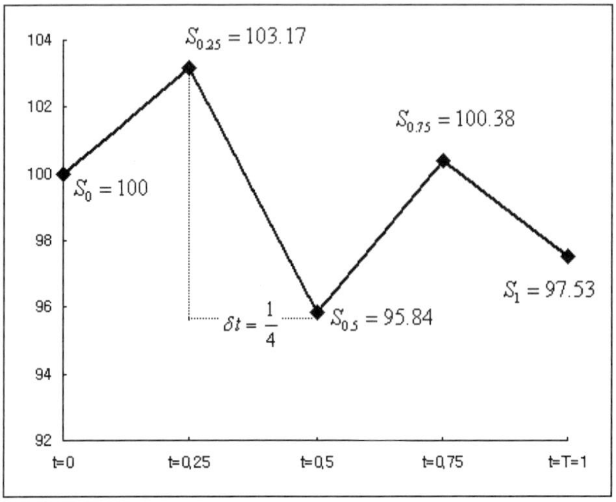

[그림 4.7] 주가 path 1개 시뮬레이션

앞의 예제를 확장하여 기초자산이 2개 이상일 경우에는 앞서 배운 촐레스키 분해를 이용하여야 한다. 다음은 상관관계를 반영하여 주가 2개의 프로세스를 생성한 MATLAB 코드이다.

[코드 4.6] 2-Stock Process(MC, Cholesky Decomposition)

```
%%%%% 2-Stock Process(MC, Cholesky Decomposition) %%%%%

ns=1000;                          % simulation 횟수(주가 path 갯수)

% 입력변수
S0=[1000 1000];                   % 주식1,2의 초기주가
r = 0.05;                         % 무위험이자율
q=[0.01 0.01];                    % 주식1,2의 배당수익률
vol=[0.4 0.2];                    % 주식1,2의 변동성
rho=[1 0.3 ; 0.3 1];              % 주식1,2의 상관계수 행렬

% time steps 구성
T=1;                              % 잔존만기
N=365;                            % time steps 갯수
dt=T/N;

% cholesky decomposition
% chol : MATLAB 명령어, chol(A)하면 upper triangular matrix 생성
M=chol(rho);
```

```
% 주가1(SP1),주가2(SP2)의 초기화 및 초기주가 입력
SP1=zeros(ns,N+1);          % 초기주가 입력 위해 time step을 N+1개로 정함
SP1(:,1)=S0(1);
SP2=zeros(ns,N+1);
SP2(:,1)=S0(2);

% 주가1,2의 process 생성
for i=1:ns,
    % 상관계수 미반영된 표준정규난수 2개 시리즈를 time steps만큼 생성
    w0 = randn(N,2);
    % 촐레스키분해 행렬 M을 이용하여 상관계수 반영된 난수로 변환
    w=w0*M;
    for j=2:N+1,
        SP1(i,j)=SP1(i,j-1)*exp((r-q(1)-vol(1)^2/2)*dt + ...
              vol(1)*sqrt(dt)*w(j-1,1)); % 식(4.6)이용 주가1 프로세스 생성
        SP2(i,j)=SP2(i,j-1)*exp((r-q(2)-vol(2)^2/2)*dt + ...
              vol(2)*sqrt(dt)*w(j-1,2)); % 식(4.6)이용 주가2 프로세스 생성
    end
end

% 주가1,2의 프로세스 그래프
subplot(2,2,1)
plot(1:N+1,SP1)
title('stock1 process')
xlabel('time steps')
ylabel('SP1')
subplot(2,2,2)
plot(1:N+1,SP2)
title('stock2 process')
xlabel('time steps')
ylabel('SP2')

% T시점 생성된 주가1,2의 히스토그램
subplot(2,2,3)
histfit(SP1(:,end))
title('stock1 histogram')
subplot(2,2,4)
histfit(SP2(:,end))
title('stock2 histogram')
```

상기 M-file을 시행하면 주가1,2의 프로세스가 각각 SP1, SP2 변수에 1,000개씩 생성되며 그래프로 보면 [그림 4.8]과 같다.

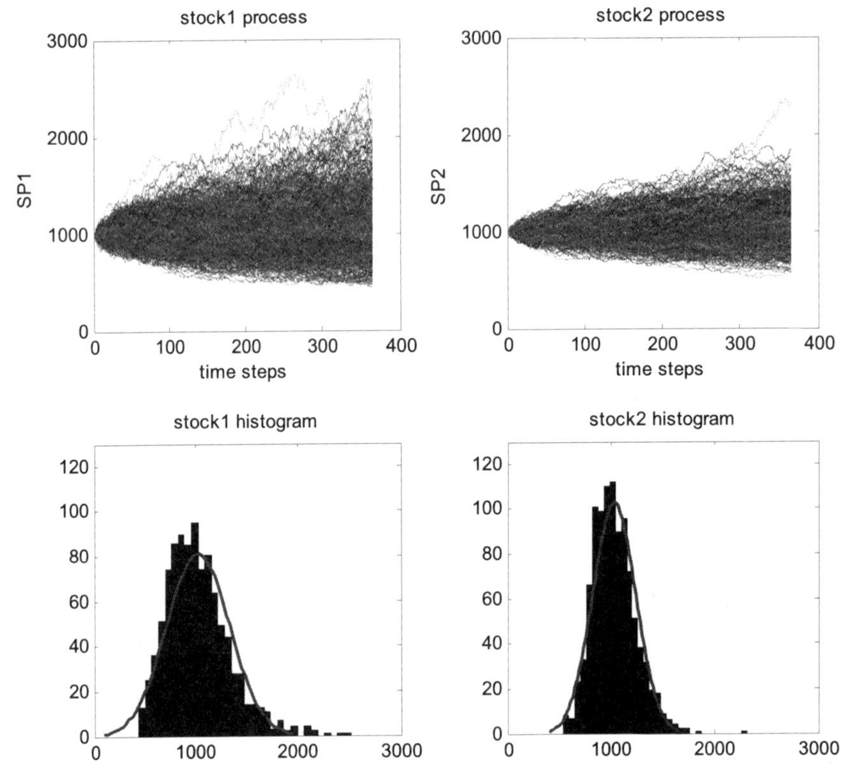

[그림 4.8] 주가 프로세스 생성 및 히스토그램

[그림 4.8]은 주가1, 2의 path를 각각 1,000개씩 시뮬레이션 한 것으로서 상관관계가 반영되었다. 하단의 그림은 T시점 주가분포의 히스토그램으로서 SP1이 SP2보다 퍼짐정도가 큰 것은 변동성이 크기 때문이며 0이상 값들로 오른쪽 치우침(right skewed)을 보여주고 있는 것은 주가의 로그노말분포 속성을 반영한 것이다.

4.4.2 파생상품 가격결정절차

MC를 이용하여 파생상품 가격을 결정하기 위한 사전 준비작업인 난수생성과 주가 프로세스를 시뮬레이션 하였다. 이제 위험중립평가법를 통한 파생상품 가격을 결정하는 방법을 설명하고자 한다. 제1장에서 설명하였듯이 위험중립평가법을 통한 파생상품 가격 결정은 다음과 같은 절차를 따른다.

① Step 1 : 생성된 주가 paths에 따라 해당 파생상품의 payoffs를 구한다.
② Step 2 : payoffs의 기댓값을 계산한다.
③ Step 3 : payoffs의 기댓값을 무위험이자율로 할인하여 파생상품 가격을 도출한다.

상기 절차를 유럽형 바닐라 콜옵션인 sample1 상품을 예제로 하면 [그림 4.9]와 같다.

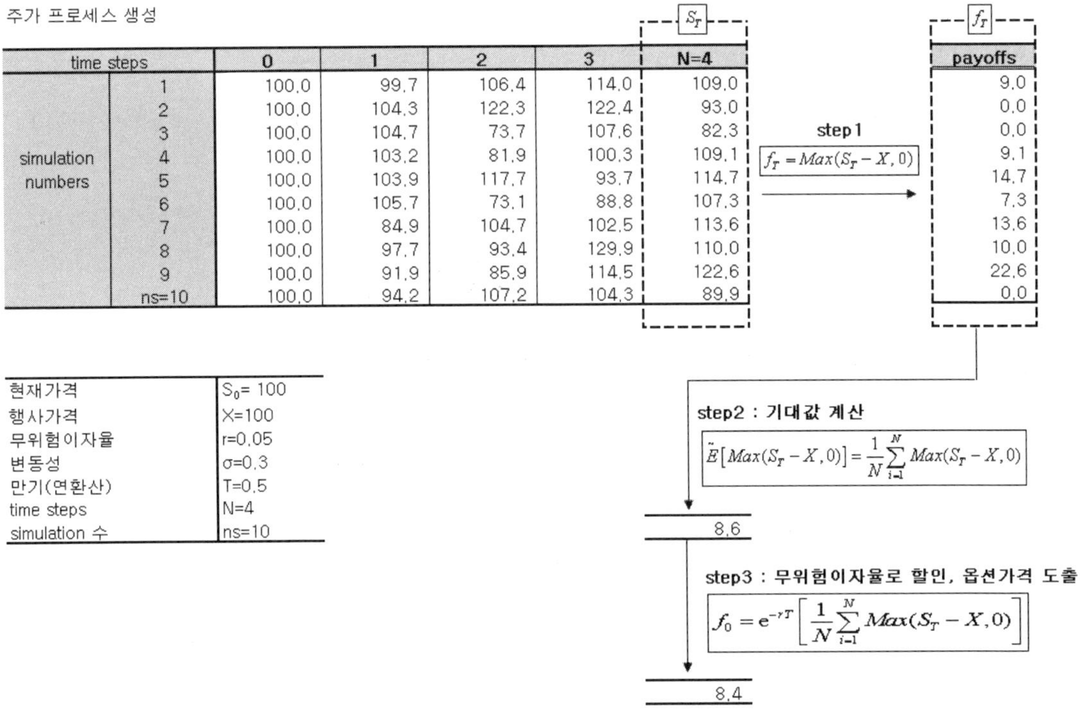

time steps		0	1	2	3	N=4	payoffs
simulation numbers	1	100.0	99.7	106.4	114.0	109.0	9.0
	2	100.0	104.3	122.3	122.4	93.0	0.0
	3	100.0	104.7	73.7	107.6	82.3	0.0
	4	100.0	103.2	81.9	100.3	109.1	9.1
	5	100.0	103.9	117.7	93.7	114.7	14.7
	6	100.0	105.7	73.1	88.8	107.3	7.3
	7	100.0	84.9	104.7	102.5	113.6	13.6
	8	100.0	97.7	93.4	129.9	110.0	10.0
	9	100.0	91.9	85.9	114.5	122.6	22.6
	ns=10	100.0	94.2	107.2	104.3	89.9	0.0

현재가격	S_0= 100
행사가격	X=100
무위험이자율	r=0.05
변동성	σ=0.3
만기(연환산)	T=0.5
time steps	N=4
simulation 수	ns=10

[그림 4.9] MC를 이용한 유럽형 콜옵션 가격 결정

[그림 4.9]의 옵션가격은 시뮬레이션의 횟수가 극히 부족하여 정확한 가격이 아니며 시뮬레이션의 횟수를 증가시킬수록 파생상품의 가격은 수렴해 나간다. MC를 이용하여 유럽형 바닐라옵션 가격결정에 대한 MATLAB 코드는 다음과 같다.

[코드 4.7] European Vanilla Option Pricing(MC, Pseudo-Random Number)

```
%%%%% European Vanilla Option Pricing(MC, Pseudo-Random Number) %%%%%

function [Price, SE, CI]=MC_Vanilla_Pseudo(C_P, S, X, r, T, vol, q, N, ns)

dt=T/N;
SP=zeros(ns,N+1);
SP(:,1)=S;

for i=1:ns
    w = randn(N,1);
    for j=2:N+1
        % 식(4.6)
        SP(i,j) = SP(i,j-1)*exp((r-q-vol^2/2)*dt + vol*sqrt(dt)*w(j-1));
    end
end

if C_P=='C'
    payoff=max(SP(:,N+1)-X,0);      % 콜옵션 만기 payoff
else
    payoff=max(X-SP(:,N+1),0);      % 풋옵션 만기 payoff
end

DiscPrice=exp(-r*T)*payoff;         % payoff 현재가치

% payoff 현재가치의 평균, 분산, 신뢰구간
[Price, PriceVar, CI]=normfit(DiscPrice);

% 표준오차
SE=PriceVar/sqrt(ns);
```

sample1 상품을 상기 함수로 평가하면 다음과 같다.

```
>> [Price, SE, CI]=MC_Vanilla_Pseudo('C', 100, 100, 0.05, 0.5, 0.3,
   0, 1, 1000000)

Price =
    9.6303

SE =                                ⇒ 표준오차
```

```
    0.0148

CI =                                ⇒ 신뢰구간
    9.6012
    9.6594
```

MATLAB® Financial Toolbox의 blsprice 함수 값과 비교하여 보자.

```
>> price = blsprice(100, 100, 0.05, 0.5, 0.3, 0)

price =
    9.6349
```

4.5 분산감소기법(Variance Reduction Technic)

MC기법을 이용하여 보다 정확한 추정치를 구하기 위해서는 시뮬레이션의 횟수를 증가 시키면 되지만 그만큼 계산시간이 늘어나게 된다. 따라서 컴퓨터의 성능이나 정보의 시의성을 고려한다면 MC기법의 성과를 높일 수 있는 관건은 가급적 빠른 시간 안에 정확한 추정치를 구하는 것이라 할 수 있다.

MC기법은 표본(samples)인 payoffs의 기댓값(expected value)을 추정하기 위해서 표본평균(sample mean)을 사용한다. 추정된 평균을 μ, 표준편차를 ω, M은 시뮬레이션 횟수라고 할 때에 추정된 평균의 표준오차와 신뢰구간은 다음과 같다.

$$\text{표준오차} : \frac{\omega}{\sqrt{M}}$$

$$\text{신뢰구간(95\%)} : \quad \mu - \frac{1.96\omega}{\sqrt{M}} < f < \mu + \frac{1.96\omega}{\sqrt{M}}$$

표준오차와 신뢰구간을 보면 파생상품 가치에 대한 오차는 $\sqrt{M}$에 반비례함을 알 수 있다. 이는 시뮬레이션의 정확성을 10배로 늘리려면 시행횟수 M을 100배로 증가시켜야 함을 의미한다. 분산감소기법은 상기 표준오차와 신뢰구간의 폭을 줄여서 MC 추정치의 효율성을 높여주는 기법으로서 대표적으로 대조변수법(antithetic variates), 통제변수법(control variates), 중요표본추출법(importance sampling), 층화표본추출법(stratified sampling), 적률매칭법(moment matching), quasi-random sequences를 이용한 Quasi-Random Monte Carlo Simulation 등이 있으며 본 장에서는 실무에서 자주 사용되는 대조변수법, 통제변수법, Quasi-Random Monte Carlo Simulation을 구체적으로 설명하고자 한다.

4.5.1 대조변수법(Antithetic Variates)

대조변수법은 주가 프로세스를 생성하는 과정에서 난수 ε를 사용하여 파생상품가치 f_1을 계산하고, 난수 ε에 음의 부호를 붙인 난수 $-\varepsilon$를 이용하여 파생상품가치 f_2를 계산한 후 이들의 평균을 취하여 최종 파생상품 가치 $\bar{f}$를 도출하는 기법이다. 이 기법은 일반적인 MC방법에 비해 표준오차가 작아지게 되어 비교적 정확한 파생상품 가치를 구할 수 있다. 이를 그림으로 설명하여 직관적인 이해를 돕고자 한다.

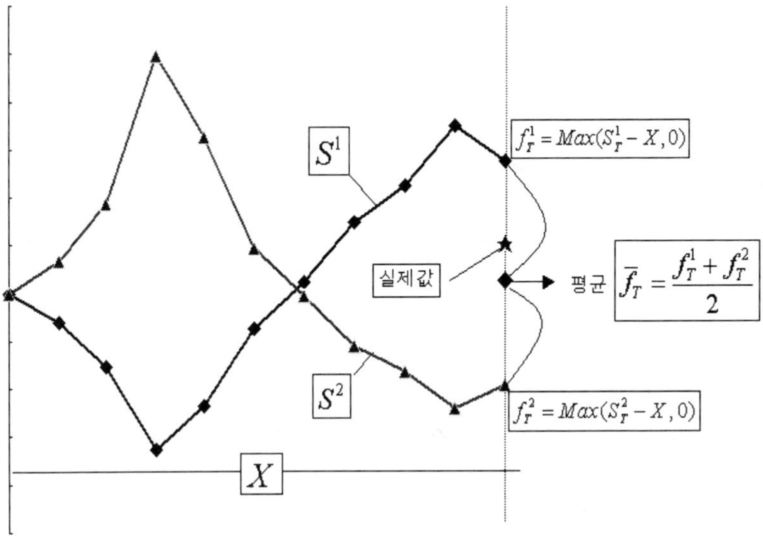

[그림 4.10] 대조변수법을 이용한 MC 시뮬레이션

[그림 4.10]에서 S^1은 난수 ε를 이용한 path이며 이를 이용하여 T시점의 콜옵션 payoff인 f_T^1를 구한다. S^2는 난수 $-\varepsilon$ (ε와의 상관계수 -1)를 이용한 path이며 이를 이용하여 T시점의 콜옵션 payoff인 f_T^2를 구한다. 두 path는 서로 대칭관계임을 알 수 있다. 이제 f_T^1과 f_T^2의 평균을 취하여 최종 payoff인 $\overline{f_T}$를 구할 수 있으며, 그림에서 보듯이 이 값은 독립적인 paths를 생성할 때보다 좀 더 실제 값과 가까이 분포하게 될 가능성이 커지게 된다. 즉 대조변수를 이용하여 정확히 반대의 path를 생성하여 평균을 추정 할 경우에는 추정치의 오차가 줄어들게 된다. [코드 4.7]의 유럽형 바닐라옵션 가격결정에 대조변수법을 적용하면 다음과 같다.

[코드 4.8] European Vanilla Option Pricing(MC, Antithetic Variates)

```
%%%%% European Vanilla Option Pricing(MC, Antithetic Variates) %%%%%

function [Price, SE, CI]=MC_Vanilla_Anti(C_P, S, X, r, T, vol, q, N, ns)
dt=T/N;
SP1=zeros(ns,N+1);
SP1(:,1)=S;
SP2=zeros(ns,N+1);
SP2(:,1)=S;

% 난수 ε를 이용 SP1, 난수 -ε를 이용 SP2 생성
for i=1:ns,
    w = randn(N,1);
    for j=2:N+1,
        SP1(i,j) = SP1(i,j-1)*exp((r-q-vol^2/2)*dt + vol*sqrt(dt)*w(j-1));
        SP2(i,j) = SP2(i,j-1)*exp((r-q-vol^2/2)*dt + vol*sqrt(dt)*-w(j-1));
    end
end

if C_P=='C'
    payoff1=max(SP1(:,N+1)-X,0);
    payoff2=max(SP2(:,N+1)-X,0);
else
    payoff1=max(X-SP1(:,N+1),0);
    payoff2=max(X-SP2(:,N+1),0);
end

DiscPrice=exp(-r*T)*(payoff1+payoff2)/2;  % 두 payoff의 평균을 현재가치화
[Price, PriceVar, CI]=normfit(DiscPrice);
SE=PriceVar/sqrt(ns);
```

sample1 상품을 대조변수법인 상기함수로 평가하면 다음과 같다.

```
>> [Price, SE, CI]=MC_Vanilla_Anti('C', 100, 100, 0.05, 0.5, 0.3, 0,
1, 1000000)

Price =
    9.6331
```

```
SE =                                ⇒ 표준오차
    0.0080

CI =                                ⇒ 신뢰구간
    9.6174
    9.6488
```

4.5.2 통제변수법(Control Variates)

대조변수법은 원래의 난수와 정반대의 상관관계를 갖는 난수를 발생시키는 기법이나 통제변수법은 통제변수 및 변수간의 상관관계를 활용하여 MC측정치의 분산을 감소시키는 기법이다.

확률변수 X의 기댓값 $E[X]=\theta$를 추정하여 보자. X와 어느 정도 상관관계가 있는 또 다른 확률변수 Y가 있다고 하고 기댓값 $E[Y]=\tau$는 알려져 있다고 하자. 이 두변수를 이용하여 확률변수 Z를 다음과 같이 정의하자.

$$Z = X + c(Y - \tau) \tag{4.7}$$

여기서 Y를 통제변수(control variates)라 하고 c는 통제모수(control parameter)로서 선택해야 할 모수이다. Z의 기댓값과 분산은 다음과 같다.

$$\begin{aligned} E[Z] &= E[X] + c(E[Y] - \tau) = E[X] + c(\tau - \tau) = E[X] \\ &= \theta,\ \theta\text{의 불편추정치(unbiased estimator)} \end{aligned}$$

$$Var[Z] = Var[X] + c2Var[Y] + 2cCov[X,Y] \tag{4.8}$$

식(4.8)에서 적절한 c를 선택함으로서 추정치의 분산을 줄일 수 있는데, 분산을 최소화하는 최적(optimal) c를 구하면 다음과 같다.

$$c^* = -\frac{Cov(X,Y)}{Var(Y)} \tag{4.9}$$

식(4.9)를 식(4.8)에 대입하고 $Cov(X, Y) = \rho_{X,Y}\sqrt{Var(X)Var(Y)}$를 이용하여 정리하면 다음과 같다.

$$Var(Z) = \left(1 - \rho_{X,Y}^2\right) Var(X) \tag{4.10}$$

식(4.10)을 보면 $\rho_{X,Y}$는 X와 Y의 상관계수로서 $|\rho_{X,Y}|$값이 클수록 Z의 분산이 감소되는 효과가 커짐을 알 수 있다. 식(4.9)의 c^*를 구하기 위해서는 $Cov(X, Y)$와 $Var(Y)$를 추정해야 하는데 이는 pilot replication을 통해 구할 수 있다. [코드 4.7]의 유럽형 바닐라옵션 가격결정에 통제변수법을 적용하면 다음과 같다.

[코드 4.9] European Vanilla Option Pricing(MC, Control Variates)

```
%%%%% European Vanilla Option Pricing(MC, Control Variates) %%%%%

function [Price, SE, CI]=MC_Vanilla_Cont(C_P, S, X, r, T, vol, q, N, ns, np)

dt=T/N;

% 최적 c를 구하기 위한 pilot replication
SP1=zeros(np,N+1);
SP1(:,1)=S;
for i=1:np,
    w = randn(N,1);
    for j=2:N+1,
        SP1(i,j) = SP1(i,j-1)*exp((r-q-vol^2/2)*dt + vol*sqrt(dt)*w(j-1));
    end
end

if C_P=='C'
    payoff1=max(SP1(:,N+1)-X,0);
else
    payoff1=max(X-SP1(:,N+1),0);
end

CovXY=cov(SP1(:,N+1), payoff1);                    % 주가와 payoff의 공분산
VarY=S^2*exp(2*r*T)*(exp(T*vol^2)-1);              % payoff의 분산
ExpY=S*exp(r*T);                                   % payoff의 기댓값
c=-CovXY(1,2)/VarY;                                % 최적 c, 식(4.9)

% pilot replication을 통해 통제변수적용
SP2=zeros(ns,N+1);
SP2(:,1)=S;
```

```
for i=1:ns,
    w = randn(N,1);
    for j=2:N+1,
        SP2(i,j) = SP2(i,j-1)*exp((r-q-vol^2/2)*dt + vol*sqrt(dt)*w(j-1));
    end
end

if C_P=='C'
    payoff2=max(SP2(:,N+1)-X,0);
else
    payoff2=max(X-SP2(:,N+1),0);
end

ControlPrice=exp(-r*T)*(payoff2+c*(SP2(:,N+1)-ExpY));  % 식(4.7)
[Price, PriceVar, CI]=normfit(ControlPrice);
SE=PriceVar/sqrt(ns);
```

sample1 상품을 통제변수법인 상기함수로 평가하면 다음과 같다.

```
>> [Price, SE, CI]=MC_Vanilla_Cont('C', 100, 100, 0.05, 0.5, 0.3, 0,
   1, 1000000, 100000)

Price =
    9.6351

SE =
    0.0062

CI =
    9.6230
    9.6473
```

4.5.3 Quasi-Random Monte Carlo Simulation

앞에서 설명한 Halton's sequences와 같은 quasi-random sequences는 유사난수를 이용할 때의 문제점을 완화시키기 위하여 난수간의 공간을 채우는 방법으로 난수를 생성하는 기법이다. 이를 이용하여 파생상품 가격을 추정하는 것을 Quasi-Random Monte Carlo Simulation이라 하며, 이는 추정치의 분산을 감소시키는 방법 중 하나이다. quasi-random sequences 중 앞서 소개한 Halton 방법을 이용하여 유럽형 바닐라옵션을 평가하기 위한 MATLAB 코드는 다음과 같다.[11]

[코드 4.10] European Vanilla Option Pricing(MC, Quasi-Random)

```
%%%%% European Vanilla Option Pricing(MC, Quasi-Random) %%%%%

function [Price, SE, CI]=MC_Vanilla_Quasi(C_P, S, X, r, T, vol, q, N, ns)

dt=T/N;
SP=zeros(ns,N+1);
SP(:,1)=S;

% [코드 4.5] hqmc함수 이용 Halton's sequences 생성
h1=hqmc(ns/2,N,2);                     % base 2
h2=hqmc(ns/2,N,7);                     % base 7

% Box-Muller 이용 표준정규난수를 생성12)
[seq1, seq2]=BoxMuller(h1,h2);

seq=[seq1;seq2];
for i=1:ns,
    w = seq(i,:)';
    for j=2:N+1,
        SP(i,j) = SP(i,j-1)*exp((r-q-vol^2/2)*dt + vol*sqrt(dt)*w(j-1));
    end
end

if C_P=='C'
    payoff=max(SP(:,N+1)-X,0);
else
    payoff=max(X-SP(:,N+1),0);
end

DiscPrice=exp(-r*T)*payoff;
[Price, PriceVar, CI]=normfit(DiscPrice);
SE=PriceVar/sqrt(ns);
```

11) Halton's sequences를 랜덤하게 재배열 시킨 hqmc함수를 이용하였으므로 경로종속형 옵션에도 적용이 가능하다.

12) BoxMuller함수는 다음과 같이 작성하면 된다.

```
function [X1,X2]=BoxMuller(U1,U2)
X1=sqrt(-2*log(U1)).*cos(2*pi*U2);
X2=sqrt(-2*log(U1)).*sin(2*pi*U2);
```

sample1 상품을 Quasi-Random Monte Carlo Simulation으로 평가하면 다음과 같다.

```
>> [Price, SE, CI]=MC_Vanilla_Quasi('C', 100, 100, 0.05, 0.5, 0.3, 0,
1, 100000)

Price =
    9.6355

SE =
    0.0470

CI =
    9.5435
    9.7276
```

4.6 최소자승 몬테칼로 시뮬레이션 (Least Squares Monte Carlo Simulation)

MC는 경로종속형 옵션과 기초자산이 2개 이상인 옵션가치 평가에 적합하며, 트리모형과 유한차분법은 미국형옵션 평가에 적절한 모형이다. 그러면 경로종속형 미국형옵션(예 : 미국형 베리어옵션) 또는 기초자산이 2개 이상인 미국형옵션(예 : 미국형 스프레드옵션)을 평가하기 위해서는 어떠한 수치해석방법을 사용해야 할 것인가? 제5장과 제6장의 트리모형과 유한차분법으로 경로종속형 미국형옵션을 평가할 수 있으나 기초자산이 2개 이상인 미국형옵션의 평가는 구현하기 어렵다. 여기서는 Longstaff-Schwartz(2001)가 제시한 바 있는 최소자승법(least square method)과 MC를 이용한 미국형옵션 평가방법(이하 LSMC)을 소개하고자 한다.

4.6.1 Stopping Rule

MC의 기본적인 메커니즘이 forward방식이기 때문에 행사가능 시점에 행사를 하여야 할지, 계속 보유를 해야 할 것인지에 대한 최적 행사규칙(stopping rule)을 결정할 수 없다. 따라서 행사여부에 대한 의사결정이 어렵기 때문에 미국형옵션 평가에는 적절하지 않은 단점이 있다. [그림 4.11]을 미국형 바닐라콜옵션(행사가격 120)의 기초자산가격을 MC로 시뮬레이션 한 것이라고 하자. 그림을 보면 a시점에서는 행사가치가 앞의 경로와 비교하여 가장 높게 되어 최적 행사시점(stopping time)이라 할 수 있다. 그러나 시뮬레이션을 b시점까지 좀 더 진행하여 보자. b시점에서 볼 때에 a시점이 최적 행사시점이 아니게 된다. 즉, MC방법은 최적 행사규칙을 정하기가 어렵다. Longstaff-Schwartz(2001)는 이러한 단점을 보완하기 위하여 각 행사가능시점에서 최적의 행사규칙을 최소자승법을 이용하여 근사적으로 추정하고 이를 이용하여 조기행사여부를 결정하는 방법을 소개하였다. 즉, a시점만의 정보를 이용하여 a시점의 행사가치와 보유가치를 추정하고 이들을 비교하여 행사여부를 판단(stopping rule)하는데, 여기서 보유가치 추정은 최소자승법을 이용하겠다는 것이다.

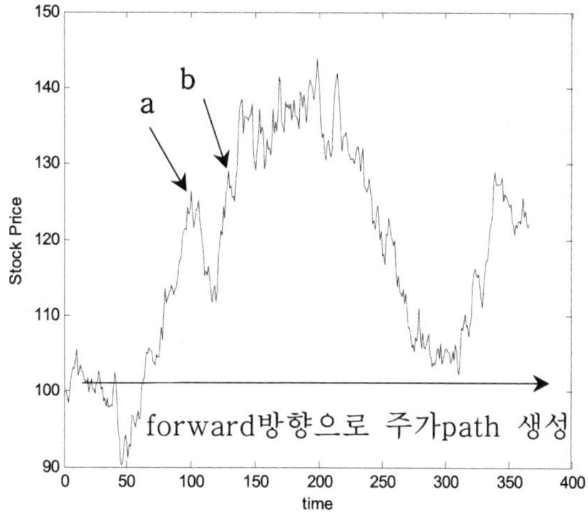

[그림 4.11] MC에서 stopping rule

4.6.2 Flow Chart

1. MC이용 주가 paths 생성 및 만기 시 행사가치 계산

↓

2. 만기 직전 행사시점의 ITM paths에 대한 보유가치 계산

- ITM paths 보유가치 : 만기 시 행사가치를 할인하여 계산
- ITM paths 해당 주가(S)와 보유가치(V)간의 최소자승법이용 회귀분석
  회귀모형식 : $V = a + b_1 S + b_2 S^2$ 또는 Laguerre Polynomials 사용
- 추정된 회귀식을 이용하여 ITM paths 해당 주가에 대한 보유가치 재계산

↓

3. 행사여부 판단

- 행사가치와 보유가치를 비교하여 행사여부 판단

↓

4. 최종옵션가치 도출

- 상기 과정을 역행하면서 반복 수행하여 각 행사시점의 path별 payoff 계산
- 각 payoff를 무위험이자율로 할인 후 평균을 구하여 최종옵션가치 도출

4.6.3 미국형옵션 가격결정

LSMC를 이용한 미국형옵션 평가방법을 Longstaff-Schwartz의 논문에서 사용된 예제상품을 앞의 flow chart에 따라서 설명하고자 한다.13)

※예제상품 : 만기 3년, 미국형 바닐라 풋옵션, 현재주가 1, 행사가격 1.1, 무위험이자율 6%, 기초자산은 무배당

① 제1단계 : MC이용 주가 paths 생성 및 만기 행사가치 계산

[표 4.1]은 MC를 이용하여 행사시점(시간노드)이 3개인 주가 paths 8개를 생성하고 만기 행사가치(Max[(행사가격-만기주가), 0])를 계산한 결과이다. 아래 표에서 음영으로 표시된 부분들은 각 행사시점별 ITM상태(행사가격 1.1보다 낮은 것들)에 있는 부분들로서 보유가치(continuation value)를 계산하여 행사여부를 판단해야 하는 부분들이다. LSMC는 이러한 ITM상태의 것들에 관심을 두고 ITM상태에서 행사할 것인가(행사가치) 아니면 계속 보유할 것인가(보유가치)를 각 행사가치와 보유가치를 구하여 비교 판단한다.

[표 4.1] MC이용 주가 paths 생성 및 만기(T_3) 행사가치 계산

paths	T_0(현재)	T_1(1년)	T_2(2년)	T_3(3년, 만기)	만기 행사가치
1	1.00	1.09	1.08	1.34	0.00
2	1.00	1.16	1.26	1.54	0.00
3	1.00	1.22	1.07	1.03	0.07
4	1.00	0.93	0.97	0.92	0.18
5	1.00	1.11	1.56	1.52	0.00
6	1.00	0.76	0.77	0.80	0.20
7	1.00	0.92	0.84	1.01	0.09
8	1.00	0.88	1.22	1.34	0.00

② 제2단계 : 만기 직전 행사시점의 ITM옵션에 대한 보유가치 계산

13) Longstaff, F. A., and E. S. Schwartz (2001) : "Valuing American Options by Simulation : A Simple Least-Squares Approach," *Review of Financial Studies*, 14, no. 1, 113-147.

[표 4.2] 만기 직전 행사시점(T_2)의 ITM옵션에 대한 보유가치 계산

경로	T_2(2년)		T_3(3년, 만기)
	주가(S_i)	보유가치(V_i)	만기 행사가치
1	1.08	$V_1 = 0.00 \times e^{-0.06 \times 1} = 0$	0.00
2	1.26		0.00
3	1.07	$V_3 = 0.07 \times e^{-0.06 \times 1} = 0.0659$	0.07
4	0.97	$V_4 = 0.18 \times e^{-0.06 \times 1} = 0.1695$	0.18
5	1.56		0.00
6	0.77	$V_6 = 0.20 \times e^{-0.06 \times 1} = 0.1884$	0.20
7	0.84	$V_7 = 0.09 \times e^{-0.06 \times 1} = 0.0848$	0.09
8	1.22		0.00

[표 4.2]를 설명하면, 만기직전 행사시점인 T_2시점에서 행사여부를 판단해야 하는 path는 ITM path인 1,3,4,6,7 path들이다. 이들의 보유가치는 만기 행사가치를 할인하여 계산할 수 있다.[14] 다음 단계로 T_2시점에서의 주가와 보유가치간의 관계를 회귀분석을 이용하여 도출한다. 이는 T_2시점에서의 주가 정보만을 이용하여 보유가치를 예측하고 이를 stopping rule로 적용한다는 의미로서 stopping rule을 찾기 어려운 MC의 단점을 보완하게 된다. 최소자승법을 이용한 회귀분석모형은 다음과 같이 설정할 수 있다.[15]

$$V = a + b_1 S + b_2 S^2 + \epsilon,\ V\text{는 보유가치, } S\text{는 주가} \tag{4.11}$$

또한 회귀모형식을 Longstaff-Schwartz가 제안한 Laguerre Polynomials를 사용할 수도 있다. S가 기초자산가격이고, Markov Process를 따른다고 가정하면 Laguerre Polynomials는 다음과 같으며, 식(4.11)에서 S대신 S차수에 해당하는 $L_n(S)$를 대입하여 회귀분석하면 된다.

$$\begin{aligned}
L_0(S) &= exp(-S/2), \\
L_1(S) &= exp(-S/2)(1-S), \\
L_2(S) &= exp(-S/2)(1-2S+S^2/2), \\
L_n(S) &= exp(-S/2)\frac{e^S}{n!}\frac{d^n}{dS^n}(S^n e^{-S}),
\end{aligned} \tag{4.12}$$

14) 보유가치란 행사하지 않고 그대로 보유하였을 때의 가치를 말한다. 이는 T_2시점의 ITM path에서 행사하지 않고 그 다음 시점(T_3)까지 보유 시 얻게 되는 현금흐름을 T_2시점으로 할인하여 구할 수 있다.

15) 회귀모형식을 S에 대한 2차함수로 설정하였는데, 3차 이상을 가정할 수도 있다.

T_2시점에서 식(4.11)의 회귀모형식을 추정하려면 1,3,4,6,7 path들의 V, S에 대하여 다음 식을 최소화시키는 a, b_1, b_2의 값을 구하면 된다.

$$\sum_{i=1}^{5}(V_i - a - b_1 S_i - b_2 S_i^2)^2$$

T_2시점의 추정된 회귀식은 다음과 같다.

$$E[V \mid S] = -1.070 + 2.983S - 1.813S^2 \tag{4.13}$$

식(4.13)에 T_2의 주가들을 입력하면 다음과 같이 T_2시점의 보유가치가 재계산 된다.

$$V_1 = 0.0369,\ V_3 = 0.0461,\ V_4 = 0.1176,\ V_6 = 0.1520,\ V_7 = 0.1565$$

③ 제3단계 : 행사여부 판단

2단계에서 계산된 보유가치와 행사가치를 비교하여 행사여부를 판단하고 해당 payoff를 구한다. path 1,3은 보유가치가 더 높아서 계속 보유를 하게 되어 T_2시점의 payoff는 0이 되며, path 4,6,7은 행사가치가 더 높아서 행사를 하게 되어 T_2시점의 payoff는 행사가치가 된다. 이 때에 T_2시점에 행사를 하게 되므로 T_3시점의 payoff는 0이 된다.

[표 4.3] T_2시점의 행사여부 판단 및 payoff 결정

경로	T_2(2년)				T_3(3년, 만기)
	행사가치	보유가치(V_i)	행사여부	payoff	만기 payoff
1	0.02	0.0369	보유	0.00	0.00
2	0.00			0.00	0.00
3	0.03	0.0461	보유	0.00	0.07
4	0.13	0.1176	행사	0.13	0.18→0.00
5	0.00			0.00	0.00
6	0.33	0.1520	행사	0.33	0.20→0.00
7	0.26	0.1565	행사	0.26	0.09→0.00
8	0.00			0.00	0.00

④ 제4단계 : 최종옵션가치 도출

T_1시점에서 제3단계의 과정을 반복하여 path별 payoff를 계산한다. 앞서와 마찬가지로 행사여부를 판단해야 하는 path는 ITM path인 1,4,6,7,8 path들이다. 이들의 보유가치는 T_2와 T_3의 payoff를 할인하여 계산한다. 이 때에 만일 T_2에서 현금흐름이 없으나 T_3에서 있으면 $e^{-0.06\times 2}$로 할인해주어야 한다.[16)]

[표 4.4] T_1시점의 ITM옵션에 대한 보유가치 계산

경로	T_1(1년)		T_2(2년)	T_3(3년, 만기)
	주가(S_i)	보유가치 (V_i)	payoff	만기 payoff
1	1.09	$V_1 = 0.00 \times e^{-0.06\times 1} = 0$	0.00	0.00
2	1.16		0.00	0.00
3	1.22		0.00	0.07
4	0.93	$V_4 = 0.13 \times e^{-0.06\times 1} = 0.1224$	0.13	0.00
5	1.11		0.00	0.00
6	0.76	$V_6 = 0.33 \times e^{-0.06\times 1} = 0.3108$	0.33	0.00
7	0.92	$V_7 = 0.26 \times e^{-0.06\times 1} = 0.2449$	0.26	0.00
8	0.88	$V_8 = 0.00 \times e^{-0.06\times 1} = 0$	0.00	0.00

앞의 과정과 동일하게 T_1시점에서의 주가와 보유가치간의 추정된 회귀식은 다음과 같다.

$$E[V \mid S] = 2.038 - 3.335S + 1.356S^2 \tag{4.14}$$

식(4.14)에 T_1의 주가들을 입력하면 다음과 같이 T_1시점의 보유가치가 재계산 된다.

16) 상기 예제에서 path3은 T_3에서 현금흐름이 0.07 발생되나 T_1에서 ITM path가 아니므로 보유가치 산정대상이 아니다.

[표 4.5] T_1시점의 행사여부 판단 및 payoff 결정

경로	T_1(1년)				T_2(2년)	T_3(3년, 만기)
	행사가치	보유가치(V_i)	행사여부	payoff	payoff	만기 payoff
1	0.01	0.0139	보유	0.00	0.00	0.00
2					0.00	0.00
3					0.00	0.07
4	0.17	0.1092	행사	0.17	0.13→0.00	0.00
5					0.00	0.00
6	0.34	0.2866	행사	0.34	0.33→0.00	0.00
7	0.18	0.1175	행사	0.18	0.26→0.00	0.00
8	0.22	0.1533	행사	0.22	0.00	0.00

이제 각 path의 각 행사시점별로 행사여부가 결정되면, 각 행사시점에서의 최종 payoff가 다음 [표 4.6]과 같이 결정된다.

[표 4.6] 각 행사시점 최종 payoff 결정

경로	T_1(1년)	T_2(2년)	T_3(3년, 만기)	비고
1	0	0	0	만기보유
2	0	0	0	만기보유
3	0	0	0.07	만기보유
4	0.17	0	0	T_1시점에서 조기행사
5	0	0	0	만기보유
6	0.34	0	0	T_1시점에서 조기행사
7	0.18	0	0	T_1시점에서 조기행사
8	0.22	0	0	T_1시점에서 조기행사

마지막으로 각 payoff를 무위험이자율로 할인하여 평균값을 구하면 최종 옵션가격이 도출된다.

$$\frac{(0.07\times e^{-0.06\times3}+0.17\times e^{-0.06\times1}+0.34\times e^{0.06\times1}+0.18\times e^{-0.06\times1}+0.22\times e^{-0.06\times1})}{8}=0.11443$$

다음은 LSMC를 이용하여 미국형바닐라 풋옵션을 평가하는 MATLAB 코드이다.

[코드 4.11] American Vanilla Option Pricing (Least Squares Monte Carlo Simulation)

```
%%%%% American Vanilla Put Option Pricing %%%%%
% (Least Squares Monte Carlo Simulation)

function Price = LSMC(S, X, r, T, vol, q, N, ns)

dt = T/N;
w = randn(ns, N);
SP = zeros(ns, N+1);
SP(:,1) = S;

% 주가 path 생성
for i = 2:N+1
    SP(:,i) = SP(:,i-1).*exp((r-q-vol^2/2)*dt + vol*sqrt(dt)*w(:,i-1));
end

% 옵션의 행사가치
eValue = max(X-SP,0);

% 행사시점 옵션 payoff 초기화
payoff = zeros(size(SP));
payoff(:,N+1) = eValue(:,N+1);

% Backward Induction
for j = N:-1:2

    % j+1시점까지 옵션보유가치를 j시점에서 구함
    payoff(:,j) = payoff(:,j+1)*exp(-r*dt);

    % 행사시점에서 ITM path만 추출
    ITMCF = find(eValue(:,j)>0);

    % 최소자승법 및 행사여부 함수
    V = LSV(SP(ITMCF,j),payoff(ITMCF,j),eValue(ITMCF,j));
    payoff(ITMCF,j) = V;
end

% payoff(:,2)까지는 만기에서 역행하면서 이미 할인됨
payoff(:,1) = payoff(:,2)*exp(-r*dt);
Price = mean(payoff(:,1));
```

상기 함수에서 최소자승법 및 행사여부 함수인 LSV는 다음과 같다.

[코드 4.12] LSMC를 위한 Least Squares Method(Laguerre Polynomials 3차식)

```
%%%%% LSMC를 위한 Least Squares Method %%%%%

function V = LSV(SP, payoff, eValue)

V = zeros(size(SP));

% 회귀분석 시 Laguerre Polynomials 3차식 사용
% 식(4.12)의 L0(S), L1(S), L2(S), L3(S) 각각을 exp(-S/2)로 나눔
L0 = ones(size(SP));
L1 = 1-SP;
L2 = (2-4*SP+SP.^2)/2;
L3 = (6-18*SP+9*(SP.^2)/2-(SP.^3))/6;

X = [L0 L1 L2 L3];
Y = payoff;

R = regress(Y,X);          % regress : 회귀분석 내장함수, R : 추정된 회귀계수
V_est = X*R;               % 추정된 회귀계수 R을 이용하여 보유가치 재계산

for i=1:length(payoff)
    if V_est(i) > eValue(i)
        % if 보유가치>행사가치, V=계속 역행하여 계산된 보유가치
        V(i) = payoff(i);
    else
        V(i) = eValue(i);  % if 보유가치<행사가치, V=행사가치
    end
end
```

미국형 바닐라옵션인 sample3 상품에서 풋옵션을 상기 함수를 이용하여 평가하여 보자.

```
>> Put = LSMC(100, 100, 0.05, 0.5, 0.3, 0.01, 200, 100000)

Put =
    7.5654
```

제3장에서 소개한 바론-아데시-웨일리의 미국형 옵션가격결정근사식과 비교하면 다음과

같다.

```
>> Put = BAW_Vanilla_Am('P', 100, 100, 0.05, 0.5, 0.3, 0.01)

Put =
    7.5524
```

4.7 예제상품 MATLAB® Programming

예제상품 중 sample1과 sample3에 대한 MC방법 MATLAB 코드는 앞에서 소개하였다. 여기서는 sample2 상품인 유럽형 베리어 옵션 평가를 위한 MATLAB 코드를 소개하고자 한다. [코드 4.13]은 리베이트를 감안한 유럽형 Barrier 옵션을 대조변수법을 이용하여 평가하는 코드이다.[17]

[코드 4.13] European Barrier Option Pricing(MC, Antithetic Variates)

```
%%%%% European Barrier Option Pricing(MC, Antithetic Variates) %%%%%

function [Price, SE, CI] = MC_Barrier(C_P, B_type, S, X, B, r, T,...
 vol, q, Reb, N, ns)

dt=T/N;

% 콜/풋 구분
if C_P == 'C'
    z = 1;
else
    z = -1;
end

% Stock Process 초기화
SP1=zeros(ns,N+1);
SP1(:,1)=S;
SP2=zeros(ns,N+1);
SP2(:,1)=S;

% Stock Process
```

17) 리베이트는 Knock-Out, Knock-In에서 옵션의 효력이 사라질 경우에 지급하는 금액을 말한다.

```
for i=1:ns,
    w = randn(N,1);
    for j=2:N+1,
        SP1(i,j) = SP1(i,j-1)*exp((r-q-vol^2/2)*dt +...
                   vol*sqrt(dt)*w(j-1));
        SP2(i,j) = SP2(i,j-1)*exp((r-q-vol^2/2)*dt +...
                   vol*sqrt(dt)*-w(j-1));  % 대조변수법
    end
end

% 베리어옵션 Payoff 결정함수(코드4.14)
Payoff1=B_payoff(z, B_type, SP1, X, B, Reb, N, ns);
Payoff2=B_payoff(z, B_type, SP2, X, B, Reb, N, ns);

Disc_Payoff=exp(-r*T)*(Payoff1+Payoff2)/2;
[Price, PriceVar, CI]=normfit(Disc_Payoff);
SE=PriceVar/sqrt(ns);
```

상기 함수에서 베리어옵션 Payoff 결정함수인 B_payoff는 다음과 같다.

[코드 4.14] European Barrier Option Payoff 결정 함수

```
%%%%% European Barrier Option Payoff 결정 함수 %%%%%

function result=B_payoff(z, B_type, SP, X, B, Reb, N, ns)

Payoff = zeros(ns,1);
for i = 1 : ns
    switch B_type
        case 'ui'
            event = any(SP(i,:) >= B);
            if event == 1
                Payoff(i) = max(z*(SP(i,N+1) - X),0);
            else
                Payoff(i) = Reb;
            end
        case 'uo'
            event = any(SP(i,:) >= B);
            if event == 1
                Payoff(i) = Reb;
```

```
            else
                Payoff(i) = max(z*(SP(i,N+1) - X),0);
            end
        case 'di'
            event = any(SP(i,:) <= B);
            if event == 1
                Payoff(i) = max(z*(SP(i,N+1) - X),0);
            else
                Payoff(i) = Reb;
            end
        case 'do'
            event = any(SP(i,:) <= B);
            if event == 1
                Payoff(i) = Reb;
            else
                Payoff(i) = max(z*(SP(i,N+1) - X),0);
            end
    end
end
result=Payoff;
```

유럽형 베리어옵션인 sample2 상품에서 Up and Out콜옵션을 상기 함수를 이용하여 평가하여 보자.[18)]

```
>> [Price, SE, CI] = MC_Barrier('C','uo', 100, 100, 130, 0.05, 0.5,
0.3, 0.01, 0, 5000, 5000)

Price =
    2.8644

SE =
    0.0504

CI =
    2.7656
    2.9633
```

18) 베리어옵션 평가 시 시뮬레이션 횟수(ns)를 늘리는 것에 비해 시간간격노드(N)를 증가시킬 경우 Closed-Form 가격에 조금 더 근사하게 된다.

제5장

이항 및 삼항트리
(Binomial and Trinomial Tree)

트리(Tree)모형은 짧은 기간 동안의 기초자산 가격경로를 트리 형태로 전개하고 위험중립가정하의 파생상품 가격을 결정하는 모형이다. 트리 전개에 따라 상승과 하락만 있는 이항트리(binomial tree)와 상승, 유지, 하락의 3가지 경우를 감안한 삼항모형(trinomial tree)으로 구분된다. 트리모형은 분석적 방법에 비해 이해가 쉬우며, 노드별로 옵션의 가치를 구할 수 있기 때문에 미국형 옵션을 평가할 때 유용한 수치해석 방법 중 하나이다. 본 장에서는 트리모형을 이용한 파생상품 가격결정원리와 방법을 소개하고 이를 MATLAB을 이용하여 구현하고자 한다.

5.1 Flow Chart

1. 모수 설정

이항트리모형 (u,d : 주가상승, 하락비율, p : 위험중립 주가상승확률)

· Cox-Ross-Rubinstein : $u = e^{\sigma\sqrt{\Delta t}},\ d = e^{-\sigma\sqrt{\Delta t}} = \dfrac{1}{u},\ p = \dfrac{e^{r\Delta t} - d}{u - d}$

· Jarrow-Rudd : $u = e^{\left(r - \frac{1}{2}\sigma^2\right)\Delta t + \sigma\sqrt{\Delta t}},\ d = e^{\left(r - \frac{1}{2}\sigma^2\right)\Delta t - \sigma\sqrt{\Delta t}},\ p = \dfrac{1}{2}$

삼항트리모형 (u,d : 주가상승, 하락비율, p_u, p_d, p_m : 위험중립 주가상승, 하락, 유지확률)

· $u = e^{\sigma\sqrt{3\Delta t}},\ d = e^{-\sigma\sqrt{3\Delta t}} = \dfrac{1}{u},$

· $p_u = \sqrt{\dfrac{\Delta t}{12\sigma^2}}\left(r - \dfrac{1}{2}\sigma^2\right) + \dfrac{1}{6},\ p_d = -\sqrt{\dfrac{\Delta t}{12\sigma^2}}\left(r - \dfrac{1}{2}\sigma^2\right) + \dfrac{1}{6},\ p_m = \dfrac{2}{3}$

2. 주가 이항과정 구성

3. 만기 시 옵션 Payoff 계산

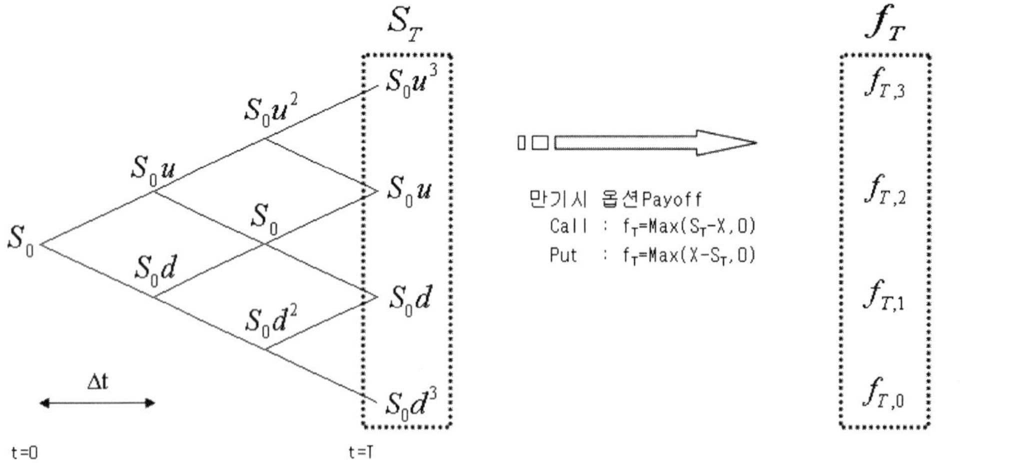

4. 트리의 역행을 통한 최종 옵션가치 $f_{0,0}$도출

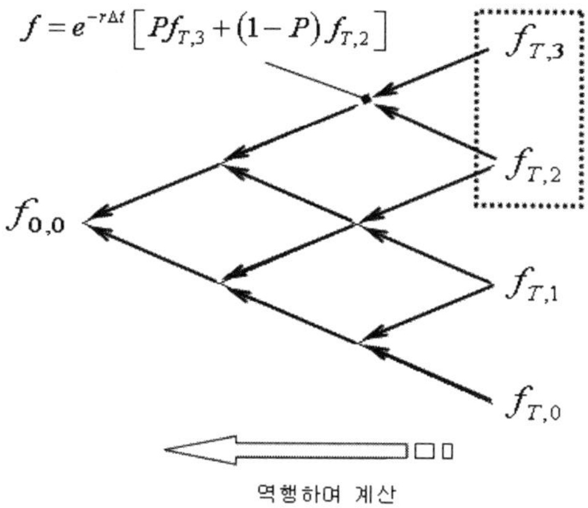

5.2 이항트리(Binomial Tree)

5.2.1 이항트리를 이용한 파생상품 가격결정원리

이항트리를 이용한 파생상품 가격결정은 제1장에서 설명한 위험중립평가원리가 적용된다. 즉, 기초자산가격 process를 이항트리를 이용하여 구성하면, 특정 시점(예를 들면 만기시점)의 기초자산가격에 해당하는 옵션 payoff의 기댓값을 위험중립확률하에 계산할 수 있으며 이를 무위험이자율로 현재시점까지 할인하여 옵션의 이론가격을 구할 수 있다. 이항트리모형을 설명하기 위해 우선 차익거래의 기회가 존재하지 않는다는 전제 하에 다음과 같은 상품들이 존재한다고 가정한다.

구분	주식	채권	파생상품
1년 후의 가치변화	현재 1년후 $S \rightarrow uS$ $S \rightarrow dS$ u,d : 주가상승/하락비율	현재 1년후 $1 \longrightarrow e^{rT}$ r : 이자율, T : 만기(T=1)	현재 1년후 $? \rightarrow f_u$ $? \rightarrow f_d$ f_u, f_d : 주가상승/하락시 파생상품 가치

여기서 주식과 채권의 포트폴리오를 이용하여 파생상품과 동일한 payoff를 갖도록 복제할 수 있다. 현재 시점에서 파생상품과 동일한 payoff를 가지도록 주식비율을 Δ_S, 채권비율을 Δ_B로 하여 복제 포트폴리오를 구성하여 보자. 1년 후 복제 포트폴리오의 가치와 파생상품의 가치가 동일하다면 이들의 현재가치도 동일하다는 논리에 의거하여 파생상품의 현재가치를 구할 수 있다. 이러한 논리를 [그림 5.1]에 표현하였다.

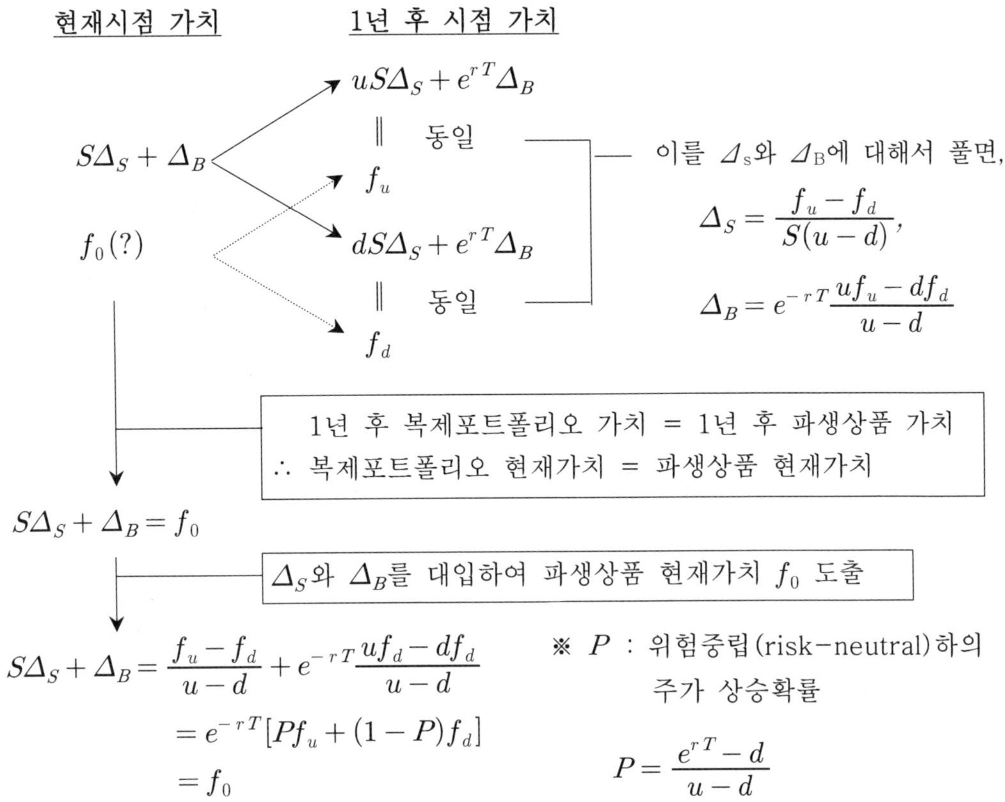

[그림 5.1] 이항트리를 이용한 파생상품 가격결정 원리

5.2.2 이항트리를 이용한 파생상품 가격결정절차

(1) 모수의 추정

우선, 주가 process를 다 기간 이항트리로 구성하기 위해 주가상승과 하락비율인 u, d를 구해야 하고 파생상품 payoff의 기댓값을 추정하기 위해 위험중립 주가상승확률 P를 계산해야 한다. 이는 모형에 따라 다음과 같다.[1)]

· Cox-Ross-Rubinstein(CRR)[2)] : $u = e^{\sigma\sqrt{\Delta t}},\ d = e^{-\sigma\sqrt{\Delta t}} = \frac{1}{u},\ p = \frac{e^{r\Delta t} - d}{u-d}$ (5.1)

---

1) 주식이 배당수익률 q를 지급하면 r은 r-q가 된다.

2) Cox, J. C., S. A. Ross, and M. Rubinstein (1979) : "Option Pricing : A Simplified Approach," *Journal of Financial Economics*, 7, 229-263.

· Jarrow−Rudd(JR)[3] : $u = e^{\left(r - \frac{1}{2}\sigma^2\right)\Delta t + \sigma\sqrt{\Delta t}}$, $d = e^{\left(r - \frac{1}{2}\sigma^2\right)\Delta t - \sigma\sqrt{\Delta t}}$, $p = \frac{1}{2}$ (5.2)

(2) 주가의 이항과정 구성 및 만기 시 옵션 Payoff 계산

현재시점의 주가를 S_0라 하면, 향후의 주가는 Δt시점에서 S_0u와 S_0d 중 하나가 되고 $2\Delta t$ 시점에서는 S_0u^2, S_0, S_0d^2 중 하나가 된다. 이를 일반화시키면 $i\Delta t$시점에서의 주가는 $i+1$개 중 하나가 된다. [그림 5.2]는 무배당 주식에 대한 콜옵션 평가를 위해 주가의 이항과정을 3기간(N=3)으로 전개한 그림이다. 이를 위한 입력변수들은 CRR모형인 식(5.1)에 의거하여 다음과 같다고 가정한다.

$S_0 = 100, X = 100, r = 0.05, vol = 0.3, q = 0.01, T = 0.5, N = 3, \Delta t = 0.1667, u = 1.13, d = 0.8847, P = 0.4967$

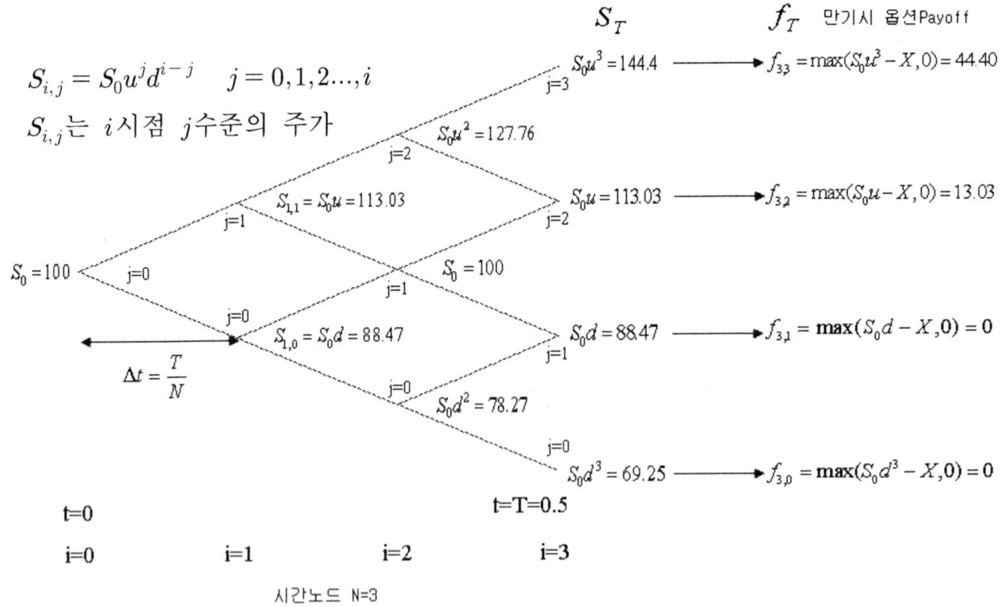

[그림 5.2] 주가의 이항과정 구성(3기간) 및 만기 시 옵션 payoff

---

3) Jarrow, R., and A. Rudd (1982) : "Approximate Option Valuation for Arbitrary Stochastic Processes," *Journal of Financial Economics,* 10, 347−369.

(3) 트리의 역행을 통한 최종 옵션가치 $f_{0,0}$도출

[그림 5.2]에서는 주가의 이항과정을 전개한 후, 이미 알고 있는 콜옵션의 만기 지급조건(경계조건)을 이용하여 만기 시 콜옵션의 payoff를 도출하였다. 다음 단계는 위험중립확률 P를 이용하여 payoff들의 기댓값 $[Pf_u+(1-P)f_d]$을 구하고, 이를 무위험이자율로 할인$(e^{-r\Delta t})$한다. 이러한 과정을 다음 식(5.3)을 이용하여 현재시점까지 역행하여 계산하면 최종 옵션가치를 구할 수 있다.

$$f = e^{-r\Delta t}[Pf_u + (1-P)f_d] \tag{5.3}$$

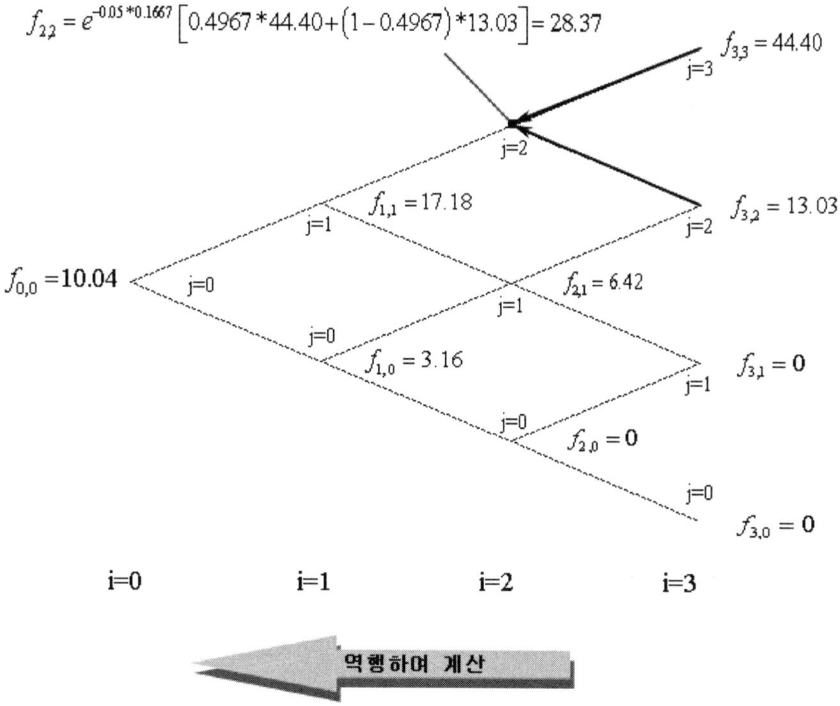

[그림 5.3] 트리의 역행을 통한 최종 옵션가치 $f_{0,0}$도출

(4) 미국형옵션 가격결정

트리모형은 각 노드별 옵션가치를 계산할 수 있으므로 만기 이전에 옵션을 행사할 수 있는 미국형 옵션을 평가할 때에 유용하다. 평가방법은 각 노드별 계산된 옵션가치와 행사가치를 비교하여 큰 값을 미국형 옵션가치로 적용하면 된다. 예를 들어 [그림 5.3]의 $f_{2,2}$는 미국형 콜옵션일 경우 다음과 같이 계산된다.

$$f_{2,2} = \max\left(e^{-r\Delta t}[Pf_{3,3} + (1-P)f_{3,2}],\ S_0u^2 - X\right) = \max\left(28.37,\ 27.76\right) = 28.37$$

5.3 삼항트리(Trinomial Tree)

주가의 상승, 하락에 따라 파생상품의 가치를 평가하는 이항트리 모형에 주가가 변동하지 않을 경우를 포함한 것이 삼항트리 모형이다. 따라서 삼항트리 모형은 이항트리 모형과 격자 구성 등 일부조건만 다를 뿐 계산방식은 동일하다. 일반적으로 P_u, P_m, P_d를 각 노드에서의 위험중립 주가 상승, 유지, 하락 확률(합하면 1)이라고 할 때 이항트리와는 달리 다음과 같은 모수를 취한다.[4)]

$$u = e^{\sigma\sqrt{3\Delta t}},\ d = e^{-\sigma\sqrt{3\Delta t}} = \frac{1}{u},$$

$$p_u = \sqrt{\frac{\Delta t}{12\sigma^2}}\left(r - \frac{1}{2}\sigma^2\right) + \frac{1}{6},\ p_d = -\sqrt{\frac{\Delta t}{12\sigma^2}}\left(r - \frac{1}{2}\sigma^2\right) + \frac{1}{6},\ p_m = \frac{2}{3}$$

상기 모수의 값을 계산하고 나머지 절차는 이항트리와 동일하다. 단, 식(5.3)이 아닌 다음 식(5.4)를 이용한다.

$$f = e^{-r\Delta t}\left[P_u f_u + P_m f_m + P_d f_d\right] \tag{5.4}$$

여기서 f_u, f_m, f_d는 각각 주가상승, 유지, 하락 노드에서의 파생상품 가치를 의미한다.

4) 각 모수들의 추정치는 다양한 방법론에 의하여 추정될 수 있으나 여기서는 널리 쓰이는 모수 추정치를 소개하였다.

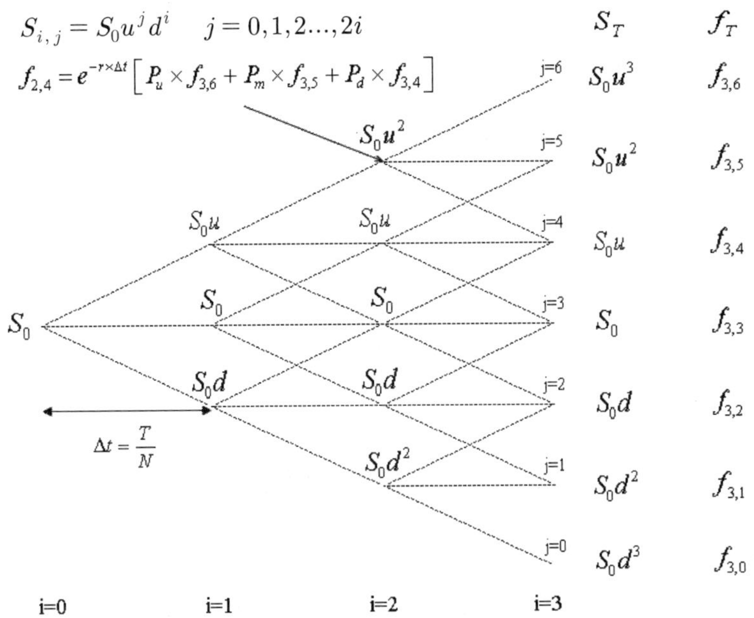

[그림 5.4] 주가의 삼항과정 구성(3기간)

5.4 베리어옵션(Barrier Option) 가격결정

이항 및 삼항트리 모형은 각 노드별 옵션가치를 계산할 수 있으므로 경로종속형인 베리어 옵션 평가가 가능하다. 그러나 트리모형에서 전개된 주가 수준이 대부분 실제 장애물가격(베리어가격)과 일치하지 않기 때문에 정확한 평가가격으로 수렴하기 위해서는 시간노드를 상당히 많이 설정하여야 한다. 여기서는 이러한 문제점을 해결할 수 있는 방법 중 한 가지를 소개하고자 한다. 모형은 이항트리보다 훨씬 효율적으로 알려진 삼항트리 모형을 사용하기로 한다.

[그림 5.5]를 보면 실제 장애물가격이 삼항트리 상에 존재하지 않는다. 이 경우 내장애물가격(H1)이 실제 장애물가격(H)이라고 가정하고 옵션가치 f(H1)을 구하고, 또한 외장애물가격(H2)이 실제 장애물가격이라고 가정하고 옵션가치 f(H2)를 구한 후, 이 두 값을 보간법을 이용하여 실제 장애물 가격에 해당하는 옵션가치 f(H)를 계산할 수 있다.

[그림 5.5]의 방법을 이용하여 Knock-Out과 Knock-In 베리어 옵션을 평가하는 방법을 살펴보자.

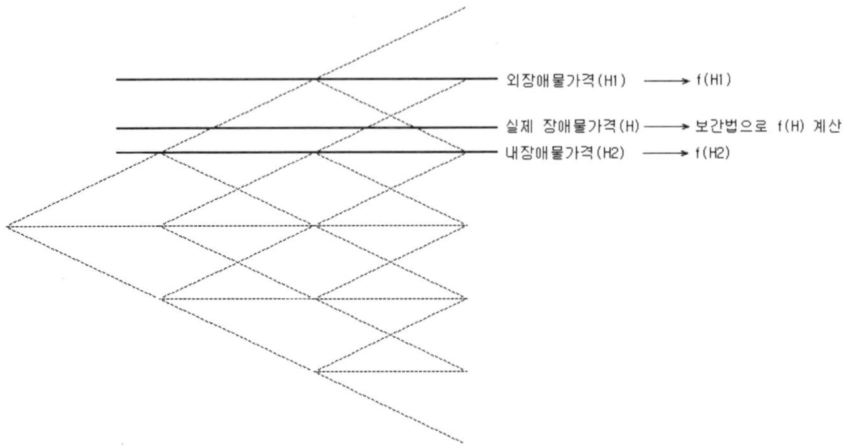

[그림 5.5] 삼항트리 장애물가격

(1) Knock-Out 베리어 옵션

[그림 5.6]을 보면, 만기시점 및 만기시점에서 현재시점까지 역행하여 계산할 때에 각 노드의 주가 $S_{i,j}$가 Up and Out 장애물가격인 B이상(Down and Out은 B이하)이면 옵션가격 $f_{i,j}$는 0, B이하(Down and Out은 B이상)이면 옵션가격 $f_{i,j}$는 제5.3절에서 설명한 바닐라옵션 평가방식에 의한 가격을 적용한다. 여기서 장애물가격 B가 트리상에 존재하지 않을 경우에는 이러한 과정을 내장애물가격 및 외장애물가격에 적용하여 2개의 옵션가격을 구하고 보간법을 이용하여 실제장애물 가격에 해당하는 최종 옵션가격을 구한다.

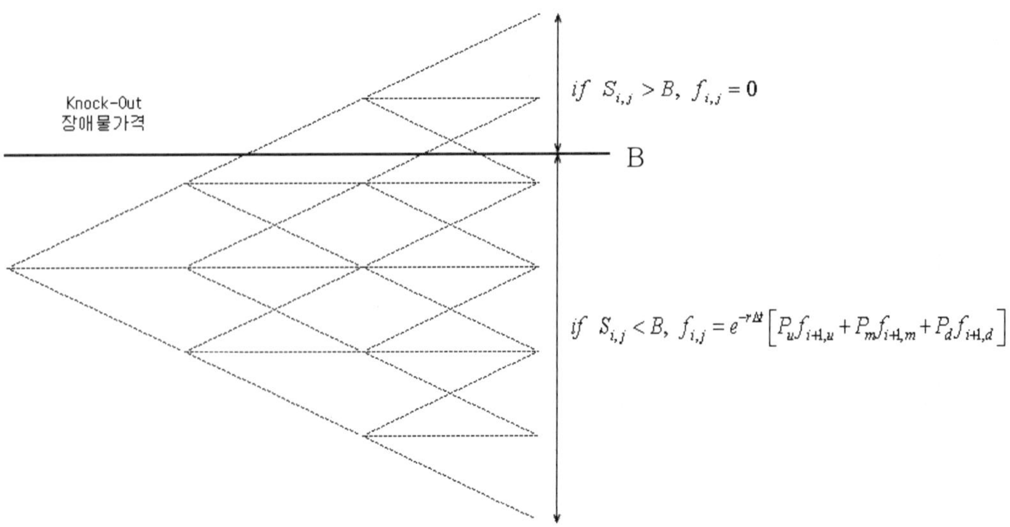

[그림 5.6] 삼항트리 Knock-Out 베리어옵션 가격결정

(2) Knock-In 베리어 옵션

Knock-In 베리어 옵션은 다음과 같이 3단계 과정을 거쳐 평가할 수 있다.

① 1단계 : Knock-In 베리어를 hitting 하였다고 가정하여 각 노드별 옵션가격 $f_{i,j}^{hit}$ 를 구한다.
⇒ Knock-In 베리어를 hitting 하면 바닐라옵션평가와 동일하게 적용
② 2단계 : Knock-In 베리어를 hitting 하지 않았다고 가정한 후 만기 옵션 payoff 계산한다.
③ 3단계 : 2단계에서 구한 만기 payoff를 기준으로 현재시점까지 역행하여 옵션가치를 계산해 간다. 단, 각 노드의 주가가 Up and In 장애물가격인 B이상(Down and In은 B이하)이면 옵션 가격은 1단계에서 구한 $f_{i,j}^{hit}$로 대체한다.

이것도 Knock-Out 베리어 옵션과 마찬가지로 장애물가격 B가 트리상에 존재하지 않을 경우에는 내 · 외장애물가격에 해당하는 옵션가격을 상기 단계를 이용하여 구하고 보간법을 적용하여 최종 옵션가격을 산출한다.

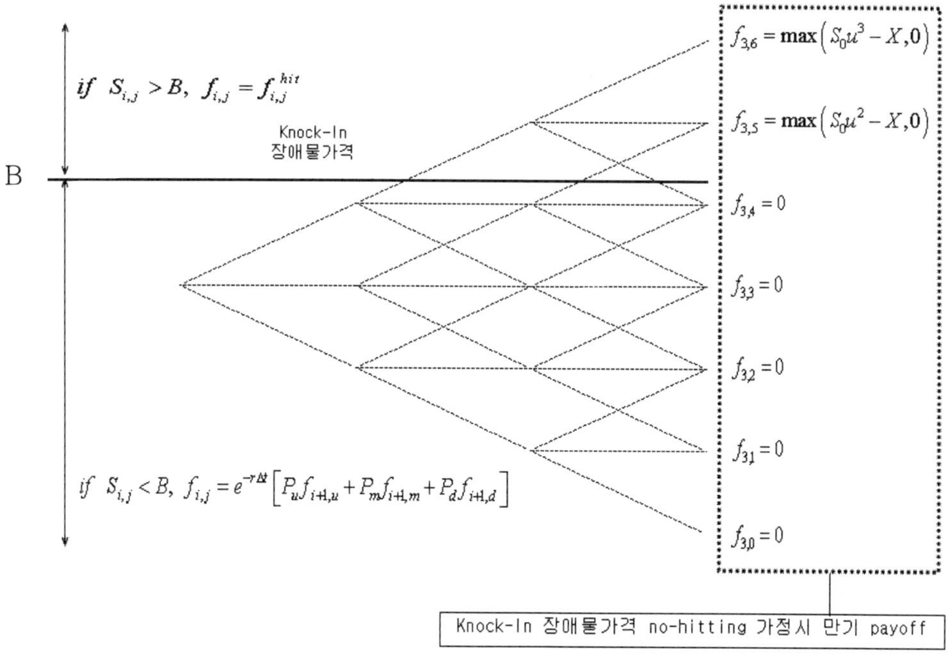

[그림 5.7] 삼항트리 Knock-In 베리어옵션 가격결정

5.5 예제상품 MATLAB® Programming

지금까지 설명한 트리상의 주가 $S_{i,j}$와 옵션가치 $f_{i,j}$는 i는 열로서 시간노드를, j는 행으로 주가수준(level)을 의미하였다. 다음의 MATLAB 코드들은 이러한 노드정보를 다소 변경하여 구현하였기 때문에 주의하기를 바란다. 즉, 앞서 설명과 반대로 MATLAB에서 i는 행으로 주가수준(level)을, j는 열로서 시간노드를 의미 하도록 구현하였다.

[코드 5.1] European/American Vanilla Option Pricing(Binomial Tree)

```
%%%%% European/American Vanilla Option Pricing(Binomial Tree) %%%%%

function [price, f_tree] = Binomial_Vanilla(Style, C_P, Model, S,...
 X, r, T, vol, q, N)

% 모수 추정
dt = T/N;
switch  Model
    case 'CRR'                              % Cox-Ross-Rubinstein, 식(5.1)
        u = exp(vol*sqrt(dt));
        d = 1 / u;
        p =  (exp((r-q)*dt)-d)/(u-d);
    case 'JR'                               % Jarrow-Rudd5), 식(5.2)
        u = exp((r-q-0.5*vol^2)*dt+vol*sqrt(dt));
        d = exp((r-q-0.5*vol^2)*dt-vol*sqrt(dt));
        p = 1/2;
end

% 콜/풋 구분
if C_P == 'C'
    z = 1;
else
    z = -1;
end

% 주가 이항트리 구성
S_tree = zeros(N+1,N+1);
for j = N+1:-1:1
```

5) 이 방법은 σ 또는 기간 수(N)와 무관하게 확률 P는 항상 0.5가 되어 CRR모형의 단점(기간 수가 늘어나면 음의 확률 가능)을 보완할 수 있으나 u=1/d가 아닌 관계로 상승과 하락 시 주가가 S_0를 중심으로 전개되지 않게 되어 델타, 감마, 쎄타의 추정치는 CRR모형에 비해 정확성이 떨어진다.

```
    for i = 1:j
        S_tree(i,j) = S*u^(j-i)*d^(i-1);
    end
end

% 만기시 옵션 payoff 계산
f_tree = zeros(N+1,N+1);
f_tree(:,N+1) = max(0, z*(S_tree(:,end)-X));

% 트리의 역행을 통한 노드별 옵션가치 계산
for j = N:-1:1
    for i = 1:j
        switch Style
            case 'EU'                % 유럽형 옵션(식 5.3)
                f_tree(i,j) = exp(-r*dt)*(p*f_tree(i,j+1) + ...
                            (1-p)*f_tree(i+1,j+1));
            case 'AM'                % 미국형 옵션
                f_tree(i,j) = exp(-r*dt)*(p*f_tree(i,j+1) + ...
                             (1-p)*f_tree(i+1,j+1));
                f_tree(i,j) = max(f_tree(i,j), z*(S_tree(i,j)-X));
        end
    end
end

% 최종 옵션가치
price = f_tree(1,1);
```

[코드 5.2] European/American Vanilla Option Pricing(Trinomial Tree)

```
function [price, f_tree] = Trinomial_Vanilla(Style, C_P, S, X, r,...
 T, vol, q, N)

% 모수 추정
dt = T/N;
u = exp(vol * sqrt(3 * dt));
d = 1/u;
pu = sqrt(dt/(12 * vol ^ 2)) * (r - q - vol ^ 2 / 2) + 1/6;
pd = -sqrt(dt/(12 * vol ^ 2)) * (r - q - vol ^ 2 / 2) + 1/6;
pm = 2/3;

% 콜, 풋 구분
```

```
switch C_P
    case 'C'
        z = 1;
    case 'P'
        z = -1;
end

% 주가 삼항트리 구성
S_tree = zeros(2*N+1,N+1);
g=0;
h=2*N+2;
for j = N+1:-1:1,
    g=g+1;
    h=h-1;
    for i = g:h,
        S_tree(i, j) = S*u^(N+1-i);
    end
end

% 만기시 옵션 payoff 계산
f_tree = zeros(2*N+1,N+1);
f_tree(:,N+1) = max(0, z*(S_tree(:,end)-X));

% 트리의 역행을 통한 노드별 옵션가치 계산
g=1;
h=2*N+1;
for j = N:-1:1,
    g=g+1;
    h=h-1;
    for i = g:h,
        switch Style
          case 'EU'                    % 유럽형 옵션(식 5.4)
            f_tree(i,j) = exp(-r*dt)*(pu*f_tree(i-1,j+1)+...
                pm*f_tree(i,j+1)+pd*f_tree(i+1,j+1));
          case 'AM'                    % 미국형 옵션
            f_tree(i,j) = exp(-r*dt)*(pu*f_tree(i-1,j+1)+...
                pm*f_tree(i,j+1)+pd*f_tree(i+1,j+1));
            f_tree(i,j) = max(f_tree(i, j), z*(S_tree(i,j)-X));
        end
    end
end

% 최종 옵션가치
```

```
price = f_tree(N+1,1);
```

[코드 5.3] European/American Knock-Out Option Pricing(Trinomial Tree)

```
%%%%% European/American Knock-Out Option Pricing(Trinomial Tree) %%%%%

function [last_price, f_tree] = Trinomial_KnockOut(Style, C_P, S,...
 X, r, T, vol, KO, barrier, q, N)

% 모수 추정
dt = T/N;
u = exp(vol * sqrt(3 * dt));
d = 1 / u;
pu = sqrt(dt / (12 * vol ^ 2)) * (r - q - vol ^ 2 / 2) + 1 / 6;
pd = -sqrt(dt / (12 * vol ^ 2)) * (r - q - vol ^ 2 / 2) + 1 / 6;
pm = 2 / 3;

% 콜, 풋 구분
switch C_P
    case 'C'
        z = 1;
    case 'P'
        z = -1;
end

% 주가 삼항트리 구성
S_tree = zeros(2*N+1,N+1);
g=0;
h=2*N+2;
for j = N+1:-1:1,
    g=g+1;
    h=h-1;
    for i = g:h,
        S_tree(i, j) = S*u^(N+1-i);
    end
end

% 내장애물가격(H1)과 외장애물가격(H2) 계산
ST=S_tree(:,end);
[a,b] = min(abs(ST-barrier));
```

```
if ST(b) == barrier || ST(1) < barrier || ST(end) > barrier
   H1=ST(b);
   H2=ST(b);
elseif ST(b) > barrier
   H1=ST(b);
   H2=ST(b+1);
else
   H1=ST(b-1);
   H2=ST(b);
end

f_tree = zeros(2*N+1,N+1);
price=[];
for H = [H1,H2] ;                    % H1, H2에 해당하는 옵션가격 각각 계산
    switch KO
        case 'D'                     % Down and Out 옵션 만기시 payoff 계산
            for i=1:2*N+1,
                if ST(i) > H
                    f_tree(i,end) = max(0,z*(ST(i)-X));
                else
                    % 주가<베리어, 옵션 만기시 payoff = 0
                    f_tree(i,end) = 0;
                end
            end
        case 'U'                     % Up and Out 옵션 만기시 payoff 계산
            for i=1:2*N+1,
                if ST(i) < H
                    f_tree(i,end) = max(0,z*(ST(i)-X));
                else
                    % 주가>베리어, 옵션 만기시 payoff = 0
                    f_tree(i,end) = 0;
                end
            end
    end
    g=1;
    h=2*N+1;
    for j = N:-1:1,
        g=g+1;
        h=h-1;
        for i = g:h,
            switch KO
            case 'D'  % 트리의 역행을 통한 노드별 Down and Out 옵션가치 계산
                switch Style
```

```
                case 'EU'
                    if S_tree(i,j) > H
                        f_tree(i,j) = exp(-r*dt)*(pu*f_tree(i-1,j+1)...
                            +pm*f_tree(i,j+1)+pd*f_tree(i+1,j+1));
                    else
                        f_tree(i,j) =0;     % 주가<베리어, 옵션가격=0
                    end
                case 'AM'
                    if S_tree(i,j) > H
                        f_tree(i,j) = exp(-r*dt)*(pu*f_tree(i-1,j+1)...
                            +pm*f_tree(i,j+1)+pd*f_tree(i+1,j+1));
                        f_tree(i,j) = max(f_tree(i, j), z*(S_tree(i,j)-X));
                    else
                        f_tree(i,j) =0;
                    end
                end
            case 'U'     % 트리의 역행을 통한 노드별 Up and Out 옵션가치 계산
                switch Style
                case 'EU'
                    if S_tree(i,j) < H
                        f_tree(i,j) = exp(-r*dt)*(pu*f_tree(i-1,j+1)...
                            +pm*f_tree(i,j+1)+pd*f_tree(i+1,j+1));
                    else
                        f_tree(i,j) =0;     % 주가>베리어, 옵션가격=0
                    end
                case 'AM'
                    if S_tree(i,j) < H
                        f_tree(i,j) = exp(-r*dt)*(pu*f_tree(i-1,j+1)...
                            +pm*f_tree(i,j+1)+pd*f_tree(i+1,j+1));
                        f_tree(i,j) = max(f_tree(i, j), z*(S_tree(i,j)-X));
                    else
                        f_tree(i,j) =0;
                    end
                end
            end
        end
    end
    temp_p = f_tree(N+1,1);
    price=[price;temp_p];
end

% 보간법으로 옵션가격 계산
last_price = interp1([H1;H2],price,barrier,'linear');
```

[코드 5.4] European/American Knock-In Option Pricing(Trinomial Tree)

```
%%%%% European/American Knock-In Option Pricing(Trinomial Tree) %%%%%

function [last_price, f_tree2] = Trinomial_KnockIn(Style, C_P, S,...
 X, r, T, vol, KI, barrier, q, N)

% 모수 추정
dt = T/N;
u = exp(vol * sqrt(3 * dt));
d = 1 / u;
pu = sqrt(dt / (12 * vol ^ 2)) * (r - q - vol ^ 2 / 2) + 1 / 6;
pd = -sqrt(dt / (12 * vol ^ 2)) * (r - q - vol ^ 2 / 2) + 1 / 6;
pm = 2 / 3;

% 1단계 : f_{i,j}^{hit} 계산
% Knock-In 베리어 hitting 가정 시 각 노드별 주가 및 옵션가격 계산 6)
[S_tree, f_tree1]=Trinomial_Tree(Style, C_P, S, X, r, T, vol, q, N);

% 콜, 풋 구분
switch C_P
    case 'C'
        z = 1;
    case 'P'
        z = -1;
end

% 내장애물가격(H1)과 외장애물가격(H2) 계산
ST=S_tree(:,end);
[a,b] = min(abs(ST-barrier));

if ST(b) == barrier || ST(1) < barrier || ST(end) > barrier
   H1=ST(b);
   H2=ST(b);
elseif ST(b) > barrier
   H1=ST(b);
   H2=ST(b+1);
else
   H1=ST(b-1);
```

6) 함수 Trinomial_Tree : [코드 5.2]에서 function [price, f_tree] = Trinomial_Vanilla(Style, C_P, S, X, r, T, vol, q, N) 부분을 function [S_tree, f_tree]=Trinomial_Tree(Style, C_P, S, X, r, T, vol, q, N)로 변경하여 트리의 전개결과를 보여주는 새로운 함수파일을 만든다(파일명은 Trinomial_Tree)

```
   H2=ST(b);
end

f_tree2 = zeros(2*N+1,N+1);        % 실제 구하고자 하는 옵션가격
price=[];
for H = [H1,H2] ;                  % H1, H2에 해당하는 옵션가격 각각 계산
    % 2단계 : 베리어 no hitting 가정시 옵션 만기payoff 계산
    switch KI
        case 'D'
            for i=1:2*N+1,
                if ST(i) < H
                    f_tree2(i,end) = max(0,z*(ST(i)-X));
                else
                    % 주가>베리어, 옵션 만기시 payoff = 0
                    f_tree2(i,end) = 0;
                end
            end
        case 'U'
            for i=1:2*N+1,
                if ST(i) > H
                    f_tree2(i,end) = max(0,z*(ST(i)-X));
                else
                    % 주가<베리어, 옵션 만기시 payoff = 0
                    f_tree2(i,end) = 0;
                end
            end
    end
    g=1;
    h=2*N+1;
    for j = N:-1:1,
        g=g+1;
        h=h-1;
        for i = g:h,
            % 3단계 : 트리의 역행을 통한 노드별 Knock-In 옵션가치 계산
            switch KI
            case 'D'
                switch Style
                case 'EU'
                    f_tree2(i,j) = exp(-r*dt)*(pu*f_tree2(i-1,j+1)...
                        +pm*f_tree2(i,j+1)+pd*f_tree2(i+1,j+1));
                    % 주가 < Down and In, 옵션가격 = f_{i,j}^{hit}
                    if S_tree(i,j) < H
```

```
                    f_tree2(i,j)=f_tree1(i,j);
                end
            case 'AM'
                f_tree2(i,j) = exp(-r*dt)*(pu*f_tree2(i-1,j+1)...
                    +pm*f_tree2(i,j+1)+pd*f_tree2(i+1,j+1));
                if S_tree(i,j) < H
                    f_tree2(i,j)=f_tree1(i,j);
                end
               f_tree2(i,j) = max(f_tree2(i, j), z*(S_tree(i,j)-X));
            end
        case 'U'
            switch Style
            case 'EU'
                f_tree2(i,j) = exp(-r*dt)*(pu*f_tree2(i-1,j+1)...
                    +pm*f_tree2(i,j+1)+pd*f_tree2(i+1,j+1));
                % 주가 > Up and In, 옵션가격 = f_{i,j}^{hit}
                if S_tree(i,j) > H
                    f_tree2(i,j)=f_tree1(i,j);
                end
            case 'AM'
                f_tree2(i,j) = exp(-r*dt)*(pu*f_tree2(i-1,j+1)...
                    +pm*f_tree2(i,j+1)+pd*f_tree2(i+1,j+1));
                if S_tree(i,j) > H
                    f_tree2(i,j)=f_tree1(i,j);
                end
                  f_tree2(i,j) = max(f_tree2(i, j), z*(S_tree(i,j)-X));
            end
        end
    end
end
temp_p = f_tree2(N+1,1);
price=[price;temp_p];
end

% 보간법으로 옵션가격 계산
last_price = interp1([H1;H2],price,barrier,'linear');
```

상기에 작성된 함수들을 이용하여 sample상품 1~4까지 모두 평가할 수 있다. [그림 5.8]과 [그림 5.9]는 sample상품 중 미국형 바닐라 풋옵션을 대상으로 상기함수를 이용하여 Command Window에서 실행한 결과이다.

```
>> [price,f_tree] = Binomial_Vanilla('AM', 'P', 'CRR', 100, 100, 0.05, 0.5, 0.3, 0.01, 10)
price =
   7.4342
f_tree =
   7.4342    4.5015    2.3092    0.9015    0.2040    0.0000         0         0         0         0         0
        0   10.3822    6.7001    3.7181    1.5984    0.4075    0.0000         0         0         0         0
        0         0   14.0890    9.6935    5.8406    2.7884    0.8139    0.0000         0         0         0
        0         0         0   18.5224   13.5662    8.8994    4.7622    1.6259    0.0000         0         0
        0         0         0         0   23.5343   18.2661   13.0505    7.8991    3.2480    0.0000         0
        0         0         0         0         0   28.4955   23.5343   18.2289   12.5553    6.4882    0.0000
        0         0         0         0         0         0   33.1348   28.4955   23.5343   18.2289   12.5553
        0         0         0         0         0         0         0   37.4732   33.1348   28.4955   23.5343
        0         0         0         0         0         0         0         0   41.5300   37.4732   33.1348
        0         0         0         0         0         0         0         0         0   45.3236   41.5300
        0         0         0         0         0         0         0         0         0         0   48.8711
>>
```

[그림 5.8] 이항트리 함수(Binomial_Vanilla) 실행

```
>> [price,f_tree] = Trinomial_Vanilla('AM', 'P', 100, 100, 0.05, 0.5, 0.3, 0.01, 10)
price =
   7.3534
f_tree =
        0         0         0         0         0         0         0         0         0         0         0
        0         0         0         0         0         0         0         0         0         0         0
        0         0         0         0         0         0         0         0         0         0         0
        0         0         0         0         0         0         0         0         0         0         0
        0         0         0         0         0         0         0         0         0         0         0
        0         0         0         0         0         0         0         0         0         0         0
        0         0         0         0    0.0062    0.0014         0         0         0         0         0
        0         0         0    0.1253    0.0705    0.0315    0.0086         0         0         0         0
        0         0    0.8423    0.6470    0.4624    0.2950    0.1539    0.0514         0         0         0
        0    3.0406    2.6989    2.3389    1.9596    1.5603    1.1427    0.7156    0.3071         0         0
   7.3534    6.9980    6.6141    6.1953    5.7340    5.2190    4.6313    3.9348    3.0560    1.8354         0
        0   13.1330   12.8721   12.5978   12.3025   11.9862   11.6567   11.3341   11.0673   10.9694   10.9694
        0         0   20.8011   20.7456   20.7354   20.7354   20.7354   20.7354   20.7354   20.7354   20.7354
        0         0         0   29.4302   29.4302   29.4302   29.4302   29.4302   29.4302   29.4302   29.4302
        0         0         0         0   37.1713   37.1713   37.1713   37.1713   37.1713   37.1713   37.1713
        0         0         0         0         0   44.0632   44.0632   44.0632   44.0632   44.0632   44.0632
        0         0         0         0         0         0   50.1991   50.1991   50.1991   50.1991   50.1991
        0         0         0         0         0         0         0   55.6619   55.6619   55.6619   55.6619
        0         0         0         0         0         0         0         0   60.5255   60.5255   60.5255
        0         0         0         0         0         0         0         0         0   64.8556   64.8556
        0         0         0         0         0         0         0         0         0         0   68.7107
>>
```

[그림 5.9] 삼항트리 함수(Trinomial_Vanilla) 실행

트리모형의 경우 시간노드 N이 증가할수록 가격 추정치의 오차가 줄어들어 일정한 가격으로 수렴한다. 이를 유럽형 바닐라 콜옵션을 예를 들어 그래프로 나타내어 보면 [그림 5.10]과

같다. 그래프를 보면 N이 증가할수록 옵션가격의 편차가 줄어들어 분석적 방법으로 계산한 가격(아래 그림의 BS Price)에 수렴함을 알 수 있다.

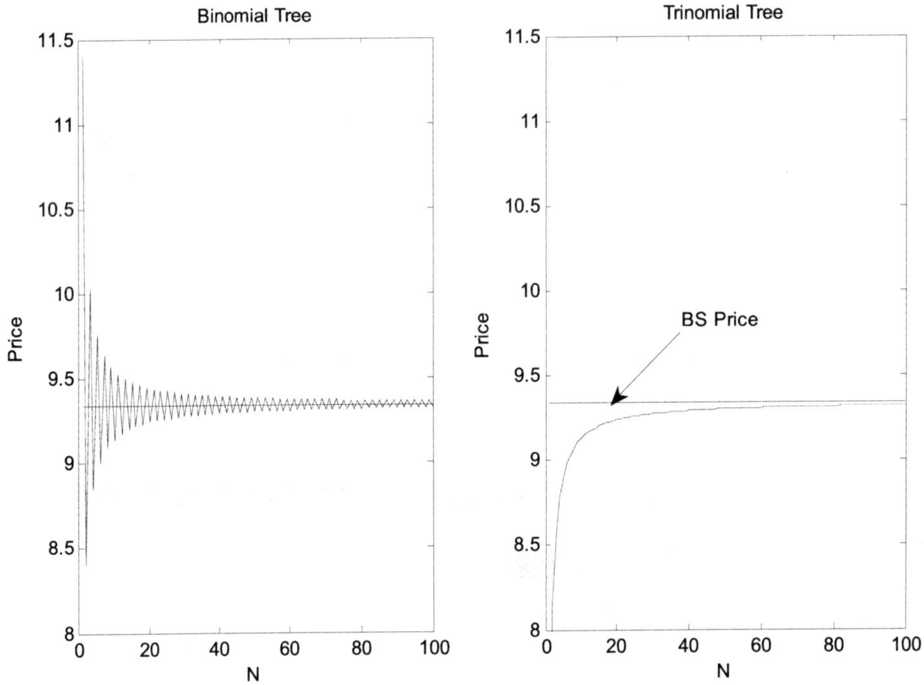

[그림 5.10] N의 증가에 따른 트리모형의 가격 수렴

다음은 앞에서 작성한 Trinomial_KnockOut 및 Trinomial_KnockIn 함수를 이용하여 sample상품 중 유럽형 베리어 콜/풋옵션을 평가한 결과이다.

```
>> Trinomial_KnockOut('EU', 'C', 100, 100, 0.05, 0.5, 0.3, 'U', 130,
0.01, 1000)

ans =
    2.8434                    ⇒ 유럽형 Up and Out 콜옵션

>> Trinomial_KnockOut('EU', 'P', 100, 100, 0.05, 0.5, 0.3, 'D', 70,
0.01, 1000)

ans =
    4.6394                    ⇒ 유럽형 Down and Out 풋옵션
```

```
>> Trinomial_KnockIn('EU', 'C', 100, 100, 0.05, 0.5, 0.3, 'U', 130,
0.01, 1000)

ans =
    6.1776                          ⇒ 유럽형 Up and In 콜옵션

>> Trinomial_KnockIn('EU', 'P', 100, 100, 0.05, 0.5, 0.3, 'D', 70,
0.01, 1000)

ans =
    2.5021                          ⇒ 유럽형 Down and In 풋옵션
```

제6장

유한차분법 (Finite Difference Method)

유한차분법(Finite Difference Method, FDM)은 파생상품에 대한 정확한 평가공식이 없는 경우 사용할 수 있는 세 가지의 수치화 방법(MC, Tree, FDM) 중의 하나로서 파생상품이 만족해야할 편미분방정식을 차분방정식으로 전환시켜 파생상품 가치를 계산하는 기법이다. 세 가지 수치화방법은 기초자산의 확률과정을 어떻게 도출하는가에 따라 구별할 수도 있는데 MC방법은 난수를 이용하여, Tree방법은 이항 또는 삼항과정으로, FDM은 격자를 구성하여 기초자산의 확률과정을 도출하였다. FDM 방법은 파생상품 만기에서 역행하여 가치를 계산한다는 점에서 Tree방법과 유사하며 MC방법의 단점인 미국형 파생상품 평가에 유용하다. 그러나 기초자산의 수가 2개 이상인 파생상품의 가치평가는 구현하기가 어려우며, 3개 이상은 불가능하다. 본장에서는 FDM을 이용하여 파생상품 가격을 구하는 방법을 소개하고 이를 MATLAB을 이용하여 구현하고자 한다.

6.1 Flow Chart

1. Black−Scholes PDE 도출

· BS PDE : $\frac{\partial f}{\partial t}+rS\frac{\partial f}{\partial S}+\frac{1}{2}\sigma^2 S^2\frac{\partial^2 f}{\partial S^2}=rf$

2. 격자 구성

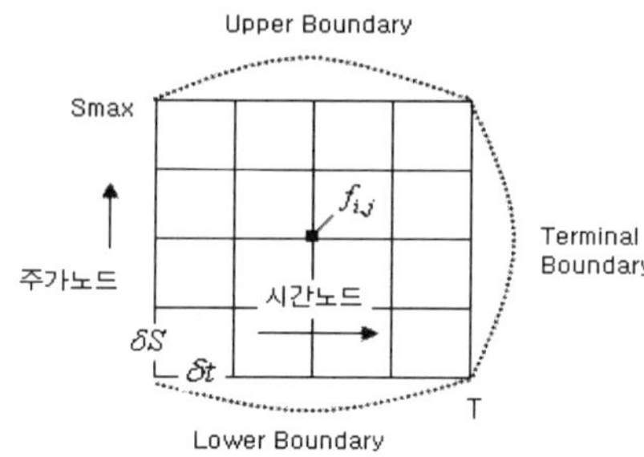

· 주가노드 $(Smax, \delta S)$, 시간노드 $(T, \delta t)$ 정의
· $f_{i,j}$ 정의 : (i,j)점에서의 옵션 가치
· 경계조건(Boundary Conditions) 정의 및 설정
 − 옵션 Payoff성격에 따라 Boundary Conditions 정의
 − Terminal, Upper, Lower Boundary Conditions 설정

3. PDE 편도함수들의 차분근사식 도출

· Explicit Finite Difference Method

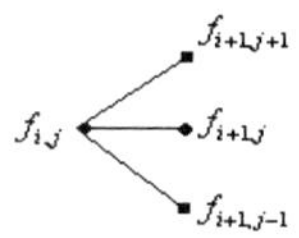

$$\frac{\partial f}{\partial t}=\frac{f_{i+1,j}-f_{i,j}}{\delta t},\quad \frac{\partial f}{\partial S}=\frac{f_{i+1,j+1}-f_{i+1,j-1}}{2\delta S},\quad \frac{\partial^2 f}{\partial S^2}=\frac{f_{i+1,j+1}+f_{i+1,j-1}-2f_{i+1,j}}{\delta S^2}$$

· Implicit Finite Difference Method

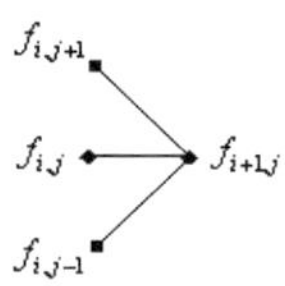

$$\frac{\partial f}{\partial t}=\frac{f_{i+1,j}-f_{i,j}}{\delta t},\quad \frac{\partial f}{\partial S}=\frac{f_{i,j+1}-f_{i,j-1}}{2\delta S},\quad \frac{\partial^2 f}{\partial S^2}=\frac{f_{i,j+1}+f_{i,j-1}-2f_{i,j}}{\delta S^2}$$

· Crank−Nicolson Finite Difference Method : Explicit와 Implicit의 평균을 이용

4. 차분근사식을 원래 PDE에 대입하여 연립차분방정식 도출

· Explicit Finite Difference Method : $f_{i,j}=a_j^* f_{i+1,j-1}+b_j^* f_{i+1,j}+c_j^* f_{i+1,j+1}$

· Implicit Finite Difference Method : $a_j f_{i,j-1}+b_j f_{i,j}+c_j f_{i,j+1}=f_{i+1,j}$

· Crank−Nicolson Finite Difference Method : Explicit와 Implicit의 평균을 이용

5. Boundary Conditions이용 연립차분방정식 해 도출

· Implicit/Crank−Nicolson Finite Difference Method의 경우,
 연립차분방정식 해를 도출 위해 LU Decomposition 필요

6. 현재시점까지 반복절차(역행) 통한 옵션가치 도출

· linear Interpolation을 통한 현재가격에 대응하는 옵션가치 도출

6.2 격자(Grid) 구성

제1.4.1절에서 도출한 블랙-숄즈 편미분방정식(PDE)은 다음과 같다.

$$\frac{\partial f}{\partial t}+rS\frac{\partial f}{\partial S}+\frac{1}{2}\sigma^2 S^2\frac{\partial^2 f}{\partial S^2}=rf$$

이 PDE의 편도함수들을 격자를 이용하여 차분식으로 근사하고 이에 대한 연립차분방정식을 유도하면 PDE를 풀 수 있다. 이를 위한 첫 단계인 격자를 다음과 같이 구성하여 보자.

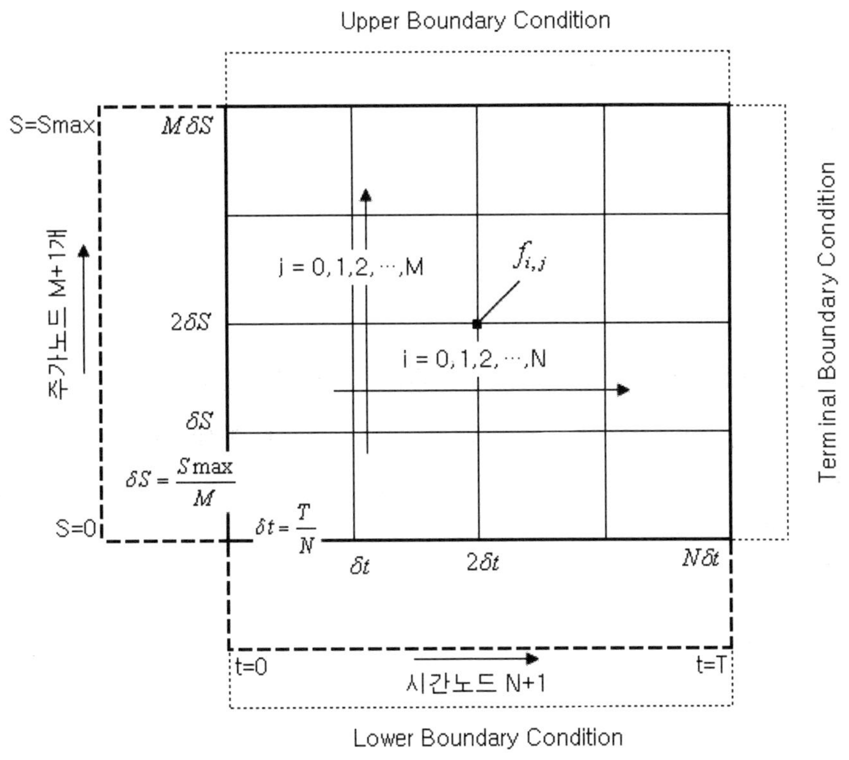

[그림 6.1] (M+1)×(N+1) 격자 구성

[그림 6.1]을 설명하면 다음과 같다.

(1) 주가노드(node) 설정

$Smax$: 콜옵션의 경우 옵션이 확실히 행사되어 옵션가치가 (S−X)가 되도록 아주 높은 수

준의 주가로 설정, 풋옵션의 경우 옵션이 행사가 불가능하여 옵션가치가 0이 되도록 아주 높은 수준의 주가로 설정

$\delta S = \dfrac{Smax}{M}$: 주가노드간의 간격(M개)을 δS만큼씩 동일하게 설정하여 M+1개의 주가노드를 생성

$$0, \delta S, 2\delta S, \ldots, Smax$$

(2) 시간노드(node) 설정

T : 옵션의 잔존만기

$\delta t = \dfrac{T}{N}$: 시간노드간의 간격(N개)을 δt만큼씩 동일하게 설정하여 N+1개의 시간노드를 생성

$$0, \delta t, 2\delta t, \ldots, T$$

(3) (i,j) 정의

(i,j) : 시점 $i\delta t$, 주가 $j\delta S$를 나타내는 점으로 $i = 0,1,2,\ldots,N \quad j = 0,1,2,\ldots,M$

$f_{i,j}$: (i,j)점에서 옵션가치

6.3 경계조건(Boundary Conditions, BC) 설정

옵션의 경계조건은 payoffs를 결정하는 조건들이며 옵션의 형태에 따라 다양하다. 경계조건을 이용하면 격자의 맨 우측열, 최상단행, 최하단행의 옵션가치를 사전에 알 수 있다. 유럽형 바닐라 콜옵션의 경계조건은 다음과 같다.

Terminal BC : $f_{N,j} = Max(j\delta S - X, 0),\ j = 0,1,2,\ldots,M$

만기 T시점(격자의 맨 우측 열)의 BC로서 이를 이용하여 맨 우측열의 옵션가치 $f_{N,j}$를 알 수 있다.

Upper BC : $f_{i,M} = M\delta S - Xe^{-r(N-i)\delta t},\ i = 0,1,2,\ldots,N$

주가가 $Smax$인 경우(격자의 최상단)의 BC로서 이를 이용하여 최상단의 옵션가치 $f_{i,M}$을 알 수 있다.

Lower BC : $f_{i,0} = 0,\ i = 0,1,2,\ldots,N$

주가가 0인 경우(격자의 최하단)의 BC로서 이를 이용하여 최하단의 옵션가치 $f_{i,0}$을 알 수 있다.

6.4 유한차분법을 이용한 파생상품 가격결정원리

PDE의 편도함수들을 차분근사식으로 전환하여 연립방정식을 도출하고 방정식에 BC를 결합하여 해를 구하면 PDE를 풀 수 있다. 이러한 과정을 만기시점에서 현재까지 역행하여 반복절차를 수행하면 현재시점의 옵션가치를 도출할 수 있다. 이를 위한 방법론으로는 차분방법에 따라 3가지(Explicit Finite Difference Method, Implicit Finite Difference Method, Crank-Nicolson Finite Difference Method)가 있다.

6.4.1 Explicit Finite Difference Method

PDE의 편도함수들을 [그림 6.2]와 같이 근사시키는 방법이 Explicit FDM이다. 이 방법은 격자상의 점 (i,j)에서 $\frac{\partial f}{\partial S}, \frac{\partial^2 f}{\partial S^2}$ 의 값이 점 $(i+1,j)$에서의 값과 같다고 가정하여 식을 전개하였다.

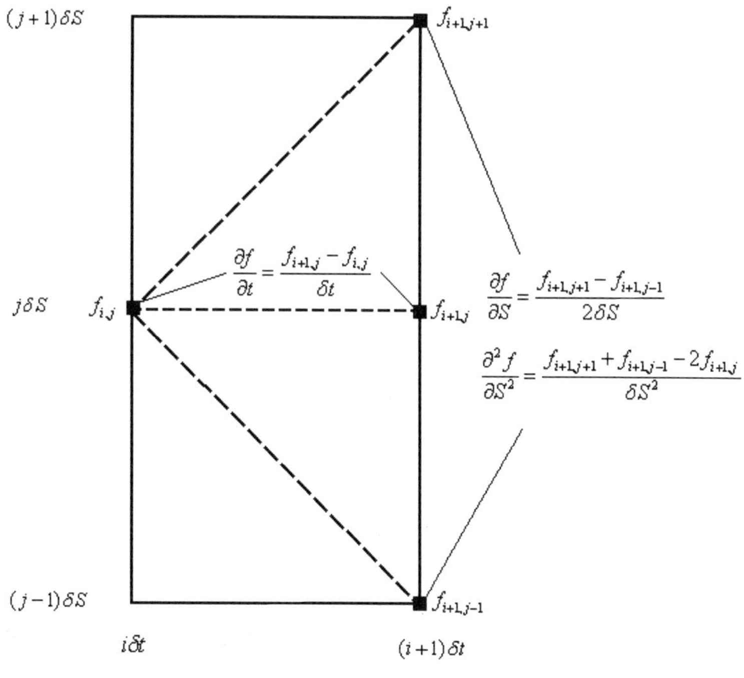

[그림 6.2] Explicit FDM을 이용한 PDE의 편도함수 근사

[그림 6.2]에 근거하여 PDE를 격자 notation으로 표현하면 다음과 같다.

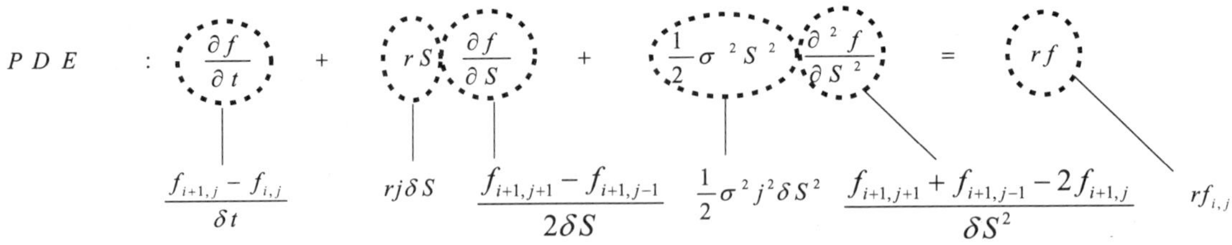

이제 차분근사식을 PDE에 대입하여 정리하여 보면 다음과 같다.

$$\frac{f_{i+1,j} - f_{i,j}}{\delta t} + rj\delta S \frac{f_{i+1,j+1} - f_{i+1,j-1}}{2\delta S} + \frac{1}{2}\sigma^2 j^2 \delta S^2 \frac{f_{i+1,j+1} + f_{i+1,j-1} - 2f_{i+1,j}}{\delta S^2} = rf_{i,j} \quad (6.1)$$

식(6.1)을 $f_{i,j}$, $f_{i+1,j-1}$, $f_{i+1,j}$, $f_{i+1,j+1}$에 관하여 정리하면 식(6.2)와 같은 연립차분방정식이 된다.

$$f_{i,j} = a_j^* f_{i+1,j-1} + b_j^* f_{i+1,j} + c_j^* f_{i+1,j+1} \quad i = 0,1,\dots,N-1 \quad j = 1,2,\dots,M-1 \quad (6.2)$$

여기서 각 계수들은 다음과 같다.[1]

$$a_j^* = \frac{1}{1+r\delta t}\left(-\frac{1}{2}rj\delta t + \frac{1}{2}\sigma^2 j^2 \delta t\right) \quad (6.3)$$

$$b_j^* = \frac{1}{1+r\delta t}\left(1 - \sigma^2 j^2 \delta t\right) \quad (6.4)$$

$$c_j^* = \frac{1}{1+r\delta t}\left(\frac{1}{2}rj\delta t + \frac{1}{2}\sigma^2 j^2 \delta t\right) \quad (6.5)$$

다음으로 식(6.2)를 풀어 보도록 하자. 만기 직전 시점인 $i = N-1$일 때 식(6.2)는 $j = 1,2,\dots,M-1$에 대하여 다음과 같다.

1) 기초자산이 배당수익률 q를 지급한다면 식(6.3)과 (6.5)의 ()안에 있는 r을 r−q로 대체하면 된다.

$$f_{N-1,j} = a_j^* f_{N,j-1} + b_j^* f_{N,j} + c_j^* f_{N,j+1} \tag{6.6}$$

각 j에 대한 계수들 a_j^*, b_j^*, c_j^*는 변동성 σ와 무위험이자율 r이 정해지면 식(6.3), (6.4), (6.5)에 의해서 구할 수 있다. 또한 $j=1,2,...,M-1$에 대하여 $f_{N,0}$은 Lower BC이며, $f_{N,1}, f_{N,2}, \cdots, f_{N,M-1}$ 은 Terminal BC, $f_{N,M}$은 Upper BC로서 앞의 제6.3절에 따라서 사전에 미리 알 수 있다. 따라서 이들을 이용하여 각 j에 대한 N−1시점의 옵션가치들인 $f_{N-1,j}$ 값들을 구할 수 있다. 이러한 과정을 현재까지 역행하여 반복하면 현재시점의 모든 j에 대한 옵션가치 $f_{0,j}$를 도출할 수 있다. 한편, 계수들 a_j^*, b_j^*, c_j^*의 합은 1이고 각각 주가의 하락, 유지, 상승확률로 해석할 수 있으므로 Explicit FDM은 삼항트리 모형과 동일하다. 그러나 Explicit FDM의 세 확률들은 항상 양의 값을 가지지 않으며, 음수일 경우에는 옵션가격이 음이 되는 비정상적인 결과가 나타날 수 있다. 따라서 Explicit FDM에 의한 해가 항상 미분방적식의 해에 수렴하지는 않게 되는 단점이 있다.

[그림 6.3]은 식(6.2)에서 N=4, M=4일 경우에 f값을 구하는 과정을 보여주고 있다.

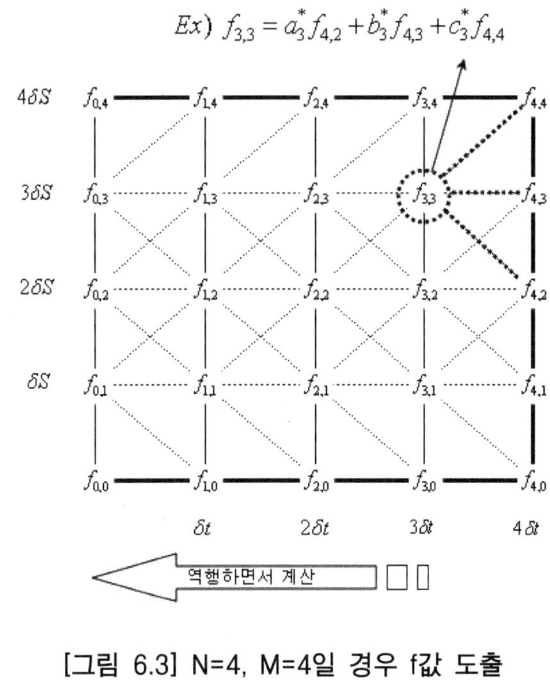

[그림 6.3] N=4, M=4일 경우 f값 도출

유럽형 바닐라 콜옵션의 예를 들어 [그림 6.3]을 설명하여 보자. 옵션정보와 격자정보는 다음과 같다.

· 옵션정보 : X=100, r=0.05, T=0.5, vol=0.3
· 격자정보 : Smax=200, M=4, δS=200/4=50, T=0.5, N=4, δt=0.5/4=0.125,
$i=0,1,2,3,4,\ j=0,1,2,3,4$

격자정보를 이용하여 주가노드와 시간노드를 계산하면 다음과 같다.

· 주가노드 계산 : $j\delta S$로서 각 j에 대해 0, 50, 100, 150, 200
· 시간노드 계산 : $i\delta t$로서 각 i에 대해 0, 0.125, 0.25, 0.375, 0.5

경계조건들을 이용하여 마지막 열, 첫 번째 행, 마지막 행의 f들을 구하면 다음과 같다.

· $f_{4,3}, f_{4,2}, f_{4,1}$: Terminal BC인 $Max(j\delta S - X, 0)$을 이용하여 계산하면 50, 0, 0
· $f_{0,4}, f_{1,4}, f_{2,4}, f_{3,4}, f_{4,4}$: Upper BC인 $M\delta S - Xe^{-r(N-i)\delta t}$를 이용하여 계산하면 102.47, 101.86, 101.24, 100.62, 100
· $f_{0,0}, f_{1,0}, f_{2,0}, f_{3,0}, f_{4,0}$: Lower BC가 0이므로 모두 0

식(6.3~5)를 이용하여 계수들을 구하면 다음과 같다.($j=3$일 때)

$$\cdot a_3^* = \frac{1}{1+0.05\times0.125}\left(-\frac{1}{2}\times0.05\times3\times0.125+\frac{1}{2}\times0.3^2\times3^2\times0.125\right)=0.041$$

$$\cdot b_3^* = \frac{1}{1+0.05\times0.125}(1-0.3^2\times3^2\times0.125)=0.8932$$

$$\cdot c_3^* = \frac{1}{1+0.05\times0.125}\left(\frac{1}{2}\times0.05\times3\times0.125+\frac{1}{2}\times0.3^2\times3^2\times0.125\right)=0.0596$$

식(6.6)을 이용하여 $f_{3,3}$을 구하면 다음과 같다.($i=3, j=3$)

$$f_{3,3}=a_3^*f_{4,2}+b_3^*f_{4,3}+c_3^*f_{4,4}=0.041\times0+0.893\times50+0.06\times100=50.62$$

이러한 과정을 역행하면서 반복하면 현재시점인 $i=0$에서의 각 주가노드에 해당하는 옵션의 가치인 $f_{0,0}, f_{0,1}, f_{0,2}, f_{0,3}, f_{0,4}$ 를 구할 수 있다. 만일 현재 주가가 100($2\delta S$ 노드에 해당)이면 이에 해당하는 옵션의 가치는 $f_{0,2}$되며 현재 주가가 90이면 옵션가치는 보간법을 이용하여 구할 수 있다.

6.4.2 Implicit Finite Difference Method

PDE의 편도함수를 [그림 6.4]와 같이 근사시키는 방법이 Implicit FDM이다. 이 방법은 격자상의 점 (i,j)에서 $\frac{\partial f}{\partial S}$, $\frac{\partial^2 f}{\partial S^2}$의 값들을 구하여 식을 전개하였다.

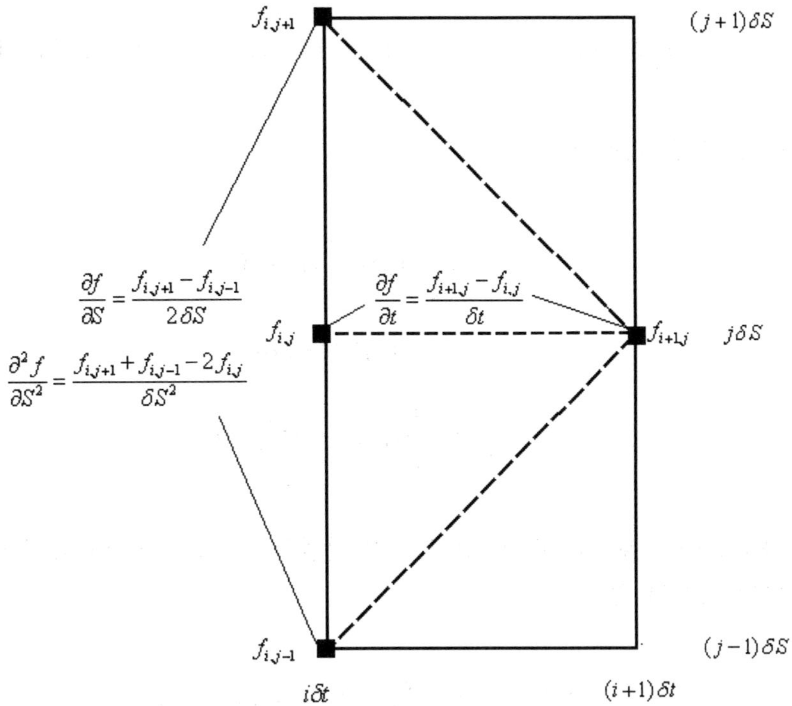

[그림 6.4] Implicit FDM을 이용한 PDE의 편도함수 근사

[그림 6.4]에 근거하여 PDE를 격자 notation으로 표현하면 다음과 같다.

$$PDE : \frac{\partial f}{\partial t} + rS\frac{\partial f}{\partial S} + \frac{1}{2}\sigma^2 S^2 \frac{\partial^2 f}{\partial S^2} = rf$$

$$\frac{f_{i+1,j} - f_{i,j}}{\delta t} \qquad rj\delta S \quad \frac{f_{i,j+1} - f_{i,j-1}}{2\delta S} \qquad \frac{1}{2}\sigma^2 j^2 \delta S^2 \quad \frac{f_{i,j+1} + f_{i,j-1} - 2f_{i,j}}{\delta S^2} \qquad rf_{i,j}$$

이제 차분근사식을 PDE에 대입하여 정리하여 보면 다음과 같다.

$$\frac{f_{i+1,j}-f_{i,j}}{\delta t}+rj\delta S\frac{f_{i,j+1}-f_{i,j-1}}{2\delta S}+\frac{1}{2}\sigma^2 j^2\delta S^2\frac{f_{i,j+1}+f_{i,j-1}-2f_{i,j}}{\delta S^2}=rf_{i,j} \tag{6.7}$$

식(6.7)을 $f_{i,j-1}$, $f_{i,j}$, $f_{i,j+1}$, $f_{i+1,j}$에 관하여 정리하면 식(6.8)과 같은 연립차분방정식이 된다.

$$a_j f_{i,j-1}+b_j f_{i,j}+c_j f_{i,j+1}=f_{i+1,j}\quad i=0,1,...,N-1\ \ j=1,2,...,M-1 \tag{6.8}$$

여기서 각 계수들은 다음과 같다.

$$a_j=\frac{1}{2}rj\delta t-\frac{1}{2}\sigma^2 j^2\delta t \tag{6.9}$$

$$b_j=1+\sigma^2 j^2\delta t+r\delta t \tag{6.10}$$

$$c_j=-\frac{1}{2}rj\delta t-\frac{1}{2}\sigma^2 j^2\delta t \tag{6.11}$$

이제 식(6.8)을 풀어 보도록 하자. 만기 직전 시점인 $i=N-1$일 때 식(6.8)은 $j=1,2,...,$ $M-1$에 대하여 다음과 같다.

$$a_j f_{N-1,j-1}+b_j f_{N-1,j}+c_j f_{N-1,j+1}=f_{N,j} \tag{6.12}$$

각 j에 대한 계수들 a_j, b_j, c_j는 Explicit FDM과 같이 변동성 σ와 무위험이자율 r이 정해지면 식(6.9), (6.10), (6.11)에 의해서 구할 수 있다.

또한 $j=1,2,...,M-1$에 대하여 $f_{N,0}$은 Lower BC이며, $f_{N,1}, f_{N,2}, \cdots, f_{N,M-1}$은 Terminal BC, $f_{N,M}$은 Upper BC로서 앞의 제6.3절에 따라서 사전에 미리 알 수 있다. 그러나 식(6.12)는 Explicit FDM과는 다르게 $f_{N-1,1}, f_{N-1,2}, \cdots, f_{N-1,M-1}$라는 M−1개의 미지수를 갖는 M−1개의 연립방정식이 된다. 미지수와 식의 개수가 동일하기 때문에 연립방정식의 해를 구할 수 있다. 이때 계수행렬을 Tridiagonal 행렬로 변형시켜 LU분해를 이용하면 연립방정식을 쉽게 풀 수 있다.[2] 이러한 과정을 현재까지 역행하여 반복하면 현재시점의 모든 j에

---

2) MATLAB®에서 LU분해 함수를 제공한다, 명령어는 lu( )로서 입력인수는 분해하고자 하는 행렬이 된다. LU분해에 대해서는 양원영 (2000) : 「수치해석과 MATLAB」, 교우사, p198 ~ 203 참조.

대한 옵션가치 $f_{0,j}$를 도출할 수 있게 된다. Implicit FDM은 Explicit FDM과는 달리 그 해가 항상 미분방정식의 해로 수렴한다는 장점을 지니고 있다.

[그림 6.5]는 식(6.8)에서 N=4, M=4 일 경우에 f값을 구하는 과정을 보여주고 있다.

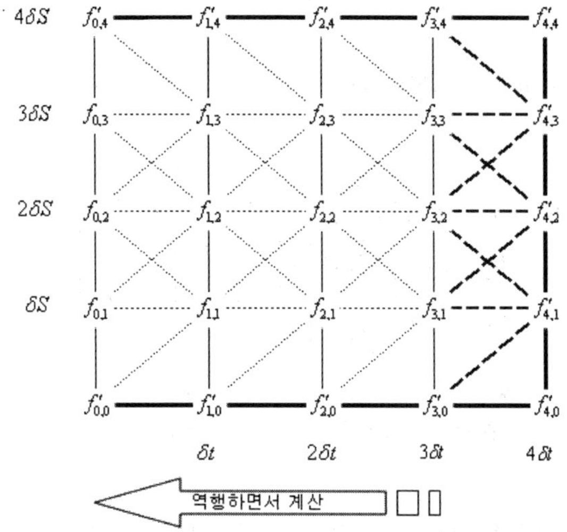

[그림 6.5] N=4, M=4일 경우 f값 도출

[그림 6.5]를 구체적으로 설명하여 보자. 식(6.8)에 $i=3$시점의 $j=1,2,3$에 대해 식을 나열하면 다음과 같다.

$$a_3 \boxed{f_{3,2}} + b_3 \boxed{f_{3,3}} + c_3 f'_{3,4} = f'_{4,3}$$
$$a_2 \boxed{f_{3,1}} + b_2 \boxed{f_{3,2}} + c_2 \boxed{f_{3,3}} = f'_{4,2}$$
$$a_1 f'_{3,0} + b_1 \boxed{f_{3,1}} + c_1 \boxed{f_{3,2}} = f'_{4,1}$$

여기서 f'값들은 BC를 통하여 이미 알고 있는 상수들이며 □로 구별한 $f_{3,1}, f_{3,2}, f_{3,3}$은 알고자 하는 미지수들이다. 따라서 미지수 3개, 식 3개가 되어 상기 연립방정식을 풀 수 있다. 이제 연립방정식을 풀기 위해 이미 알고 있는 상수들을 우변으로 보내고 다음과 같이 정리해 보자.

$$
\begin{aligned}
b_3 \boxed{f_{3,3}} + a_3 \boxed{f_{3,2}} + \quad 0 &= f'_{4,3} - c_3 f'_{3,4} \\
c_2 \boxed{f_{3,3}} + b_2 \boxed{f_{3,2}} + a_2 \boxed{f_{3,1}} &= f'_{4,2} \\
0 \quad + c_1 \boxed{f_{3,2}} + b_1 \boxed{f_{3,1}} &= f'_{4,1} - a_1 f'_{3,0}
\end{aligned}
$$

이를 다시 행렬형태로 표시하면 다음과 같다.

$$
\underbrace{\begin{pmatrix} b_3 & a_3 & 0 \\ c_2 & b_2 & a_2 \\ 0 & c_1 & b_1 \end{pmatrix}}_{\text{계수행렬}} \underbrace{\begin{pmatrix} \boxed{f_{3,3}} \\ \boxed{f_{3,2}} \\ \boxed{f_{3,1}} \end{pmatrix}}_{\text{미지수}} = \underbrace{\begin{pmatrix} f'_{4,3} \\ f'_{4,2} \\ f'_{4,1} \end{pmatrix} - \begin{pmatrix} c_3 f'_{3,4} \\ 0 \\ a_1 f'_{3,0} \end{pmatrix}}_{\text{상수}} \tag{6.13}
$$

Tridiagonal 행렬인 계수행렬을 하방삼각행렬 L과 상방삼각행렬 U로 분해하고, 미지수 $f_{3,1}, f_{3,2}, f_{3,3}$을 f^*, 우변을 C라고 하면 다음 식이 된다.

$$
LUf^* = C \tag{6.14}
$$

이제 L, U의 역함수를 이용하여 f^*를 구하면 다음과 같다.

$$
f^* = U^{-1}\left(L^{-1}C\right) \tag{6.15}
$$

식(6.15)에 의해 $i=3$시점의 $j=1,2,3$에 대한 옵션가치들인 $f_{3,1}, f_{3,2}, f_{3,3}$를 구할 수 있게 된다. 이러한 과정을 역행하면서 반복하면 현재시점인 $i=0$에서의 각 주가노드에 해당하는 옵션의 가치 $f_{0,0}, f_{0,1}, f_{0,2}, f_{0,3}, f_{0,4}$ 를 구할 수 있다.

앞의 Explicit FDM에서 예로 들은 유럽형 바닐라 콜옵션을 Implicit FDM을 이용하여 풀어보도록 하겠다. 옵션정보, 격자정보, 주가/시간노드, 경계조건에 따른 f값들은 Explicit FDM에서 계산한 값들과 동일하다. 이제 $i=3$시점의 $j=1,2,3$에 대한 옵션가치들인 $f_{3,1}, f_{3,2}, f_{3,3}$을 구하여 보자. 식(6.9~11)을 이용하여 각 j에 대한 계수들 a_j, b_j, c_j 를 구하고 이를 식(6.13)에 대입하면 다음과 같다.

$$\begin{pmatrix} 1.1075 & -0.0412 & 0 \\ -0.0287 & 1.0512 & -0.0162 \\ 0 & -0.0088 & 1.0175 \end{pmatrix} \begin{pmatrix} \boxed{f_{3,3}} \\ \boxed{f_{3,2}} \\ \boxed{f_{3,1}} \end{pmatrix} = \begin{pmatrix} 50 \\ 0 \\ 0 \end{pmatrix} - \begin{pmatrix} -0.06\times 100.6231 \\ 0 \\ -0.0025\times 0 \end{pmatrix}$$

계수행렬을 LU분해하여 식(6.14)에 따라 표현하면 다음과 같다.

$$\begin{pmatrix} 1 & 0 & 0 \\ -0.026 & 1 & 0 \\ 0 & -0.0083 & 1 \end{pmatrix} \times \begin{pmatrix} 1.1075 & -0.0412 & 0 \\ 0 & 1.0502 & -0.0162 \\ 0 & 0 & 1.0174 \end{pmatrix} \times \begin{pmatrix} \boxed{f_{3,3}} \\ \boxed{f_{3,2}} \\ \boxed{f_{3,1}} \end{pmatrix} = \begin{pmatrix} 56.0374 \\ 0 \\ 0 \end{pmatrix}$$

역함수를 이용하여 식(6.15)에 따라 풀면 다음과 같다.

$$\begin{pmatrix} \boxed{f_{3,3}} \\ \boxed{f_{3,2}} \\ \boxed{f_{3,1}} \end{pmatrix} = \begin{pmatrix} 50.6497 \\ 1.3854 \\ 0.0119 \end{pmatrix}$$

이러한 과정을 현재시점인 $i=0$까지 반복하여 수행하면 된다.

6.4.3 Crank-Nicolson Finite Difference Method

PDE의 편도함수를 [그림 6.6]과 같이 근사시키는 방법이 Crank-Nicolson FDM이다. 이 방법은 $\frac{\partial f}{\partial S}$, $\frac{\partial^2 f}{\partial S^2}$의 값들을 Explicit FDM과 Implicit FDM의 평균값을 이용하였다.

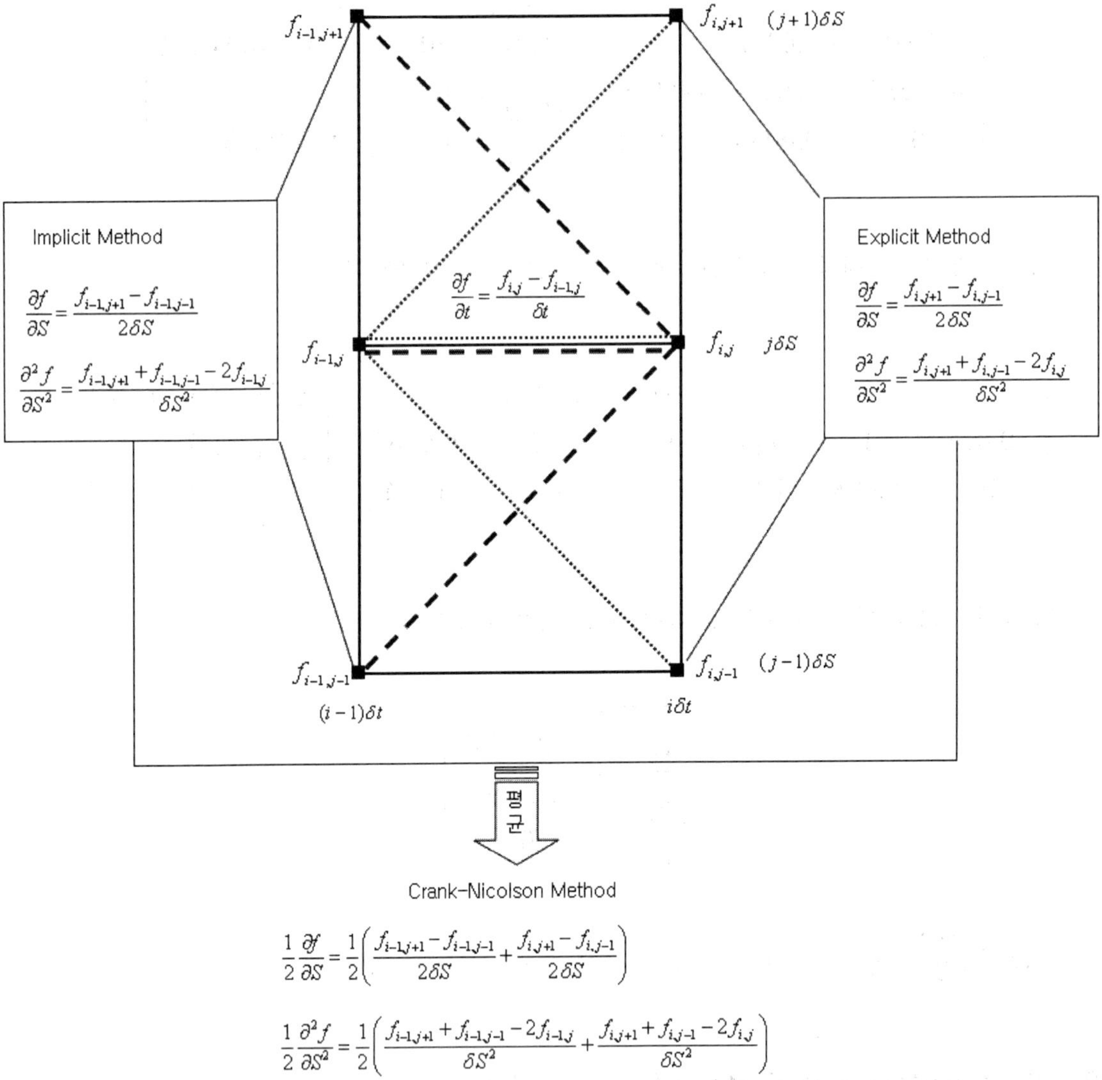

[그림 6.6] Crank-Nicolson FDM을 이용한 PDE의 편도함수 근사

식(6.2)와 식(6.8)에 i대신 $i-1$을 대입하고, 평균을 구하면 다음과 같다.

$$\frac{f_{i,j}-f_{i-1,j}}{\delta t}+\frac{1}{2}rj\delta S\left(\frac{f_{i-1,j+1}-f_{i-1,j-1}}{2\delta S}+\frac{f_{i,j+1}-f_{i,j-1}}{2\delta S}\right)+\frac{1}{4}\sigma^2 j^2\delta S^2\left(\frac{f_{i-1,j+1}+f_{i-1,j-1}-2f_{i-1,j}}{\delta S^2}+\frac{f_{i,j+1}+f_{i,j-1}-2f_{i,j}}{\delta S^2}\right)=\frac{1}{2}r\left(f_{i-1,j}+f_{i,j}\right) \tag{6.16}$$

식(6.16)에서 동류항들을 정리하면 식(6.17)과 같은 연립차분방정식이 된다.

$$-\alpha_j f_{i-1,j-1} + \left(1-\beta_j\right) f_{i-1,j} - \gamma_j f_{i-1,j+1} = \alpha_j f_{i,j-1} + \left(1+\beta_j\right) f_{i,j} + \gamma_j f_{i,j+1} \quad i=0,1,...,N-1 \quad j=1,2,...,M-1 \tag{6.17}$$

여기서 각 계수들은 다음과 같다.

$$\alpha_j = \frac{1}{4}\delta t\left(\sigma^2 j^2 - rj\right) \tag{6.18}$$

$$\beta_j = -\frac{1}{2}\delta t\left(\sigma^2 j^2 + r\right) \tag{6.19}$$

$$\gamma_j = \frac{1}{4}\delta t\left(\sigma^2 j^2 + rj\right) \tag{6.20}$$

이제 식(6.17)을 풀어 보도록 하자. 만기 시점인 $i = N-1$일 때 식(6.17)은 $j = 1,2,...,M-1$에 대하여 다음과 같다.

$$-\alpha_j f_{N-1,j-1} + \left(1-\beta_j\right) f_{N-1,j} - \gamma_j f_{N-1,j+1} = \alpha_j f_{N,j-1} + \left(1+\beta_j\right) f_{N,j} + \gamma_j f_{N,j+1} \tag{6.21}$$

각 j에 대한 계수들 α_j, β_j, γ_j 는 Explicit와 Implicit FDM과 같이 변동성 σ와 무위험이자율 r이 정해지면 식(6.18), (6.19), (6.20)에 의해서 구할 수 있다. 또한 $f_{N,1}, f_{N,2}, \cdots, f_{N,M-1}$은 Terminal BC, $f_{N,0}$은 Lower BC, $f_{N,M}$은 Upper BC로서 앞의 제6.3절에 따라서 사전에 미리 알 수 있다. 식(6.21)은 Implicit FDM과 같게 $f_{N-1,1}, f_{N-1,2}, \cdots, f_{N-1,M-1}$ 라는 M−1개의 미지수를 갖는 M−1개의 연립방정식이 된다. 미지수와 식의 개수가 동일하기 때문에 연립방정식의 해를 구할 수 있다. 이때 계수행렬을 Tridiagonal 행렬로 변형시켜 LU분해를 이용하면 연립방정식을 쉽게 풀 수 있다. 이러한 과정을 현재까지 역행하여 반복하면 현재시점의 모든 j에 대한 옵션가치 $f_{0,j}$를 도출할 수 있게 된다. Crank−Nicolson FDM은 Implicit FDM와 같이 그 해가 항상 미분방정식의 해로 수렴하며 연산속도는 더욱 빠르다는 장점을 지니고 있다.

[그림 6.7]은 식(6.17)에서 N=4, M=4일 경우에 f값을 구하는 과정을 보여주고 있다.

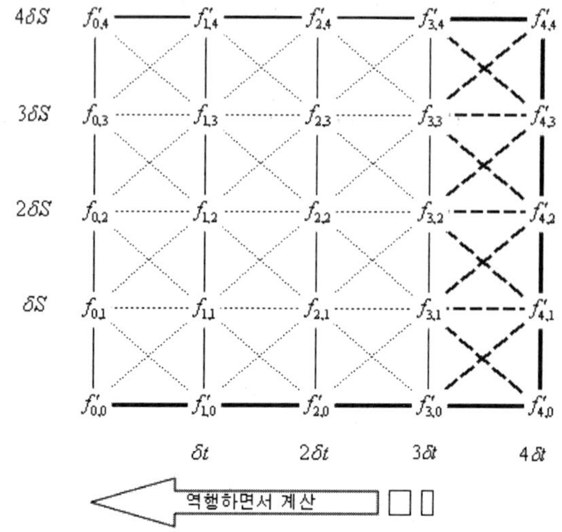

[그림 6.7] N=4, M=4일 경우 f값 도출

[그림 6.7]을 구체적으로 설명하여 보자. 식(6.17)에 $i=3$시점의 $j=1,2,3$에 대해 식을 나열하면 다음과 같다.

$$
\begin{aligned}
-\alpha_3\boxed{f_{3,2}}+(1-\beta_3)\boxed{f_{3,3}}-\gamma_3 f'_{3,4} &= \alpha_3 f'_{4,2}+(1+\beta_3)f'_{4,3}+\gamma_3 f'_{4,4} \\
-\alpha_2\boxed{f_{3,1}}+(1-\beta_2)\boxed{f_{3,2}}-\gamma_2\boxed{f_{3,3}} &= \alpha_2 f'_{4,1}+(1+\beta_2)f'_{4,2}+\gamma_2 f'_{4,3} \\
-\alpha_1 f'_{3,0}+(1-\beta_1)\boxed{f_{3,1}}-\gamma_1\boxed{f_{3,2}} &= \alpha_1 f'_{4,0}+(1+\beta_1)f'_{4,1}+\gamma_1 f'_{4,2}
\end{aligned}
$$

여기서 f'값들은 BC를 통하여 이미 알고 있는 상수들이며 □로 구별한 $f_{3,1}, f_{3,2}, f_{3,3}$은 알고자 하는 미지수들 이다. 따라서 미지수 3개, 식 3개가 되어 상기 연립방정식을 풀 수 있다. 이제 연립방정식을 풀기 위해 이미 알고 있는 상수들을 우변으로 보내고 다음과 같이 정리해 보자.

$$
\begin{aligned}
(1-\beta_3)\boxed{f_{3,3}} - \alpha_3\boxed{f_{3,2}} + 0 &= (1+\beta_3)f'_{4,3} + \alpha_3 f'_{4,2} + 0 + \gamma_3\left(f'_{3,4}+f'_{4,4}\right) \\
-\gamma_2\boxed{f_{3,3}} + (1-\beta_2)\boxed{f_{3,2}} - \alpha_2\boxed{f_{3,1}} &= \gamma_2 f'_{4,3} + (1+\beta_2)f'_{4,2} + \alpha_2 f'_{4,1} \\
0 - \gamma_1\boxed{f_{3,2}} + (1-\beta_1)\boxed{f_{3,1}} &= 0 + \gamma_1 f'_{4,2} + (1+\beta_1)f'_{4,1} + \alpha_1\left(f'_{3,0}+f'_{4,0}\right)
\end{aligned}
$$

이를 다시 행렬형태로 표시하면 다음과 같다.

$$\underbrace{\begin{pmatrix} (1-\beta_3) & -\alpha_3 & 0 \\ -\gamma_2 & (1-\beta_2) & -\alpha_2 \\ 0 & -\gamma_1 & (1-\beta_1) \end{pmatrix}}_{\text{계수행렬}} \underbrace{\begin{pmatrix} \boxed{f_{3,3}} \\ \boxed{f_{3,2}} \\ \boxed{f_{3,1}} \end{pmatrix}}_{\text{미지수}} = \underbrace{\begin{pmatrix} (1+\beta_3) & \alpha_3 & 0 \\ \gamma_2 & (1+\beta_2) & \alpha_2 \\ 0 & \gamma_1 & (1+\beta_1) \end{pmatrix}}_{\text{계수행렬}} \begin{pmatrix} f'_{4,3} \\ f'_{4,2} \\ f'_{4,1} \end{pmatrix} + \underbrace{\begin{pmatrix} \gamma_3\left(f'_{3,4}+f'_{4,4}\right) \\ 0 \\ \alpha_1\left(f'_{3,0}+f'_{4,0}\right) \end{pmatrix}}_{\text{상수}} \tag{6.22}$$

좌변 계수행렬을 M_L, 우변 계수행렬을 M_R이라고 하고 좌변의 미지수 $f_{3,1}, f_{3,2}, f_{3,3}$를 f^*, 우변의 상수 $f'_{4,3}, f'_{4,2}, f'_{4,1}$를 f_T, 우변의 맨 우측행렬을 C라고 하면 다음 식이 된다.

$$M_L f^* = M_R f_T + C \tag{6.23}$$

식(6.23)의 M_L을 하방삼각행렬 L과 상방삼각행렬 U로 분해하고 L, U의 역함수를 이용하여 f^*를 구하면 다음과 같다.

$$f^* = U^{-1}\left(L^{-1}\left(M_R f_T + C\right)\right) \tag{6.24}$$

식(6.24)에 의해 $i=3$시점의 $j=1,2,3$에 대한 옵션가치들인 $f_{3,1}, f_{3,2}, f_{3,3}$를 구할 수 있게 된다. 이러한 과정을 역행하면서 반복하면 현재시점인 $i=0$에서의 각 주가노드에 해당하는 옵션의 가치 $f_{0,0}, f_{0,1}, f_{0,2}, f_{0,3}, f_{0,4}$ 를 구할 수 있다.

6.4.4 미국형옵션 가격결정

만기 이전에 행사여부를 결정할 수 있는 미국형 옵션을 평가하기 위해서는 만기 이전의 파생상품가치의 경로를 모형화 하여야 한다. FDM은 δS와 δt가 0에 근접할수록 파생상품가치의 경로를 모두 격자에 근사시킬 수 있기 때문에 미국형 옵션평가에 유용하다. 미국형 콜옵션의 가치를 $f^A_{i,j}$라고 하자. Explicit FDM 방법을 예로 들면 [그림 6.8]과 같다. 노드 (i,j)에서의 옵션가치인 $f_{i,j}$값과 행사가치인 $j\delta S - X$를 비교하여 큰 값을 $f^A_{i,j}$로 하여 풀어 나가면 미국형 옵션을 평가할 수 있다.

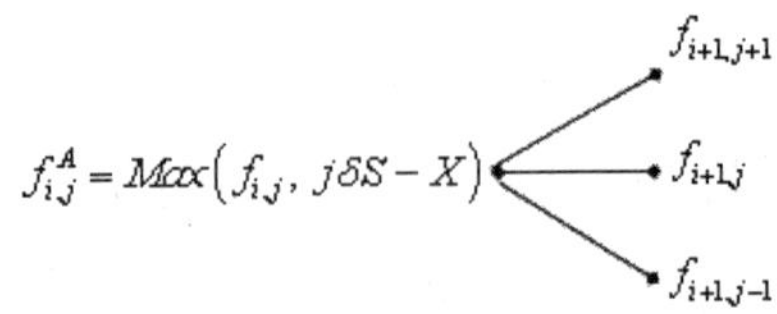

[그림 6.8] 미국형옵션 가격결정(Explicit FDM)

6.4.5 베리어옵션(Barrier Option) 가격결정

FDM을 이용하여 베리어 옵션을 평가할 경우에는 격자구성 및 경계조건만 베리어 형태에 따라 달라지며 나머지 절차는 앞서 설명한 것과 같다. 유럽형 Up-and-Out 콜옵션을 예로 들면 [그림 6.9]과 같이 $Smax$를 Up-and-Out 베리어 가격 B로 설정하고, Upper BC는 베리어 도달로 인하여 0으로 설정하면 앞의 3가지 FDM을 이용하여 베리어 옵션을 평가할 수 있다.

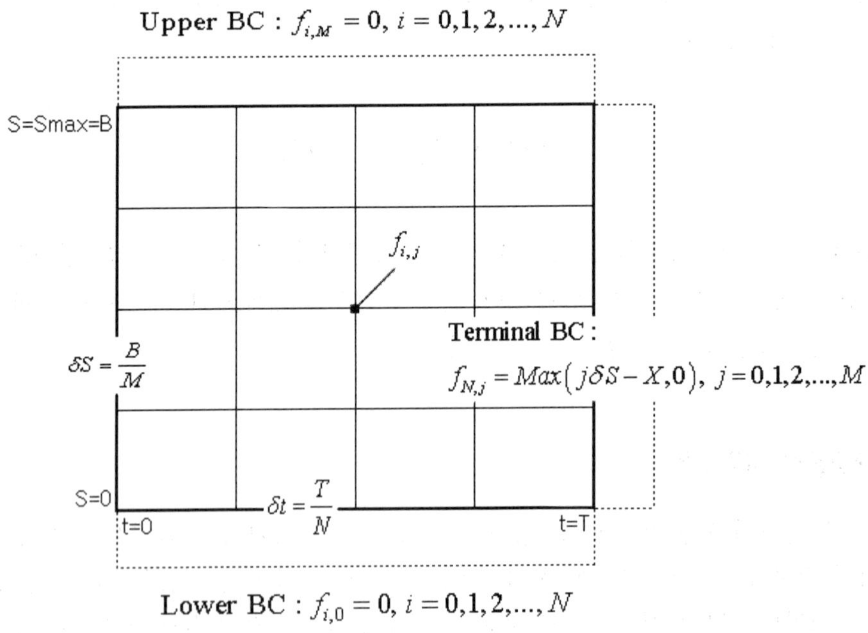

[그림 6.9] 유럽형 Up-and-Out 콜옵션 격자구성 및 경계조건

6.5 예제상품 MATLAB® Programming

지금까지 설명한 격자상의 옵션가치 $f_{i,j}$에서 i는 열을, j는 행을 의미하였으므로 MATLAB에서는 $f_{i,j}$를 $f(j,i)$으로 해석하여 프로그래밍을 수행하였다.[3] [코드 6.1]은 유럽형/미국형 바닐라옵션에 대한 코드이며, [코드 6.2]는 유럽형/미국형 Knock-Out옵션에 대한 코드이다. 각 코드 모두 3가지 FDM 방법을 이용하였다.

[코드 6.1] European/American Vanilla Option Pricing(FDM)

```
%%%%% European/American Vanilla Option Pricing(FDM) %%%%%

function [Price, f]=FDM_Vanilla(Style, C_P, Method, S, X, r, T,...
 vol, q, Smax, M, N, GP)

% 격자구성
dS=Smax/M;                        % 주가간격 설정
grid_S = [Smax:-dS:0]';           % 주가노드 구성
dt=T/N;                           % 시간간격 설정
grid_T = T:-dt:0;                 % 시간노드 구성
grid_i = 0:1:N;                   % 첨자(시점)
grid_j = M:-1:0;                  % 첨자(주가위치)
f = zeros(M+1, N+1);              % 각 노드별 옵션가치 저장행렬 초기화

% 경계조건
if C_P == 'C'
    f(:,N+1) = max(grid_S-X,0);                     % Terminal BC
    f(1,:) = Smax-X*exp(-r*dt*(N-grid_i));          % Upper BC
    f(M+1,:) = 0 ;                                  % Lower BC
elseif C_P == 'P'
    f(:,N+1) = max(X-grid_S,0);                     % Terminal BC
    f(1,:) = 0;                                     % Upper BC
    f(M+1,:) = X*exp(-r*dt*(N-grid_i));             % Lower BC
end

% 각 방법별 계수행렬 계산
% Explicit(EXP), Implicit(IMP), Crank-Nicolson(CN)
switch Method
    case 'EXP'
        df=1/(1+r*dt);
```

3) MATLAB®은 변수명(a,b)일 때 a는 행 주소, b는 열 주소를 말한다.

```
        % 식(6.3), (6.4), (6.5)
        Exp_a = df*(-0.5*(r-q)*grid_j*dt+0.5*vol^2*(grid_j.^2)*dt);
        Exp_b = df*(1-vol^2*(grid_j.^2)*dt);
        Exp_c = df*(0.5*(r-q)*grid_j*dt+0.5*vol^2*(grid_j.^2)*dt);
    case 'IMP'
        % 식(6.9), (6.10), (6.11)
        Imp_a = 0.5*(r-q)*grid_j*dt-0.5*vol^2*(grid_j.^2)*dt;
        Imp_b = 1+vol^2*(grid_j.^2)*dt+r*dt;
        Imp_c = -0.5*(r-q)*grid_j*dt-0.5*vol^2*(grid_j.^2)*dt;
    case 'CN'
        % 식(6.18), (6.19), (6.20)
        CN_a = 0.25*dt*(vol^2*(grid_j.^2) - (r-q)*grid_j);
        CN_b = -0.5*dt*(vol^2*(grid_j.^2) + r);
        CN_c = 0.25*dt*(vol^2*(grid_j.^2) + (r-q)*grid_j);
end

% 연립차분방정식 풀이
switch Method
    case 'EXP'
        for h=N:-1:1
            for k = 2:M
                if Style == 'EU'
                    f(k,h) = Exp_a(k)*f(k+1,h+1)+...
                      Exp_b(k)*f(k, h+1)+Exp_c(k)*f(k-1, h+1); %식(6.2)
                elseif Style == 'AM'
                    f(k,h) = Exp_a(k)*f(k+1,h+1)+...
                        Exp_b(k)*f(k, h+1)+Exp_c(k)*f(k-1, h+1);
                    if C_P == 'C'
                        % 옵션가치와 행사가치를 비교
                        f(k,h) = max(f(k,h), grid_S(k)-X);
                    elseif C_P == 'P'
                        f(k,h) = max(f(k,h), X-grid_S(k));
                    end
                end
            end
        end
    % 선형보간법으로 현재주가에 대응되는 옵션가치 도출
    Price = interp1(grid_S,f(:,1),S,'linear');
    case 'IMP'
        % Tridiagonal 계수행렬 생성
        Coeff = diag(Imp_c(3:M),-1) + diag(Imp_b(2:M)) +...
                diag(Imp_a(2:M-1),1);
        [L,U] = lu(Coeff);                          % LU Decomposition
```

```
    ca = zeros(M-1,1);
    for h=N:-1:1,
        if Style == 'EU'
            % 식(6.13)의 우변의 우측행렬 1행
            ca(1) = Imp_c(2) * f(1,h);
            % 식(6.13)의 우변의 우측행렬 마지막행
            ca(end) = Imp_a(M) * f(M+1,h);
            % 식(6.15)
            f(2:M,h) = inv(U)*(inv(L)*(f(2:M,h+1) - ca));
        elseif Style == 'AM'
            ca(1) = Imp_c(2) * f(1,h);
            ca(end) = Imp_a(M) * f(M+1,h);
            f(2:M,h) = inv(U)*(inv(L)*(f(2:M,h+1) - ca));
                if C_P == 'C'
                    f(2:M,h) = max(f(2:M,h), grid_S(2:M)-X);
                elseif C_P == 'P'
                    f(2:M,h) = max(f(2:M,h), X-grid_S(2:M));
                end
        end
    end
Price = interp1(grid_S,f(:,1),S,'linear');
case 'CN'
    % Tridiagonal 계수행렬 생성(ML : 좌변 계수행렬 , MR : 우변 계수행렬)
    ML = diag(-CN_c(3:M),-1) + diag(1-CN_b(2:M)) +...
         diag(-CN_a(2:M-1),1);
    [L,U] = lu(ML);                                % LU Decomposition
    MR = diag(CN_c(3:M),-1) + diag(1+CN_b(2:M)) +...
         diag(CN_a(2:M-1),1);
    ca = zeros(M-1,1);
    for h=N:-1:1
        if Style == 'EU'
            ca(1) = CN_c(2) * (f(1,h)+f(1,h+1));
            ca(end) = CN_a(M) * (f(M+1,h)+f(M+1,h+1));
            f(2:M,h) = inv(U)*(inv(L)*(MR*f(2:M,h+1)+ca));%식(6.24)
        elseif Style == 'AM'
            ca(1) = CN_c(2) * (f(1,h)+f(1,h+1));
            ca(end) = CN_a(M) * (f(M+1,h)+f(M+1,h+1));
            f(2:M,h) = inv(U)*(inv(L)*(MR*f(2:M,h+1)+ca));
                if C_P == 'C'
                    f(2:M,h) = max(f(2:M,h), grid_S(2:M)-X);
                elseif C_P == 'P'
                    f(2:M,h) = max(f(2:M,h), X-grid_S(2:M));
                end
```

```
            end
        end
    Price = interp1(grid_S,f(:,1),S,'linear');
end

% 잔존만기와 주가변화에 따른 옵션가격 그래프 출력
if GP==1,
    [grid_T,grid_S]=meshgrid(grid_T,grid_S);
    mesh(grid_T,grid_S, f)
    xlabel('Time to Maturity')
    ylabel('Stock Price')
    zlabel('Option Price')
    title('FDM Vanilla Option Price')
end
```

[코드 6.2] European/American Knock-Out Option Pricing(FDM)

```
%%%%% European/American Knock-Out Option Pricing(FDM) %%%%%

function [Price,f]=FDM_KnockOut(Style, C_P, KO, Method, S, X, B, r,...
 T, vol, q, Smax, M, N, GP)

% 격자구성
if KO == 'U',                       % Up and Out
    Smax=B;                         % Up and Out Barrier 가격을 Smax로 설정
    dS=Smax/M;
    grid_S = [Smax:-dS:0]';
    dt=T/N;
    grid_T = [T:-dt:0];
    grid_i = 0:1:N;
    grid_j = M:-1:0;
elseif KO == 'D',                   % Down and Out
    Smax=Smax;
    dS=(Smax-B)/M; % Down and Out Barrier 가격을 주가노드의 최하단으로 설정
    dt=T/N;
    grid_S = [Smax:-dS:B]';
    grid_T = [T:-dt:0];
    grid_i = 0:1:N;
    grid_j = grid_S/dS;
end
```

```
f = zeros(M+1, N+1);

% 경계조건
if C_P == 'C',
    f(:,N+1) = max(grid_S-X,0);                    % Terminal BC
        if KO == 'U',
            f(1,:) = 0;                            % Up and Out의 Upper BC
        elseif KO == 'D',
            f(1,:) = Smax-X*exp(-r*dt*(N-grid_i)); % Down and Out의 Upper BC
        end
    f(M+1,:) = 0;                                  % Lower BC
elseif C_P == 'P',
    f(:,N+1) = max(X-grid_S,0);                    % Terminal BC
    f(1,:) = 0;                                    % Upper BC
        if KO == 'U',
            f(M+1,:) = X*exp(-r*dt*(N-grid_i)); % Up and Out의 Lower BC
        elseif KO == 'D',
            f(M+1,:) = 0;                          % Down and Out의 Lower BC
        end
end

% 각 방법별 계수행렬 계산(바닐라옵션과 동일)
switch Method
    case 'EXP'
        df=1/(1+r*dt);
        Exp_a = df*(-0.5*(r-q)*grid_j*dt+0.5*vol^2*(grid_j.^2)*dt);
        Exp_b = df*(1-vol^2*(grid_j.^2)*dt);
        Exp_c = df*(0.5*(r-q)*grid_j*dt+0.5*vol^2*(grid_j.^2)*dt);
    case 'IMP'
        Imp_a = 0.5*(r-q)*grid_j*dt-0.5*vol^2*(grid_j.^2)*dt;
        Imp_b = 1+vol^2*(grid_j.^2)*dt+r*dt;
        Imp_c = -0.5*(r-q)*grid_j*dt-0.5*vol^2*(grid_j.^2)*dt;
    case 'CN'
        CN_a = 0.25*dt*(vol^2*(grid_j.^2) - (r-q)*grid_j);
        CN_b = -0.5*dt*(vol^2*(grid_j.^2) + r);
        CN_c = 0.25*dt*(vol^2*(grid_j.^2) + (r-q)*grid_j);
end

% 연립차분방정식 풀이(바닐라옵션과 동일)
switch Method
    case 'EXP'
        for h=N:-1:1,
            for k = 2:M,
```

```
                if Style == 'EU',
                    f(k,h) = Exp_a(k)*f(k+1,h+1) + Exp_b(k)*...
                             f(k, h+1) + Exp_c(k)*f(k-1, h+1);
                elseif Style == 'AM',
                    f(k,h) = Exp_a(k)*f(k+1,h+1) + Exp_b(k)*...
                             f(k, h+1) + Exp_c(k)*f(k-1, h+1);
                    if C_P == 'C',
                        f(k,h) = max(f(k,h), grid_S(k)-X);
                    elseif C_P == 'P',
                        f(k,h) = max(f(k,h), X-grid_S(k));
                    end
                end
            end
        end
    Price = interp1(grid_S,f(:,1),S,'linear');
    case 'IMP'
        Coeff = diag(Imp_c(3:M),-1) + diag(Imp_b(2:M)) + ...
                diag(Imp_a(2:M-1),1);
        [L,U] = lu(Coeff);
        ca = zeros(M-1,1);
        for h=N:-1:1,
            if Style == 'EU',
                ca(1) = Imp_c(2) * f(1,h);
                ca(end) = Imp_a(M) * f(M+1,h);
                f(2:M,h) = inv(U)*(inv(L)*(f(2:M,h+1) - ca));

            elseif Style == 'AM',
                ca(1) = Imp_c(2) * f(1,h);
                ca(end) = Imp_a(M) * f(M+1,h);
                f(2:M,h) = inv(U)*(inv(L)*(f(2:M,h+1) - ca));
                    if C_P == 'C',
                        f(2:M,h) = max(f(2:M,h), grid_S(2:M)-X);
                    elseif C_P == 'P',
                        f(2:M,h) = max(f(2:M,h), X-grid_S(2:M));
                    end
            end
        end
    Price = interp1(grid_S,f(:,1),S,'linear');
    case 'CN'
        ML = diag(-CN_c(3:M),-1) + diag(1-CN_b(2:M)) + diag(-CN_a(2:M-1),1);
        [L,U] = lu(ML);
        MR = diag(CN_c(3:M),-1) + diag(1+CN_b(2:M)) + diag(CN_a(2:M-1),1);
        ca = zeros(M-1,1);
```

```
        for h=N:-1:1,
            if Style == 'EU'
                ca(1) = CN_c(2) * (f(1,h)+f(1,h+1));
                ca(end) = CN_a(M) * (f(M+1,h)+f(M+1,h+1));
                f(2:M,h) = inv(U)*(inv(L)*(MR*f(2:M,h+1)+ca));
            elseif Style == 'AM',
                ca(1) = CN_c(2) * (f(1,h)+f(1,h+1));
                ca(end) = CN_a(M) * (f(M+1,h)+f(M+1,h+1));
                f(2:M,h) = inv(U)*(inv(L)*(MR*f(2:M,h+1)+ca));
                    if C_P == 'C',
                        f(2:M,h) = max(f(2:M,h), grid_S(2:M)-X);
                    elseif C_P == 'P',
                        f(2:M,h) = max(f(2:M,h), X-grid_S(2:M));
                    end
            end
        end
    Price = interp1(grid_S,f(:,1),S,'linear');
end

% 잔존만기와 주가변화에 따른 옵션가격 그래프 출력(바닐라옵션과 동일)
if GP==1,
    [grid_T,grid_S]=meshgrid(grid_T,grid_S);
    mesh(grid_T,grid_S, f)
    xlabel('Time to Maturity')
    ylabel('Stock Price')
    zlabel('Option Price')
    title('FDM Knock-Out Option Price')
end
```

sample상품 중 미국형 바닐라 풋옵션을 상기 함수를 이용하여 평가할 때에 어떻게 실행되는지 살펴보자.

```
[FDM_Price, f] = FDM_Vanilla('AM', 'P', 'IMP', 100, 100, 0.05, 0.5,
0.3, 0.01, 200, 20, 10, 1);

FDM_Price =
    7.1415
```

Array Editor 창을 통해 출력된 변수 f를 보면 [그림 6.10]과 같다. 변수 f는 각 노드(i,j) 상의 옵션가치$f_{i,j}$ (MATLAB에서는 $f(j,i)$로 해석)이며 이는 앞서 살펴본 [그림 6.5]의 확장된 형태이다.

* 변수 f

Array Editor - f

		1	2	3	4	5	6	7	8	9	10	11 (Terminal BC)
$20\delta S$	1	0	0	0	0	0	0	0	0	0	0	0 (Upper BC)
	2	0.0128	0.0088	0.0058	0.0035	0.002	0.001	0.0004	0.0002	0	0	0
	3	0.0312	0.0219	0.0146	0.0092	0.0053	0.0028	0.0013	0.0005	0.0001	0	0
	4	0.0637	0.046	0.0317	0.0206	0.0124	0.0068	0.0033	0.0013	0.0004	0.0001	0
	5	0.1262	0.0942	0.0673	0.0456	0.0288	0.0166	0.0085	0.0036	0.0012	0.0002	0
	6	0.2501	0.1936	0.1441	0.1022	0.068	0.0416	0.0227	0.0105	0.0037	0.0007	0
	7	0.4978	0.4006	0.3117	0.2322	0.1636	0.1069	0.0629	0.0316	0.0123	0.0028	0
	8	0.9921	0.8319	0.6781	0.5329	0.3993	0.2802	0.1793	0.0996	0.0437	0.0117	0
	9	1.9645	1.7183	1.4702	1.2225	0.9784	0.7426	0.522	0.3255	0.1649	0.053	0
	10	3.8163	3.4817	3.1292	2.7574	2.3655	1.9538	1.5249	1.0862	0.655	0.268	0
	11	7.1415	6.7762	6.3807	5.9479	5.4681	4.9275	4.306	3.5717	2.674	1.5297	0
	12	12.5579	12.2955	12.022	11.7362	11.4371	11.1262	10.8109	10.5053	10.2344	10.0412	10
	13	20.2326	20.1447	20.0724	20.0215	20	20	20	20	20	20	20
	14	30	30	30	30	30	30	30	30	30	30	30
	15	40	40	40	40	40	40	40	40	40	40	40
	16	50	50	50	50	50	50	50	50	50	50	50
	17	60	60	60	60	60	60	60	60	60	60	60
	18	70	70	70	70	70	70	70	70	70	70	70
$2\delta S$	19	80	80	80	80	80	80	80	80	80	80	80
δS	20	90	90	90	90	90	90	90	90	90	90	90
	21	97.531	97.7751	98.0199	98.2652	98.5112	98.7578	99.005	99.2528	99.5012	99.7503	100 (Lower BC)
			δt	$2\delta t$								$10\delta t$

현재가 50에 해당하는 옵션가치 (행 11, 열 1)

[그림 6.10] Array Editor 창에 출력된 변수 f

[그림 6.11]은 잔존만기와 주가변화에 따른 옵션가치들인 변수 f를 3차원 그래프로 출력한 것이다.

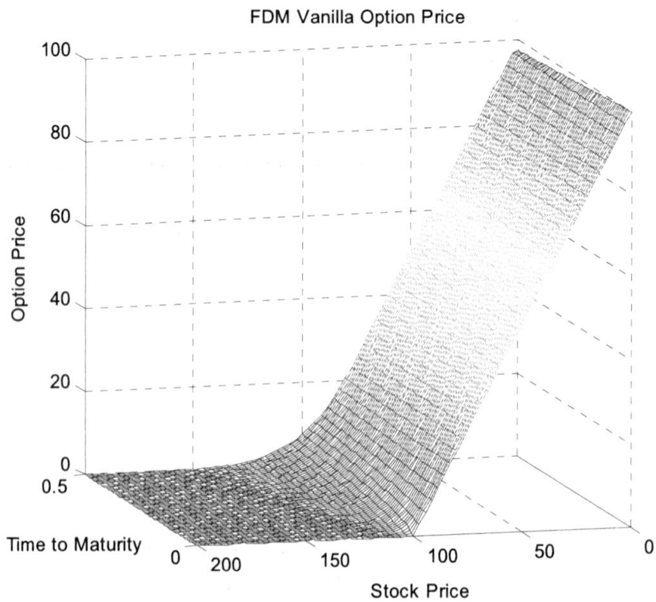

[그림 6.11] 잔존만기와 주가변화에 따른 미국형 바닐라 풋옵션 가치(Implicit FDM)

다음은 유럽형 Up and Out 콜옵션을 각 방법별로 실행한 결과이다.

```
>> FDM_KnockOut('EU', 'C', 'U', 'EXP', 100, 100, 130, 0.05, 0.5, 0.3,
0.01, 200, 100, 100, 1)

ans =
  5.7213e+077
```

상기 결과는 Explicit FDM으로 해가 수렴되지 않고 있음을 보여주고 있다. M을 변경하여 다시 실행하면 다음과 같이 수렴된 해를 구할 수 있다.

```
>> FDM_KnockOut('EU', 'C', 'U', 'EXP', 100, 100, 130, 0.05, 0.5, 0.3,
0.01, 200, 50, 200, 1)

ans =
    2.8346
```

Explicit FDM과는 달리 Implicit와 Crank-Nicolson FDM은 항상 수렴된 해를 구할 수 있다.

```
>> FDM_KnockOut('EU', 'C', 'U', 'IMP', 100, 100, 130, 0.05, 0.5, 0.3,
0.01, 200, 100, 100, 1)

ans =
    2.8544

>> FDM_KnockOut('EU', 'C', 'U', 'CN', 100, 100, 130, 0.05, 0.5, 0.3,
0.01, 200, 100, 100, 1)

ans =
    2.8447
```

[그림 6.12]는 잔존만기와 주가변화에 따른 유럽형 Up and Out 콜옵션 가치들을 3차원 그래프로 출력한 것이다.

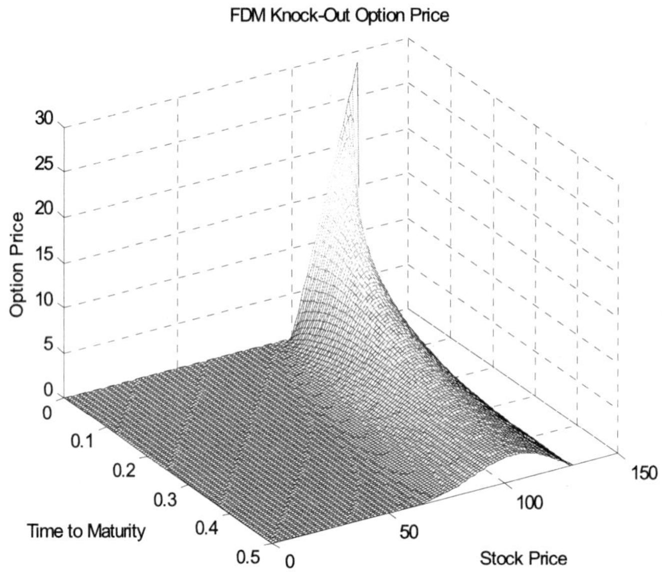

[그림 6.12] 잔존만기와 주가변화에 따른 유럽형 Up and Out 콜옵션 가치 (Crank-Nicolson FDM)

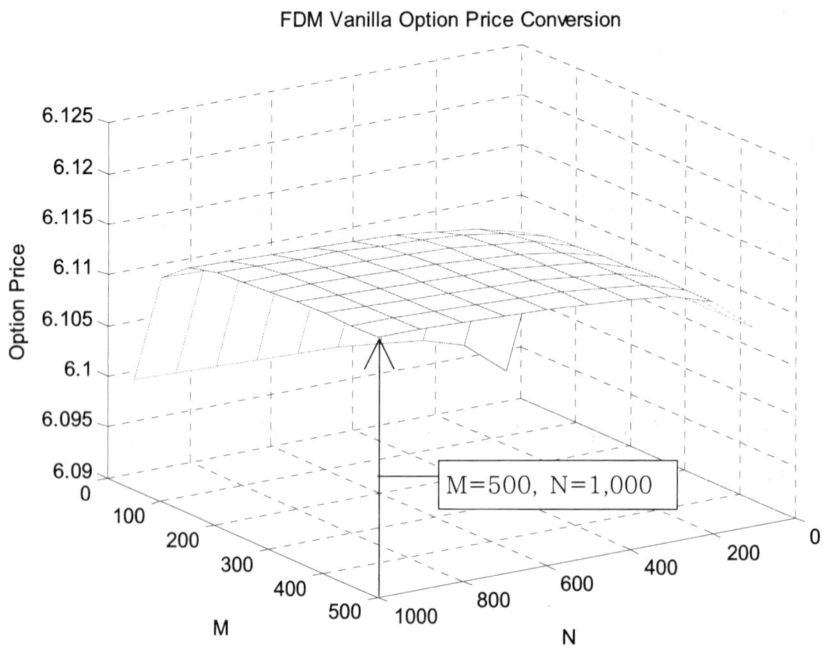

[그림 6.13] 유럽형 Up and Out 콜옵션 가치의 수렴(Crank-Nicolson FDM)

FDM은 트리모형과 같이 격자를 촘촘히 할수록(M, N을 증가 시킬수록) 옵션가치는 훨씬 안정적으로 수렴해 간다. [그림 6.13]은 M과 N의 증가에 따른 유럽형 Up and Out 콜옵션 가치의 수렴현상을 보여주고 있다.

제2부

주가파생상품 리스크측정

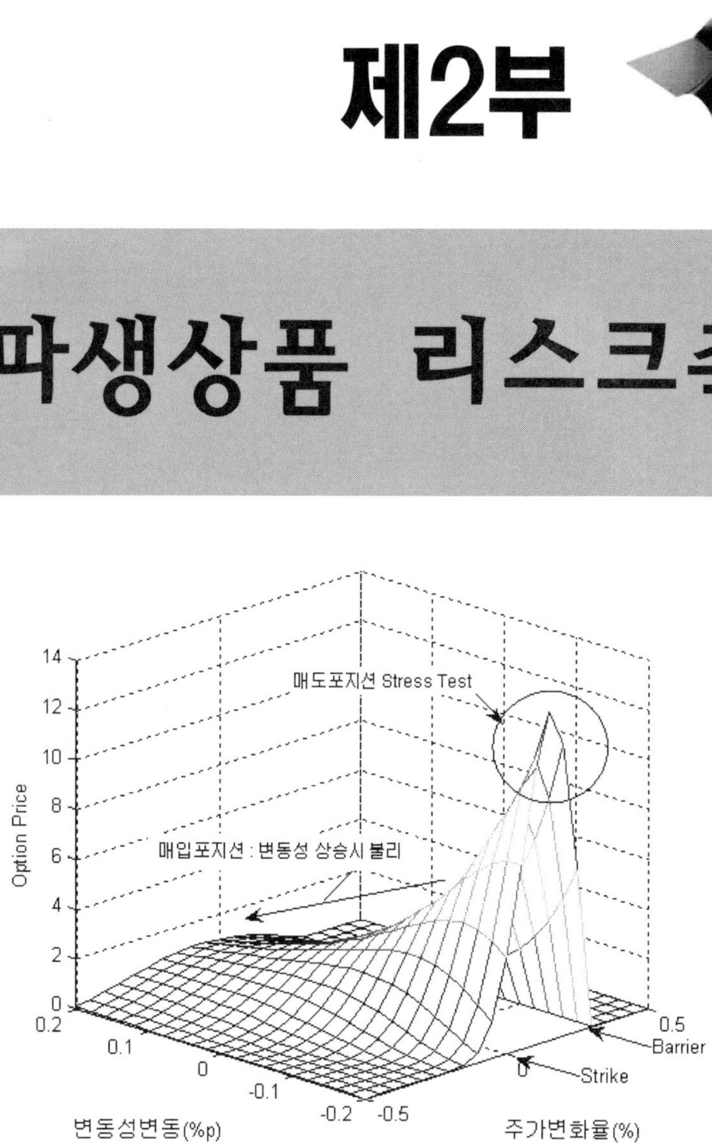

유럽형 베리어 콜옵션(Up and Out) 가격 시나리오 분석

제7장

The Greeks

제1부에서 파생상품의 평가 원리와 방법론을 살펴보았다. 제2부에서는 파생상품의 리스크 측정지표(Greeks, VaR, Scenario Analysis & Stress Test)와 측정방법을 소개하고자 한다. 이 장에서는 파생상품의 리스크 측정지표 중 전통적으로 가장 널리 사용되고 있는 민감도(Greeks)를 설명하고자 한다. 민감도란 파생상품 가격에 영향을 주는 각 요소들에 대한 파생상품 가격의 변화율을 뜻하는 것으로서 Hedging, Scenario Analysis, VaR측정 등에 이용된다. 민감도를 구하는 방법은 가격결정공식을 각 요소에 대해 편미분하는 분석적 방법(연속시간모델의 민감도)과 각 가격결정요소의 증분에 해당하는 파생상품 가격의 증분을 이용한 근사적 방법(이산시간모델의 민감도)이 있다. 이 장에서는 두 가지 방법을 소개하고 이를 MATLAB을 이용하여 구현하고자 한다.

7.1 Flow Chart

민감도(Greeks)

V : 주가파생상품 가격

$$V = f(S,\ X,\ T,\ r,\ \sigma,\ q)$$

파생상품 가격변화 ↓ 가격결정 요소변화 ↓

$$dV = \frac{\partial V}{\partial S}dS + \frac{1}{2}\frac{\partial^2 V}{\partial S^2}dS^2 + \frac{\partial V}{\partial t}dt + \frac{\partial V}{\partial r}dr + \frac{\partial V}{\partial \sigma}d\sigma$$

$$= Delta \times dS + \frac{1}{2}Gamma \times dS^2 + Theta \times dt + Rho \times dr + Vega \times d\sigma$$

- $Vega \times d\sigma$: 변동성변화에 따른 파생상품가격변화
- $Rho \times dr$: 이자율변화에 따른 파생상품가격변화
- $Theta \times dt$: 시간변화에 따른 파생상품가격변화
- $Gamma \times dS^2$: 주가변화에 따른 delta 변화(delta 변화 속도)
- $Delta \times dS$: 주가변화에 따른 파생상품가격변화

측정방법 (예시 : Delta, Gamma)

· 분석적방법

가격결정식 : $V = Se^{-qT}N(d_1) - Xe^{-rT}N(d_2)$ —편미분→

$$Delta = \frac{\partial V}{\partial S} = e^{-qT}N(d_1)$$

$$Gamma = \frac{\partial^2 V}{\partial S^2} = \frac{N'(d_1)e^{-qT}}{S\sigma\sqrt{T}}$$

· 근사적방법

기초자산가격변화		파생상품가격변화
$S0 + \Delta S = SU$	⟶	$V(S0+\Delta S) = VU$
증분 ΔS ↑		
$S0$	⟶	$V(S0) = V0$
증분 ΔS ↓		
$S0 - \Delta S = SD$	⟶	$V(S0-\Delta S) = VD$

$$Delta = \frac{VU - VD}{SU - SD}$$

$$Gamma = \frac{\left(\frac{VU - V0}{SU - S0}\right) - \left(\frac{V0 - VD}{S0 - SD}\right)}{0.5 \times (SU - SD)}$$

Dynamic Delta Hedging

포트폴리오 Π $\begin{cases} -V \\ \dfrac{\partial V}{\partial S} S \end{cases}$ $\xrightarrow{\Delta t \text{ 기간동안 가치변화}}$ $\begin{cases} -\Delta V \\ \dfrac{\partial V}{\partial S}\Delta S \end{cases}$ $\Delta\Pi = r\Pi\Delta t$: Δt 동안 무위험상태

7.2 Delta, Gamma, Vega, Theta, Rho

7.2.1 분석적방법의 민감도

블랙-숄즈의 옵션가격결정식처럼 closed-form이 존재하는 경우 이 식을 옵션가격에 영향을 주는 각각의 요소들(기초자산의 가격, 변동성, 잔존만기, 이자율 등)로 편미분 하면 각 민감도를 산출할 수 있다. 다음 [표 7.1]은 V를 옵션가격이라 할 때 배당수익률 q를 지급하는 유럽형 바닐라옵션의 분석적 방법에 의한 민감도 계산공식들이다.

[표 7.1] 유럽형 바닐라옵션의 분석적 민감도 공식

구분			Call	Put
가격결정식			$V_{call} = Se^{-qT}N(d_1) - Xe^{-rT}N(d_2)$	$V_{put} = Xe^{-rT}N(-d_2) - Se^{-qT}N(-d_1)$
민감도	Delta	$\frac{\partial V}{\partial S}$	$e^{-qT}N(d_1)$	$e^{-qT}(N(d_1) - 1)$
	Gamma	$\frac{\partial^2 V}{\partial S^2}$	$\frac{N'(d_1)e^{-qT}}{S\sigma\sqrt{T}}, \quad N'(d_1) = \frac{1}{\sqrt{2\pi}}e^{-\frac{d_1^2}{2}}$	
	Vega	$\frac{\partial V}{\partial \sigma}$	$S\sqrt{T}N'(d_1)e^{-qT}, \quad N'(d_1) = \frac{1}{\sqrt{2\pi}}e^{-\frac{d_1^2}{2}}$	
	Theta	$\frac{\partial V}{\partial t}$	$-\frac{SN'(d_1)\sigma e^{-qT}}{2\sqrt{T}} + qSN(d_1)e^{-qT} - rKe^{-rT}N(d_2)$	$-\frac{SN'(d_1)\sigma e^{-qT}}{2\sqrt{T}} - qSN(-d_1)e^{-qT} + rKe^{-rT}N(-d_2)$
	Rho	$\frac{\partial V}{\partial r}$	$XTe^{-rT}N(d_2)$	$-XTe^{-rT}N(-d_2)$

[코드 7.1]은 [표 7.1]의 계산공식들을 MATLAB을 이용하여 구현한 것이다.[1]

[코드 7.1] European Vanilla Option Greeks(분석적 방법)

```
%%%%% European Vanilla Option Greeks(분석적 방법) %%%%%

function result=BS_Vanilla_Greeks(C_P, Greeks, S, X, r, T, vol, q)
```

1) MATLAB® Toolbox는 유럽형 바닐라옵션의 민감도 측정함수들을 제공한다. blsdelta, blsgamma, blsvega, blstheta, blsrho가 있다.

```
% d1, d2 계산
d1 = (log(S./X)+(r-q+vol.^2/2).*T)./(vol.*sqrt(T));
d2 = d1-vol.*sqrt(T);

% 옵션가격 및 민감도 계산
% (N'(d1) : Normal probability density function, μ=0, σ=1)
if C_P == 'C'          % 콜옵션
   switch  Greeks
       case 'price'
           result = S.*exp(-q.*T).*normcdf(d1)-X.*exp(-r.*T).*...
                    normcdf(d2);
       case 'delta'
           result = normcdf(d1).*exp(-q.*T);
       case 'gamma'
           % N'(d1) : Normal probability density function, μ=0, σ=1,
           % normpdf 함수사용
           result = (normpdf(d1).*exp(-q.*T))./(S.*vol.*sqrt(T));
       case 'vega'
           result = S.*sqrt(T).*normpdf(d1).*exp(-q.*T);
       case 'theta'
           result = (-S.*normpdf(d1).*vol.*exp(-q*T))./...
                    (2.*sqrt(T))+ q.*S.*normcdf(d1).*exp(-q.*T)-r.*...
                    X.*exp(-r.*T).*normcdf(d2);
       case 'rho'
           result = normcdf(d2).*X.*T.*exp(-r.*T);
   end
elseif C_P == 'P'      % 풋옵션
    switch  Greeks
       case 'price'
           result = -S.*exp(-q.*T).*normcdf(-d1)+X.*exp(-r.*T).*...
                    normcdf(-d2);
       case 'delta'
           result = (normcdf(d1)-1).*exp(-q.*T);
       case 'gamma'
           result = (normpdf(d1).*exp(-q.*T))./(S.*vol.*sqrt(T));
       case 'vega'
           result = S.*sqrt(T).*normpdf(d1).*exp(-q.*T);
       case 'theta'
           result = (-S.*normpdf(d1).*vol.*exp(-q.*T))./(2.*sqrt(T))-...
               q.*S.*normcdf(-d1).*exp(-q.*T)+r.*X.*exp(-r.*T).*...
               normcdf(-d2);
       case 'rho'
           result = normcdf(-d2).*-(X.*T.*exp(-r.*T));
```

```
    end
end
```

유럽형 바닐라옵션인 sample1 상품(call)의 민감도를 상기 코드를 실행하여 구하면 다음과 같다.

```
>> C_P='C'; S=100; X=100; r=0.05; T=0.5; vol=0.3; q=0.01;

>> Call_Delta=BS_Vanilla_Greeks(C_P, 'delta', S, X, r, T, vol, q)

Call_Delta =
    0.5765

>> Call_Gamma=BS_Vanilla_Greeks(C_P, 'gamma', S, X, r, T, vol, q)

Call_Gamma =
    0.0183

>> Call_Vega=BS_Vanilla_Greeks(C_P, 'vega', S, X, r, T, vol, q)

Call_Vega =
   27.5111

>> Call_Theta=BS_Vanilla_Greeks(C_P, 'theta', S, X, r, T, vol, q)

Call_Theta =
  -10.0922

>> Call_Rho=BS_Vanilla_Greeks(C_P, 'rho', S, X, r, T, vol, q)

Call_Rho =
   24.1535
```

7.2.2 근사적방법의 민감도

가격결정식이 없는 경우에는 편미분을 할 수 없기 때문에 각 요소들의 증분을 이용하여 민감도를 근사적으로 계산하여야 한다.[2] 또한 편미분을 이용한 민감도는 연속시간모델에 근거

2) 근사적방법은 가격결정식이 없는 비정형 복합파생상품(ELS 등)들의 민감도를 측정할 때에 유용한 방법론이다.

한 것으로 실제 민감도 헤지를 수행할 때 시장상황과 일치하지 않는다. 즉, 편미분 민감도는 매우 작은 순간변화에 대한 헤지비율을 의미하므로 실제 시장에 적용하기 위해서는 어느 정도 현실성 있는 변화에 대한 민감도를 구해야 한다. 따라서 이러한 요구를 충족하기 위해서도 근사적방법의 민감도를 구할 필요가 있다.

각 변수들을 다음과 같이 정의할 때에 [표 7.2]는 근사적방법에 따른 파생상품 민감도 계산 공식들이다.3)

- $S0$: 기초자산 현재가격, ΔS : 가격증분, $S0+\Delta S=SU$: 상승가격, $S0-\Delta S=SD$: 하락가격
- $V(S0)=V0$: $S0$에 대한 파생상품가격, $V(S0+\Delta S)=V(SU)=VU$: SU에 대한 파생상품가격, $V(S0-\Delta S)=V(SD)=VD$: SD에 대한 파생상품가격

[표 7.2] 파생상품의 근사적 민감도 공식4)

민감도		근사식
Delta	$\frac{\partial V}{\partial S}$	$\frac{VU-VD}{SU-SD}$
Gamma	$\frac{\partial^2 V}{\partial S^2}$	$\frac{\left(\frac{VU-V0}{SU-S0}\right)-\left(\frac{V0-VD}{S0-SD}\right)}{0.5\times(SU-SD)}$
Vega	$\frac{\partial V}{\partial \sigma}$	$\frac{VvolU-V0}{\Delta\sigma}$
Theta	$\frac{\partial V}{\partial t}$	$\frac{VtD-V0}{\Delta t}$
Rho	$\frac{\partial V}{\partial r}$	$\frac{VrU-V0}{\Delta r}$

- $\sigma+\Delta\sigma=volU$: 상승변동성, $V(\sigma+\Delta\sigma)=V(volU)=VvolU$: $volU$에 대한 파생상품가격
- $t-\Delta t=tD$: 감소된 잔존만기, $V(t-\Delta t)=V(tD)=VtD$: tD에 대한 파생상품가격
- $r+\Delta r=rU$: 상승이자율, $V(r+\Delta r)=V(rU)=VrU$: rU에 대한 파생상품가격

3) 이 방법은 가격결정식 존재/미존재, 유럽형/미국형, 바닐라/이색옵션에 모두 적용할 수 있다.

4) 근사적 민감도를 구할 때에 가격의 증분을 상승 또는 하락의 한 방향 변화만을 고려하는 경우와 양방향을 고려하여 평균을 취하는 방법이 있다. 여기에서는 델타와 감마는 양방향 고려, 베가와 로는 상승변동성만을 고려하였다.

[표 7.2]에서 $V(\cdot)$는 파생상품 가격을 의미하는데 이 가격을 도출하는 방법은 제1부에서 소개한 가격결정식, MC, Tree, FDM 등을 이용할 수 있으며, Tree와 FDM은 가격 도출과정과 함께 민감도가 산출될 수 있다. MC방법을 이용할 경우에는 각 증분에 해당하는 가격을 구할 때 동일한 난수를 사용해야 한다. 그러나 MC방법을 이용한 민감도 측정은 난수 생성을 통한 재시뮬레이션(re-simulation) 기법이므로 측정치의 안정성이 다소 떨어지며 시간적으로도 비용이 많이 드는 단점이 있다.[5] 한편, 중요한 사항은 적절한 증분(예 : ΔS)의 크기를 설정해야 하는 문제인데, 이는 헤징주기와 기초자산의 tick사이즈 등을 고려하여 정하는 것이 바람직하다.[6]

다음은 유럽형 바닐라 옵션인 sample1 상품의 민감도를 근사적방법을 이용하여 MATLAB 코드로 구현한 것이다.

[코드 7.2] European Vanilla Option Greeks(MC, 근사적방법)

```
%%%%% European Vanilla Option Greeks(MC, 근사적방법) %%%%%

function result=MC_Vanilla_Greeks(C_P, Greeks, S_tick, S0, X, r, T,...
 vol_tick, vol, q, N, ns)

dt=T/N;

% S up, down
SU=S0+S_tick;                 % S_tick은 △S
SD=S0-S_tick;
SP0=zeros(ns,N+1);            % S0일 때의 주가 프로세스 생성 초기화
SP0(:,1)=S0;
SPU=zeros(ns,N+1);            % SU일 때의 주가 프로세스 생성 초기화
SPU(:,1)=SU;
SPD=zeros(ns,N+1);            % SD일 때의 주가 프로세스 생성 초기화
SPD(:,1)=SD;

% vol up
volU=vol+vol_tick;             % vol_tick은 △σ
SP_volU=zeros(ns,N+1);         % S0, volU일 때 의 주가 프로세스 생성 초기화
SP_volU(:,1)=S0;
```

---

5) FDM에 의한 민감도는 다른 방법보다 안정적이며 시간 비용도 작으나 기초자산이 2개 이하일 경우에서만 가능하다.

6) 다양한 증분에 대해 헤징 시뮬레이션을 수행하고 헤지오차가 가장 작게 되는 증분을 선택할 수도 있다. 한편 $\Delta\sigma$는 통상 1%p로 설정한다.

```
% stock process
for i=1:ns,
    w = randn(N,1);
    for j=2:N+1,
        SP0(i,j) = SP0(i,j-1)*exp((r-q-vol^2/2)*dt + ...
                   vol*sqrt(dt)*w(j-1));          % S0
        SPU(i,j) = SPU(i,j-1)*exp((r-q-vol^2/2)*dt + ...
                   vol*sqrt(dt)*w(j-1));          % S up
        SPD(i,j) = SPD(i,j-1)*exp((r-q-vol^2/2)*dt + ...
                   vol*sqrt(dt)*w(j-1));          % S down
        SP_volU(i,j) = SP_volU(i,j-1)*exp((r-q-volU^2/2)*dt + ...
                       volU*sqrt(dt)*w(j-1));   %vol up
    end
end

% 각 상황별 payoffs 계산
if C_P=='C'
    payoff0=max(SP0(:,N+1)-X,0);
    payoffU=max(SPU(:,N+1)-X,0);
    payoffD=max(SPD(:,N+1)-X,0);
    payoff_volU=max(SP_volU(:,N+1)-X,0);
else
    payoff0=max(X-SP0(:,N+1),0);
    payoffU=max(X-SPU(:,N+1),0);
    payoffD=max(X-SPD(:,N+1),0);
    payoff_volU=max(X-SP_volU(:,N+1),0);
end

% 각 상황별 price 계산
V0=exp(-r*T)*mean(payoff0);
VU=exp(-r*T)*mean(payoffU);
VD=exp(-r*T)*mean(payoffD);
V_volU=exp(-r*T)*mean(payoff_volU);

% Greeks 계산
switch  Greeks
    case 'price'
        result=V0;
    case 'delta'
        result=(VU-VD)/(SU-SD);
    case 'gamma'
        result=((VU-V0)/(SU-S0)-(V0-VD)/(S0-SD))/(0.5*(SU-SD));
```

```
    case 'vega'
        result=(V_volU-V0)/vol_tick;
end
```

유럽형 바닐라 옵션인 sample1 상품(call)의 민감도를 상기 코드를 실행하여 구하면 다음과 같으며 결과 값들이 분석적 민감도인 [코드 7.1]의 결과들과 유사함을 알 수 있다.

```
>> C_P='C'; S_tick=2; S0=100; X=100; r=0.05; T=0.5; vol_tick=0.01;
>> vol=0.3; q=0.01; N=1; ns=1000000;

>> Call_Delta=MC_Vanilla_Greeks(C_P, 'delta', S_tick, S0, X, r, T,
vol_tick, vol, q, N, ns)

Call_Delta =
    0.5755

>> Call_Gamma=MC_Vanilla_Greeks(C_P, 'gamma', S_tick, S0, X, r, T,
vol_tick, vol, q, N, ns)

Call_Gamma =
    0.0183

>> Call_Vega=MC_Vanilla_Greeks(C_P, 'vega', S_tick, S0, X, r, T,
vol_tick, vol, q, N, ns)

Call_Vega =
   27.5529
```

7.3 동적델타헷징(Dynamic Delta Hedging)

어떤 금융기관이 유럽형 바닐라 콜옵션 1계약을 매도하였다고 하자. 이 금융기관은 만기 T 시점에서 콜옵션의 payoff인 $Max(S_T - X, 0)$만큼을 매수자에게 지급할 의무가 있다. 만일 금융기관이 해당 콜옵션과 반대의 payoff를 가지는 포지션(복제 포지션)을 구축하였다면, 만기시 기초자산 가격이 어떻게 변하더라도 전체 포지션의 손익은 0에 근접하게 된다.[7] 여기서 발행한 콜옵션과 반대의 포지션은 동일한 상품을 매입 하거나 또는 옵션 가격결정에 영향을

7) 만일 최초 옵션 매도가격이 반대 포지션을 취하는 비용(헤징비용)보다 높았다면 이 차이가 수익이 될 수 있다.

미치는 요소들을 제거한 포지션을 통해 구축할 수 있다. 후자의 경우를 민감도 헤징이라고 하며 델타, 감마, 베가헤징으로 구별할 수 있다. 또한 민감도는 시간에 따라 변하기 때문에 지속적으로 민감도를 중립화시키는 포지션을 재구성(rebalancing)해야 하며 이를 동적헤징(Dynamic Hedging)이라 한다. 여기서는 옵션에 대해 실무적으로 널리 이용되는 동적델타헤징에 관하여 살펴보기로 한다.

옵션의 가치를 V, 기초자산의 가격을 S, 옵션의 델타를 $\frac{\partial V}{\partial S}$라고 하자. t시점에서 옵션을 1단위 매도($-V_t$)하였을 때, 이를 복제하기 위해 기초자산을 델타 단위만큼 매입$\left(\frac{\partial V_t}{\partial S_t}S_t\right)$하고, 무위험자산 포지션(차입 또는 대출)을 B단위 취하면 t시점에서의 델타헤징된 포트폴리오 Π_t를 구성할 수 있다.

$$-V_t + \frac{\partial V_t}{\partial S_t}S_t + B_t = \Pi_t \tag{7.1}$$

여기서 $\frac{\partial V_t}{\partial S_t}S_t + B_t$는 옵션매도포지션 $-V_t$를 헤징하기 위한 복제 포지션이다. t시점은 헤징 시작시점이므로 $\Pi_t = 0$이다. 이제 시간이 경과한 $t+\Delta t$시점의 이 포트폴리오의 가치 $\Pi_{t+\Delta t}$는 다음과 같다.[8)]

$$-V_{t+\Delta t} + \frac{\partial V_t}{\partial S_t}S_{t+\Delta t} + B_t e^{r\Delta t} = \Pi_{t+\Delta t} \tag{7.2}$$

식(7.2)에서 식(7.1)을 차감하면 다음과 같다.

$$-\left(V_{t+\Delta t} - V_t\right) + \frac{\partial V_t}{\partial S_t}\left(S_{t+\Delta t} - S_t\right) + B_t\left(e^{r\Delta t} - 1\right) = \Pi_{t+\Delta t} - \Pi_t = \varepsilon_t \tag{7.3}$$

옵션가치변화   델타×기초자산가격변화   무위험자산   포트폴리오가치증감=헤징에러

식(7.3)의 의미를 살펴보자. t시점에서 델타의 추정치가 정확하여 $t+\Delta t$시점에서의 옵션

8) 여기서 Δt는 헤징주기의 시간 간격이 된다.

가치가 델타비율 만큼 변화하였다면, 좌변의 $-(V_{t+\Delta t}-V_t)$와 $\frac{\partial V_t}{\partial S_t}(S_{t+\Delta t}-S_t)$는 서로 상쇄되어 0이 되고 $B_t(e^{r\Delta t}-1)$만 남게 된다. 즉, 효과적인 델타헤징이란 포트폴리오의 가치증감인 헤징에러를 최소화하는 것으로서 이는 포트폴리오 델타를 중립화하여 무위험상태를 유지하는 것이라 할 수 있다. 그러나 $t+\Delta t$시점의 델타는 변하게 되므로 식(7.2)의 포트폴리오의 복제포지션을 재조정 해주는 과정에서 헤징에러가 발생하게 된다.[9]

이제 유럽형 바닐라 콜옵션(sample1 상품, 무배당주식) 100개를 매도하였을 때의 동적델타헤징의 예를 들면 다음과 같다.

유럽형바닐라옵션 Dynamic Delta Hedging (Weekly Rebalancing)

S(0)	X	r	T	vol	옵션수량
100	100	5%	0.5	30%	100

헤징비용(복제비용)

<단위 : 원>

헤징주기 Week	잔존만기 t	Δt tau	주가 S(t)	단위델타	수량델타 D(t)=단위델타*옵션수량	주식포지션 SP(t)=S(t)*D(t)	주식매매금액 reb(t)=S(t)*[D(t)-D(t-1)]	이자비용 B(t)=C(t-1)*(exp(r*tau)-1)	누적비용 C(t)=C(t-1)+reb(t)+B(t)
0	0.000	0.000	100.00	0.589	58.9	5,886	5,886		5,886
1	0.019	0.019	102.86	0.639	63.9	6,570	516	5.6	6,408
2	0.038	0.019	98.54	0.557	55.7	5,487	-807	6.1	5,607
3	0.058	0.019	92.95	0.438	43.8	4,072	-1,104	5.4	4,508
4	0.077	0.019	98.28	0.547	54.7	5,372	1,066	4.3	5,579
5	0.096	0.019	99.21	0.563	56.3	5,590	167	5.4	5,751
6	0.115	0.019	99.24	0.562	56.2	5,575	-17	5.5	5,740
7	0.134	0.019	103.61	0.651	65.1	6,741	920	5.5	6,666
8	0.153	0.019	107.23	0.720	72.0	7,716	740	6.4	7,412
9	0.173	0.019	112.94	0.813	81.3	9,185	1,058	7.1	8,478
10	0.192	0.019	106.08	0.702	70.2	7,447	-1,180	8.1	7,305
11	0.211	0.019	116.08	0.863	86.3	10,020	1,871	7.0	9,183
12	0.230	0.019	114.50	0.849	84.9	9,724	-159	8.8	9,033
13	0.249	0.019	112.14	0.822	82.2	9,213	-311	8.7	8,731
14	0.268	0.019	115.74	0.878	87.8	10,162	653	8.4	9,392
15	0.288	0.019	119.76	0.927	92.7	11,096	581	9.0	9,982
16	0.307	0.019	121.20	0.945	94.5	11,452	223	9.6	10,215
17	0.326	0.019	117.07	0.918	91.8	10,747	-315	9.8	9,909
18	0.345	0.019	118.11	0.938	93.8	11,074	232	9.5	10,150
19	0.364	0.019	115.42	0.921	92.1	10,635	-187	9.7	9,974
20	0.384	0.019	118.60	0.962	96.2	11,409	481	9.6	10,464
21	0.403	0.019	118.61	0.973	97.3	11,538	128	10.0	10,602
22	0.422	0.019	118.62	0.983	98.3	11,663	124	10.2	10,736
23	0.441	0.019	118.63	0.992	99.2	11,772	108	10.3	10,854
24	0.460	0.019	118.64	0.998	99.8	11,843	71	10.4	10,935
25	0.479	0.019	118.65	1.000	100.0	11,865	20	10.5	10,966
26	0.500	0.021	118.60	1.000	100.0	11,860	0	11.3	10,978

Result

누적비용	최종주식포지션	옵션 Payoff	최종비용	이론가격
C(26)	SP(26)=S(26)*D(26)	OP=Max(S(26)-X,0)*옵션수량	C(26)-SP(26)+OP	BS모델
10,978	11,860	1,860	978	963

[그림 7.1] 유럽형바닐라 콜옵션 동적델타헤징(헤징주기 : 1주일)

9) 델타가 연속적으로 변하기 때문에 재조정 주기도 연속적으로 이루어져야 델타중립포지션이 유지되나 매매비용 등을 감안할 경우 연속적인 재조정은 비현실적인 것으로서 적정한 재조정 주기(일간, 주간 등)를 선택해야 한다. 또한 헤징에러는 재조정 문제 이외에도 델타추정치의 오류가능성, 감마와 베가의 노출 수준에 따라 발생할 수 있다.

· 헤징주기 : 헤징 재조정 주기로서 여기서는 1주일 단위
· Δt : 헤징주기간의 시간간격(연환산)
· 주가 : 현재주가, 헤징시뮬레이션 시에는 시뮬레이션 된 주가 사용
· 단위델타 : 유럽형바닐라 콜옵션의 델타
· 수량델타 : 단위델타×옵션수량, 델타중립포지션을 위해 매매해야할 주식수량을 의미
· 주식포지션 : 주가×수량델타, 델타중립포지션을 위한 주식보유금액
· 주식매매금액 : 델타의 변화에 따라 주식 매도/매수(주식포지션을 재조정)
· 이자비용 : 이전 누적비용에 대한 헤징주기 기간동안 이자비용, 주식매수 시 차입금 증가(비용증가), 주식매도시 차입금감소(비용감소)
· 누적비용 : 이전 누적비용+주식매매금액+이자비용, 헤징에 드는 총비용

[그림 7.1]에서 헤징 재조정 주기는 주간단위이며, 델타의 변화를 감안한 주식매매금액과 이자비용이 발행한 옵션을 헤지하기 위해 복제된 포지션이라 할 수 있다.[10] 최종 결과를 보면, 누적비용은 10,978원이 소요되고, 최종보유주식 100주를 118.60원에 처분하여 11,860원을 획득하게 되고, 만기 주가가 행사가격 이상이므로 매입자에게 지급하여할 금액은 (118.6−100)×100=1,860원이 되어 최종비용은 −10,978+11,860−1,860=−978원이 된다. 만일 발행자가 최초 옵션매도를 1,000원에 하였다면 상기 헤징비용 978원을 소비하고 22원를 이익으로 취하게 되는 것이다. 한편 상기 주가시나리오를 충분히 생성하여 각 시나리오별 최종비용들의 평균치를 구하고 이를 현재가치화 하면, 이 옵션의 발행시 블랙-숄즈 이론가격인 963원과 근접하게 될 것이다.[11]

다음은 MATLAB을 이용하여 동적델타헤징 시뮬레이션 프로그램을 작성한 것이다.

[코드 7.3] European Vanilla Call Option Dynamic Delta Hedging

```
%%%%% European Vanilla Call Option Dynamic Delta Hedging %%%%%

% 기초변수 입력
S0=100; X=100; r=0.05; T=0.5; vol=0.3;
ns=1000;                          % 헤징 시뮬레이션 횟수
ON=100;                           % 옵션수량
```

10) ① 가정 사항 : 매매비용 없음, 무위험이자로 차입하여 주식매매, 주식매매수량은 소수점 이하 분할가능
② 단위델타 계산 : 단위델타 계산시 잔존만기는 그림의 좌측 2열에 해당하는 잔존만기(t, 현재시점에서의 만기의미)를 사용하는 것이 아니라 (0.5−잔존만기)를 사용한다. 즉, 델타헤징을 하는 시점의 잔존만기를 적용한다. 예를 들어 2주차의 단위델타 0.557 계산시 적용하는 잔존만기는 0.5−0.038=0.462 이다.

11) 파생상품의 이론가격은 해당 파생상품을 헤지 하기위해 소요된 비용(복제비용)의 합과 같다고 할 수 있다.

```
rebalance='d';
if rebalance=='w'                    % 헤징재조정 주기 : 주간단위
    N = round(T*52);
elseif rebalance=='d'                % 헤징재조정 주기 : 일간단위
    N = round(T*365);
end
tau = T/N;

% 배열생성
S = zeros(ns,N+1);                   % 주가
delta = zeros(ns,N+1);               % 단위델타
D = zeros(ns,N+1);                   % 수량델타(=단위델타*옵션수량)
reb = zeros(ns,N+1);                 % 주식매매금액(rebalancing 금액)
B = zeros(ns,N+1);                   % 이자비용
C = zeros(ns,N+1);                   % 누적비용(=주식매매금액+이자비용)

% 배열초기값 Setting
S(:,1) = S0;
delta(:,1) = blsdelta(S0, X, r, T, vol);
D(:,1) = delta(:,1)*ON;
reb(:,1) = D(:,1)*S0;
C(:,1) = reb(:,1);
B(:,1) = 0;

% 헤징 시뮬레이션 실행
for i=1:ns
    w=randn(N,1);
    for j=2:N+1
        % 주가프로세스 생성
        S(i,j) = S(i,j-1)*exp((r-vol^2/2)*tau+vol*sqrt(tau)*w(j-1,1));
        if j == N+1          % 최종만기시 델타는 주가에 따라 1아니면 0으로 설정
            if S(i,j)>=X
                delta(i,j) = 1;
            else
                delta(i,j) = 0;
            end
        else
            % 각 시점별 단위델타계산
            delta(i,j) = blsdelta(S(i,j),X,r,T-(j-1)*tau,vol);
        end

        % 각 배열값 계산
        D(i,j) = delta(i,j)*ON;
        reb(i,j) = (D(i,j)-D(i,j-1))*S(i,j);
```

```
        B(i,j) = (exp(r*tau)-1)*C(i,j-1);
        C(i,j) = C(i,j-1)+reb(i,j)+B(i,j);
    end
end

% 헤징비용 계산
BS_Call = blsprice(S0, X, r, T, vol)*ON          % 블랙-숄즈 콜옵션이론가격
SP = S(:,end).*D(:,end);                          % 최종주식포지션
OP = max(S(:,end)-X,0)*ON;                        % 최종옵션payoff
HC = exp(-r*T)*(C(:,end)-SP+OP);                  % 최종헤징비용의 현재가치
[HC_ave, HC_Var, CI] = normfit(HC)  % 최종헤징비용평균, 분산, 신뢰구간(95%)
SE=HC_Var/sqrt(ns)                                % standard error
histfit(HC)                                       % 최종헤징비용 histogram
```

상기 코드를 실행하면 [표 7.3]과 같다.

[표 7.3] 유럽형 바닐라 콜옵션의 동적델타헤징 시뮬레이션(시뮬레이션 1,000회)[12)]

재조정 주기	결과값	최종헤징비용(HC) Histogram
주간 (rebalance='w')	HC_ave = 970.5735 BS_Call = 963.4877 HC_Var = 136.1402 CI = 962.1254 ~ 979.0216 SE = 4.3051	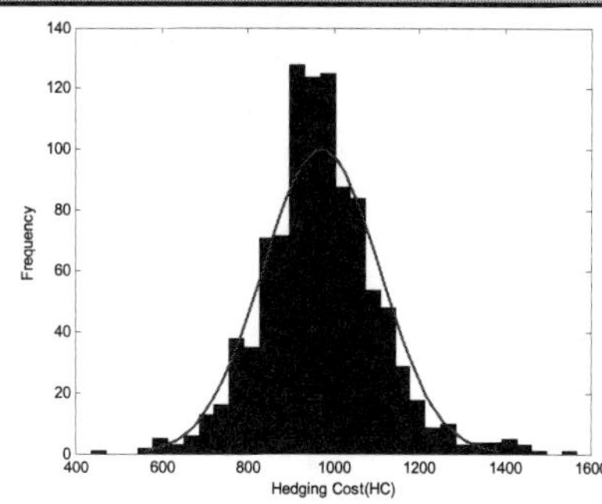
일간 (rebalance='d')	HC_ave = 963.5204 BS_Call = 963.4877 HC_Var = 52.9404 CI = 960.2352 ~ 966.8056 SE = 1.6741	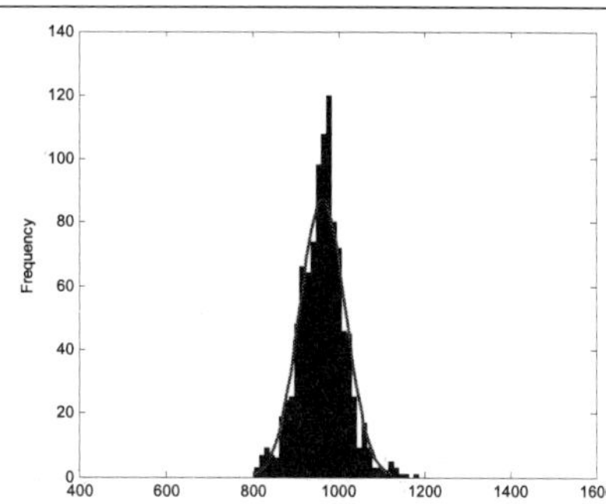

12) 1,000번 시뮬레이션의미는 [그림 7.1]과 같은 작업을 1,000번 수행하였다는 것으로서 각 최종 비용들을 평균을 취하고 무위험이자율로 할인한 값이 HC_ave값이다.

상기 표에서 알 수 있듯이 헤징재조정 주기가 주간보다는 일간일 경우에 헤징비용은 블랙-숄즈 옵션 이론가격에 수렴되고 추정치의 표준오차도 작아짐을 알 수 있다. 그러나 일간 헤징은 매매비용이 커지게 되므로 이를 반영하여 성과를 비교해야 할 것이다.

7.4 Smile Adjusted Delta

제7.3에서 소개한 동적델타헤징 전략 수행 시 델타추정치에 오류가 있다면 헤징에러가 증가할 것은 당연할 것이므로 보다 시장에 부합되는 델타를 추정하는 것이 델타헤징성과를 향상시키는 데에 매우 중요한 부분이라 할 수 있다. 대부분의 경우 델타 추정치는 블랙-숄즈 모형을 이용하고 있는데, 이에 의한 델타는 변동성을 상수로 가정하여 추정된 것으로서 기초자산 가격변화에 따른 옵션가격변화라는 직접효과만 반영한 것이다. 그러나 실제 시장에서는 기초자산 가격변화에 따라 변동성도 변화하며 이러한 효과가 옵션가격변화에도 영향을 주게 된다.[13] 따라서 기초자산 가격변화에 따른 변동성 변화라는 간접효과를 반영하여 델타를 추정한다면 보다 시장에 근접한 델타 추정치를 얻을 수 있을 것이다. 여기서는 저자의 논문에서 소개한 Smile Adjusted Delta(SAD)를 설명하고 이를 MATLAB으로 구현하고자 한다.[14]

기초자산 가격변화, 변동성변화, 옵션가격변화간의 관계를 다음 그림과 같다고 할 때에 이를 반영한 델타는 식(7.4)와 같다.

$$Delta = \frac{\partial V}{\partial S} + \frac{\partial V}{\partial \sigma}\frac{\partial \sigma}{\partial S} \tag{7.4}$$

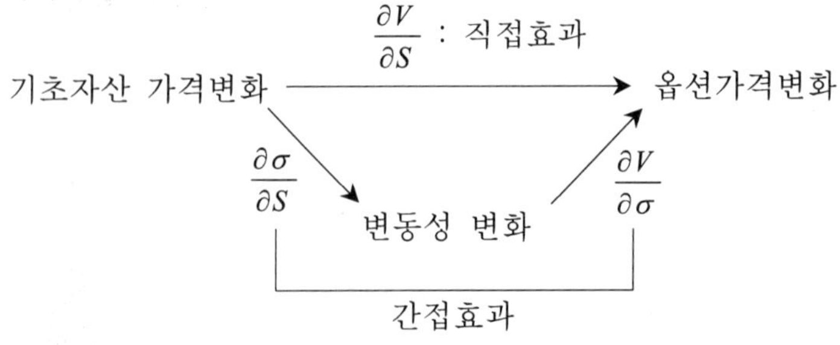

[그림 7.2] 기초자산 가격변화, 변동성변화, 옵션가격변화간의 관계

13) 시장에서 관측되는 변동성은 시간 가변적이고 기초자산 가격과 음의 상관관계를 보여주고 있음을 여러 실증분석에서 보여주고 있다.

14) 이경수 (2006) : "변동성스마일을 이용한 델타헤징 실증분석", *한국과학기술원 석사학위논문.*

식(7.4)를 보면, 델타는 기초자산가격 변화에 대한 옵션가격변화를 의미하는데 블랙-숄즈 델타인 $\frac{\partial V}{\partial S}$(직접효과)에 $\frac{\partial V}{\partial \sigma}\frac{\partial \sigma}{\partial S}$(간접효과)부분이 추가되었다. 여기서 $\frac{\partial V}{\partial S}$와 $\frac{\partial V}{\partial \sigma}$는 블랙-숄즈 모형의 옵션 델타와 베가이다. 베가는 항상 양수이므로 기초자산 가격과 변동성이 음의 상관관계를 보여줄 경우 $\frac{\partial \sigma}{\partial S}$는 음수가 되어 식(7.4)의 델타는 블랙-숄즈 델타보다 작게 된다. 식(7.4)의 델타를 구하기 위해서는 $\frac{\partial \sigma}{\partial S}$를 추정해야 하는데 이는 계량적으로 추정하기가 곤란한 것으로 알려져 있다. 그러나 Derman et al.(1996)과 Coleman et al.(2001)는 $\frac{\partial \sigma}{\partial S}$를 제2장에서 소개한 변동성스마일곡선의 1차 미분 값인 $\frac{\partial \sigma}{\partial X}$로 근사시킬 수 있음을 보여주었다. 식(7.4)에서 $\frac{\partial \sigma}{\partial S}$를 $\frac{\partial \sigma}{\partial X}$로 대체하면 델타는 다음과 같다.

$$Delta_{Smile\ Adjusted\ Delta} = \frac{\partial V}{\partial S} + \frac{\partial V}{\partial \sigma}\frac{\partial \sigma}{\partial X} = Delta_{Black-Sholes} + Vega_{Black-Sholes}\frac{\partial \sigma}{\partial X} \tag{7.5}$$

식(7.5)에 의해 추정된 델타가 기초자산 가격변화에 따른 변동성 변화의 간접효과를 고려하기 위해 베가와 변동성스마일을 이용한 Smile Adjusted Delta 이다. 여기서 $\frac{\partial \sigma}{\partial X}$의 추정은 다음과 같이 내재변동성을 행사가격 X의 2차함수로 간주하여 추정할 수 있다.

$$\sigma_i = a_0 + a_1 X_i + a_2 X_i^2 \tag{7.6}$$

σ_i = 특정일의 i번째 행사가격 X_i에 해당하는 내재변동성

식(7.6)을 회귀 모형식으로 하여 각 계수들을 추정하면 특정 관측일의 변동성스마일 곡선을 추정할 수 있으며 이를 X에 관해 미분하면 각 행사가격 X에 해당되는 $\frac{\partial \sigma}{\partial X}$를 구할 수 있다.

이제 어느 특정일의 데이터를 가지고 Smile Adjusted Delta를 구하여 보자. 콜옵션과 풋옵션의 행사가격별 시장가격 엑셀데이터(CallPut_data.xls)는 다음과 같다.

Call_Strike	Market_Price
185	10.75
187.5	8.65
190	6.85
192.5	4.95
195	3.6
197.5	2.27
200	1.35
202.5	0.67
205	0.29
207.5	0.12
210	0.06

Put_Strike	Market_Price
170	0.08
172.5	0.11
175	0.16
177.5	0.23
180	0.38
182.5	0.55
185	0.84
187.5	1.21
190	1.8
192.5	2.5
195	3.55
197.5	4.65
200	6.2
202.5	8.15
205	10.35
207.5	12.5

다음은 CallPut_data.xls 자료를 이용하여 Smile Adjusted Delta를 구하기 위한 MATLAB 코드이다.

[코드 7.4] Smile Adjusted Delta

```
%%%%% Smile Adjusted Delta %%%%%

% 기초변수 입력
S=194.59; r=0.0495; q=0; T=21/365;

% Smile Adjusted Delta (Call)

% CallPut_data.xls의 'Call' sheet 호출
market_data=xlsread('CallPut_data.xls','Call');
temp_size=size(market_data);
CX=market_data(:,1);                   % 행사가격
CP=market_data(:,2);                   % 시장가격

C_ImpVol=zeros(temp_size(1),1);        % 콜옵션 내재변동성 초기화
for i=1:temp_size(1),
    C_ImpVol(i) = Newton_ImpVol('C', S, CX(i), r, T, q, CP(i));
end

% 식(7.6)의 계수추정15)
```

15) lsqcurvefit함수를 실행하기 위한 함수 Vol_fun은 다음과 같이 m-file을 작성하면 된다.

```
function f=Vol_fun(a, X)
f = a(1) + a(2) * X + a(3) * X.^2;
```

```
Ca=lsqcurvefit(@Vol_fun,[0.01 0.01 0.01], CX, C_ImpVol);
C_dX=Ca(2)+2*Ca(3)*CX;                   % 식(7.6)의 1차미분값 ∂σ/∂X 추정

% 블랙-숄즈 델타
C_BSD=BS_Vanilla_Greeks('C','delta', S, CX, r, T, C_ImpVol, q);

% 블랙-숄즈 베가
C_BSV=BS_Vanilla_Greeks('C','vega', S, CX, r, T, C_ImpVol, q);

% 식(7.5) Smile Adjusted Delta
C_SAD=C_BSD+C_BSV.*C_dX;

% Smile Adjusted Delta (Put)

market_data=xlsread('CallPut_data.xls','Put');
temp_size=size(market_data);
PX=market_data(:,1);
PP=market_data(:,2);

P_ImpVol=zeros(temp_size(1),1);
for i=1:temp_size(1),
    P_ImpVol(i) = Newton_ImpVol('P', S, PX(i), r, T, q, PP(i));
end

Pa=lsqcurvefit(@Vol_fun,[0.01 0.01 0.01], PX, P_ImpVol);
P_dX=Pa(2)+2*Pa(3)*PX;
P_BSD=BS_Vanilla_Greeks('P', 'delta', S, PX, r, T, P_ImpVol, q);
P_BSV=BS_Vanilla_Greeks('P', 'vega', S, PX, r, T, P_ImpVol, q);
P_SAD=P_BSD+P_BSV.*P_dX;
```

상기 코드를 실행하여 보자. 우선 콜과 풋옵션의 행사가격별 내재변동성(C_ImpVol, P_ImpVol)을 그래프로 그려보면 스마일현상이 뚜렷이 나타나고 있고, 또한 역의 관계를 보여주고 있다.

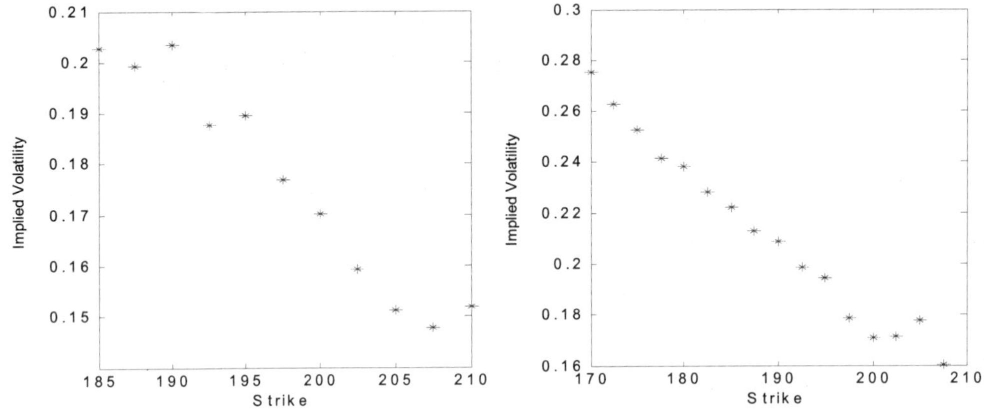

[그림 7.3] 콜옵션과 풋옵션의 행사가격별 내재변동성

다음 표는 콜과 풋옵션의 행사가격별 추정된 Smile Adjusted Delta(C_SAD, P_SAD)들이다.

[표 7.4] 행사가격별 Smile Adjusted Delta

Call Option			
행사가격	블랙-숄즈	SAD	Gap
185.0	0.8692	0.8485	0.0207
187.5	0.8052	0.7772	0.0280
190.0	0.7163	0.6805	0.0358
192.5	0.6276	0.5861	0.0415
195.0	0.5156	0.4703	0.0453
197.5	0.3968	0.3514	0.0454
200.0	0.2803	0.2393	0.0410
202.5	0.1713	0.1393	0.0320
205.0	0.0900	0.0689	0.0211
207.5	0.0432	0.0309	0.0123
210.0	0.0229	0.0155	0.0074

Put Option			
행사가격	블랙-숄즈	SAD	Gap
170.0	-0.0169	-0.0232	0.0063
172.5	-0.0234	-0.0316	0.0082
175.0	-0.0337	-0.0447	0.0110
177.5	-0.0481	-0.0625	0.0144
180.0	-0.0746	-0.0949	0.0203
182.5	-0.1054	-0.1313	0.0259
185.0	-0.1520	-0.1851	0.0331
187.5	-0.2097	-0.2497	0.0400
190.0	-0.2880	-0.3348	0.0468
192.5	-0.3781	-0.4296	0.0515
195.0	-0.4843	-0.5378	0.0535
197.5	-0.6020	-0.6531	0.0511
200.0	-0.7190	-0.7632	0.0442
202.5	-0.8107	-0.8457	0.0350
205.0	-0.8715	-0.8983	0.0268
207.5	-0.9428	-0.9573	0.0145

상기 결과 중 블랙-숄즈 모형의 델타와 SAD와의 Gap을 그래프로 그리면 [그림 7.4]와 같다. ATM 부근에서 GAP이 가장 크며, 이는 식(7.5)의 의미를 살펴보면 쉽게 예측할 수 있다. 즉 변동성스마일 곡선이 우하향할 경우(기초자산 가격과 변동성이 역의 관계를 보여주는 경우)에 $\frac{\partial \sigma}{\partial X}$는 음수가 되므로 베가인 $\frac{\partial V}{\partial \sigma}$가 가장 큰 ATM구간에서는 블랙-숄즈 델타와 SAD

간의 Gap이 가장 크게 되는 것이다. 따라서 시장에서 뚜렷한 변동성스마일 현상이 나타나고 있다면, ATM옵션의 델타헤징은 SAD를 적용하는 것도 고려할 수 있다.

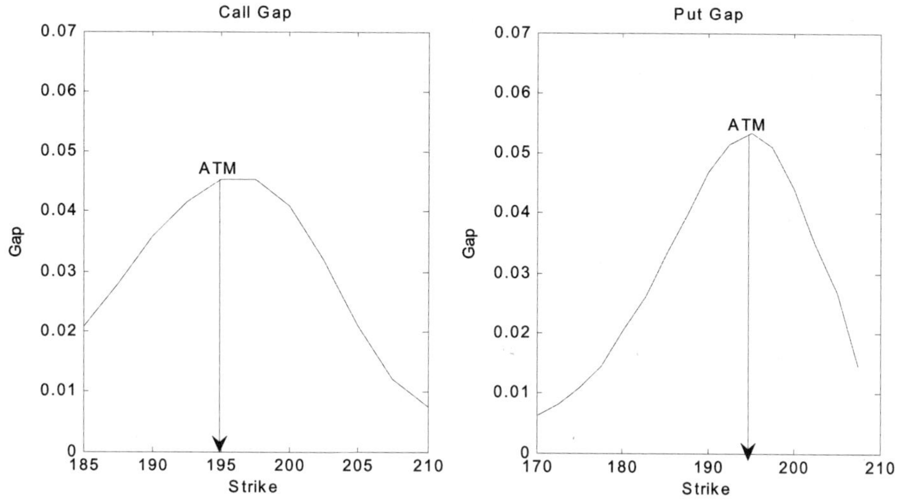

[그림 7.4] 블랙-숄즈 모형의 델타와 SAD와의 Gap

7.5 예제상품 MATLAB® Programming

[코드 7.1]과 [코드 7.2]에서 유럽형 바닐라옵션에 대하여 분석적 민감도와 MC방법을 이용한 근사적 민감도를 구하는 방법을 소개하였다. 여기서는 삼항트리 모형을 이용하여 sample1에서 ~ sample4 상품까지의 민감도를 근사적 방법으로 구하는 코드를 작성하고자 한다.

[코드 7.5] European/American Vanilla Option Greeks(Trinomial Tree, 근사적 방법)16)

```
%%%%% European/American Vanilla Option Greeks %%%%%
%(Trinomial Tree, 근사적 방법)

function result=Trinomial_Vanilla_Greeks(Style, C_P, Greeks, S, X,...
 r, T, vol, q, N)
```

16) 함수 Trinomial_Vanilla_Tree는 [코드 5.2]의 함수정의부분 [price, f_tree] = Trinomial_Vanilla( )에서 출력인수에 S_tree를 추가하고 함수명을 Trinomial_Vanilla_Tree로 하여 함수를 만들면 된다.
`[price, f_tree, S_tree] = Trinomial_Vanilla_Tree(동일 입력인수)`

```
dt=T/N;

% 주가, 파생상품가격 트리 생성
[p, f_tree, S_tree] = Trinomial_Vanilla_Tree(Style, C_P, S, X, r,...
 T, vol, q, N);

% 상승, 하락, 유지 시 주가 및 파생상품가격 초기화
SU=S_tree(N,2);
S0=S_tree(N+1,2);
SD=S_tree(N+2,2);
VU=f_tree(N,2);
V0=f_tree(N+1,2);
VD=f_tree(N+2,2);

% 상승변동성(1%p상승) 시 파생상품 가격
VvolU=Trinomial_Vanilla_Tree(Style, C_P, S, X, r, T, vol+0.01, q, N);

% Greeks 계산
switch  Greeks
    case 'price'
        result = p;
    case 'delta'
        result = (VU-VD)/(SU-SD);
    case 'gamma'
        result = ((VU-V0)/(SU-S0)-(V0-VD)/(S0-SD))/(0.5*(SU-SD));
    case 'vega'
        result = (VvolU-p)/0.01;
    case 'theta'
        % 잔존만기 감소단위가 1일이면 식 변경 : result =(V0-p)/(365*dt);
        result = (V0-p)/dt;
end
```

상기 함수를 이용하여 미국형 바닐라 풋옵션의 민감도를 구하여 보자.

```
>> Trinomial_Vanilla_Greeks('AM', 'P', 'delta', 100, 100, 0.05, 0.5,
0.3, 0.01, 1000)

ans =
   -0.4335

>> Trinomial_Vanilla_Greeks('AM', 'P', 'gamma', 100, 100, 0.05, 0.5,
```

```
0.3, 0.01, 1000)

ans =
    0.0195

>> Trinomial_Vanilla_Greeks('AM', 'P', 'vega', 100, 100, 0.05, 0.5,
0.3, 0.01, 1000)

ans =
   27.5004

>> Trinomial_Vanilla_Greeks('AM', 'P', 'theta', 100, 100, 0.05, 0.5,
0.3, 0.01, 1000)

ans =
   -6.6624
```

다음은 Knock-Out옵션의 민감도를 삼항트리 모형을 이용하여 구하는 코드이며, [코드 7.5]와 거의 동일하다.

[코드 7.6] European/American Knock-Out Option Greeks(Trinomial Tree, 근사적 방법)17)

```
%%%%% European/American Knock-Out Option Greeks %%%%%
% (Trinomial Tree, 근사적 방법)

function result=Trinomial_KnockOut_Greeks(Style, C_P, Greeks, S, X,...
 r, T, vol, KO, barrier, q, N)

dt=T/N;

% 주가, 파생상품가격 트리 생성
[p, f_tree, S_tree] = Trinomial_KnockOut_Tree(Style, C_P, S, X, r,...
 T, vol, KO, barrier, q, N);

% 상승, 하락, 유지시 주가 및 파생상품가격 초기화
SU=S_tree(N,2);
S0=S_tree(N+1,2);
SD=S_tree(N+2,2);
```

17) 함수 Trinomial_KnockOut_Tree는 [코드 5.3]의 함수정의부분 [last_price, f_tree] = Trinomial_ KnockOut ( )에서 출력인수에 S_tree를 추가하고 함수명을 Trinomial_KnockOut_Tree로 하여 함수를 만들면 된다.
`[price, f_tree, S_tree] = Trinomial_KnockOut_Tree(동일 입력인수)`

```
VU=f_tree(N,2);
V0=f_tree(N+1,2);
VD=f_tree(N+2,2);

% 상승변동성(1%p) 시 파생상품 가격
VvolU=Trinomial_KnockOut_Tree(Style, C_P, S, X, r, T, vol+0.01,...
      KO, barrier, q, N);

% Greeks 계산
switch  Greeks
    case 'price'
        result = p;
    case 'delta'
        result = (VU-VD)/(SU-SD);
    case 'gamma'
        result = ((VU-V0)/(SU-S0)-(V0-VD)/(S0-SD))/(0.5*(SU-SD));
    case 'vega'
        result = (VvolU-p)/0.01;
    case 'theta'
        % 잔존만기 감소가 1일 단위일 경우 식 변경 : result=(V0-p)/(365*dt)
        result = (V0-p)/dt;
end
```

상기 함수를 이용하여 유럽형 Knock-Out 콜옵션의 민감도를 구하여 보자.

```
>> Trinomial_KnockOut_Greeks('EU', 'C', 'delta', 100, 100, 0.05, 0.5,
0.3, 'U', 130, 0.01, 1000)

ans =
    0.0296
```

시간 노드를 1000에서 3000으로 늘리면 다음과 같다.

```
>> Trinomial_KnockOut_Greeks('EU', 'C', 'delta', 100, 100, 0.05, 0.5,
0.3, 'U', 130, 0.01, 3000)

ans =
    0.0364

>> Trinomial_KnockOut_Greeks('EU', 'C', 'gamma', 100, 100, 0.05, 0.5,
```

```
0.3, 'U', 130, 0.01, 1000)

ans =
   -0.0092

>> Trinomial_KnockOut_Greeks('EU', 'C', 'vega', 100, 100, 0.05, 0.5,
0.3, 'U', 130, 0.01, 1000)

ans =
  -14.6822
```

Knock-In옵션의 민감도 함수는 [코드 7.6]에서 Trinomial_KnockOut_Tree함수를 작성한 방법과 동일하게 Trinomial_KnockIn_Tree함수를 만들어 대체하면, 독자들이 쉽게 작성할 수 있을 것이다.

제8장

Value at Risk

파생상품의 리스크의 측정치는 크게 두 가지로 구분할 수 있다. 하나는 제7장에서 설명한 민감도이고, 다른 하나는 이 장에서 설명할 통계적 리스크 측정치로서 Value at Risk(이하 VaR)이다.

파생상품 가격에 영향을 주는 각 요소의 변화에 따른 파생상품가격 변화를 예측하는 측정치로서 민감도는 매우 유용하다. 그러나 민감도는 특정요소의 변화에 대한 통계적 가정을 하지 않기 때문에 민감도 측정치들은 확률적인 해석을 하기가 어렵다. 예를 들면 주식옵션의 델타가 0.5라는 것은 주가가 1단위 변할 때 옵션가치의 변화가 0.5라고 해석할 수 있을 뿐이다. 얼마의 확률로 주가가 1단위 변하고 옵션가치가 0.5변할 것인지에 대한 정보는 없다.

금융기관이 정상적인 시장여건 하에서 특정한 목표기간 동안에 보유 포트폴리오의 최대 손실가능금액을 확률적으로 추정할 수 있다면, 현재의 리스크요소와 노출규모를 파악할 수 있으며 이를 기반으로 전사적인 리스크관리정책을 효율적으로 수행할 수 있을 것이다. VaR는 바로 이러한 욕구를 충족시켜주는 리스크측정치라고 할 수 있다.

VaR 측정방법은 부분가치평가법인 델타-노말/델타-감마방법과 완전가치 평가법인 역사적 시뮬레이션방법 및 몬테칼로 시뮬레이션방법이 있다. 이 장에서는 세 가지 VaR 측정방법을 소개하고 이를 MATLAB을 이용하여 구현하고자 한다.

8.1 Flow Chart

포지션가치 변화요인(리스크요인) : 기초자산가격(수익률)

어떻게 도출?

부분가치평가법

: 기초자산가격 변화에 따른 포지션가치의 변화를 델타, 감마를 이용하여 근사

(확률분포가정 : 기초자산가격은 정규분포 → 포지션가치도 정규분포)

· 선형모형 : 델타비율만큼 선형관계 ⇒ ***델타-노말VaR***

· 2차함수모형 : 델타(선형) 및 감마(곡률)를 반영 ⇒ ***델타-감마VaR***

완전가치평가법

: 기초자산가격 시나리오를 포지션가치 평가모형에 투입하여 포지션가치 분포도출

<기초자산가격 시나리오 생성법>

· 과거 일정기간 발생한 실제 기초자산가격의 수익률 자료를 그대로 이용

⇒ ***역사적시뮬레이션VaR***

· 몬테칼로시뮬레이션으로 기초자산가격의 수익률 자료 생성

⇒ ***몬테칼로시뮬레이션VaR***

포지션가치 및 가치변화(손익) 확률분포

분포를 이용하여 VaR측정

신뢰수준(c) 설정

· 포지션가치변화(손익) 분포의 왼쪽(손실영역)

⇒ 95% 또는 99%

목표기간(N) 설정

· 포지션 운용성격(단기, 장기 등)에 따라 설정

⇒ 1일 또는 10일

VaR측정

포지션가치변화(손익) 확률분포(정규분포가정)

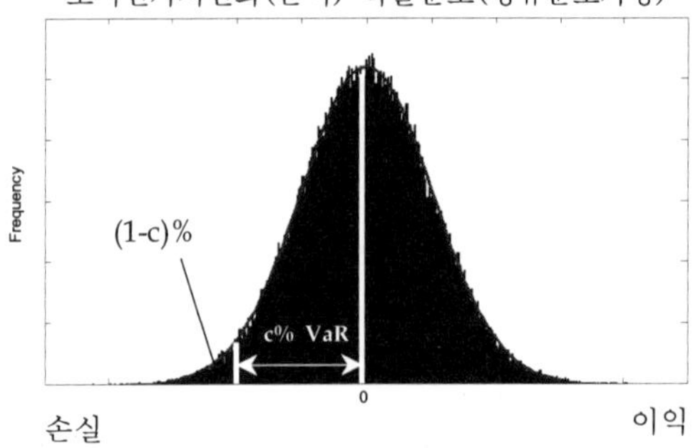

· 델타-노말VaR

측정식 : $VaR_{c\%,1day} = |Delta| \times V \times \alpha \times \sigma_{1day}$

· 델타-감마VaR

측정식 : $VaR_{c\%,1day} = |Delta| \times V \times \alpha \times \sigma_{1day} - 0.5 \times Gamma \times (V \times \alpha \times \sigma_{1day})^2$

· 역사적시뮬레이션VaR, 몬테칼로시뮬레이션VaR

측정식 : $VaR_{c\%,1day}$=시나리오별 포지션가치 변화 값들을 오름차순으로 정렬한 후 (1-c) percentile 해당값

※ V : 포지션가치

※ α는 (1-c) percentile에 해당하는 임계값, $\alpha = -d$, $N(d) = 1 - c$

※ σ_{1day} : 기초자산가격 일별 수익률의 변동성

※ 특정 목표기간(N) VaR측정 = $VaR_{c\%,1day} \times \sqrt{N}$

8.2 Value at Risk 소개

8.2.1 Value at Risk 개념

리스크(risk)란 일반적으로 기대가치와 실현가치의 차이이며 이 차이는 불확실한 성격을 내포하고 있다. 실현가치가 기대한 것과는 달리 높게 발생할 수도 있지만 재무리스크는 금융시장에서 실현가치가 기대가치보다 낮아지게 되어 손실을 입을 가능성에 초점을 맞추고 있다. 재무리스크 중 시장리스크는 포지션가치변화에 영향을 주는 시장요인(주가, 금리, 환율 등)이 기대하지 않은 방향으로 움직이면서 발생하는 손실에 대한 리스크이다. 이러한 시장리스크의 측정지표 중 가장 각광을 받고 있는 것이 VaR이다.

VaR의 정의는 다음과 같다.

VaR의 정의	
정상적인 시장(normal market) 여건 하에서 →	극단적 시장여건은 Stress Test로 보완
주어진 신뢰수준(confidence level)으로 →	c% : 95% 또는 99%
어떤 개별포지션 또는 포트폴리오 포지션의 →	V : VaR 측정대상 포지션의 현재가치
목표(보유)기간(target period) 동안에 →	N : 1일 또는 10일 (포지션의 매매기간 성격에 따라 선택)
발생 가능한 최대손실금액(maximum loss)	

VaR의 정의를 좀 더 쉽게 이해하기 위하여 간단한 예시를 들어보도록 하자.

어떤 딜러가 현재주가가 1만원인 개별주식 10만주를 보유하고 있다고 하자(포지션 가치는 10억원). 그러면 이 포지션 보유에 따르는 손실 리스크의 요인은 무엇이고, 손실가능 금액은 얼마이며, 확률적으로 얼마만큼 손실금액이 커질 것인가? [그림 8.1]은 내일의 주가수익률 변화가 다음과 같다고 가정할 때 포지션 가치와 손익의 변동을 보여주고 있다.

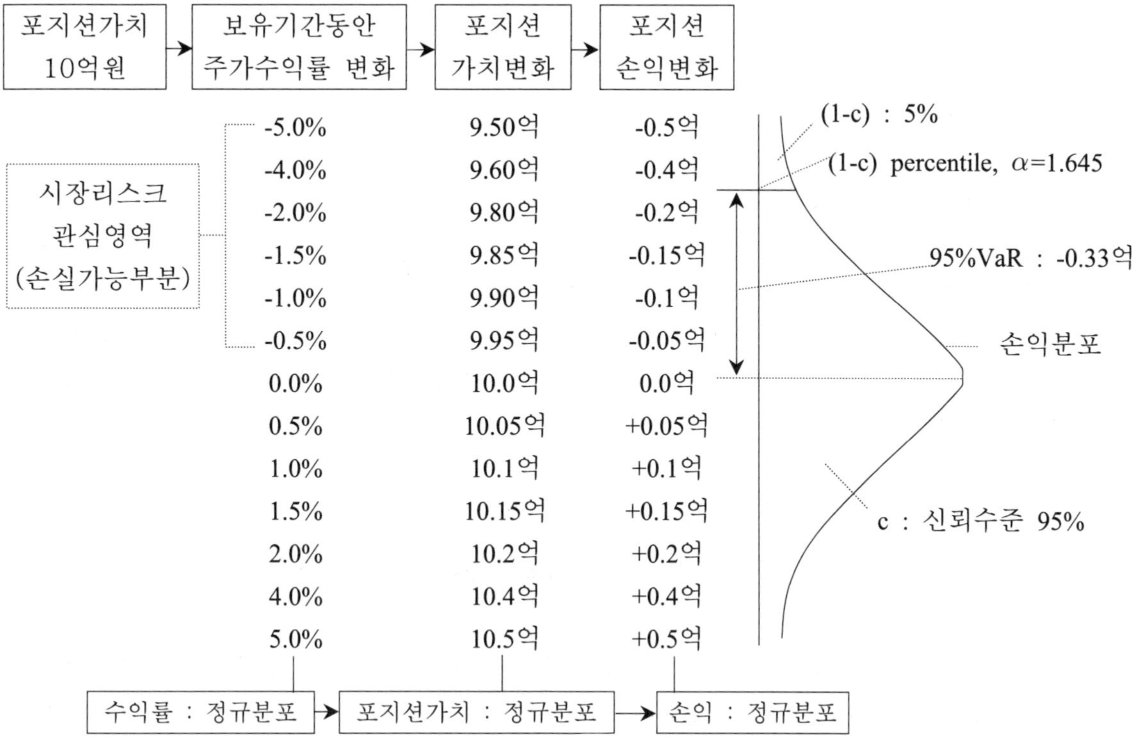

[그림 8.1] 주가수익률 변화에 따른 포지션 가치변화

[그림 8.1]을 보면, 포지션의 가치 및 손익변화를 일으키는 중요한 요인이 주가수익률 변화(이를 리스크요인이라 함)임을 알 수 있다. 그러나 미래의 주가수익률이 얼마만큼 변할 것인지는 알 수 없는 불확실한 부분이므로 리스크에 노출되게 된다. 이러한 주가수익률(리스크요인) 변화의 불확실성을 통계적으로 측정할 수 있다면 주식포지션의 가치분포를 알 수 있으며, 이에 따라 일정한 신뢰수준 하의 손실가능금액을 추정할 수 있을 것이다.[1] 상기 예시처럼 불확실한 하루 주가수익률의 분포를 정규분포로 가정한다면, 주식포지션의 가치도 정규분포를 하고 손익의 분포도 정규분포가 된다.[2] 그러면 정규분포의 모수인 평균과 표준편차를 추정할 수 있고 이를 이용하여 확률적으로 손실가능금액을 예측할 수 있게 된다.

[그림 8.1]의 예시에서 일일 수익률의 평균이 0이고, 표준편차(변동성)가 2%일 때, 95%

1) VaR추정방법은 불확실한 리스크요인의 분포를 어떻게 가정하고 생성하는가와 관련되어 있다. 즉, 주가수익률 분포를 정규분포로 가정하는 델타-노말방법, 과거 일정기간 수익률분포를 그대로 사용하는 역사적시뮬레이션법, 특정분포를 가정하고 수익률분포를 생성하는 몬테칼로 시뮬레이션법으로 구분할 수 있다. 또한 이 세 가지 방법은 가치평가방법(완전/불완전)에 따라서도 구분된다.

2) 포지션이 비선형자산(옵션 등)일 경우에는 리스크요인이 정규분포라 하더라도 손익의 분포는 정규분포가 아닐 수 있다.

1일 VaR 측정금액을 구하여 보자. 내일의 주가수익률 변화와 이에 따른 주식포지션의 가치변화는 불확실하지만 정규분포를 가정하였으므로 통계적으로 추정할 수 있게 된다. 일단, 포지션가치 10억이 1배의 표준편차 구간인 9.8억 ~ 10.2억(손익은 −0.2억 ~ +0.2억) 사이로 변할 확률은 68%이다. 관심부분은 손실영역(분포의 왼쪽)이므로 현재 포지션가치 10억이 손실영역 방향으로 몇 배의 표준편차로 변할 것인지를 정하면, 얼마의 확률로 손실이 가능한가를 추정할 수 있다. 손실영역 쪽으로 95%의 확률을 적용하면 1.645배의 표준편차가 된다. 즉, 10억이 9.67억(10억×(1−1.645×2%)) ~ +∞ (손익은 −0.33억 ~ ∞) 사이에 있을 확률이 95%라고 말할 수 있다. 이는 95% 신뢰수준 하에 하루 주식포지션 10억원 보유에 따른 손실가능금액은 최대 −0.33억(VaR측정액) 이내가 될 것임을 예측할 수 있는 것이다. 이를 식으로 나타내면 다음과 같다.

$$VaR = \alpha \times V \times \sigma_{1day} \times \sqrt{N} \tag{8.1}$$
$$= 1.645 \times 10\text{억원} \times 2\% \times \sqrt{1} = 0.33\text{억원}$$

식(8.1)에서 α는 (1−c) percentile에 해당하는 임계값으로서 표준정규변수가 d의 값을 가질 때 $N(d) = 1 - c$가 되는 d를 구하여 이를 α(양수로 취함)로 사용하면 된다. 예를 들어 95%신뢰수준을 이용하면 $N(d) = 1 - c = 5\%$이므로 누적정규분포를 활용하여 $d = -1.645$, $\alpha = 1.645$가 된다.[3)]

만일 보유기간이 10일인 경우의 95% VaR 측정금액은 다음과 같다.

$$VaR = \alpha \times V \times \sigma_{1day} \times \sqrt{10}$$
$$= 1.65 \times 10\text{억원} \times 2\% \times \sqrt{10} = 1.04\text{억원}$$

여기서 1.04억원의 의미는 주가 수익률의 변화로 인해 10일 동안에 발생할 수 있는 손실이 1.04억원보다 작을(클) 것을 95%(5%)신뢰수준에서 확신 할 수 있다는 것이다.

상기 예시는 VaR에 대한 개념을 이해하고자 주식포지션의 VaR측정에 대한 설명을 하였다. 이제 이러한 개념을 기초로 하여 주가파생상품 중 옵션의 VaR측정에 대한 설명을 하고자 한다.

---

3) 99% 신뢰수준 적용 시 α는 2.33이 된다.

8.2.2 비선형 파생상품의 Value at Risk

기초자산의 가치변화 시 포지션가치가 일정 비율(델타)로 변하면 선형(linear)관계가 있으며 이러한 자산을 선형자산이라고 한다. 주식, 외환, 채권은 대표적인 선형자산이다. 또한 선도/선물 계약, 스왑 등은 선형 기초자산으로 분해할 수 있는 선형파생상품이다.[4] 선형자산의 VaR는 다음 제8.3절에서 설명할 델타-노말방법으로 간단히 계산할 수 있다. 그러나 옵션상품은 모두 비선형(non-linear)자산에 속하며, 따라서 옵션의 VaR를 측정할 때는 옵션의 비선형 성격(감마)을 고려하여야 한다. [그림 8.2]는 기초자산이 정규분포를 따를 때 선형자산 및 콜옵션 포지션가치의 확률분포를 보여주고 있다.[5]

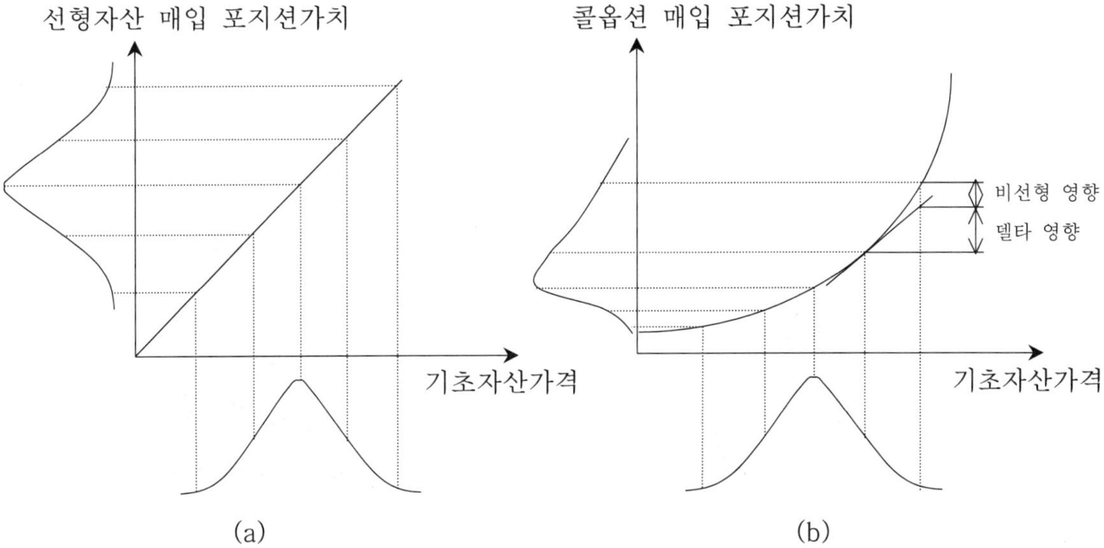

[그림 8.2] 포지션가치의 확률분포, (a) 선형자산 (b) 콜옵션

[그림 8.2]의 (a)를 보면, 선형자산의 포지션 가치는 기초자산 가치와 델타의 비율로 선형관계이기 때문에 기초자산가치의 분포가 정규분포이면 선형자산 포지션 가치의 분포도 정규분포이다. 그러나 (b)를 보면, 옵션 포지션 가치의 변화는 델타의 영향뿐만 아니라 비선형(감마)의 영향도 고려하여야 함을 알 수 있다. 따라서 옵션 포지션가치 분포는 비선형 성격으로

4) 채권은 채권가격과 수익률의 관계는 비선형이나 채권포지션가치와 채권가격은 선형관계이다. 따라서 채권의 기초자산을 채권가격이라고 할 경우에는 선형자산으로 구분할 수 있다.

5) 제1장에서 기초자산(주가)은 로그노말 정규분포를, 수익률은 정규분포를 따른다고 가정하였다. 그러나 1일 VaR를 구할 경우에 1일은 매우 짧은 기간이므로 1일간의 기초자산가격의 변화가 정규분포를 따른다고 가정하여도 무리는 없다.

정규분포가 아니다. 옵션을 매입한 경우의 감마는 양수가 되어 옵션 포지션가치의 확률분포는 오른쪽으로 치우치고(positively skewed), 매도한 경우의 감마는 음수가 되어 옵션 포지션가치의 확률분포는 왼쪽으로 치우치게(negatively skewed) 된다.

[그림 8.3]은 비선형 성격을 고려하지 않고 옵션포지션의 VaR를 구할 경우의 오차를 보여주고 있다. (a)는 감마가 양수인 옵션 매입포지션으로서 그 분포의 왼쪽 꼬리는 정규분포보다 덜 두텁기 때문에 정규분포를 가정하여 측정한 델타-노말 VaR는 과대평가되는 경향이 있다. 마찬가지로 (b)는 감마가 음수인 옵션 매도포지션으로서 그 분포의 왼쪽 꼬리는 정규분포보다 더 두텁기 때문에 정규분포를 가정하여 측정한 델타-노말 VaR는 과소평가되는 경향이 있다.[6] 이러한 옵션포지션의 비선형 성격인 감마를 고려하여 VaR를 측정하기 위해서는 델타-감마방법을 사용할 수 있다. 또한 옵션포지션의 가치변화를 델타나 감마로 근사하지 않고 직접 평가모형을 이용하여 도출하는 역사적시뮬레이션법이나 몬테칼로 시뮬레이션법을 적용할 수도 있으며 이를 완전가치평가법이라고 한다.

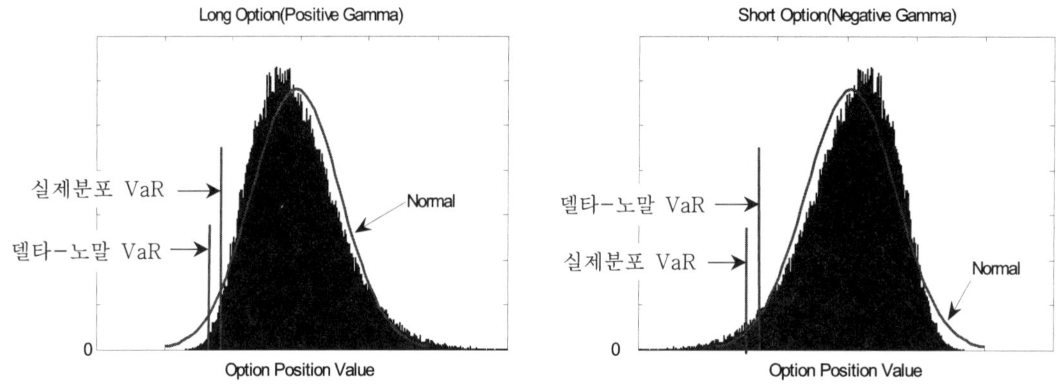

[그림 8.3] 옵션포지션 델타-노말 VaR와 실제분포 VaR

8.2.3 Value at Risk 측정방법론 비교

VaR측정의 가장 중요한 핵심은 포지션가치변화의 확률분포를 어떻게 도출하는가 하는 문제이다. 포지션의 가치변화를 일으키는 기초자산가격의 분포는 불확실하지만 정규분포를 가정하거나, 과거자료를 사용하거나 또는 시뮬레이션으로 특정분포를 생성할 수 있다. 이렇게 생성된 기초자산가격의 분포를 이용하여 포지션가치변화의 분포를 도출하는 방법에 따라 VaR측정방법을 구분할 수 있다. 즉, 부분가치법과 완전가치법으로 나눌 수 있다. 다음 [표 8.1]은 각 방법론을 비교 분석한 것이다.

---

6) 옵션매도포지션은 콜/풋 모두 감마와 베가가 음수로서 short감마, short베가 포지션이라고도 한다.

[표 8.1] Value at Risk 측정방법론 비교

구 분	부분가치평가법	완전가치평가법	
	델타-노말 VaR 델타-감마 VaR	역사적시뮬레이션VaR	몬테칼로시뮬레이션VaR
기초자산분포	· 정규분포가정	· 과거자료사용	· 특정분포생성
포지션분포 도출 방법	· 근사 → 델타, 델타/감마로 근사	· 완전가치평가 → 평가모형을 통해 도출	· 완전가치평가 → 평가모형을 통해 도출
장점	· 가치평가모형 불필요 · 계산시간의 단축	· 특정분포 불필요 · 실제 가격에 포함된 변동성, 상관계수 반영 가능 · 비선형자산 적용 가능	· 특정분포 규정 가능 · 민감도/위기분석 가능 · 비선형자산 적용 가능
단점	· 정규분포가정과 실제분포와 괴리 가능 · 비선형자산 적용 시 오차발생 가능 → 델타-감마로 오차축소	· 과거 극단치자료 영향가능 · 가치평가모형 필요 → 계산시간 증가 · 최근 시장변화 반영 미약 → 대안 : 가중치 적용	· 가치평가모형 필요 → 계산시간 증가 · 시뮬레이션된 분포와 실제분포와의 괴리 가능

8.3 델타-노말(Delta-Normal) VaR

기초자산의 가치가 변할 경우에 파생상품의 가치가 델타만큼 선형으로 변한다면, 기초자산 수익률의 분포가 정규분포를 따른다고 가정할 때에 파생상품 가치 및 손익의 분포도 정규분포를 따른다고 할 수 있다. 이 경우 정규분포의 모수인 평균과 표준편차를 이용하여 VaR를 구할 수 있으며 이를 델타-노말 VaR라고 한다.

옵션포지션 가치변화는 테일러전개식에 따라 1차항만 고려하면 다음과 같다.

$$df = Delta \times dV \tag{8.2}$$

여기서 df는 옵션포지션의 가치변화, dV는 기초자산포지션의 가치변화이다.

식(8.2)를 이용하여 옵션의 1일 델타-노말 VaR 측정식을 다음과 같이 구할 수 있다.[7)]

$$\underbrace{VaR_{c\%,\,1day}}_{df} = |\,Delta\,| \times \underbrace{\boxed{V \times \alpha \times \sigma_{1day}}}_{dV} \tag{8.3}$$

7) 옵션 1개의 VaR측정식이며 여기에 계약수와 승수(KOSPI200옵션은 10만원)를 곱하면 옵션 포지션의 VaR가 된다.

식(8.3)은 1일 동안 기초자산포지션의 가치가 손실발향으로 α배 표준편차(95% 신뢰수준일 경우 1.645배)만큼 변할 때 옵션가치는 기초자산 포지션 가치변화×델타 만큼 변한다는 의미로서, 이를 구분하여 설명하면 다음과 같다.

기초자산가치변화 : 기초자산가치가 왼쪽꼬리방향(손실부분)으로 1.645×표준편차 만큼 변화함

95% VaR = 델타 × 기초자산가치 × 1.645 × 일변동성

옵션가치변화 : 옵션가치가 기초자산가치변화×델타만큼 변화, 부분가치평가법

여기서 일 변동성은 과거 일별수익률 자료의 표준편차로 측정(평균은 0가정)할 수 있다.[8] 그리고 목표기간이 N일인 경우에는 식(8.3)에 $\sqrt{N}$을 곱하면 된다.

이제 가상의 주식옵션포지션에 대하여 VaR를 추정하여 보자. [표 8.2]의 예제는 앞으로 설명한 델타-감마VaR, 역사적시뮬레이션VaR, 몬테칼로시뮬레이션VaR에 계속하여 적용할 것이다.

[표 8.2] 주식옵션포지션

매수/매도	콜/풋	계약수	행사가격	잔존만기	내재변동성	장부가격	시장가격
매도	콜옵션	1계약	110	0.5	30%	5.3845	5.3845
매도	풋옵션	1계약	90	0.5	30%	3.3832	3.3832

주) 전략 : 스트랭글 매도, 옵션형태 : 유럽형 바닐라 옵션, 승수는 1

95% 1일 델타-노말 VaR를 구하기 위한 입력데이터는 [표 8.3]과 같다.

[표 8.3] 95% 1일 델타-노말 VaR 입력데이터

옵션포지션 델타			현재주가	무위험 이자율	α	연변동성	목표기간
콜매도	풋매도	포지션					
-0.3997	0.2417	-0.1580	100	0.05	1.645	30%	1

주) 연 변동성 30%를 일 변동성으로 전환하기 위해서는 1년의 영업일을 250일로 가정하여 ($30\% \div \sqrt{250}$) 구함

8) 제2장에서 소개한 EWMA나 GARCH 변동성을 사용할 수도 있다.

95% 1일 델타-노말 VaR는 다음과 같다.

$$|-0.1580| \times 100 \times 1.645 \times (30\% \div \sqrt{250}) = 0.4931$$

이제 델타-노말VaR 측정액 0.4931의 타당성을 검토하기 위하여 이 옵션포지션의 손익그래프와 민감도를 그려보자.

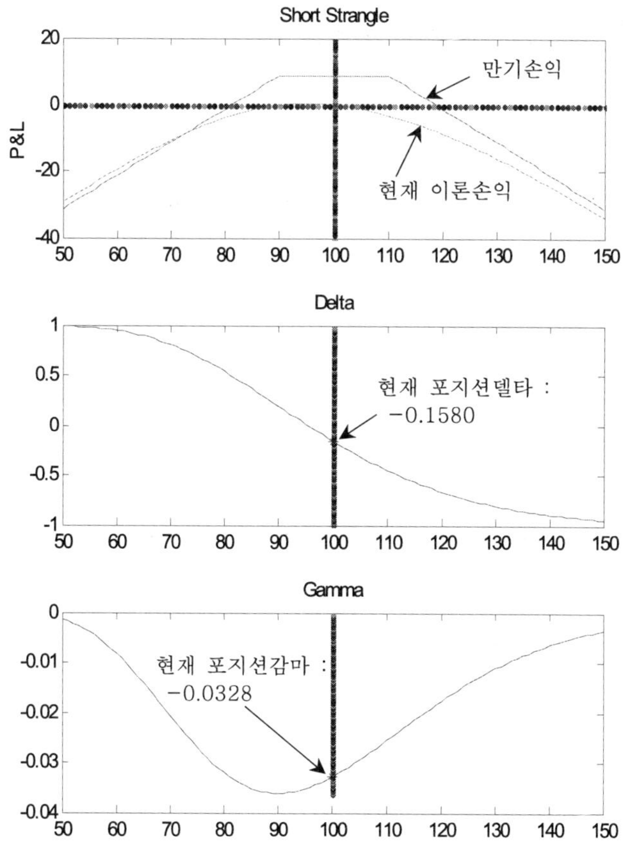

[그림 8.4] 스트랭글 매도포지션의 손익 및 민감도

스트랭글 매도포지션인 [그림 8.4]를 보면(x축은 주가), 향후 주가변동성이 축소되어 주가변화가 일정범위(90~110) 내에서 움직일 때 이익을 보는 포지션으로서 주가변화에 따른 손익이 비선형 구조임을 알 수 있다. 포지션 델타는 주가가 상승할수록 감소하며, 감마는 음수로서 주가 90근처에서 그 절대값이 가장 크다. 이러한 비선형 손익구조와 음의 감마를 가지고 있을 경우에는 [그림 8.3]의 우측 그림에서 보듯이 델타-노말VaR는 과소평가 된다. 상기 그림에서 현재주가인 100에서 포지션델타는 -0.1580으로 0에 가까워 델타-노말VaR 측정값이 작은 수준인데, 주가가 양쪽으로 크게 변화할 때 옵션포지션가치는 감마의 영향으로 델타보다 더 크게 변하게 됨을 알 수 있다.[9] 더욱이 100에서의 감마의 절대값이 크므로 델타추정치의 오차가 더 커지게 된다. 따라서 이러한 포지션의 VaR는 단순하게 델타-노말VaR를 적용하기보다는 델타-감마VaR 측정치를 이용하여야 한다.

8.4 델타-감마(Delta-Gamma) VaR

식(8.2)에서 테일러전개식을 2차항까지 확장하면 다음과 같다.

$$df = Delta \times dV + 0.5 \times Gamma \times dV^2 \tag{8.4}$$

식(8.4)를 이용하여 옵션의 1일 델타-감마VaR 측정식을 다음과 같이 구할 수 있다.

$$\underbrace{VaR_{c\%,\,1day}}_{df} = |\,Delta\,| \times \underbrace{\boxed{V \times \alpha \times \sigma_{1day}}}_{dV} - 0.5 \times Gamma \times \underbrace{\boxed{(V \times \alpha \times \sigma_{1day})^2}}_{dV^2} \tag{8.5}$$

식(8.5)를 이용하여 95% 1일 델타-감마VaR를 구하면 다음과 같다.

$$|\,0.1580\,| \times 100 \times 1.645 \times (30\% \div \sqrt{250}) - 0.5 \times (-0.0328) \times [100 \times 1.645 \times (30\% \div \sqrt{250})]^2 = 0.6529$$

델타-감마VaR 측정값 0.6529는 델타-노말VaR 측정값 0.4931보다 큰 값임을 알 수 있다. 식(8.5)에서 0.5앞에 음수를 취한 것은 델타-노말VaR의 과대 및 과소평가 문제를 해소하기 위함이다. 즉, 감마의 부호가 음수(양수)이면 VaR를 증가(감소)시켜 델타-노말VaR의 과소(과대)평가를 해소할 수 있게 된다. 델타감마VaR를 이용하면 치우친 분포가 미치는 영향을 어느 정도 반영할 수 있으나 정확하다고 할 수는 없다. 즉, 치우친 분포인 옵션포지션가치분포에서 정규분포의 1.645에 해당되는 점을 분포의 왜도(skewness)와 첨도(kurtosis)를 고려하여 구하여야 한다. 이는 코니쉬-피셔 확장식(Cornish-Fisher expansion)을 이용하여 구할 수 있다.

---

9) 옵션포지션이 음의 감마를 가질 경우 기초자산 변화 시 옵션포지션손익은 볼록성으로 인하여 이익은 약간 덜, 손실은 약간 더 보게 되며, 양의 감마는 이익은 약간 더, 손실은 약간 덜 보게 된다. 따라서 양의 감마포지션이 유리하다.

8.5 역사적시뮬레이션(Hisorical Simulation) VaR

역사적시뮬레이션VaR 측정방법은 리스크요인(주가, 금리, 환율, 변동성 등)들의 과거 변화값들이 현재에도 똑같이 발생한다는 가정 하에 이러한 과거자료들을 옵션가치평가모형에 투입하여 옵션포지션의 가치 및 손익을 시뮬레이션 함으로써 VaR를 측정한다.[10] 이 방법은 특정확률분포를 가정하지 않고 실제 자료를 사용하므로 비선형성과 비정규분포를 모두 수용할 수 있다. 역사적시뮬레이션VaR의 측정절차는 다음과 같다.

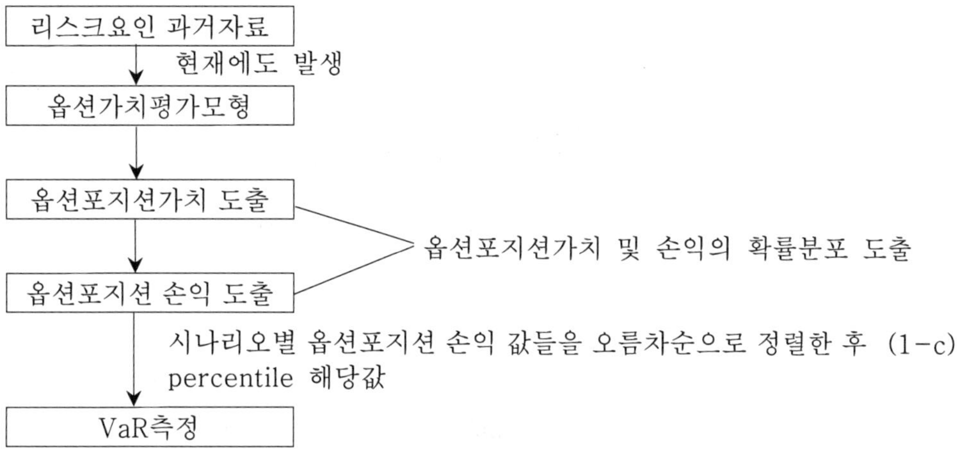

앞의 스트랭글 매도 포지션에 대해 역사적시뮬레이션VaR 측정값을 구하여 보자.

과거 수익률자료는 측정일(D일) 포함하여 총 1,000개로서 주가시나리오 1,000개가 생성된다.[11] 이 중 D-999 시나리오를 예를 들어 설명하면 다음과 같다.

· 수익률 : ln(D-999주가/D-1,000주가)=ln(93.53/94.11)=-0.6182%

· 주가시나리오 : 현재주가×exp(수익률)=100×exp(-0.6182%)=99.3837

⇒ 과거수익률 -0.6182%가 내일 발생한다면 현재주가 100은 99.3837로 변할 것임

· 콜(풋)옵션 가격 : 주가시나리오별 유럽형바닐라 콜(풋)옵션 가격 계산

⇒ 블랙-숄즈 옵션가격결정식 이용한 완전가치평가

⇒ 옵션평가 시 잔존만기는 1일(1/365) 감소시켜 평가함

---

10) 옵션가치평가모형으로는 앞에서 설명한 가격결정식, 트리모형, 유한차분법, 몬테칼로시뮬레이션 등을 적용할 수 있다.

11) 여기서는 과거자료 중 주가수익률만 사용하였으나 과거의 변동성변화자료를 추가로 이용하여 변동성 시나리오도 옵션가치평가에 같이 고려할 수 있다.

[표 8.4] 95% 1일 역사적시뮬레이션VaR

관측일	역사적자료		시나리오	옵션포지션가치					손익합계 오름차순 정렬	
	주가	수익률 (%)	주가	콜매도		풋매도		손익 합계		
				가격	손익	가격	손익		순위	손익
D-1,000	94.11									
D-999	93.53	-0.6182	99.3837	5.1160	0.2685	3.5198	-0.1366	0.1320	1	-1.7016
D-998	93.60	0.0748	100.0748	5.3883	-0.0038	3.3501	0.0331	0.0292	2	-1.5878
D-997	95.13	1.6214	101.6346	6.0350	-0.6505	2.9927	0.3905	-0.2600	3	-0.7957
D-996	95.38	0.2625	100.2628	5.4639	-0.0794	3.3052	0.0780	-0.0014	4	-0.7942
...	...	...	...	...	...	...	...	...	...	...
									50	**-0.6345**
...	...	...	...	...	...	...	...	...	...	...
D-2	105.38	-1.7869	98.2289	4.6802	0.7043	3.8194	-0.4362	0.2681	998	0.4080
D-1	101.06	-4.1858	95.9006	3.8746	1.5099	4.4888	-1.1056	0.4044	999	0.4087
D(측정일)	100.00	-1.0544	98.9511	4.9499	0.4346	3.6296	-0.2464	0.1882	1,000	0.4088

· 콜(풋)옵션 매도포지션 손익 :

⇒ (시장가격 - 재평가가격)으로 콜은 5.3845 - 5.1160 = 0.2685,

풋은 3.3832 - 3.5198 = -0.1366

· 옵션포지션 손익합계 :

⇒ 콜 매도손익 + 풋 매도손익 = 0.2685 + -0.1366 = 0.1320

이제 나머지 시나리오도 동일한 작업을 수행하여 1,000개의 포지션손익을 구하고 이를 오름차순으로 정리하여 50번째인 -0.6345값을 취하면 이 값이 95% 1일 VaR측정값이 된다. 0.6345값은 델타-노말VaR 측정값 보다는 크며 이는 델타-노말VaR의 과소평가 부분이 해소됨을 알 수 있다.

8.6 몬테칼로 시뮬레이션(Monte Carlo Simulation) VaR

몬테칼로시뮬레이션VaR 측정방법은 기초자자산 가격의 확률과정을 모형화 하여 확률분포를 생성하고 이를 옵션가치평가모형에 투입하여 옵션포지션의 가치 및 손익을 시뮬레이션 함으로써 VaR를 측정한다. 이 방법은 시장상황을 반영하는 기초자산가격의 특정확률분포를 생성할 수 있는데, 예를 들면 t분포를 이용하여 두터운 꼬리 분포를 반영할 수 있고 Stochastic

Volatility모형을 이용하여 변동성의 변화를 반영할 수도 있다. 가장 많이 사용되는 것은 제1장에서 배운 GBM모형이다. 이 방법 역시 역사적시뮬레이션VaR와 같이 완전가치평가 방법이므로 비선형자산의 VaR측정에 널리 쓰인다. 몬테칼로시뮬레이션VaR의 측정절차는 다음과 같다.

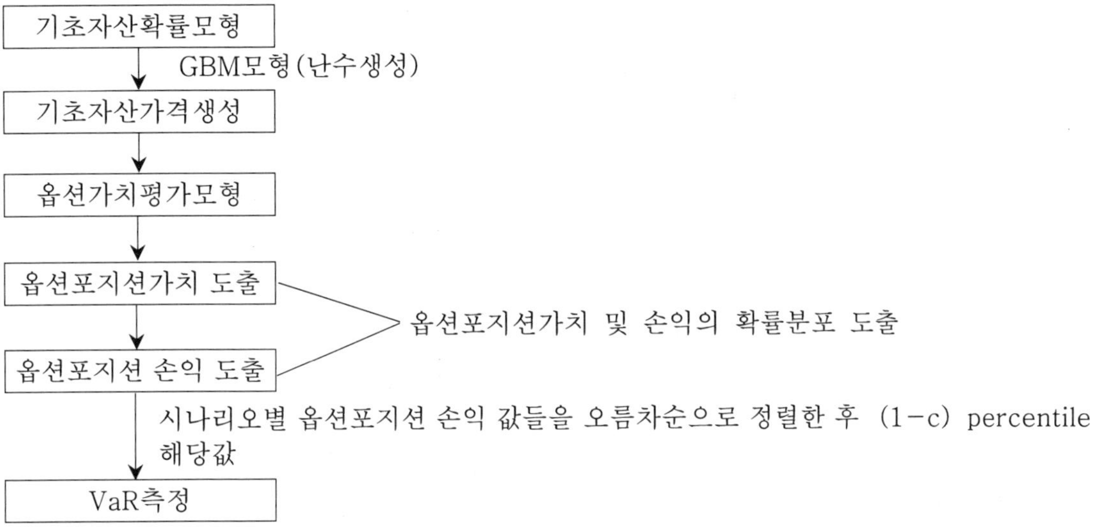

앞의 스트랭글 매도 포지션에 대한 몬테칼로시뮬레이션VaR 측정값을 구하여 보자.

[표 8.5] 95% 1일 몬테칼로시뮬레이션VaR

시나리오 No	표준정규난수	시나리오생성		옵션포지션가치					손익합계 오름차순 정렬	
		수익률 (%)	주가	콜매도		풋매도		손익합계	순위	손익
				가격	손익	가격	손익			
1	0.91	1.7266	101.7416	6.0810	-0.6965	2.9694	0.4138	-0.2827	1	-1.3483
2	-0.07	-0.1328	99.8673	5.3056	0.0789	3.4003	-0.0171	0.0617	2	-1.2681
3	0.87	1.6507	101.6644	6.0478	-0.6633	2.9862	0.3970	-0.2663	3	-1.2555
4	0.03	0.0569	100.0569	5.3812	0.0033	3.3544	0.0288	0.0321	4	-1.1609
5	-1.05	-1.9922	98.0275	4.6067	0.7778	3.8738	-0.4906	0.2872	5	-1.0586
...	...	...	...	...	...	...	...	...		
									50	**-0.6210**
...	...	...	...	...	...	...	...	...		
998	-0.41	-0.7779	99.2251	5.0547	0.3298	3.5597	-0.1765	0.1533	998	0.4086
999	0.53	1.0056	101.0107	5.7710	-0.3865	3.1316	0.2516	-0.1349	999	0.4089
1,000	-0.74	-1.4041	98.6058	4.8198	0.5647	3.7194	-0.3362	0.2286	1,000	0.4090

표준정규분포를 따르는 난수를 1,000개 생성하여 주가시나리오 1,000개가 시뮬레이션 되었다. 이 중 1번 시나리오를 예를 들어 설명하면 다음과 같다.[12]

· 수익률 : 난수×일변동성=0.91×(30%÷$\sqrt{250}$)=1.7266%
· 주가시나리오 : 현재주가×exp(수익률)=100×exp(1.7266%)=101.7416
· 콜(풋)옵션 가격 : 주가시나리오별 유럽형바닐라 콜(풋)옵션 가격 재평가
  ⇒ 블랙-숄즈 옵션가격결정식 이용한 완전가치평가
  ⇒ 옵션평가 시 잔존만기는 1일(1/365) 감소시켜 평가함
· 콜(풋)옵션 매도포지션 손익 :
  ⇒ (시장가격 - 재평가가격)으로 콜은 5.3845 - 6.0810 = -0.6965,
  풋은 3.3832 - 2.9694 = 0.4138
· 옵션포지션 손익합계 :
  ⇒ 콜 매도손익 + 풋 매도손익 = -0.6965 + 0.4138 = -0.2827

이제 나머지 시나리오도 동일한 작업을 수행하여 1,000개의 손익 합계치를 구하고 이를 오름차순으로 정리하여 50번째인 -0.6210값을 취하면 이 값이 95% 1일 VaR측정값이 된다. 0.6210값은 델타-노말VaR 측정값 보다는 크며 이는 델타-노말VaR의 과소평가 부분이 해소됨을 알 수 있다.

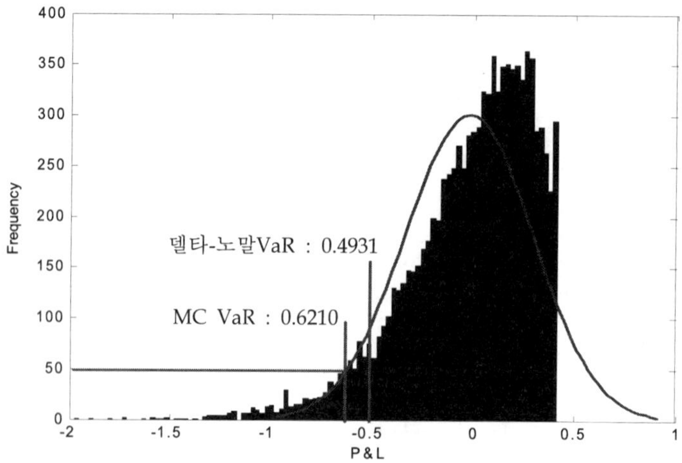

[그림 8.5] 95% 1일 몬테칼로시뮬레이션VaR

12) 주가시나리오 생성 시 제4장에서 소개한 분산감소기법들을 사용할 수 있으며, 기초자산이 2개 이상일 경우에 촐레스키 분해를 이용하면 된다.

[그림 8.5]는 상기 표에서 옵션포지션 손익의 분포를 그린 것으로서 기초자산의 분포를 정규분포로 생성하였으나 완전가치평가법으로 인하여 옵션포지션의 손익분포는 좌측으로 치우친 분포가 생성됨을 보여주고 있다.

8.7 예제상품 MATLAB® Programming

[코드 8.1]은 모수적(Parametric) 추정방법인 델타-노말과 델타-감마 VaR측정을 위한 MATLAB 코드이다.

[코드 8.1] Delta-Normal VaR & Delta-Gamma VaR

```
%%%%% Parametric VaR (Delta-Normal VaR & Delta-Gamma VaR) %%%%%

function VaR=Para_VaR(S, r, HS_Vol_Y, q, CL, N, POS)

% Option Portfolio Data
LS=POS(:,1);                % Long/Short
C_P=POS(:,2);               % Call/Put
NC=POS(:,3);                % Number of Contracts
M=POS(:,4);                 % Multiplier
X=POS(:,5);                 % Strike
T=POS(:,6);                 % Time to Maturity
Imp_Vol=POS(:,7);           % Implied Volatility
MP=POS(:,8);                % Option Market Price

% Option Portfolio Greeks
sz=size(POS);
Delta=zeros(sz(1),1);
Gamma=zeros(sz(1),1);
for i=1:sz(1)
    Delta(i)=LS(i)*NC(i)*M(i)*BS(C_P(i), 2, S, X(i), r, T(i),...
             Imp_Vol(i), q);
    Gamma(i)=LS(i)*NC(i)*M(i)*BS(C_P(i), 3, S, X(i), r, T(i),...
             Imp_Vol(i), q);
end
Port_Delta=sum(Delta);
Port_Gamma=sum(Gamma);

% VaR
```

```
Alpha=norminv(CL);                  % Critical Value
HS_Vol_D=HS_Vol_Y/sqrt(250);        % Historical 1-year Vol -> 1-day Vol

% Delta-Normal VaR, 식(8.3)
DN_VaR=abs(Alpha*Port_Delta*S*HS_Vol_D*sqrt(N));

% Delta-Gamma VaR, 식(8.5)
DG_VaR=(abs(Port_Delta)*(Alpha*HS_Vol_D*S)-...
    0.5*Port_Gamma*(Alpha*HS_Vol_D*S)^2)*sqrt(N);

VaR=[DN_VaR DG_VaR];
```

상기 코드내용 중에 BS함수는 제7장에서 작성한 BS_Vanalla_Greeks함수를 약간 변형한 것이다. 즉, BS_Vanalla_Greeks함수에서 C_P=='C', C_P=='P'를 C_P==1, C_P==2로 바꾸고 case의 'price', 'delta', 'gamma', 'vega', 'theta', 'rho'를 1, 2, 3, 4, 5, 6으로 변경한 것 외에는 동일하다. 또한 POS는 옵션포트폴리오 데이터로서 좌측부터 매수/매도=1/−1, 콜/풋=1/2, 계약수, 승수(KOSPI200 옵션은 10만원), 행사가격, 잔존만기, 내재변동성, 옵션시장가격을 말한다.

[코드 8.2]는 역사적시뮬레이션 VaR측정을 위한 MATLAB 코드이다.

[코드 8.2] Historical Simulation VaR

```
%%%%% Historical Simulation VaR %%%%%

function VaR=HS_VaR(S, r, q, CL, N, POS, HS_Price)

% Historical Stock Price -> Log Return
LogRet=price2ret(HS_Price);

% Option Portfolio Data
LS=POS(:,1);            % Long/Short
C_P=POS(:,2);           % Call/Put
NC=POS(:,3);            % Number of Contracts
M=POS(:,4);             % Multiplier
X=POS(:,5);             % Strike
T=POS(:,6);             % Time to Maturity
Imp_Vol=POS(:,7);       % Implied Volatility
MP=POS(:,8);            % Option Market Price
```

```
% 1-day Stock Price Scenario
SP=S*exp(LogRet);
ns=length(SP);
sz=size(POS);

% Option Full Valuation
Price=zeros(ns,sz(1));
for i=1:ns
    for j=1:sz(1)
        Price(i,j)=BS(C_P(j), 1, SP(i), X(j), r, T(j)-1/365, ...
                  Imp_Vol(j), q); % 잔존만기 1일 감소
    end
end

% Option Portfolio P&L
PL=zeros(ns,sz(1));
for i=1:ns
    for j=1:sz(1)
        PL(i,j)=LS(j)*NC(j)*M(j)*(Price(i,j)-MP(j));
    end
end
Port_PL=sum(PL,2);

% Historical Simulation VaR
VaR=-prctile(sort(Port_PL,1),100*(1-CL))*sqrt(N);
```

[코드 8.3]는 몬테칼로시뮬레이션 VaR측정을 위한 MATLAB 코드이다.

[코드 8.3] Monte Carlo Simulation VaR

```
%%%%% Monte Carlo Simulation VaR %%%%%

function VaR=MC_VaR(S, r, HS_Vol_Y, q, CL, N, ns, POS)

% Option Portfolio Data
LS=POS(:,1);              % Long/Short
C_P=POS(:,2);             % Call/Put
NC=POS(:,3);              % Number of Contracts
M=POS(:,4);               % Multiplier
```

```
X=POS(:,5);                  % Strike
T=POS(:,6);                  % Time to Maturity
Imp_Vol=POS(:,7);            % Implied Volatility
MP=POS(:,8);                 % Option Market Price

% 1-day Stock Price Scenario
HS_Vol_D=HS_Vol_Y/sqrt(250);      % Historical 1-year Vol -> 1-day Vol
w=randn(ns,1);
S_Ret=w*HS_Vol_D;                 % 1-day Stock Price Log Return
SP=S*exp(S_Ret);

% Option Full Valuation
sz=size(POS);
Price=zeros(ns,sz(1));
for i=1:ns
    for j=1:sz(1)
        Price(i,j)=BS(C_P(j), 1, SP(i), X(j), r, T(j)-1/365, ...
                   Imp_Vol(j), q);    % 잔존만기 1일 감소
    end
end

% Option Portfolio P&L
PL=zeros(ns,sz(1));
for i=1:ns
    for j=1:sz(1)
        PL(i,j)=LS(j)*NC(j)*M(j)*(Price(i,j)-MP(j));
    end
end
Port_PL=sum(PL,2);

% Monte Carlo Simulation VaR
VaR=-prctile(sort(Port_PL,1),100*(1-CL))*sqrt(N);

% Option Portfolio P&L Distribution
histfit(Port_PL);
```

앞의 스트랭글 매도포지션에 대한 각 방법별 95% 1일 VaR를 상기 M-File을 이용하여 측정하여 보자. 이 때 역사적시뮬레이션 VaR를 위한 과거 주가 수익률데이터는 250개를 사용하였다. 기초 입력데이터는 다음과 같다.

```
S=100, r=0.05; HS_Vol_Y=0.3; q=0.01; CL=0.95; N=1; ns=100000;
POS=[-1 1 1 1 110 0.5 0.3 5.3845;
     -1 2 1 1 90  0.5 0.3 3.3832];
HS_Price=xlsread('Historical_Price.xls');
```

이 데이터들을 명령창에 입력하고 각 함수들을 실행하면 다음과 같다.

```
>> VaR=Para_VaR(S, r, HS_Vol_Y, q, CL, N, POS)

VaR =
    0.4931    0.6530

>> VaR=HS_VaR(S, r, q, CL, N, POS, HS_Price)

VaR =
    0.6345

>> VaR=MC_VaR(S, r, HS_Vol_Y, q, CL, N, ns, POS)

VaR =
    0.6213
```

제9장

시나리오 분석 (Scenario Analysis)

시나리오 분석(Scenario Analysis)은 파생상품의 가격에 영향을 주는 요인들이 변동될 때 해당상품의 가격변동 또는 Greek변동을 시뮬레이션 하는 기법으로서 극단적 시나리오 설정 시 위기상황분석(Stress Test)으로도 활용할 수 있다. 시나리오 분석 시 사용되는 변동요인이나 변동범위는 사용자의 분석목적에 따라 달라질 수 있으나, 일반적으로 기초자산 가격(주가, 금리, 환율)을 변동요인으로 사용하고 있으며, 경우에 따라 변동성, 잔존만기 등이 추가되기도 한다. 이번 장에서는 두 가지 사례를 통하여 시나리오분석을 수행하는 방법에 대해 알아보기로 한다.

9.1 사례분석 1 : 베리어 옵션(Barrier Option) 시나리오 분석

유럽형 베리어 옵션인 sample2 상품 중 Up and Out 콜옵션을 대상으로 주가와 변동성 시나리오에 따른 옵션 가격변동을 분석하여 보자.

시나리오 변동요인이 2개이므로 옵션가격은 아래 그림과 같이 3차원 그래프로 출력된다.

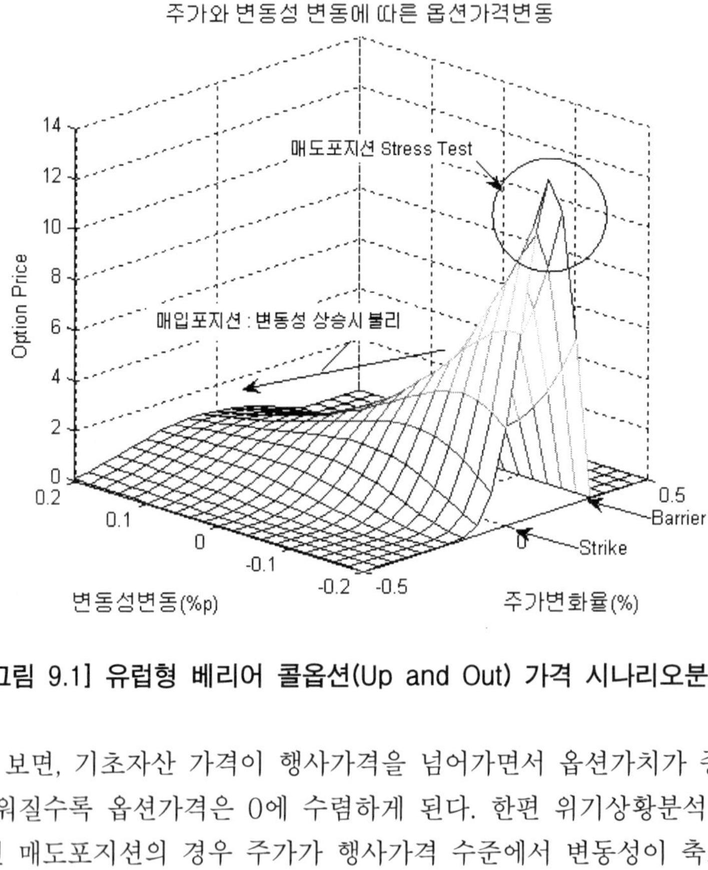

[그림 9.1] 유럽형 베리어 콜옵션(Up and Out) 가격 시나리오분석

[그림 9.1]을 보면, 기초자산 가격이 행사가격을 넘어가면서 옵션가치가 증가하지만, 베리어 가격에 가까워질수록 옵션가격은 0에 수렴하게 된다. 한편 위기상황분석(stress test)을 포지션별로 보면 매도포지션의 경우 주가가 행사가격 수준에서 변동성이 축소 될 때 손실금액이 커질 수 있다.1) 매수포지션은 주가가 행사가격 이하에서는 변동성이 축소 될 때(행사가능성 낮아지므로), 행사가격과 베리어 구간에서는 변동성이 확대될 때(베리어 이벤트 가능성 높아지므로) 옵션가치가 감소하여 손실금액이 커짐을 알 수 있다.

다음은 유럽형 베리어 옵션의 시나리오 분석을 위한 MATLAB 코드이며 베리어의 4가지 형태 모두 적용할 수 있다.

---

1) 주가가 행사가격, 베리어에 근접할수록 옵션가격변동이 상당히 커짐을 알 수 있으며 이는 델타, 감마의 변동이 급격히 커진다는 의미로서 헤지에 어려움을 줄 수 있다. 따라서 주가 또는 변동성 시나리오에 따른 각 Greek의 변동을 분석하는 것은 의미가 있다.

[코드 9.1] European Barrier Option Price Scenario Analysis

```
%%%%% European Barrier Option Price Scenario Analysis %%%%%

function price=Barrier_Scenario(C_P, S, X, r, T, vol, type, H,...
 q, S_ch, vol_ch)

% S_ch : 주가변화율(%) 시나리오
S=S*(1+S_ch);

% vol_ch : 변동성 변동(%p) 시나리오
vol=vol+vol_ch;
price=zeros(length(S),length(vol));
for i = 1:length(S)
    for j = 1:length(vol)
        % 제3장 [코드 3.5] BS_Barrier 함수 이용
        price(i,j) = BS_Barrier(C_P,S(i),X,r,T,vol(j),type,H,q);
    end
end

% Mesh Graph
[S_ch,vol_ch] = meshgrid(S_ch,vol_ch);
mesh(S_ch,vol_ch,price')
xlabel('주가변화율(%)')
ylabel('변동성변동(%p)')
zlabel('Option Price')
title('주가와 변동성 변동에 따른 옵션가격변동')
```

[그림 9.1]을 출력하기 위해 다음과 같이 실행하면 된다.

```
>> Barrier_Scenario('C', 100, 100, 0.05, 0.5, 0.3, 'uo', 130, 0.01,
[-0.5:0.05:0.5], [-0.2:0.02:0.2])
```

[그림 9.2]는 주가와 변동성 시나리오에 따라 유럽형 베리어 콜옵션(Up and Out)의 델타를 그래프로 그린 것이다. 이를 보면 주가가 행사가격 100이하에서는 Plain 바닐라 콜옵션의 델타를 보여주고 있으나 100과 베리어인 130사이에서는 급속히 변하고 있음을 알 수 있다. 더욱이 델타부호가 음수인 경우도 발생한다. 이는 주가가 베리어 근처에 도달할 경우에는 델타의 급속한 변화로 인하여 델타헤징이 쉽지 않음을 보여주는 것이라 할 수 있다.

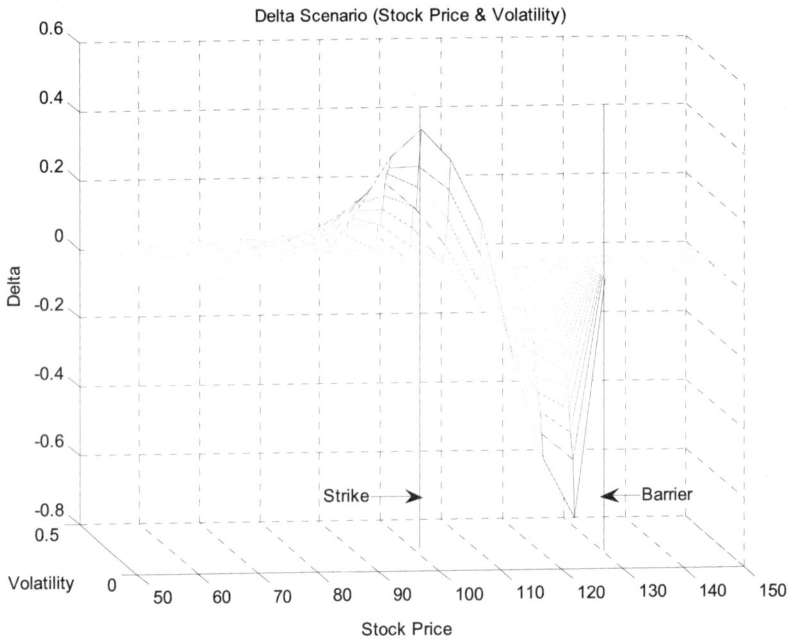

[그림 9.2] 유럽형 베리어 옵션(Up and Out) 델타 시나리오분석

다음은 삼항트리모형을 이용하여 주가와 변동성 변화에 따른 유럽형 베리어옵션의 델타 시나리오를 산출하는 코드이다. 이 M-File을 실행하면 [그림 9.2]가 생성된다.

[코드 9.2] European Barrier Option Delta Scenario Analysis

```
%%%%%% European Barrier Option Delta Scenario Analysis %%%%%

Style='EU'; C_P='C'; Greeks='delta';
S=100; X=100; r=0.05; T=0.5; vol=0.3;
KO='U'; barrier=130; q=0.01; N=100;

% S & Volatility Scenario Set
S_Chg = S * (1+[-0.5:0.05:0.5]);                % S change
V_Chg = vol * (1+[-0.5:0.05:0.5]);              % Volatility change
D_Chg = zeros(length(S_Chg),length(V_Chg));     % Delta 초기화

% S & Volatility Scenario Set에 따른 delta
for i = 1:length(S_Chg)
    for j = 1:length(V_Chg)
```

```
        if S_Chg(i)>=barrier
            D_Chg(i,j)=0;
        else
            % [코드 7.6] Trinomial_KnockOut_Greeks 함수사용
            D_Chg(i,j) = Trinomial_KnockOut_Greeks(Style, C_P,...
            Greeks, S_Chg(i), X, r, T, V_Chg(j), KO, barrier, q, N);
        end
    end
end

% Mesh Graph
[S_Chg V_Chg] = meshgrid(S_Chg, V_Chg);
mesh(S_Chg,V_Chg,D_Chg')
title('Delta Scenario (Stock Price & Volatility)')
xlabel('Stock Price')
ylabel('Volatility')
zlabel('Delta')
```

9.2 사례분석 2 : 다이아몬드펀드 시나리오분석

다이아몬드펀드는 1997년 초에 국내 3개 회사가 3,400만 달러를 출자하여 말레이시아 라부안에 설립한 역외펀드이다. 이 펀드는 외국계 금융기관과 엔화와 바트화에 연계된 총수익스왑(Total Return Swap, TRS)거래를 통해 5,300만 달러를 차입하였고 총 자금 8,700만 달러를 인도네시아 루피아화 연계채권에 투자하였다. 1년 후 만기시점에 바트화와 루피아화의 폭락으로 대규모 손실을 입게 되어 국내에 큰 이슈가 된 바 있다. 이 사례를 계약체결 시점을 기준으로 시나리오분석을 해보기로 한다.

9.2.1 다이아몬드펀드 구조분석

[그림 9.3]은 다이아몬드펀드의 구조를 도시한 것으로서 TRS계약과 인도네시아 루피아화 연계 채권으로 나누어 시나리오 분석을 하기로 한다.

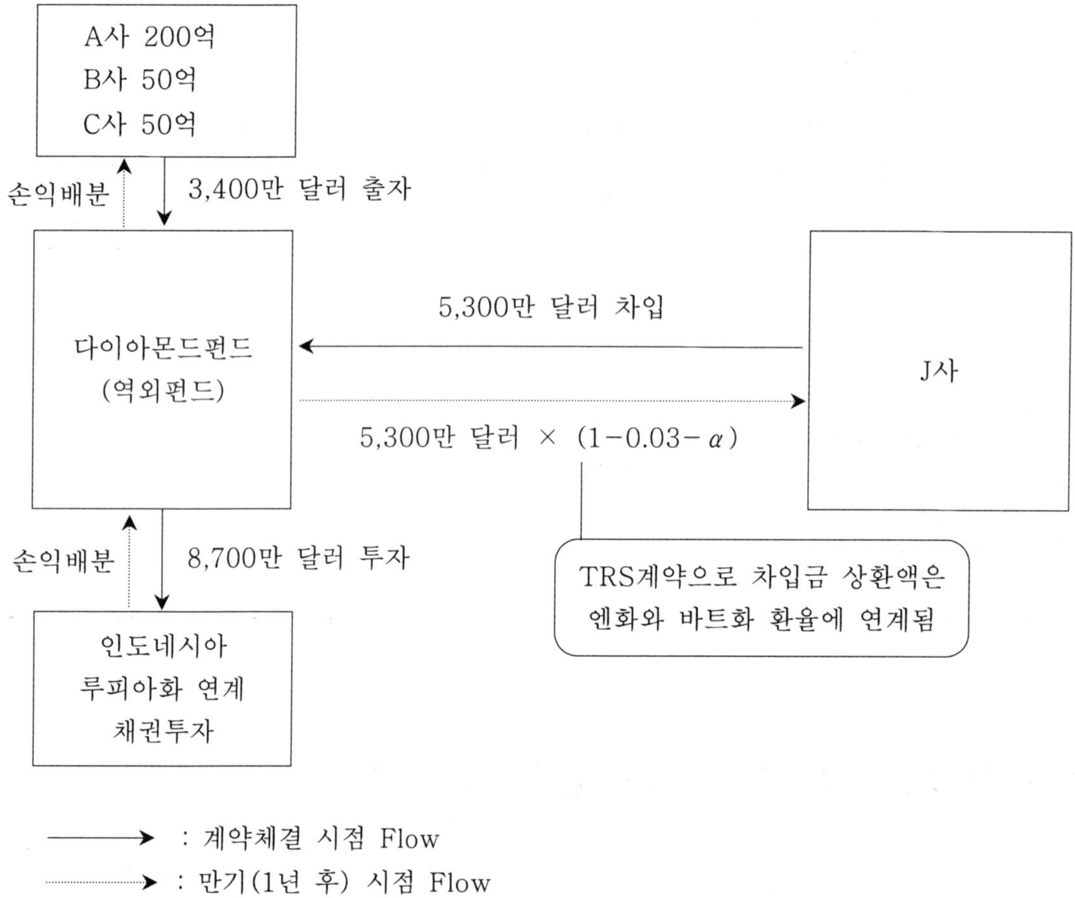

[그림 9.3] 다이아몬드펀드 구조

(1) TRS 만기상환조건

상기 TRS는 다이아몬드펀드가 5,300만 달러 차입에 대하여 J사에게 만기에 상환하여야 하는 조건을 정한 거래라고 할 수 있다.

$$\text{만기상환금액} = 5{,}300\text{만 달러} \times (1 - 0.03 - \alpha)$$

$$\alpha = \max\left[0, \frac{Y_T - Y_0}{Y_T}\right] + \min\left[1, 5 \times \frac{B_0 - B_T}{B_T}\right]$$

Y_0 : 계약시점 엔/달러 환율 → 122, Y_T : 만기시점 엔/달러 환율

B_0 : 계약시점 바트/달러 환율 → 25.884, B_T : 만기시점 바트/달러 환율

(2) 인도네시아 루피아화 연계채권 만기상환조건

만기상환금액 = 8,700만 달러 × c_1 + 8,700만 달러 × (c_2 + F)

$$c_1 = 20.15\% \times \frac{R_0}{R_1} \times \frac{1}{2}, \quad c_2 = 20.15\% \times \frac{R_0}{R_2} \times \frac{1}{2}$$

$$F = 100\% \times \max\left[0, \frac{R_0}{R_2} + 2 \times \frac{R_0 - R_2}{R_2} - \frac{R_1 - R_2}{R_2}\right]$$

R_0 : 계약시점 루피아/달러 환율 → 2369.5

R_1 : 6개월 후 루피아/달러 환율, R_2 : 만기시점 루피아/달러 환율

9.2.2 TRS 평가 및 시나리오분석

(1) 가격결정식

기초자산(상품)은 엔화와 바트화이며 money 표시는 달러이다. 따라서 기초자산의 가격은 기초자산 1개당 몇 달러인가로 표시되어야 하므로 $\frac{1}{Y}$, $\frac{1}{B}$로 식을 전개해야한다. 다음은 TRS의 구조를 3가지 상품으로 분해하여 가격결정식을 도출하는 과정이다.

$$\text{만기상환금액} = 5{,}300\text{만 달러} * (1 - 0.03 - \alpha) \tag{9.1}$$

α를 분석하면,

$$\alpha = \max\left[0, \frac{Y_T - Y_0}{Y_T}\right] + \min\left[1, 5 \times \frac{B_0 - B_T}{B_T}\right]$$

$\alpha 1 = \max\left[0, 1 - \frac{Y_0}{Y_T}\right]$ 이라고 하면,

$$\alpha 1 = \max\left[0, 1 - \frac{Y_0}{Y_T}\right] = Y_0 \max\left[0, \frac{1}{Y_0} - \frac{1}{Y_T}\right] = 122 \times \max\left[0, \frac{1}{122} - \frac{1}{Y_T}\right]$$

으로 표현할 수 있으며, 이는 수량이 122개, 행사가격 1/122인 엔화 put option과 동일하다.

$\alpha 2 = \min\left[1, 5 \times \dfrac{B_0 - B_T}{B_T}\right]$ 이라고 하면,

$$\alpha 2 = \min\left[1, 5 \times \frac{B_0 - B_T}{B_T}\right] = 1 - 5B_0 \max\left[0, \frac{6}{5B_0} - \frac{1}{B_T}\right]$$

$$= 1 - (5 \times 25.884) \times \max\left[0, \frac{6}{5 \times 25.884} - \frac{1}{B_T}\right]$$

으로 표현할 수 있으며, 이는 1에서 수량이 129.42(=5×25.884)개인 바트화 put option을 차감한 것과 동일하다.2)

식(9.1)에 $\alpha 1$ 과 $\alpha 2$ 대입하여 정리하면, 만기상환조건은 다음 3개 상품으로 분해된다.

$$5{,}300\text{만} \times \left(1 - 0.03 - 122 \times \max\left[0, \frac{1}{122} - \frac{1}{Y_T}\right] - 1 + 129.42 \times \max\left[0, 0.0464 - \frac{1}{B_T}\right]\right) =$$

$$\underbrace{-5{,}300\text{만} \times 0.03}_{\text{채권}} \underbrace{- 5{,}300\text{만} \times 122 \times \max\left[0, \frac{1}{122} - \frac{1}{Y_T}\right]}_{\text{엔화 put option}} \underbrace{+ 5{,}300\text{만} \times 129.42 \times \max\left[0, 0.0464 - \frac{1}{B_T}\right]}_{\text{바트화 put option}} \qquad (9.2)$$

식(9.2)에서 분해된 각 상품의 앞에 붙은 부호들과 Payoff성격에 대해 설명하여 보자.

- 채권의 −부호 : 상환해야할 금액이 마이너스라는 것으로서 나머지 두 옵션의 가치가 0이 되면 오히려 차입자인 다이아몬드펀드가 받아야 할 금액이 된다.
- 엔화 Put Option의 −부호 : 엔화환율이 122이하(평가절상)가 되면 옵션가치는 0이 되고, 122이상(평가절하) 이면 −부호로 인하여 상환금액이 감소되어 다이아몬드 펀드로서는 이익이 된다.
- 바트화 Put Option의 +부호 : 바트화환율이 21.55(=1/0.0464)이하(평가절상)가 되면 옵션가치는 0이 되고, 21.55이상(평가절하) 이면 −부호로 인하여 상환금액이 증가하게 되며 큰 폭의 평가절하 시 다이아몬드 펀드로서는 상환금액이 매우 커지게 된다.

식(9.2)를 정리하면 [표 9.1]과 같다.

---

2) 바트화에 5배의 레버리지 투자한 것과 동일하다.

[표 9.1] 다이아몬드펀드 TRS거래 상품분해

<단위 : 달러>

상품종류	채권	엔화 put option	바트화 put option
명목금액	159만(=5,300만×0.03)	5,300만	5,300만
수량		122	129.42(=5×25.884)
행사가격		0.0082(=1/122)	0.0464($=\frac{6}{5\times 25.884}$)
현재가격		0.0082(=1/122, ATM)	0.0386(=1/25.884, ITM)
평가방법	Discount Cash Flow	Garman-Kohlhagen 공식3)	Garman-Kohlhagen 공식
손익구조	달러 금리상승 시 손실	엔화 평가절하 시 이익	바트화 평가절하 시 손실

다음은 상기 3가지 상품의 만기 pay-off를 그래프로 표시하였다. 그림에서 좌측으로 갈 수록 평가절하(환율상승)를 의미한다.4)

채권　　엔화 put option　　바트화 put option

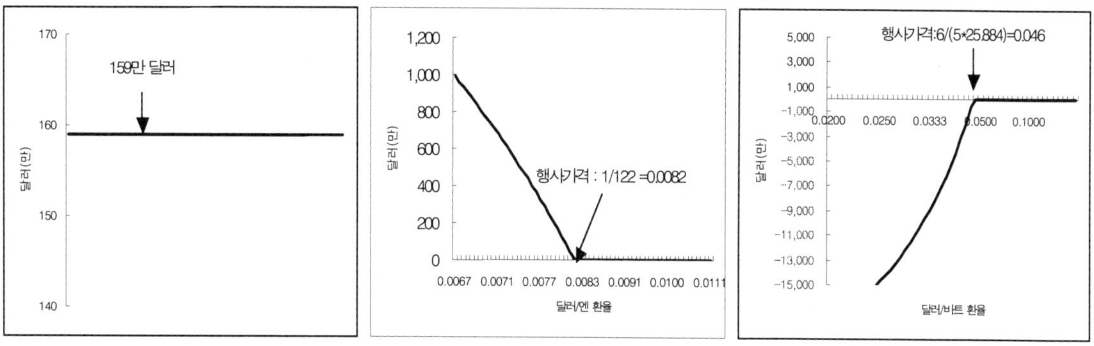

[그림 9.4] 다이아몬드펀드 TRS거래 분해상품별 만기payoff

3) 통화옵션은 블랙-숄즈옵션가격공식의 r-q를 자국금리-타국금리로 바꾸어 평가하면 된다. Garman, M. B., and S. W. Kohlhagen(1983) : "Foreign Currency Option Values," *Journal of International Money and Finance*, 2, 231-237

4) [그림 9.4]는 식(9.2)의 부호를 바꾸어 그림으로 표시하였기 때문에 혼동하지 말기 바란다. 즉, 그림에서 바트화 옵션을 보면 평가절하시 달러기준으로 -손실액이 증가하는데 이는 상환금액의 증가로 인한 손실의 의미로 생각하면 된다.

이제 체결시점의 TRS에 대한 평가를 하면 [표 9.2]와 같다. [표 9.2]에 의하면 TRS의 적정가치가 약 5,837만 달러로 추정된다. 이는 다이아몬드펀드가 TRS의 기대되는 만기상환금액을 감안할 때에 5,837만 달러를 차입해야 공정한 계약이라 할 수 있는데, 5,300만 달러만 수령하여 대략 537만 달러를 덜 받았다는 의미이다.5) 따라서 다이아몬드펀드 측은 계약체결시점부터 불리한 계약을 하였음을 알 수 있다.

[표 9.2] 다이아몬드펀드 TRS거래 가격결정식에 의한 평가6)

<단위 : 달러>

TRS Valuation				차입금액 (b)	(b-a)
채권	엔화 put	바트화 put	합계(a)		
-1,500,103	-558,437	60,430,506	58,371,966	53,000,000	-5,371,966

다음은 다이아몬드펀드 TRS 가격결정식에 대한 MATLAB 코드이다.

[코드 9.3] Diamond Fund TRS Closed-Form

```
%%%%% Diamond Fund TRS Closed-Form %%%%%

function price=GC_TRS(Notional, Y0, B0, Ur, Yr, Br, Y_vol, B_vol, T)

% 식(9.2) Bond Pricing
Bond=Notional*(-0.03)*exp(-Ur*T);

% 식(9.2) Yen Put Pricing
% [코드3.1] BS_Vanilla 함수를 이용하며 배당수익률 q대신 Yen금리 Yr입력
Yen_Put=Notional*-Y0*BS_Vanilla('P', 1/Y0, 1/Y0, Ur, T, Y_vol, Yr);

% 식(9.2) Baht Put Pricing
Baht_Put=Notional*5*B0*BS_Vanilla('P', 1/B0, 6/(5*B0), Ur, T,...
```

5) ① 체결시점 TRS의 적정가치 5,837만 달러는 차입금 5,300만 달러에 대해 기대되는 만기상환금액의 현재가치금액이라 할 수 있다.
② 쉽게 말하면, 나중에 갚아야 할 돈의 기대금액이 1만원이고 이에 대한 현재가치가 9천원이라면, 지금 9천원 빌리면 공정할 수 있다. 그러나 8천원밖에 못 빌리고 갚을 돈의 기댓값이 그대로 1만원이면 계약시점부터 손해임을 알 수 있다.

6) 입력데이터 : 만기 1년, Y_0=122, B_0=25.884, 1년 미달러화 Libor 금리 5.82%, 1년 엔화금리 0.58%, 1년 바트화 금리 10.08%, 엔화 연변동성 7.5458%, 바트화 연변동성 1.2436%.

```
 B_vol, Br);

% Diamond Fund TRS Valuation
price=Bond+Yen_Put+Baht_Put;
```

상기 M-File을 실행하면 다음과 같다.

```
TRS_Price=GC_TRS(53000000, 122, 25.884, 0.0582, 0.0058, 0.1008,
0.075458, 0.012436, 1)

TRS_Price =
  5.8372e+007
```

(2) Monte Carlo Simulation

MC방법을 이용하여 TRS거래를 평가할 때에 제4장에서 배운 MC방법과 다른 점은 기초자산이 환율이라는 점인데, 이는 $r-q$를 $r-r_f$(자국금리-타국금리)로 대체하면 앞서 방법과 동일하다. [표 9.3]은 MC방법을 이용하여 상관계수 시나리오별로 TRS를 평가한 결과이다. 결과를 보면, 상관계수와 무관하게 평가 값들은 유사하다. 이는 식(9.2)에 나타났듯이 3개의 상품이 별도의 식으로 구성되어 있기 때문이다. 그러나 VaR를 측정할 경우에는 상관계수에 따라 측정치가 달라진다.

[표 9.3] 다이아몬드펀드 TRS MC방법 평가[7)]

<단위 : 달러>

구분	엔/달러와 바트/달러와의 상관계수						
Simulations	**-0.9**	**-0.6**	**-0.3**	**0**	**0.3**	**0.6**	**0.9**
100만번	58,368,226	58,368,753	58,373,216	58,367,842	58,368,570	58,372,493	58,374,702

다음은 다이아몬드펀드의 TRS를 MC방법으로 평가한 MATLAB 코드이다.

7) 입력변수는 각주4)과 같다.

[코드 9.4] Diamond Fund TRS Monte Carlo Simulation

```
%%%%% Diamond Fund TRS Monte Carlo Simulation %%%%%

function price=MC_TRS(Notional, Y0, B0, Ur, Yr, Br, Y_vol, B_vol,...
 T, rho, ns)

dt=T;
YT=zeros(ns,1);
BT=zeros(ns,1);
rho=[1 rho;rho 1];
M=chol(rho);          % Cholesky Decomposition
w0=randn(ns,2);
w=w0*M;

for i=1:ns,
    % q대신 Yr입력
    YT(i) = Y0/exp((Ur-Yr-Y_vol^2/2)*dt + Y_vol*sqrt(dt)*w(i,1));
    % q대신 Br입력
    BT(i) = B0/exp((Ur-Br-B_vol^2/2)*dt + B_vol*sqrt(dt)*w(i,2));

end

alpha=max(0,(YT-Y0)./YT)+min(1,5*(B0-BT)./BT);
payoff=Notional*(1-0.03-alpha);          % 식(9.1)
price=exp(-Ur*T)*mean(payoff);
```

상기 M-File을 실행하면 다음과 같다.

```
TRS_MC_Price=MC_TRS(53000000, 122, 25.884, 0.0582, 0.0058, 0.1008,
0.075458, 0.012436, 1, 0.3, 1000000)

TRS_MC_Price =
  5.8375e+007
```

(3) 시나리오 분석

이제 TRS가치를 변동시키는 요인별 시나리오 분석을 하여보자. [그림 9.5]는 만기 시 엔화환율과 바트화환율 시나리오별 payoffs, 즉 다이아몬드펀드가 상환해야할 금액들이다. 그림에서 보듯이 다이아몬드 펀드는 엔화 평가 절하 시 이익을 얻고(상환금액이 작아짐), 바트화 평가 절하 시 손실(상환금액이 커짐)을 보게 된다.[8] 실제 만기시점에서의 환율이 엔화가 123.17, 바트화가 44.95가 되어서 상환금액이 대략 16,331만 달러로 추정되었고 차입금액 5,300만 달러를 감안하면 11,031만 달러가 손실로 추정된다.

다음 [그림 9.6]은 두 환율 변동성 시나리오별 TRS가치의 변화들이다. 바트화에 대한 5배수 투자 성격에 따라 상환금액은 엔화의 변동성 증가보다 바트화의 변동성 증가에 민감하게 반응하며 더욱 커짐을 알 수 있다.

[그림 9.5]와 [그림 9.6]과 같이 파생상품 가치변동요인별 시나리오 분석을 수행하면 포지션의 payoff구조를 쉽게 시각적으로 파악할 수 있으며, 최악의 손실시나리오인 Stress Test도 가능하다. TRS의 경우에 시나리오 분석을 통해 엔화환율 및 변동성 요인보다 바트화환율의 폭락과 변동성 증가의 경우에 대규모 손실이 가능함을 사전에 예측할 수 있게 된다.

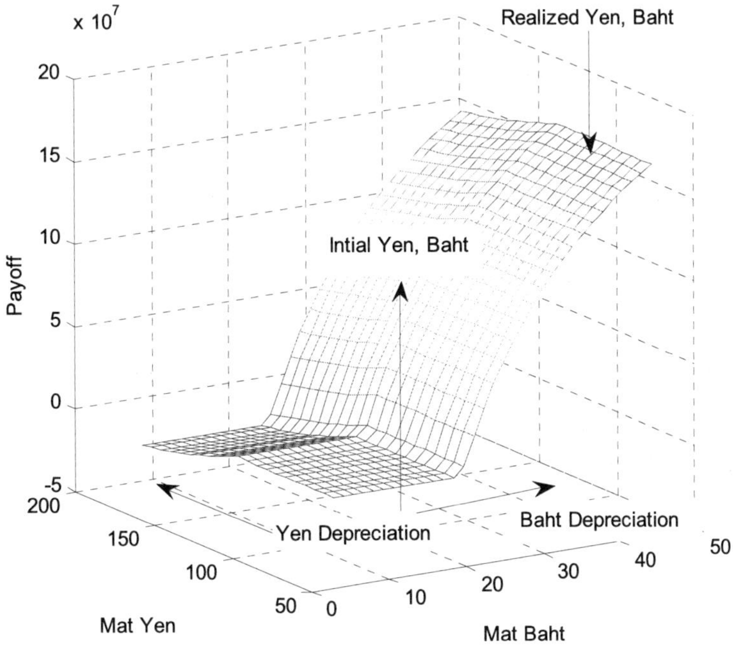

[그림 9.5] 만기환율별 다이아몬드펀드 TRS 가치

---

8) 엔화에 비하여 바트화 변동에 따른 손익변동이 더욱 큰 것은 바트화 put option이 바트화에 대한 5배수 투자이기 때문이다. 만일 바트화 평균 절하율이 엔화의 절하율의 0.2배 수준이면 두 포지션의 손익은 상쇄되어 만기 시 채권부분에서 159만 달러의 이익이 발생되는 구조이다. 그러나 엔화 평가절상 및 바트화 평가 절하 시, 그리고 엔화 평가 절하율에 대한 바트화의 평가 절하율의 관계가 0.2배를 초과하면 추가상환 부담이 커지게 된다.

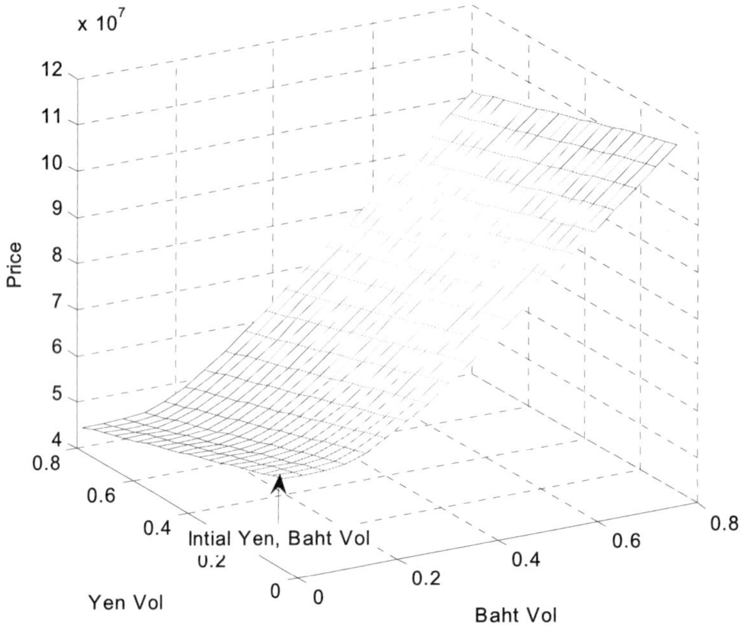

[그림 9.6] 변동성 시나리오별 다이아몬드펀드 TRS 가치

다음은 [그림 9.5]에 대한 MATLAB 코드이다.

[코드 9.5] Diamond Fund TRS 만기 Yen & Baht Scenario Analysis

```
%%%%% Diamond Fund TRS 만기 Yen & Baht Scenario Analysis %%%%%

ns=1000; Notional=53000000; Y0=122; B0=25.884;
Ur=0.0582; Yr=0.0058; Br=0.1008;
Y_vol=0.075458; B_vol=0.012436; T=1; rho=0.3;

YT=122*(1+[-0.5:0.05:0.5]);          % Yen Scenario Set
BT=25.884*(1+[-0.8:0.05:0.8]);       % Baht Scenario Set
alpha=zeros(length(YT),length(BT));
for i=1:length(YT)
    for j=1:length(BT)
        alpha(i,j)=max(0,(YT(i)-Y0)/YT(i))+min(1,5*(B0-BT(j))/BT(j));
    end
end
price2=Notional*(1-0.03-alpha);      % 식(9.1)
```

```
% Mesh Graph
[BT, YT]=meshgrid(BT, YT);
mesh(BT, YT, price2)
xlabel('Mat Baht')
ylabel('Mat Yen')
zlabel('Payoff')
```

다음은 [그림 9.6]에 대한 MATLAB 코드이다.

[코드 9.6] Diamond Fund TRS Yen_Vol & Baht_Vol Scenario Analysis

```
%%%%% Diamond Fund TRS Yen_Vol & Baht_Vol Scenario Analysis %%%%%

ns=1000; Notional=53000000; Y0=122; B0=25.884;
Ur=0.0582; Yr=0.0058; Br=0.1008;
Y_vol=0.075458; B_vol=0.012436;
T=1; rho=0.3;

Y_vol=linspace(Y_vol, 0.8, 20);      % Yen Volatility Scenario Set
B_vol=linspace(B_vol, 0.8, 20);      % Baht Volatility Scenario Set
price3=zeros(length(Y_vol),length(B_vol));
for i=1:length(Y_vol)
    for j=1:length(B_vol)
        price3(i,j)=GC_TRS(Notional, Y0, B0, Ur, Yr, Br, Y_vol(i), ...
                    B_vol(j), T);
    end
end
[B_vol, Y_vol]=meshgrid(B_vol, Y_vol);
mesh(B_vol, Y_vol, price3)
xlabel('Baht Vol')
ylabel('Yen Vol')
zlabel('Price')
```

9.2.3 인도네시아 루피아화 연계 채권 평가 및 시나리오분석

(1) Monte Carlo Simulation

이 채권은 루피아화로 표시한 달러 가치에 대한 아시안 옵션구조(경로종속형)를 지니고 있어서 가격결정식 대신 MC방법을 이용하여 가치를 구할 수 있다. 위험중립평가 원칙하에 루피아/달러 환율(R_1, R_2)의 process를 도출하여 평가를 하면 다음과 같다.

[표 9.4] 인도네시아 루피아화 연계 채권 MC방법 평가9)

<단위 : 달러>

시뮬레이션 횟수	평가금액	표준오차	신뢰구간
1천만번	85,342,765	1,523	85,339,778 ~ 85,345,751

평가 결과에 따르면 채권의 현재가치는 약 8,534만 달러로 추정되어 다이아몬드펀드가 매입한 가격인 8,700만 달러와 비교하면 166만 달러 정도 불리하게 매입한 것으로 분석된다.

[코드 9.7] Diamond Fund IDR Monte Carlo Simulation

```
%%%%% Diamond Fund IDR Monte Carlo Simulation %%%%%

function [Price, SE, CI]=MC_IDR(Notional, R0, Ur, Ir, I_vol, ns)

t1=0.5;
t2=1;
dt=0.5;
R1=zeros(ns,1);
R2=zeros(ns,1);
w=randn(ns,2);

for i=1:ns,
    R1(i) = R0/exp((Ur-Ir-I_vol^2/2)*dt + I_vol*sqrt(dt)*w(i,1));
    R2(i) = R1(i)/exp((Ur-Ir-I_vol^2/2)*dt + I_vol*sqrt(dt)*w(i,2));
end

% 제9.2.1에 설명한 루피아화 연계채권 만기상환조건 참조
c1=0.2015*(R0./R1)*(1/2);
c2=0.2015*(R0./R2)*(1/2);
F=max(0, (R0./R2) + 2*(R0-R2)./R2 - (R1-R2)./R2);
DiscPrice=Notional*c1*exp(-Ur*t1) + Notional*(F+c2)*exp(-Ur*t2);
[Price, PriceVar, CI]=normfit(DiscPrice);
SE=PriceVar/sqrt(ns);
```

9) 입력데이터 : 1년 미달러화 Libor 금리 5.82%, 1년 루피아화 금리 12.25%, 루피아화 연변동성 2.3183%

상기 M-File을 실행하면 다음과 같다.

```
[Price, SE, CI]=MC_IDR(87000000, 2369.5, 0.0582, 0.1225, 0.023183,
10000000)

Price =
  8.5342e+007

SE =
  1.5234e+003

CI =
  1.0e+007 *
    8.5339
    8.5345
```

(2) 시나리오 분석

루피아화 변동성 변화에 따른 채권의 가격변동을 분석하여 보면 [그림 9.7]과 같다.

그림을 보면, 매입가격 8,700만 달러는 루피아 변동성이 30%~40%인 구간에 해당되고 당시 루피아 환율의 변동성이 약 2.32%인 점을 감안할 때 상당 수준 고평가된 가격임을 알 수 있다.

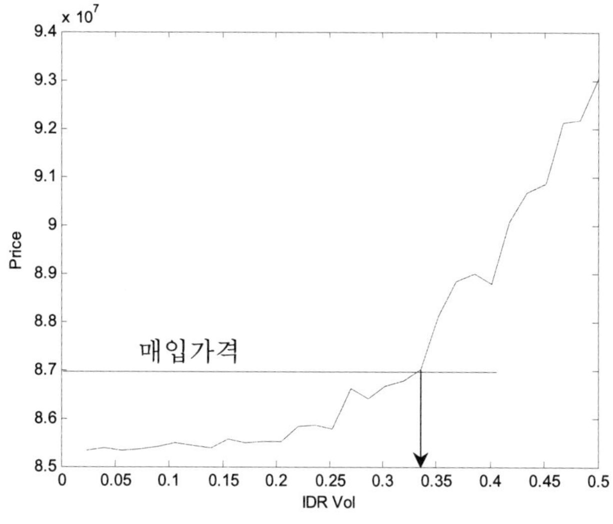

[그림 9.7] 변동성 시나리오별 루피아화 연계 채권 가치

다음은 다이아몬드펀드 루피아화 연계 채권 변동성 시나리오분석에 대한 MATLAB 코드이며, 실행하면 [그림 9.7]이 출력된다.

[코드 9.8] Diamond Fund IDR Vol Scenario

```
%%%%% Diamond Fund IDR Vol Scenario %%%%%

ns=100000;
Notional=87000000;
R0=2369.5;
Ur=0.0582;
Ir=0.1225;

% IDR_Vol Scenario Analysis (MC)
I_vol=linspace(0.023183, 0.5, 30);
price=[];
for i=1:length(I_vol)
    p=MC_IDR(Notional, R0, Ur, Ir, I_vol(i), ns);
    price=[price;p];
end
plot(I_vol,price)
xlabel('IDR Vol')
ylabel('Price')
```

부 록

옵션포트폴리오 리스크관리시스템 구축 (MATLAB® Builder for Excel 응용)

앞서 여러 금융이론들을 MATLAB을 이용하여 구현하는 방법과 다양한 함수 M-File들을 작성하였다. 이러한 M-File들을 실행하기 위해서는 직접 MATLAB에서 작업을 해야 하며, 그 결과물들도 MATLAB Command Window에 출력된다. 그러나 대부분의 실무자들은 엑셀 기반의 작업에 익숙하여 있는 것이 사실이다. 따라서 엑셀에서 직접 MATLAB의 M-File들을 실행하고, 그 결과물들을 이용할 수 있다면 좀더 효과적인 분석을 수행할 수 있을 것이다. 바로 이러한 욕구를 충족시킬 수 있는 기능이 "MATLAB Builder for Excel(Excel Builder)"이라는 ToolBox이다.[1] 필자도 실무에서는 이 기능을 이용하여 최종적으로 엑셀에서 MATLAB을 실행시키고 있는데 대단히 유용함을 말해주고 싶다. 이 부록 편에서는 MATLAB에서 작성한 함수 M-File들을 엑셀의 사용자정의함수로 추가하는 방법과 이를 이용하여 간단한 옵션포트폴리오 리스크관리시스템을 만들어보고자 한다.

---

1) 제14.4장에서 소개할 putmatrix, getmatrix 기능도 엑셀과 데이터 입출력이 가능하나 한계가 있으며 Excel Builder기능이 훨씬 효과적이다.

○ MATLAB® Builder for Excel(Excel Builder)

제1부와 제2부에서는 파생상품 Modeling에 대한 이론과 이를 MATLAB으로 구현하는 방법을 소개하였다. 이제 이렇게 MATLAB으로 작성된 각종 함수파일들을 어떻게 실무에 활용해야 효율적인지를 말해주고자 한다. 즉, MATLAB으로 작성한 함수모듈을 보고와 모니터링 업무에 용이하고, 독자들에게 매우 친숙한 엑셀함수로 전환시켜 실무에 활용하는 방법을 설명하고자 한다.

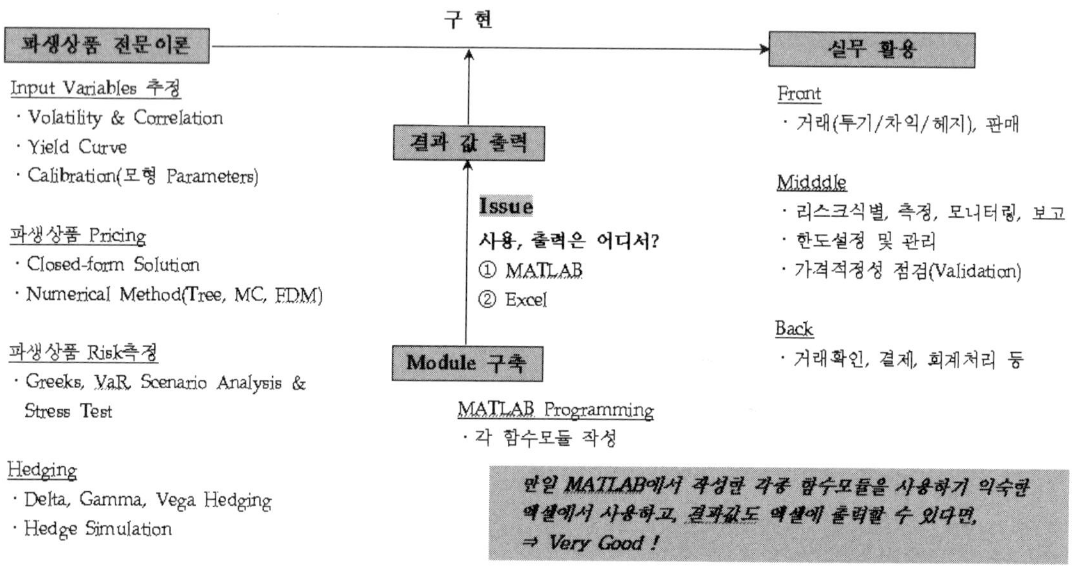

상기 그림에서의 Issue를 해결할 수 있는 기능이 바로 "MATLAB Builder for Excel (Excel Builder)"이라는 ToolBox이다.

아래 그림에서 보듯이 MATLAB의 Excel Builder는 MATLAB 함수파일을 엑셀VB 코드로 전환시키는 기능을 수행하여 엑셀의 사용자정의 함수로 사용할 수 있게 해준다.[2] 또한 Excel Builder의 Packaging기능을 이용하면 배포파일을 만들 수 있으며, 이 파일은 MATLAB이 설치되지 않은 PC에서도 사용할 수 있게 된다.

2) MATLAB®에는 이 밖에 .NET, Java를 위한 MATLAB Compiler로도 있다.

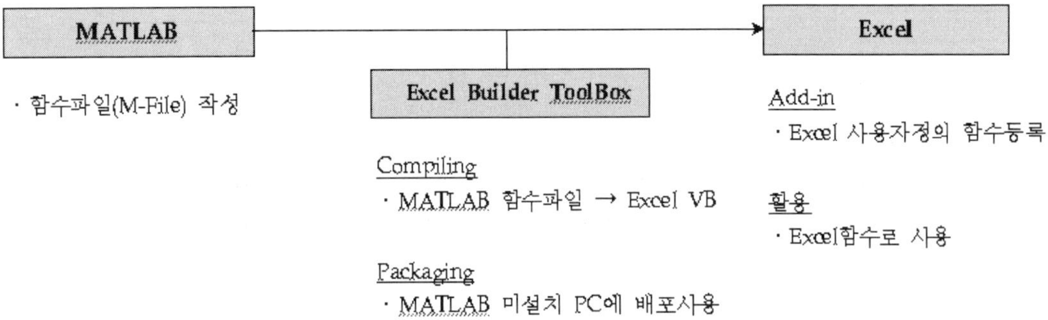

○ 옵션포트폴리오 리스크관리시스템 구축

옵션리스크 측정을 위해 작성된 BS, Para_VaR, HS_VaR, MC_VaR, OptionPort_Greeks, OptionPort_Simu, OptionPort_GP라는 MATLAB 함수파일들을 Excel Builder기능을 통해 엑셀의 사용자함수로 추가하는 절차와 이를 이용하여 옵션포트폴리오 리스크관리시스템을 구축하는 방법을 단계별로 살펴보자.[3]

제1단계 : Creating and Building a Component

① compiler 선택 : 이 작업은 처음 한번만 수행하면 됨

- command line에 mbuild –setup 명령어 입력 후 Enter를 치면 다음 메시지가 나옴

```
>> mbuild -setup
Please choose your compiler for building standalone MATLAB
applications:

Would you like mbuild to locate installed compilers [y]/n? y
```

- y입력 후 Enter → 현 PC에 설치 된 compiler 목록 중 하나를 선택(예 : Microsoft Visual C/C++)
  → y입력 후 Enter로 확인

3) BS(제7장에서 작성한 BS_Vanilla_Greeks함수를 약간 변경한 함수로서 [코드 8.1]에 사용), Para_VaR, HS_VaR, MC_VaR 파일들은 제8장에 소개하였으며, OptionPort_Greeks(옵션포트폴리오 민감도), OptionPort_Simu(옵션포트폴리오 시나리오분석), OptionPort_GP(옵션포트폴리오 만기/이론 P&L) 파일은 이 부록 뒷부분에 작성되어 있다.

② 새 프로젝트 생성

- command line에 deploytool 명령어 입력 후 Enter → 우측에 Deployment Tool 화면 생성

  → 도구메뉴의 New Project 버튼 클릭 → New Deployment Project창 생성
  → MATLAB Builder for Excel 선택 → Project 이름을 Option_Risk.prj
  → OK버튼 클릭 → 새로운 프로젝트를 생성

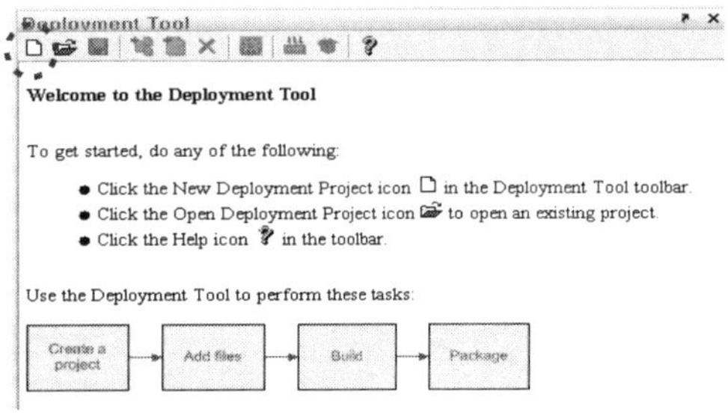

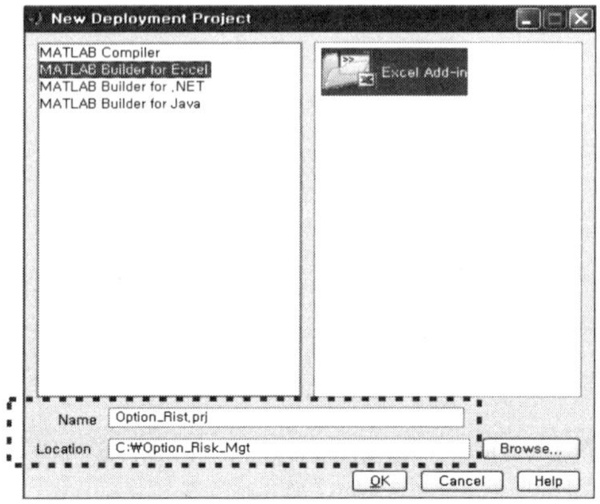

③ 파일 추가

- Deployment Tool 화면에서 Option_Riskclass를 선택 → 도구메뉴에서 Add File 버튼 클릭

  → Add 대화상자에서 사전에 함수로 작성된 M-File 선택 후 Add 클릭 → 프로젝트 저장

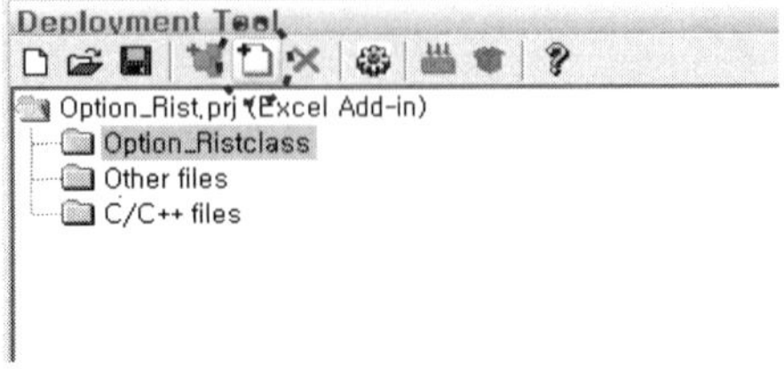

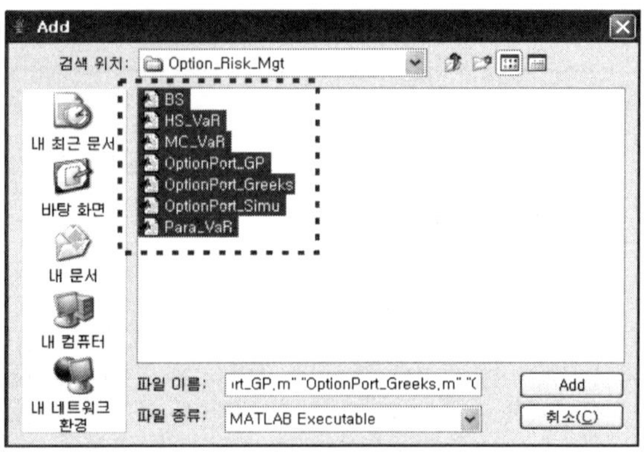

④ Settings

- 최종 작성된 파일들이 배포되어 MATLAB이 없는 PC에서 작동될 수 있으려면 MATLAB Component Runtime(MCR)이라는 프로그램을 설치해야 하는데, 배포파일에 MCR Installer를 포함시키는 작업이 필요함
- 도구메뉴에서 Settings 버튼 클릭 → Settings 화면 왼쪽의 Packaging 선택 → 우측 Include MATLAB Component Runtime(MCR) 체크

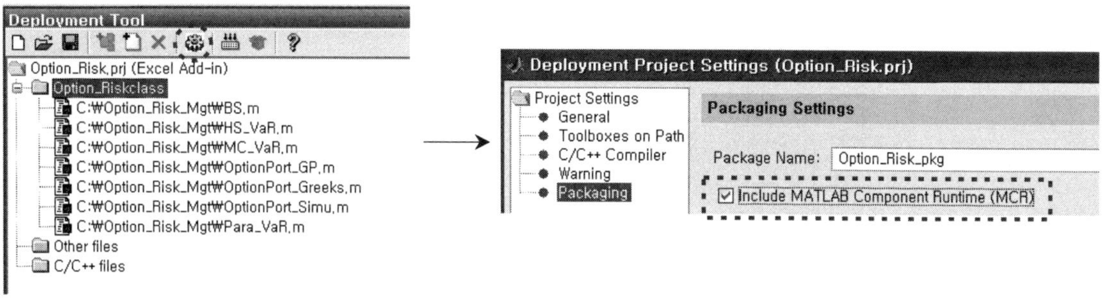

⑤ Component 구성

- 도구메뉴에서 Build 버튼 클릭 → component 구성작업 진행됨(다소 시간이 걸림) → 작업이 완료되면 Deployment Tool Output 창에 작업관련 메시지들이 출력됨 → project 저장
- 작업 완료 후 Current Directory에 Option_Risk 폴더가 생성되고, 해당 폴더 안에 distrib와 src라는 폴더가 생성됨

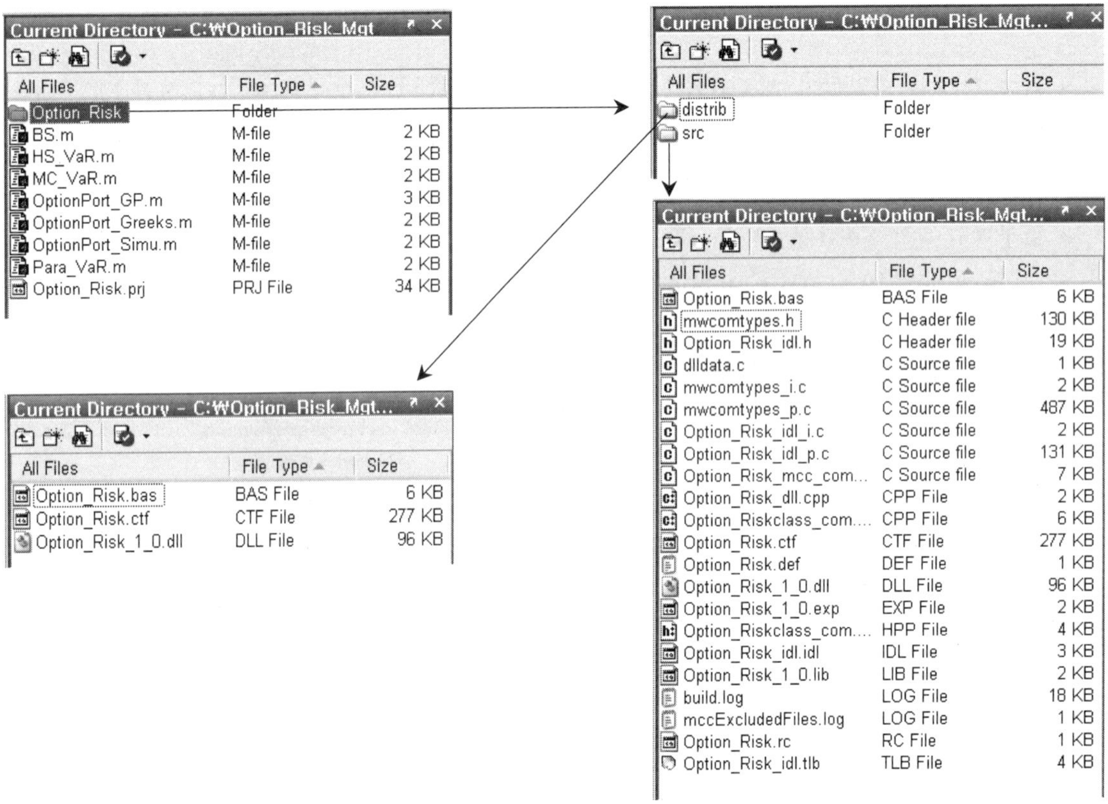

- Deployment Tool 화면 종료

제2단계 : Deploying and Packaging the Component

① Importing the VBA file (.bas) into the Excel Visual Basic editor

- 엑셀 빈문서 열기 → 도구 → 매크로 → Visual Basic editor 선택
- Visual Basic editor에서 → 파일 → 파일 가져오기 선택
- 파일 가져오기 대화창에서 방금 생성한 Option_Risk 폴더로 이동 → distrib 폴더 → Option_Risk.bas 파일 선택 후 열기 클릭 → VBAProject에 모듈 생성됨 → Visual Basic editor 닫기

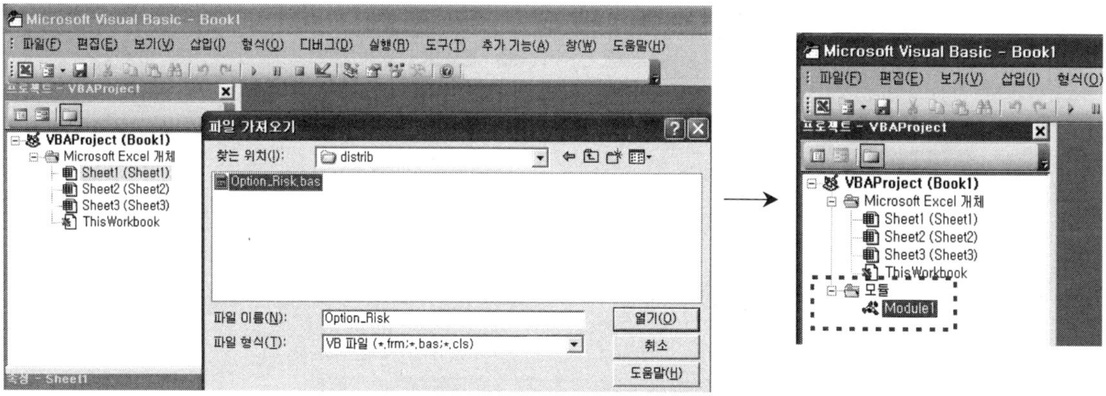

② 엑셀 추가기능(Add-in) 파일(*.xla) 생성

- 엑셀 빈문서로 돌아가서 저장을 클릭 → 파일형식을 Microsoft Office Excel 추가기능(*.xla)으로 지정 → 파일명은 Option_Risk.xla로 지정 → 저장위치는 방금 생성한 Option_Risk 폴더의 distib 폴더로 지정 후 저장

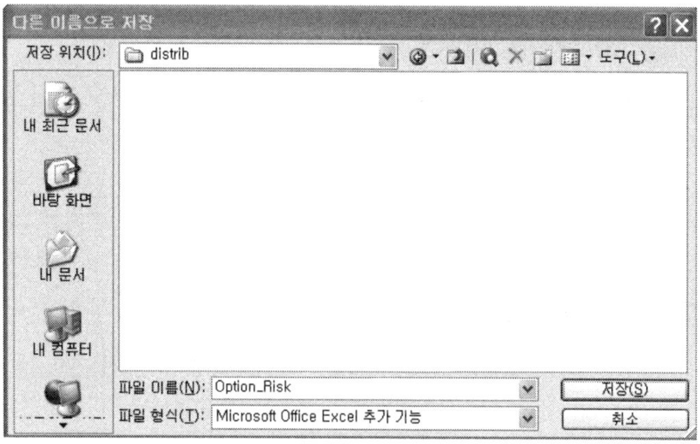

③ Packaging the Component

- 이 단계는 MATLAB이 설치되지 않은 PC에 지금껏 생성된 파일을 배포하기 위해 component를 packaging 하는 작업이다.
- MATLAB의 command line에 deploytool 입력 후 Enter → Deployment Tool의 도구메뉴에서 project 열기 클릭 → 앞서 작성한 Option_Risk.prj 열기 → 도구메뉴에서 package 버튼 클릭 → packaging 진행 → 작업 완료시 Command History창에 packaging 완료 메시지가 출력됨 → 최종적으로 Option_Risk 폴더가 완성됨

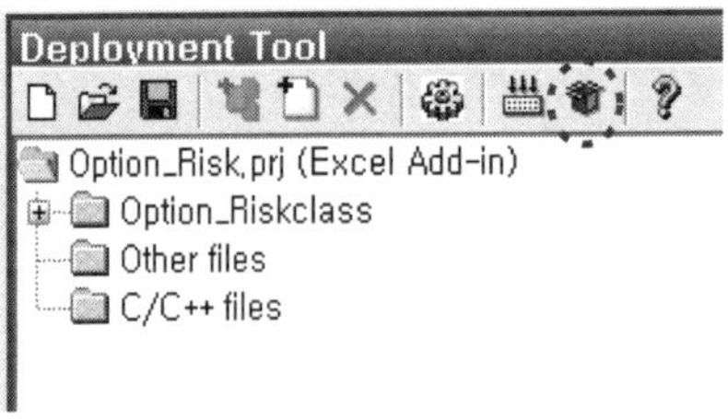

• Option_Risk 폴더의 distrib 폴더 안에 아래와 같은 파일들이 생성되었는지 확인

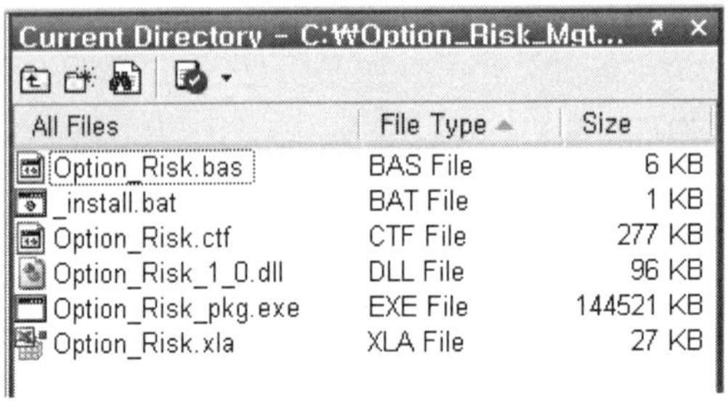

제3단계 : Distributing the Component

⇒ 최종 완성된 Option_Risk 폴더를 본인 또는 타인 PC에 배포하였을 경우의 작업

① MCR installer 설치

<MCR installer 미 설치 PC인 경우>

• Option_Risk 폴더 → distrib 폴더 → Option_Risk_pkg를 실행 → 도스창에 A를 입력 → distrib 폴더에 MCRinstaller.exe 생성 → 이를 실행하여 MCR 설치

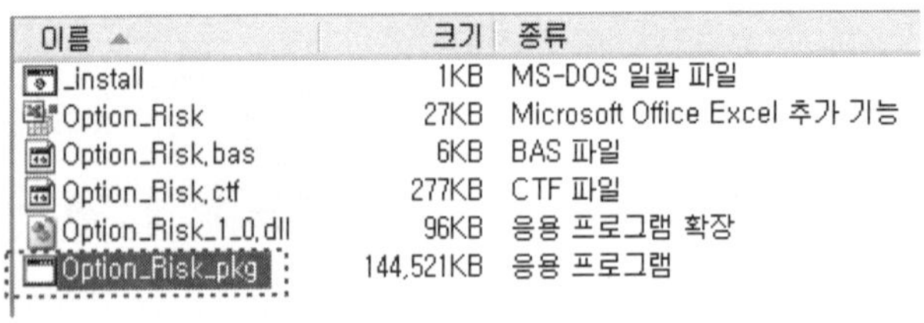

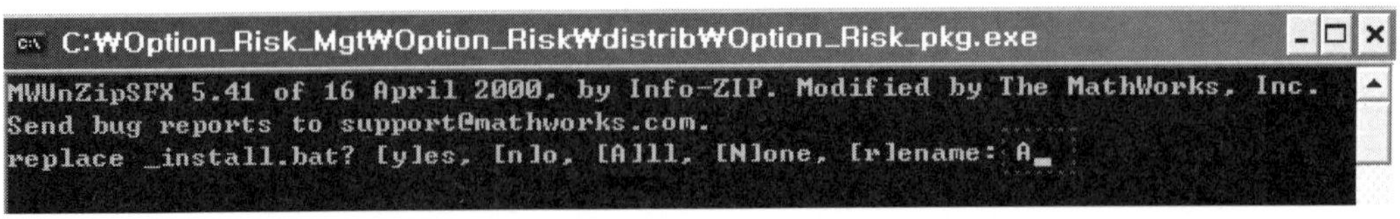

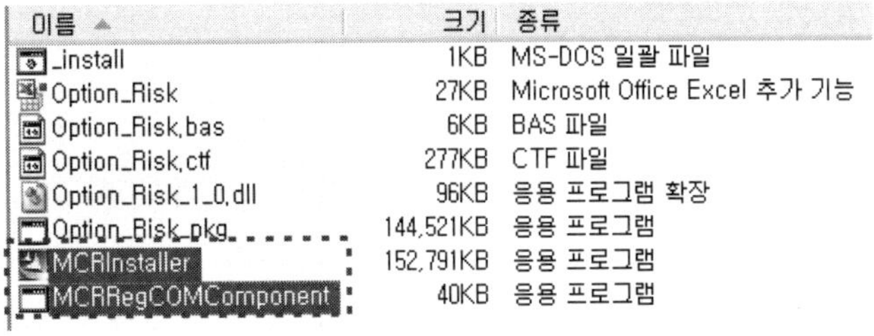

<MCR installer 설치된 PC인 경우>

- Settings작업 시 Include MATLAB Component Runtime(MCR) 체크하지 않고 Packaging
- Option_Risk 폴더 → distrib 폴더 → Option_Risk_pkg를 실행 → 도스창에 A를 입력

② 엑셀 추가기능(Add-in) 생성

- 엑셀 빈문서 열기 → 도구 → 추가기능 → 찾아보기 클릭 → Option_Risk 폴더 → distrib → Option_Risk.xla 선택 후 확인

③ 엑셀 함수생성 확인

- 엑셀 도구 → 삽입 → 함수 → 범주선택을 사용자정의로 하면 MATLAB에서 작성한 BS, Para_VaR, HS_VaR, MC_VaR, OptionPort_Greeks, OptionPort_Simu, OptionPort_GP 함수들이 생성됨
- 이 함수들은 다른 엑셀함수 사용하는 방법과 동일하게 사용하면 됨
- 아래 예시는 사용자정의 함수에서 Para_VaR를 선택한 경우임

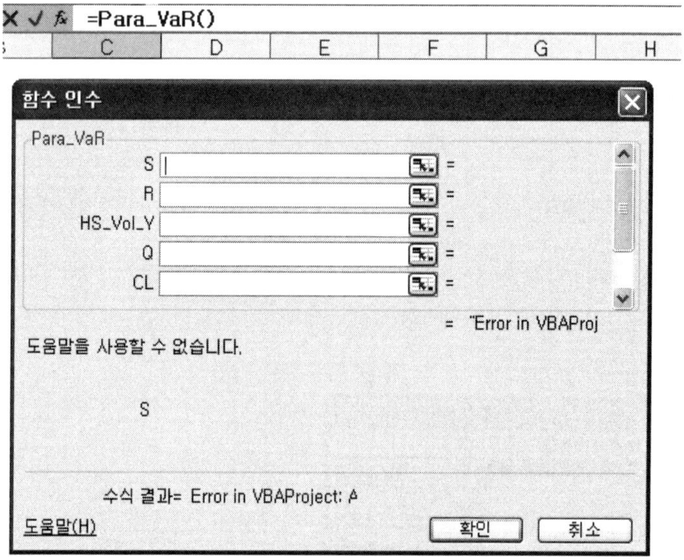

제4단계 : 옵션포트폴리오 리스크관리시스템 화면완성

⇒ 화면 Layout의 각 셀에 해당 함수들을 적용하여 화면을 완성함

① Para_VaR 함수의 사용예제 : Delta-Normal, Delta-Gamma VaR 산출

- VaR를 출력할 셀을 동시에(Para_VaR 함수는 출력 값이 2개) 선택 → 함수마법사를 클릭 → 사용자정의에서 Para_VaR선택 → 함수 인수 값들을 차례로 입력 → Shift, Ctrl, Enter를 동시에 눌러 실행(배열출력이므로)

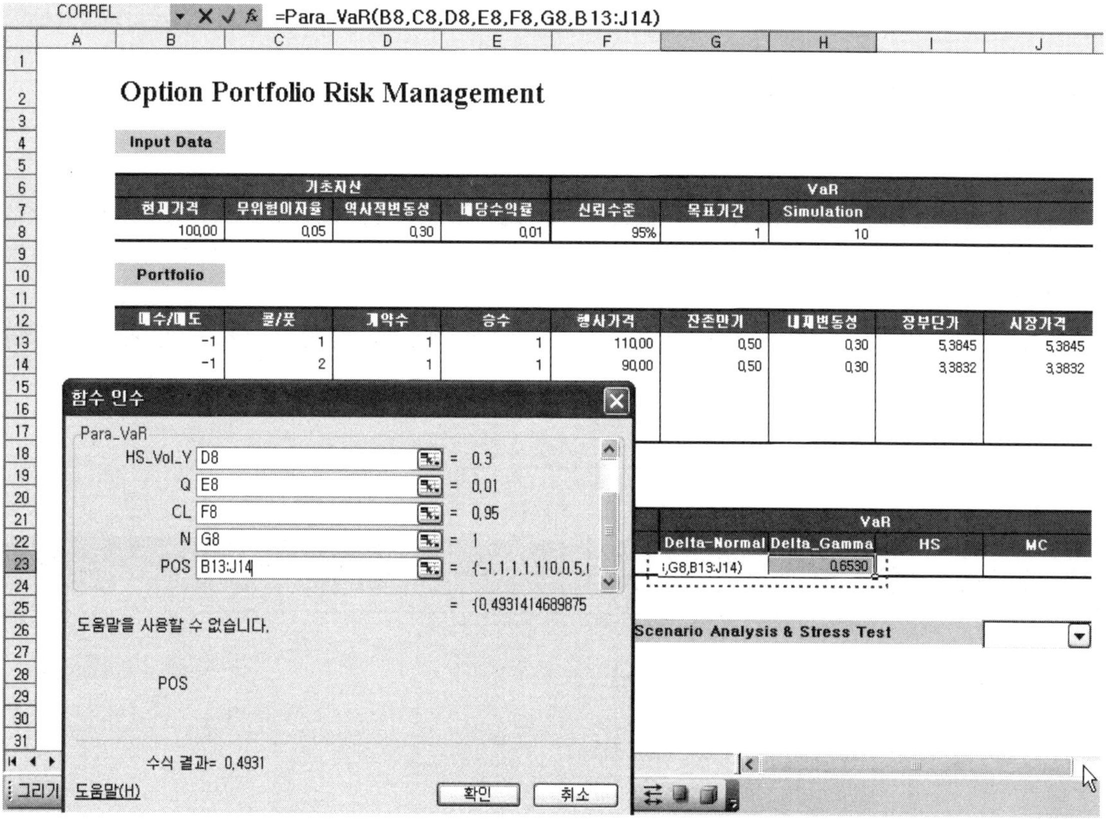

② 옵션포트폴리오 리스크관리시스템 완성

- 옵션포트폴리오 예제 : 스트랭글 매도포지션(제8장 예제)
- 옵션거래의 포지션 데이터만 실시간으로 엑셀링크가 가능하다면 실시간 옵션리스크를 측정 할 수 있음. 즉, 대부분의 사내에 구축한 리스크관리시스템이 하루가 지나서 리스크가 측정되는 단점을 보완할 수 있음4)
- 다음은 각 셀에 해당 함수들을 적용하여 만든 최종 옵션포트폴리오 리스크관리시스템 화면임

4) 대부분 사내에 구축된 리스크관리시스템은 하루가 지나서 리스크(특히 MC VaR와 HS_VaR)를 측정하게 되는데, 비선형자산인 옵션포트폴리오를 대규모로 보유하고 있을 경우에는 실시간 리스크측정이 중요하다.

옵션포트폴리오 : 포지션 계속 추가 가능, 실시간 링크 시 실시간 리스크관리가능

Option Portfolio Risk Management

Input Data

기초자산				VaR		
현재가격	무위험이자율	역사적변동성	배당수익률	신뢰수준	목표기간	Simulation
100.00	0.05	0.30	0.01	95%	1	100,000

Portfolio

매수/매도	콜/풋	계약수	승수	행사가격	잔존만기	내재변동성	장부단가	시장가격
-1	1	1	1	110.00	0.50	0.30	5.3845	5.3845
-1	2	1	1	90.00	0.50	0.30	3.3832	3.3832

Portfolio Risk ON

OptionPort_Greeks Para_VaR

Greeks					VaR			
Delta	Gamma	Vega	Theta	Rho	Delta-Normal	Delta_Gamma	HS	MC
-0.1580	-0.0328	-49.2277	14.9620	-3.5168	0.4931	0.6530	0.6345	0.6226

HS_VaR MC_VaR

Portfolio Payoff, Greeks, Scenario ON

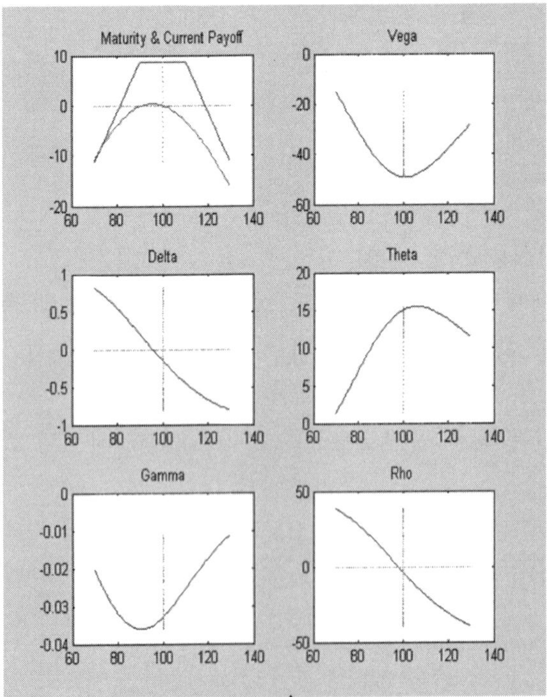

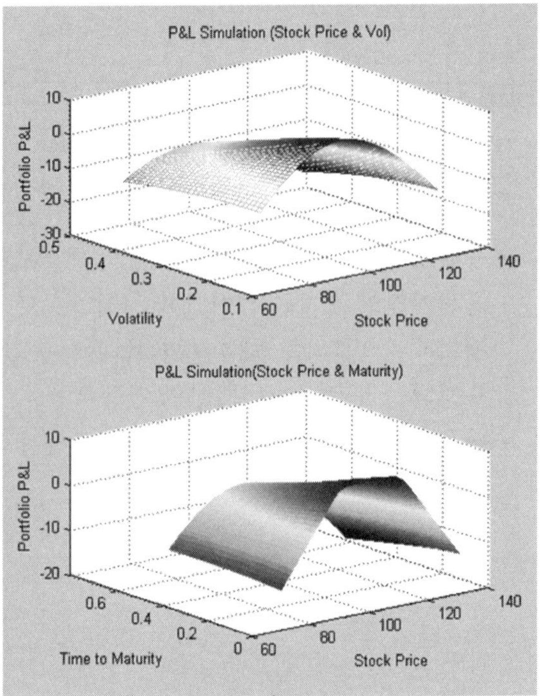

OptionPort_GP OptionPort_Simu

[부록코드 1] Option Portfolio Greeks

```
%%%%% Option Portfolio Greeks %%%%%

function Port_Greeks=OptionPort_Greeks(S, r, q, POS)

% Option Portfolio Data
LS=POS(:,1);              % Long/Short
C_P=POS(:,2);             % Call/Put
NC=POS(:,3);              % Number of Contracts
M=POS(:,4);               % Multiplier(승수)
X=POS(:,5);               % Strike
T=POS(:,6);               % Time to Maturity
Imp_Vol=POS(:,7);         % Implied Volatility

% Current Option Portfolio Greeks
sz=size(POS);
Delta=zeros(sz(1),1);
Gamma=zeros(sz(1),1);
Vega=zeros(sz(1),1);
Theta=zeros(sz(1),1);
Rho=zeros(sz(1),1);
for i=1:sz(1)
    Delta(i)=LS(i)*NC(i)*M(i)*BS(C_P(i), 2, S, X(i), r, T(i), ...
             Imp_Vol(i), q);
    Gamma(i)=LS(i)*NC(i)*M(i)*BS(C_P(i), 3, S, X(i), r, T(i), ...
             Imp_Vol(i), q);
    Vega(i)=LS(i)*NC(i)*M(i)*BS(C_P(i), 4, S, X(i), r, T(i), ...
            Imp_Vol(i), q);
    Theta(i)=LS(i)*NC(i)*M(i)*BS(C_P(i), 5, S, X(i), r, T(i), ...
             Imp_Vol(i), q);
    Rho(i)=LS(i)*NC(i)*M(i)*BS(C_P(i), 6, S, X(i), r, T(i), ...
           Imp_Vol(i), q);
end
Port_Greeks=sum([Delta Gamma Vega Theta Rho]);
```

[부록코드 2] Option Portfolio P&L Simulation Graph

```
%%%%% Option Portfolio P&L Simulation Graph %%%%%

function OptionPort_Simu(S, r, T, HS_Vol, q, GP, POS)

% Option Portfolio Data
LS=POS(:,1);            % Long/Short
C_P=POS(:,2);           % Call/Put
NC=POS(:,3);            % Number of Contracts
M=POS(:,4);             % Multiplier
X=POS(:,5);             % Strike
BP=POS(:,8);            % Option Book Price

% Stock/vol/t Change, Size
SP=(S*0.7:S*1.3)';
vol=(HS_Vol*0.5:0.01:HS_Vol*1.5)';
t=(T:-1/365:1/365)';
SP_ns=length(SP);
vol_ns=length(vol);
t_ns=length(t);
sz=size(POS);

% P&L Simulation (Stock Price & Vol)
Price1=zeros(SP_ns, sz(1));
Cur_PL1=zeros(SP_ns, vol_ns);
for i=1:SP_ns
    for k=1:vol_ns
        for j=1:sz(1)
            Price1(i,j)=LS(j)*NC(j)*M(j)*...
                (BS(C_P(j), 1, SP(i), X(j), r, T, vol(k), q)-BP(j));
            Cur_PL1(i,k)=sum(Price1(i,:));
        end
    end
end

% P&L Simulation (Stock Price & T)
Price2=zeros(SP_ns, sz(1));
Cur_PL2=zeros(SP_ns, t_ns);
for i=1:SP_ns
    for k=1:t_ns
        for j=1:sz(1)
```

```
            Price2(i,j)=LS(j)*NC(j)*M(j)*...
                (BS(C_P(j), 1, SP(i), X(j), r, t(k), HS_Vol,...
                 q)-BP(j));
            Cur_PL2(i,k)=sum(Price2(i,:));
        end
    end
end

if GP==1,
    figure(2)
    % P&L Simulation(Stock Price & Maturity) Graph
    subplot(2,1,2)
    [SP1,t]=meshgrid(SP,t);
    mesh(SP1,t,Cur_PL2')
    xlabel('Stock Price')
    ylabel('Time to Maturity')
    zlabel('Portfolio P&L')
    title('P&L Simulation(Stock Price & Maturity)')

    % P&L Simulation(Stock Price & Vol) Graph
    subplot(2,1,1)
    [SP2,vol]=meshgrid(SP,vol);
    mesh(SP2,vol,Cur_PL1')
    xlabel('Stock Price')
    ylabel('Volatility')
    zlabel('Portfolio P&L')
    title('P&L Simulation (Stock Price & Vol)')
end
```

[부록코드 3] Option Portfolio Payoff & Greeks Graph

```
%%%%% Option Portfolio Payoff & Greeks Graph %%%%%

function OptionPort_GP(S,r,q,GP,POS)

% Option Portfolio Data
LS=POS(:,1);            % Long/Short
C_P=POS(:,2);           % Call/Put
NC=POS(:,3);            % Number of Contracts
M=POS(:,4);             % Multiplier
X=POS(:,5);             % Strike
```

```
T=POS(:,6);                % Time to Maturity
Imp_Vol=POS(:,7);          % Implied Volatility
BP=POS(:,8);               % Option Book Price

% Size
SP=(S*0.7:S*1.3)';
ns=length(SP);
sz=size(POS);

% Portfolio Greeks
Price=zeros(ns, sz(1));
Delta=zeros(ns, sz(1));
Gamma=zeros(ns, sz(1));
Vega=zeros(ns, sz(1));
Theta=zeros(ns, sz(1));
Rho=zeros(ns, sz(1));
for i=1:ns
    for j=1:sz(1)
        Price(i,j)=LS(j)*NC(j)*M(j)*BS(C_P(j), 1, SP(i), X(j), r, ...
                   T(j), Imp_Vol(j), q);
        Delta(i,j)=LS(j)*NC(j)*M(j)*BS(C_P(j), 2, SP(i), X(j), r, ...
                   T(j), Imp_Vol(j), q);
        Gamma(i,j)=LS(j)*NC(j)*M(j)*BS(C_P(j), 3, SP(i), X(j), r, ...
                   T(j), Imp_Vol(j), q);
        Vega(i,j)=LS(j)*NC(j)*M(j)*BS(C_P(j), 4, SP(i), X(j), r, ...
                  T(j), Imp_Vol(j), q);
        Theta(i,j)=LS(j)*NC(j)*M(j)*BS(C_P(j), 5, SP(i), X(j), r, ...
                   T(j), Imp_Vol(j), q);
        Rho(i,j)=LS(j)*NC(j)*M(j)*BS(C_P(j), 6, SP(i), X(j), r, ...
                 T(j), Imp_Vol(j), q);
    end
end
Port_Delta=sum(Delta,2);
Port_Gamma=sum(Gamma,2);
Port_Vega=sum(Vega,2);
Port_Theta=sum(Theta,2);
Port_Rho=sum(Rho,2);

% Portfolio Maturity P&L
Mat_PL=zeros(ns, sz(1));
for i=1:ns
    for j=1:sz(1)
        if C_P(j)==1
```

```
            Mat_PL(i,j)=LS(j)*NC(j)*M(j)*(max(SP(i)-X(j),0)+-BP(j));
        elseif C_P(j)==2
            Mat_PL(i,j)=LS(j)*NC(j)*M(j)*(max(X(j)-SP(i),0)+-BP(j));
        end
    end
end
Port_Mat_PL=sum(Mat_PL,2);

% Portfolio Current P&L
Cur_PL=zeros(ns, sz(1));
for i=1:ns
    for j=1:sz(1)
        Cur_PL(i,j)=Price(i,j)-LS(j)*NC(j)*M(j)*BP(j);
    end
end
Port_Cur_PL=sum(Cur_PL,2);

% Graph
if GP==1,
    figure(1)
    subplot(3,2,1)
    plot(SP, Port_Mat_PL, SP, Port_Cur_PL, SP, 0, S, Port_Mat_PL)
    title('     Maturity & Current Payoff')
    subplot(3,2,3)
    plot(SP, Port_Delta, SP, 0, S, Port_Delta)
    title('Delta')
    subplot(3,2,5)
    plot(SP, Port_Gamma, SP, 0, S, Port_Gamma)
    title('Gamma')
    subplot(3,2,2)
    plot(SP, Port_Vega, SP, 0, S, Port_Vega)
    title('Vega')
    subplot(3,2,4)
    plot(SP, Port_Theta, SP, 0, S, Port_Theta)
    title('Theta')
    subplot(3,2,6)
    plot(SP, Port_Rho, SP, 0, S, Port_Rho)
    title('Rho')
end
```

제3부

주가연계증권

(Equity Linked Securities : ELS) Modeling

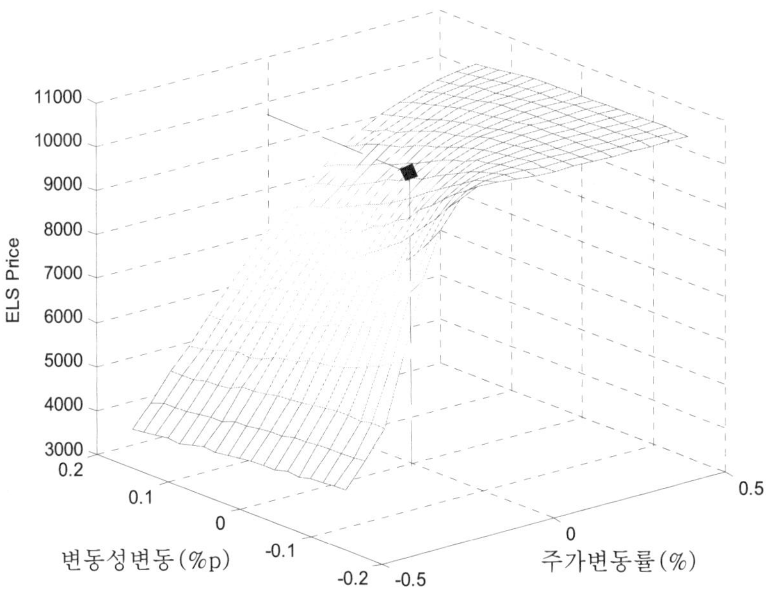

제10장

주가연계증권(ELS) 평가

제3부에서는 앞서 설명하였던 파생상품 평가 및 리스크측정 방법론을 이용하여 주가연계증권(ELS)을 평가하고 리스크를 측정해 보고자 한다. ELS는 최근 몇 년간 엄청난 수요를 불러일으키면서 대표적인 장외파생상품 투자수단 중 하나로 자리잡아가고 있다. 이에 따라 ELS를 발행하고 헤지를 수행하는 증권회사뿐만 아니라 수요자인 은행, 투신, 보험, 연기금 등에서는 조금 더 정밀한 ELS의 평가와 리스크측정에 대한 요구가 증대하고 있다. 또한 ELS의 상품구조가 점점 복잡 다양해지고 있기 때문에 분석적 방법보다는 수치해석방법으로 모델링을 수행해야 하는 상품들이 대다수가 되고 있다. 따라서 단순한 엑셀 또는 비주얼베이직을 이용할 경우 시뮬레이션 횟수의 제약으로 추정오차가 커질 수 있으며 시간적으로도 비용이 많이 들 수 있다.

MATLAB®은 앞서 살펴본 바와 같이 수치해석방법을 적용하기에 매우 뛰어난 도구로서 ELS의 평가와 리스크측정에 적합하다고 할 수 있으며, 현재 시장에 소개된 거의 모든 ELS상품들은 MATLAB을 이용하여 모델링이 가능하다고 생각한다. 이 장에서는 가장 발행이 많이 이루어지고 인기를 끌었던 Step-Down상품과 Double-Barrier상품을 예제로 하여 평가가격을 계산하는 논리를 소개할 것이다. 평가를 위한 기초자산의 확률과정은 위험중립세계 가정 하의 GBM을 따른다고 가정하였고, 평가방법론으로는 MC방법을 적용하였다.

10.1 Flow Chart

1. Input Data 생성 및 추정

발행정보
- 일자정보 : 발행일, 만기일, 의무중도상환평가일 등
- 상환조건 : 의무중도상환조건, 만기상환조건, 이표금리 등

기초자산정보
- 가격정보 : 기준가격, 현재가격, 행사가격, 베리어가격 등
- 기초자산가격 시계열 데이터 : 변동성 및 상관계수 추정에 사용
- 기타정보 : 무위험이자율(무이표채 수익률곡선), 배당수익률 등

2. Pricing 가정 및 방법론 선택

- 기초자산 확률과정모형 가정 : Geometric Brownian Motion 등
- pricing 평가원칙 선택 : 편미분방정식의 해, 위험중립평가방법 등
- pricing 방법론 선택 : 분석적 방법, 수치해석 방법

예) 2 Stock Step-Down ELS 상품 :
- 기초자산가격은 GBM을 따른다고 가정하고 위험중립평가원칙 하에 수치해석방법 중 Monte Carlo Simulation 방법으로 Pricing 수행

3. 기초자산별 주가 Path 생성

- 난수를 생성하여 기초자산별 주가 path를 시뮬레이션 횟수만큼 생성

예) 2 Stock Step-Down ELS 상품 :
- 기초자산이 2개 이므로 촐레스키분해를 이용하여 상관계수가 반영된 난수생성
- 기초자산별 주가 path를 이용 Worst Performer 도출

4. 상환조건에 따른 Payoff 계산

- 의무중도 및 만기상환 조건 체크 및 payoff 계산

예) 2 Stock Step-Down ELS 상품 :
- 각 의무중도평가일 및 만기평가일의 Worst Performer와 상환조건을 비교하여 충족 시 해당 payoff를 계산

5. ELS 가격 계산

- payoff들의 기댓값을 계산하고 이를 무위험이자율로 할인하여 ELS 가격 계산

예) 2 Stock Step-Down ELS 상품 :
- 각 의무중도 및 만기평가일 payoff들의 기댓값을 계산하고 현재가치를 계산하여 합산

6. ELS Risk 측정

- 의무중도/만기상환 및 원금손실확률 추정
- Value at Risk 측정
- Greeks 측정
- Scenario 분석

예) 2 Stock Step-Down ELS 상품 : Monte Carlo Simulation 방법을 이용하여 risk 측정

10.2 Step-Down ELS 평가

최근에 발행되는 ELS상품들은 의무중도상환형태의 원금비보장 상품들이 대다수이다. 이들 상품들 중에서 가장 대표적인 상품 두 가지를 예제로 하여 설명하고자 한다. 첫 번째는 행사가격이 의무중도상환차수에 따라서 하향 조정되는 Step-Down 상품이며, 두 번째는 Double-Barrier(Up and Out, Down and In) 옵션 형태의 상품이다.[1] 두 상품 모두 기초자산이 2개인 것으로 한다.

ELS의 기초자산인 주가 path를 시뮬레이션하기 위한 확률과정모형은 제1장에서 소개한 바 있는 Geometric Brownian Motion, Jump-Diffusion, Stochastic Volatility모형 등이 있다. 여기서는 모형화가 비교적 간편한 GBM을 따른다고 가정한다. 한편 예제상품들은 payoff 지급구조가 경로종속형 옵션의 성격을 가지고 있고 기초자산이 2개이므로 평가방법론으로는 수치해석방법 중 MC방법을 적용할 수 있다.[2] 즉, 위험중립평가원칙 하에 기초자산은 GBM을 따르고 MC방법을 이용하여 예제상품들을 평가하고자 한다.[3]

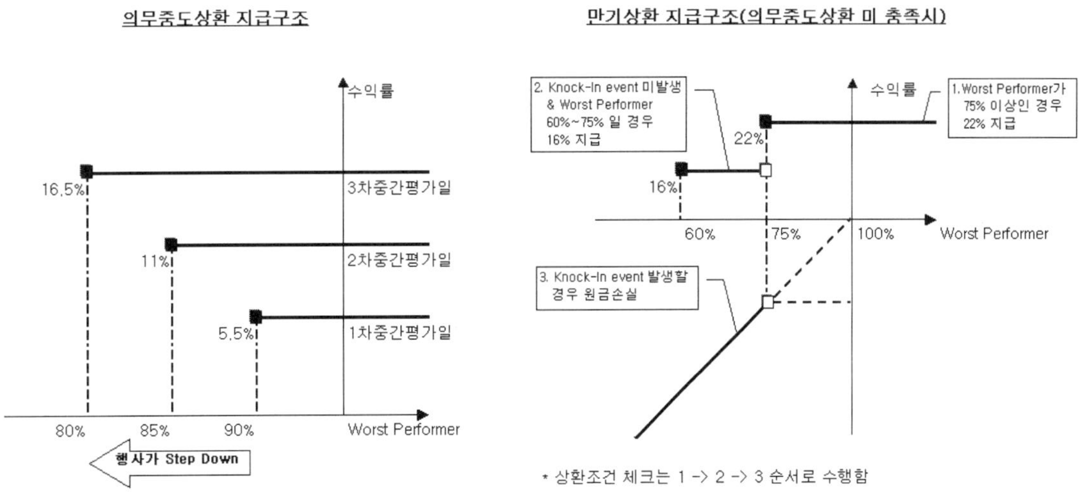

[그림 10.1] Step-Down상품 의무중도상환 및 만기상환 지급구조[4]

---

1) 기초자산이 2개, 중도에 의무상환조건 존재, down and in 옵션형태가 가미된 상품을 시장에서 소위 Hi-Five ELS라고 부른다.

2) Tree와 FDM은 계산 속도나 평가 값의 안정성(수렴도) 측면에서 MC보다 우수한 방법론이라 할 수 있다. 그러나 기초자산이 2개이면 Tree와 FDM은 dimension이 늘어나게 되어 모델링하기가 까다로우며, 3개 이상부터는 모델링이 불가능하다.

3) MC방법을 이용한 예제상품의 평가 및 리스크측정 방법을 충분히 익혀 둔다면, MC방법이 적용될 수 있는 어떠한 다른 구조의 상품을 접하게 될지라도 쉽게 응용할 수 있을 것이다.

4) Worst Performer = Min(기초자산1의 주가/기준가격, 기초자산2의 주가/기준가격)

[표 10.1] Step-Down상품 발행정보

<table>
<tr><td rowspan="4">일자정보5)</td><td>발행일</td><td colspan="3">2007.3.5</td></tr>
<tr><td>기준가격결정일</td><td colspan="3">2007.3.5</td></tr>
<tr><td>만기일</td><td colspan="3">2009.3.5</td></tr>
<tr><td>만기평가일</td><td colspan="3">2009.3.5</td></tr>
<tr><td rowspan="4">의무중도 상환정보</td><td>차수</td><td>중간평가일</td><td>중간행사가격</td><td>중간이표금리(연)</td></tr>
<tr><td>1차</td><td>2007.9.5</td><td>기준가격의 90%</td><td>5.5%</td></tr>
<tr><td>2차</td><td>2008.3.5</td><td>기준가격의 85%</td><td>11%</td></tr>
<tr><td>3차</td><td>2008.9.5</td><td>기준가격의 80%</td><td>16.5%</td></tr>
<tr><td rowspan="9">기타정보</td><td>액면</td><td colspan="3">10,000원</td></tr>
<tr><td>만기행사가격</td><td colspan="3">기준가격의 75%</td></tr>
<tr><td>Knock-In가격</td><td colspan="3">기준가격의 60%</td></tr>
<tr><td>기준가격</td><td colspan="3">기준가격결정일의 각 기초자산 종가</td></tr>
<tr><td>중간평가가격</td><td colspan="3">중간평가일의 각 기초자산의 종가</td></tr>
<tr><td>만기평가가격</td><td colspan="3">만기평가일의 각 기초자산의 종가</td></tr>
<tr><td>만기이표금리</td><td colspan="3">22%</td></tr>
<tr><td>만기dummy금리</td><td colspan="3">16%</td></tr>
<tr><td>기초자산</td><td colspan="3">A사 주가, B사 주가</td></tr>
<tr><td rowspan="2">상환조건</td><td>의무중도 상환조건</td><td colspan="3">· 각 중간평가일에 A사와 B사의 중간평가가격 모두 각각의 중간행사가격보다 크거나 같은 경우에는 다음의 금액을 중도상환 함
⇒ 의무중도상환금액 = 액면×(1+해당 중간이표금리)</td></tr>
<tr><td>만기 상환조건</td><td colspan="3">· 의무중도상환 미 발생시 만기상환금액 결정
(1) 만기평가일에 A사와 B사의 만기평가가격 모두 각각의 만기행사가격 보다 크거나 같은 경우에 다음의 금액을 만기상환 함
⇒ 만기상환금액 = 액면×(1+만기이표금리)
(2) 만기평가일에 A사와 B사의 만기평가가격 중 어느 하나라도 각각의 만기행사가격 보다 작은 경우에 다음 조건을 추가로 검토하여 만기상환 함
① 발행일(불포함)부터 만기평가일(포함)까지 장중 또는 종가에 A사 또는 B사의 주가가 단 1회라도 각각의 Knock-In가격 보다 작은 적이 없는 경우
⇒ 액면금액×(1+만기dummy금리)
② 발행일(불포함)부터 만기평가일(포함)까지 장중 또는 종가에 A사 또는 B사의 주가가 단 1회라도 각각의 Knock-In가격 보다 작은 적이 있는 경우
⇒ 액면금액×Min(A만기평가가격/기준가격, B만기평가가격/기준가격)</td></tr>
</table>

10.2.1 Step-Down ELS 구조

Step-Down상품은 특정기간(예 : 6개월)마다 주가와 행사가격을 비교하여 의무중도상환 여부와 이자지급액이 결정되며, 중도상환이 이루어지지 않을 경우에 만기에 이자지급액을 결정하는 상품이다. 또한 이 상품은 의무중도상환 차수에 따라 행사가격이 하향 조정되는 특징이 있으며, Knock-In 또는 Knock-Out조건을 첨가할 수 있다. [그림 10.1]은 Step-Down 상품의 의무중도상환 및 만기상환 지급구조를 보여주며, [표 10.1]과 [표 10.2]는 각각 발행정보와 기초자산정보이다.

[표 10.2] Step-Down상품 기초자산정보

항 목		A社	B社
ELS평가일		2007.4.2	
기준가격		48,300원	86,800원
현재가격		45,800원	84,600원
중간행사가격	**1차**	43,470원	78,120원
	2차	41,055원	73,780원
	3차	38,640원	69,440원
만기행사가격		36,225원	65,100원
Knock-In가격		28,980원	52,080원
변동성(연)		25%	30%
상관계수		0.5	
무위험이자율(연)		5%	
배당수익률(연)		1%	1%

10.2.2 입력데이터 생성 및 추정

Step-Down상품을 평가하기 위해서는 우선 발행정보와 기초자산정보가 필요하며 변동성 및 상관계수와 같이 통계적 방법을 이용하여 추정해야 하는 변수들이 있다. Step-Down 상품 평가에 대한 MATLAB 코딩은 단계별로 순차적으로 설명할 것이며, 각 단계별 코드를 합치면 최종적으로 하나의 평가코드가 완성될 것이다. 따라서 독자들은 이후 설명 순서대로 따라오길 바란다.

---

5) 발행일과 기준가격결정일, 만기일과 만기평가일은 실무에서는 1~3일 정도 차이가 나는 것이 일반적이나 예제는 편의상 각각 동일날짜로 설정하였다.

이제 예제상품의 발행정보와 기초자산정보를 MATLAB으로 코딩하기 위한 변수의 설정과 코드는 각각 [표 10.3], [코드 10.1]과 같다.6)

[표 10.3] Step-Down상품 Input Data 변수의 설정

변수명	변수정의	변수설명
ns	시뮬레이션 횟수	1이상의 정수로서 주가 path 시뮬레이션의 개수
face	액면	액면 당 단가를 구하기 위해 설정
val_date	ELS평가일	
mid_date	중간 및 만기평가일	
strike	중간 및 만기행사가격	
c_rate	중간 및 만기이표금리	
dummy	만기dummy금리	만기까지 의무중도상환 미 충족 & Knock-In event 미 발생시 지급과 관련된 금리로서 0일 경우 원금보장을 의미
ki	Knock-In가격	Knock-In Barrier 도달 기준가격
ki_YesNo	기존 Knock-In event 발생유무	ELS평가일 이전에 Knock-In event 발생여부를 반영
ref_S	기준가격	발행 시 정해진 기준가격
S	현재가격	ELS평가일의 기초자산1, 2의 현재가격
r	무위험이자율(연)	무이표채 수익률곡선에서 해당만기 이자율 적용
vol	변동성(연)	통계적 모형 등을 이용한 추정치 적용
rho	상관계수	통계적 모형 등을 이용한 추정치 적용
q	배당수익률(연)	추정치 적용
temp_ch	잔존일수	중간 및 만기평가일 - ELS평가일
mid_ch	조정된 잔존일수	ELS평가일이 중간평가일을 지난 경우 남아있는 중간 및 만기평가일 기준으로 잔존일수를 조정
N	총 time step일	만기평가일-ELS평가일
dt	time step 간격	
mid_size	mid_ch 크기	남은 중간평가일 및 만기평가일 개수, for문에 사용
payment	상환 시 지급금액	액면×(1+각 중간 및 만기 이표금리)

6) 본 장에서의 모든 코딩은 코딩 전에 변수들의 설정 및 정의를 소개하는 단계를 거칠 것이다.

[코드 10.1] Step-Down ELS Input Data[7)]

```
%%%%% 2Stock Step-Down ELS Pricing M-File %%%%%

% simulation 횟수
ns=10000;

% 발행정보
face=10000;
val_date='04-02-2007';
mid_date=['09-05-2007';'03-05-2008';'09-05-2008';'03-05-2009'];
```

• 3개의 중간평가일, 마지막은 만기평가일

```
strike=[0.9 0.85 0.8 0.75];
```

• 3개의 중간행사가격, 마지막은 만기행사가격
• 이후 코딩에서 (주가÷기준가격)으로 행사여부를 체크하기 때문에 strike를 비율로 설정함

```
c_rate=[0.055 0.11 0.165 0.22];
```

• 3개의 중간평가일의 이표금리, 마지막은 만기이표금리

```
dummy=0.16;
ki=0.6;
ki_YesNo='No';
```

• 발행일 익일 ~ ELS평가일까지 Knock-In event 발생시 'Yes', 아니면 'No'

```
% 기초자산정보
ref_S=[48300 86800];
S=[45800 84600];
r=0.05;
vol=[0.25 0.30];
rho=0.5;
q=[0.01 0.01];

% 의무중도 및 만기상환일 체크
temp_ch=datenum(mid_date)'-datenum(val_date);
```

• 중간평가일에서 ELS평가일을 차감하여 잔존일수 계산
• 잔존일수를 연 환산 단위가 아닌 일수 단위로 설정한 것은 일일단위의 주가 path를 생성하여 잔존일수를 MATLAB의 열(column) 주소(Index)와 일치시키기 위함
• datenum 함수 : N = datenum(V) converts one or more date vectors V into serial date numbers N.

7) 본 장에서의 코드는 앞의 다른 코드들과는 달리 설명을 자세히 붙였다. 설명은 음영표시 된 부분으로 실제 m-file 작성 시에는 삭제 또는 앞에 %를 붙여야 한다.

```
mid_ch=temp_ch(find(temp_ch>=0));
```

- ELS평가일이 중간평가일을 지났을 경우에 남은 중간 및 만기평가일까지의 잔존일수만 필요함
- temp_ch 원소들(elements) 중에 0보다 크거나 같은 원소의 주소를 찾아서 그 주소에 해당하는 temp_ch의 원소를 mid_ch에 반환하라는 의미임
- mid_ch는 이후 코딩에서 의무중도상환조건을 체크하기 위해 중간평가일의 주가를 불러오는 역할을 수행함
- find 함수 : I = find(X) returns the linear indices corresponding to the nonzero entries of the array X. X may be a logical expression.

```
c_rate=c_rate(find(temp_ch>=0));
strike=strike(find(temp_ch>=0));
```

- temp_ch와 마찬가지로 c_rate와 strike도 ELS평가일이 중간평가일을 지났을 경우에 남은 중간 및 만기평가일까지의 c_rate와 strike만 필요함

```
% time step
N=mid_ch(end);
```

- N은 총 time step의 개수로서 ELS평가일에서 만기평가일까지의 잔존일수로 함

```
dt=1/365;
```

- time step간격을 1/365로 설정함

```
mid_size=length(mid_ch);
```

- 이후 코딩에서 for문의 반복횟수를 mid_ch의 원소개수만큼 하도록 설정함
- length 함수 : length(X) returns the length of vector X.

```
% 의무중도상환 및 만기상환 지급 payment 계산
payment=zeros(ns,mid_size);
```

- 의무중도상환 및 만기상환 시 지급금액을 저장할 변수 payment 초기화

```
for i=1:ns
    for j=1:mid_size
        payment(i,j)=face*(1+c_rate(j));
    end
end
```

일단, 여기까지 작성한 M-File을 실행하여 보자. 실행 후 변수 payment를 Array Editor를 통하여 보면 [그림 10.2]와 같다. 여기서 행 넘버는 시뮬레이션 차수, 열 넘버는 중간 및 만기평가일 차수이며, 각 셀의 값들은 행사조건을 충족할 경우 지급해할 금액을 의미한다.

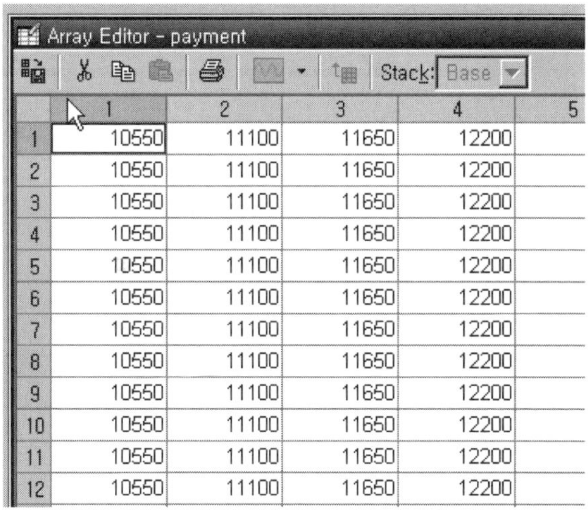

	1	2	3	4	5
1	10550	11100	11650	12200	
2	10550	11100	11650	12200	
3	10550	11100	11650	12200	
4	10550	11100	11650	12200	
5	10550	11100	11650	12200	
6	10550	11100	11650	12200	
7	10550	11100	11650	12200	
8	10550	11100	11650	12200	
9	10550	11100	11650	12200	
10	10550	11100	11650	12200	
11	10550	11100	11650	12200	
12	10550	11100	11650	12200	

[그림 10.2] 의무중도상환 및 만기상환 지급 payment

10.2.3 기초자산별 주가 Path 생성

Step-Down상품의 기초자산별 주가 path를 생성할 때 고려해야 할 점은 상관계수가 반영된 난수를 생성해야 하는 점과 payoff구조가 Worst Performer기준으로 정해지므로 기초자산별 주가 path를 서로 비교하여 Worst Performer를 도출해야 한다는 점이다.

이제 앞서 작성한 코드에 이어서 기초자산별 주가 path를 코딩하기 위한 변수의 설정과 코드는 각각 [표 10.4], [코드 10.2]와 같다.

[표 10.4] Step-Down상품 기초자산별 주가 Path 생성 변수의 설정

변수명	변수정의	변수설명
corr	상관계수 행렬	
M	촐레스키 분해 된 상관계수 행렬	
SP1, SP2	기초자산1, 2의 주가 path	
w0	난수	상관계수 미 고려된 난수
w	상관계수 반영 난수	상관계수 고려된 난수
R1, R2	기준가격대비 주가 path	기초자산1, 2 주가 path ÷ 기준가격
WP	Worst Performer	R1, R2 중 작은 값

[코드 10.2] Step-Down ELS 기초자산별 주가 Path 생성

```
% cholesky decomposition
corr=[1 rho;rho 1];
M=chol(corr);
```

- 상관계수가 고려된 난수를 발생시키기 위하여 상관계수행렬 corr을 cholesky decomposition 하여 상삼각행렬 M을 계산함.
- chol 함수 : R = chol(A) produces an upper triangular R so that R'*R = A. If A is not positive definite, an error message is printed.

```
% 기초자산1, 2 주가 path 초기화
SP1=zeros(ns,N+1);
SP1(:,1)=S(1);
SP2=zeros(ns,N+1);
SP2(:,1)=S(2);
```

- 기초자산별 주가 path를 생성하기 위해서 변수를 초기화 함.
- 각 변수의 첫 번째 열벡터에 각 현재가격을 입력하며, 이에 따라 변수 SP1 및 SP2의 총 time step 개수는 두 번째 열벡터부터 세어야 함.

```
% 기초자산1, 2 주가 path simulation
for i=1:ns
    w0=randn(N,2);
    w=w0*M;
    for j=2:N+1
       SP1(i,j)=SP1(i,j-1)*exp((r-q(1)-vol(1)^2/2)*dt+...
                vol(1)*sqrt(dt)*w(j-1,1));
       SP2(i,j)=SP2(i,j-1)*exp((r-q(2)-vol(2)^2/2)*dt+...
                vol(2)*sqrt(dt)*w(j-1,2));
    end
end
```

- GBM 공식인 제1장 식(1.10)을 for문을 이용하여 주가 path를 생성하면 ns만큼 주가 path가 생성됨.
- i는 행벡터로 생성될 path와 관련되고, j는 열벡터로 생성될 time step과 관련됨.
- w0=randn(N,2): 상관계수가 고려되지 않은 유사난수(표준정규분포를 따름)를 N개(총 time step 개수)를 생성하며, 이를 2개 series 생성함.
- w=w0*M : cholesky decomposition된 행렬 M을 이용하여 상관계수가 고려된 난수로 전환함.
- randn 함수 : R = randn(M, N) returns an M-by-N matrix containing

pseudo-random values drawn from a normal distribution with mean zero and standard deviation one.

- 제4장에서 소개한 분산감소기법을 적용하면 simulation의 효율성을 높일 수 있음

```
% 기준가격대비 주가 path로 전환하여 Worst Performer 도출
R1=SP1/ref_S(1);
R2=SP2/ref_S(2);
```

- 앞서 중간 및 만기행사가격, Knock-In가격을 기준가격에 대한 비율로 설정하였기 때문에 주가 path를 기준가격에 대한 비율로 전환함.

```
WP=min(R1,R2);
```

- 의무중도 및 만기상환, Knock-In event의 조건들이 2개의 기초자산 주가 중 낮은 것을 기준으로 체크되므로 Worst Performer기준 path를 도출함.
- WP는 이후 코딩부분에서 제일 중요한 변수가 됨.

[코드 10.1]에 [코드 10.2]를 연결하여 M-File을 실행하여 보자. 실행 후 변수 SP1을 Array Editor를 통하여 보면 [그림 10.3]과 같다. 여기서 행벡터 원소들은 각 시뮬레이션 차수의 주가 path들을 말하며, 각 열 넘버는 time step을 의미한다. 첫 번째 열벡터에는 현재가격이 입력되어 있음을 알 수 있다.8)

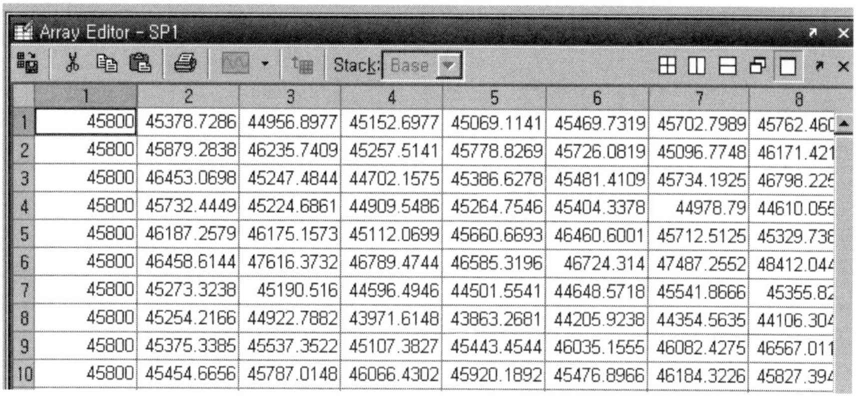
Array Editor - SP1

	1	2	3	4	5	6	7	8
1	45800	45378.7286	44956.8977	45152.6977	45069.1141	45469.7319	45702.7989	45762.460
2	45800	45879.2838	46235.7409	45257.5141	45778.8269	45726.0819	45096.7748	46171.421
3	45800	46453.0698	45247.4844	44702.1575	45386.6278	45481.4109	45734.1925	46798.225
4	45800	45732.4449	45224.6861	44909.5486	45264.7546	45404.3378	44978.79	44610.055
5	45800	46187.2579	46175.1573	45112.0699	45660.6693	46460.6001	45712.5125	45329.738
6	45800	46458.6144	47616.3732	46789.4744	46585.3196	46724.314	47487.2552	48412.044
7	45800	45273.3238	45190.516	44596.4946	44501.5541	44648.5718	45541.8666	45355.82
8	45800	45254.2166	44922.7882	43971.6148	43863.2681	44205.9238	44354.5635	44106.304
9	45800	45375.3385	45537.3522	45107.3827	45443.4544	46035.1555	46082.4275	46567.011
10	45800	45454.6656	45787.0148	46066.4302	45920.1892	45476.8966	46184.3226	45827.394

[그림 10.3] WP(Worst Performer)

[그림 10.4]는 [코드 10.1]과 [코드 10.2]의 실행과정을 보다 구체적으로 설명하기 위하여 각 변수들의 결과 값들을 엑셀로 정리한 것이다.9)

8) [그림 10.3]의 수치들은 난수를 이용한 시뮬레이션 결과 값들 이므로 난수를 고정하지 않을 경우 시뮬레이션 수행 때마다 다르게 된다.

Step1-1 : 기초자산1 주가 path simulation(변수 : SP1)

〈단위 : 원〉

구 분	평가일	dt시점	2dt시점	…	1차중간평가일	…	2차중간평가일	…	3차중간평가일	…	만기평가일
date =>	04-02-2007	04-03-2007	04-04-2007	…	09-05-2007	…	03-05-2008	…	09-05-2008	…	03-05-2009
MATLAB column index =>	1	2	3	…	157	…	339	…	523	…	704
time step =>	0	1	2	…	156	…	338	…	522	…	N=703
simulation path											
1	45,800	45,379	44,957	…	**46,981**	…	37,056	…	36,491	…	35,035
2	45,800	45,879	46,236	…	46,962	…	40,305	…	55,804	…	60,326
3	45,800	46,453	45,247	…	38,454	…	34,551	…	32,447	…	32,032
4	45,800	45,732	45,225	…	38,655	…	46,469	…	55,797	…	59,891
5	45,800	46,187	46,175	…	56,555	…	66,810	…	75,744	…	60,422
6	45,800	46,459	47,616	…	39,590	…	38,687	…	46,022	…	52,580
7	45,800	45,273	45,191	…	40,444	…	42,181	…	40,821	…	40,941
8	45,800	45,254	44,923	…	53,401	…	46,192	…	60,112	…	73,027
9	45,800	45,375	45,537	…	49,521	…	48,859	…	60,442	…	59,841
10	45,800	45,455	45,787	…	35,281	…	26,615	…	30,513	…	23,528
:	:	:	:	:	:	:	:	:	:	:	:
ns=10000	45,800	45,684	45,589	…	61,315	…	72,525	…	58,177	…	68,779

Step1-2 : 기초자산2 주가 path simulation(변수 : SP2)

〈단위 : 원〉

구 분	평가일	dt시점	2dt시점	…	1차중간평가일	…	2차중간평가일	…	3차중간평가일	…	만기평가일
date =>	04-02-2007	04-03-2007	04-04-2007	…	09-05-2007	…	03-05-2008	…	09-05-2008	…	03-05-2009
MATLAB column index =>	1	2	3	…	157	…	339	…	523	…	704
time step =>	0	1	2	…	156	…	338	…	522	…	N=703
simulation path											
1	84,600	84,608	85,085	…	**97,387**	…	59,653	…	46,177	…	49,713
2	84,600	85,910	87,018	…	94,648	…	108,338	…	144,297	…	137,588
3	84,600	86,252	84,302	…	100,241	…	89,569	…	80,531	…	57,324
4	84,600	84,225	84,305	…	76,735	…	102,115	…	110,899	…	146,553
5	84,600	86,223	86,193	…	75,689	…	58,054	…	92,201	…	99,077
6	84,600	85,222	86,905	…	69,584	…	92,107	…	128,588	…	175,884
7	84,600	86,177	87,168	…	69,542	…	66,345	…	83,372	…	83,003
8	84,600	81,628	83,414	…	63,803	…	49,123	…	61,828	…	78,070
9	84,600	83,313	81,378	…	95,121	…	78,229	…	93,018	…	92,283
10	84,600	83,844	86,957	…	66,202	…	48,775	…	52,096	…	35,848
:	:	:	:	:	:	:	:	:	:	:	:
ns=10000	84,600	85,819	84,051	…	86,581	…	84,957	…	55,988	…	69,726

Step2 : SP1과 SP2를 이용하여 Worst Performer path 도출(변수 : WP)

Worst Performer : Min(SP1/기준가격, SP2/기준가격)
=> Min[(46,981/48,300), (97,387/86,800)] = 0.9727

구 분	평가일	dt시점	2dt시점	…	1차중간평가일	…	2차중간평가일	…	3차중간평가일	…	만기평가일
date =>	04-02-2007	04-03-2007	04-04-2007	…	09-05-2007	…	03-05-2008	…	09-05-2008	…	03-05-2009
MATLAB column index =>	1	2	3	…	157	…	339	…	523	…	704
time step =>	0	1	2	…	156	…	338	…	522	…	N=703
simulation path											
1	0.9482	0.9395	0.9308	…	**0.9727**	…	0.6872	…	0.5320	…	0.5727
2	0.9482	0.9499	0.9573	…	0.9723	…	0.8345	…	1.1554	…	1.2490
3	0.9482	0.9618	0.9368	…	0.7962	…	0.7153	…	0.6718	…	0.6604
4	0.9482	0.9468	0.9363	…	0.8003	…	0.9621	…	1.1552	…	1.2400
5	0.9482	0.9563	0.9560	…	0.8720	…	0.6688	…	1.0622	…	1.1414
6	0.9482	0.9619	0.9858	…	0.8017	…	0.8010	…	0.9528	…	1.0886
7	0.9482	0.9373	0.9356	…	0.8012	…	0.7643	…	0.8452	…	0.8476
8	0.9482	0.9369	0.9301	…	0.7351	…	0.5659	…	0.7123	…	0.8994
9	0.9482	0.9394	0.9375	…	1.0253	…	0.9013	…	1.0716	…	1.0632
10	0.9482	0.9411	0.9480	…	0.7305	…	0.5510	…	0.6002	…	0.4130
:	:	:	:	:	:	:	:	:	:	:	:
ns=10000	0.9482	0.9458	0.9439	…	0.9975	…	0.9788	…	0.6450	…	0.8033

[그림 10.4] [코드 10.1], [코드 10.2] 실행과정

[그림 10.4]를 보면, 첫 번째 시뮬레이션의 1차 중간평가일 주가가 각각 46,981원과 97,387원으로 생성되었고 이를 기준가격 48,300원과 86,800원하고 비교하여 Worst Performer 0.9727이 계산됨을 보여주고 있다. 이런 과정을 반복하면 각 시뮬레이션별로 해당 중간 및 만기 평가일의 Worst Performer를 계산할 수 있게 된다.

---

9) [코드 10.1]과 [코드 10.2]를 실행한 후 변수 SP1, SP2, WP를 클릭하여 Array Editor 창에서 해당 값들을 보고 검산 등을 해보면, 코딩이 잘되었는지 판단할 수 있다. 바로 이렇게 생성된 변수들의 값을 코딩 중에 눈으로 직접 확인하고 검증할 수 있다는 점이 MATLAB의 강점으로 생각된다.

10.2.4 상환조건에 따른 Payoff 및 가격 계산

Step-Down상품 평가의 마지막 작업은 WP를 기준으로 각 평가일에 의무중도 및 만기상환조건을 체크하여 payoff를 결정하고 이에 대한 기댓값을 무위험이자율로 할인하여 최종 ELS가격을 계산하는 것이다.

상환조건에 따른 payoff 및 ELS가격 계산을 위한 변수의 설정과 코드는 각각 [표 10.5], [코드 10.3]과 같다. [코드 10.3]은 앞의 [코드 10.1], [코드 10.2]에 연결하여 작성하기 바란다.

[표 10.5] Step-Down상품 상환조건에 따른 payoff 및 ELS가격 계산 변수의 설정

변수명	변수정의	변수설명
strike_ch	중간 및 만기평가일 해당 WP	의무중도 및 만기상환조건 충족체크를 위한 데이터 추출
payoff	상환시 지급액	상환조건에 따른 최종 지급액
ki_event	Knock-In event 발생유무	상환 미 충족 WP 중 Knock-In event 발생유무 체크결과
exp_payoff	payoff의 기댓값	중간 및 만기평가일 payoff의 평균을 구해 기댓값 계산
disc_payoff	payoff 기댓값의 현재가치	각 payoff 기댓값을 해당기간 무위험이자율로 할인
ELS_Price	ELS 가격	할인된 payoff의 합계를 구하여 최종가격 도출

[코드 10.3] Step-Down ELS 상환조건에 따른 payoff 및 ELS가격 계산

```
% 의무중도 및 만기상환조건 체크 및 충족 시 payoff 결정
strike_ch=WP(:,mid_ch+1);
```

- 의무중도 및 만기상환조건을 체크하기 위해 중간 및 만기평가일에 해당하는 WP를 추출하는 작업임.
- WP의 첫 번째 열벡터에 초기값(현재가격/기준가격)들이 입력되어 있으므로 mid_ch에 1을 더해준 index에 해당하는 WP 열벡터들이 중간 및 만기평가일 값들이 됨.

```
payoff=zeros(ns,mid_size);
```

- 의무중도 및 만기상환 조건에 따른 지급액을 할당할 변수 payoff 초기화

```
for i=1:ns
    for j=1:mid_size
        if strike_ch(i,j)>=strike(j)
           payoff(i,j)=payment(i,j);
           break
```

```
        end
    end
    continue
end
```

- if strike_ch(i,j)>=strike(j)
   payoff(i,j)=payment(i,j)
  ⇒ strike_ch는 각 평가일의 WP에 해당되므로 이를 각 평가일의 행사가격과 비교하여 행사가격 이상이면 상환조건이 충족되므로 앞서 계산한 해당 payment금액을 변수 payoff에 할당함.
- break, continue : 의무중도상환조건이 충족되면 안쪽 for문을 중지(break)하고 바로(continue) 바깥쪽 for문을 수행하라는 의미임. 즉 1 path의 결과가 의무중도상환 되면 payoff가 결정되어 차기 상환일 작업은 필요하지 않으므로 바로 다음 path로 작업을 진행하라는 것임

```
% 의무중도 및 만기상환 미 충족 시 Knock-In event 체크 및 payoff 결정
for i=1:ns
    if payoff(i,:)==0
        switch ki_YesNo
            case 'No'
                ki_event=any(WP(i,:)<ki);
                if ki_event==1
                    payoff(i,end)=face*WP(i,end);
                else
                    payoff(i,end)=face*(1+dummy);
                end
            case 'Yes'
                payoff(i,end)=face*WP(i,end);
            otherwise
                error('ki_YesNo = Yes or No')
        end
    end
end
```

- if payoff(i,:)==0 : payoff 행벡터의 모든 원소가 0이면 의무중도 및 만기상환을 미 충족한 path이므로 이에 해당하는 path만 추출할 것을 의미함.
- switch ki_YesNo

```
     case 'No'
          ⁝
     case 'Yes'
          ⁝
     otherwise
```

```
        error('ki_YesNo = Yes or No')
```

⇒ 발행일 익일부터 평가일 전일까지 Knock-In event의 발행여부에 따라 해당 명령문을 수행함.

- case 'No'

```
    ki_event=any(WP(i,:)<ki)
        if ki_event==1
            payoff(i,end)=face*WP(i,end)
        else
            payoff(i,end)=face*(1+dummy)
        end
```

⇒ 평가일 이전에 Knock-In event 미 발생시에는 WP 중 상환조건을 미 충족한 path의 원소들을 대상으로 하여 해당원소들 중 최소 1개라도 ki 미만이면 event가 발생된 것이므로 변수 ki_event에 1을 반환함. 이 경우의 만기상환금액은 face*WP(i,end)로서 원금손실이 발생됨. 원소들 모두 ki 이상이면 event가 발생되지 않은 것으로서 dummy를 지급함.

- case 'Yes'

```
    payoff(i,end)=face*WP(i,end)
```

⇒ 평가일 이전에 Knock-In event가 발생하였다면 만기 시 dummy 지급기회는 없으며 원금손실만 존재함.

- any 함수 : any(V<X) returns logical 1 (TRUE) if any of the elements of the vector is lesser than X.

```
% payoff 기댓값 계산
exp_payoff=mean(payoff);
```

- 의무중도 및 만기상환일에 해당하는 payoff들의 평균을 취하여 기댓값을 구함.
- mean 함수 : For vectors, mean(X) is the mean value of the elements in X. For matrices, mean(X) is a row vector containing the mean value of each column.

```
% payoff 기댓값의 현재가치 계산
disc_payoff=zeros(1,mid_size);
```

- 각 payoff의 기댓값의 현재가치를 할당할 변수 disc_payoff를 초기화

```
for j=1:mid_size
    disc_payoff(j)=exp_payoff(j)*exp(-r*mid_ch(j)/365);
end
```

- 각 payoff의 기댓값을 해당기간 무위험이자율로 할인하여 현재가치를 구함.

```
% ELS가격 도출
ELS_Price=sum(disc_payoff)
```

• 의무중도 및 만기의 각 현재가치를 합하여 최종 Step-Down ELS 가격을 도출함.

[그림 10.5]는 [코드 10.1], [코드 10.2], [코드 10.3]의 실행과정을 보다 구체적으로 설명하기 위하여 각 변수들의 결과 값들을 엑셀로 정리한 것이다.

Step3 : WP에서 중간 및 만기평가일 값들 추출(변수 : strike_ch)
=> 의무중도 및 만기상환조건 충족 체크

구 분	1차중간평가일	2차중간평가일	3차중간평가일	만기평가일	상환조건체크
date =>	09-05-2007	03-05-2008	09-05-2008	03-05-2009	
MATLAB column index =>	157	339	523	704	
time step =>	156	338	522	N=703	
simulation path					
1	**0.9727**	0.6872	0.5320	0.5727	1차의무중도상환조건(0.9) 충족
2	**0.9723**	0.8345	1.1554	1.2490	1차의무중도상환조건(0.9) 충족
3	0.7962	0.7153	0.6718	**0.6604**	중도/만기조건, ki 미충족, dummy지급
4	0.8003	**0.9621**	1.1552	1.2400	1차 미충족, 2차(0.85) 충족
5	0.8720	0.6688	**1.0622**	1.1414	1~2차 미충족, 3차(0.80) 충족
6	0.8017	0.8010	**0.9528**	1.0886	1~2차 미충족, 3차(0.80) 충족
7	0.8012	0.7643	**0.8452**	0.8476	1~2차 미충족, 3차(0.80) 충족
8	0.7351	0.5659	0.7123	**0.8994**	1~3차 미충족, 만기행사(0.75) 충족
9	**1.0253**	0.9013	1.0716	1.0632	1차중도의무상환조건(0.9) 충족
10	0.7305	0.5510	0.6002	**0.4130**	중도/만기조건, ki 발생, 원금손실
:	:	:	:	:	
ns=10000	**0.9975**	0.9788	0.6450	0.8033	1차중도의무상환조건(0.9) 충족

Step4 : path별 상환조건에 따른 payoffs 생성(변수 : payoff)

구 분	1차의무중도상환	2차의무중도상환	3차의무중도상환	만기상환
simulation path				
1	10,550	0	0	0
2	10,550	0	0	0
3	0	0	0	11,600
4	0	11,100	0	0
5	0	0	11,650	0
6	0	0	11,650	0
7	0	0	11,650	0
8	0	0	0	12,200
9	10,550	0	0	0
10	0	0	0	4,130
:	:	:	:	:
ns=10000	10,550	0	0	0

Step5 : payoff의 기대값 계산(변수 : exp_payoff)

5,278	1,726	996	1,893

Step6 : payoff의 기대값을 해당기간 무위험이자율로 할인(변수 : disc_payoff)

5,167	1,648	927	1,719

Step7 : 할인된 payoff의 합계를 구하여 ELS가격 도출 (변수 : ELS_Price)

9,461

[그림 10.5] [코드 10.1], [코드 10.2], [코드 10.3] 실행과정

[그림 10.5]에서 step3의 5번째 시뮬레이션을 보면, 1차와 2차 중간평가일의 WP 0.8720과 0.6688은 각각 1차와 2차 행사가격인 0.9와 0.85보다 작기 때문에 의무중도상환이 되지 않고 3차로 넘어간다. 3차 중간평가일의 WP 1.0622는 3차 행사가격 0.80보다 크기 때문에 의무중도상환이 이루어지며 payoff는 원금과 해당 이표금리 16.5%를 감안한 11,650원이 된다. 이러한 과정을 각 시뮬레이션별로 반복하여 step4와 같이 각 시점별 payoff들을 계산할 수 있다

step5~7은 중간 및 만기평가일에 해당하는 payoff들의 평균을 취하여 기댓값을 구하고 이들을 무위험이자율로 할인하여 최종 가격을 도출하는 과정을 보여주고 있다.

[코드 10.4]는 [코드 10.1], [코드 10.2], [코드 10.3]을 연결하여 Step_Down상품의 평가코드를 완결한 것으로서 함수형태로 변형하였다.

[코드 10.4] Step-Down ELS 가격결정(완결코드)

```
%%%%% Step-Down ELS 가격결정(완결코드) %%%%%

function ELS_Price=StepDown_ELS_F(ns, face, val_date, mid_date,...
 strike, c_rate, dummy, ki, ki_YesNo, ref_S, S, r, vol, rho, q)

% 의무중도 및 만기상환일 체크
temp_ch=datenum(mid_date)'-datenum(val_date);
mid_ch=temp_ch(find(temp_ch>=0));
c_rate=c_rate(find(temp_ch>=0));
strike=strike(find(temp_ch>=0));

% time step
N=mid_ch(end);
dt=1/365;
mid_size=length(mid_ch);

% 의무중도상환 및 만기상환 지급 payment 계산
payment=zeros(ns,mid_size);
for i=1:ns
    for j=1:mid_size
        payment(i,j)=face*(1+c_rate(j));
    end
end

% cholesky decomposition
corr=[1 rho;rho 1];
M=chol(corr);
```

```
% 기초자산 1,2 주가 path 초기화
SP1=zeros(ns,N+1);
SP1(:,1)=S(1);
SP2=zeros(ns,N+1);
SP2(:,1)=S(2);

% 기초자산 1,2 주가 path simulation
for i=1:ns
    w0=randn(N,2);
    w=w0*M;
    for j=2:N+1
        SP1(i,j)=SP1(i,j-1)*exp((r-q(1)-vol(1)^2/2)*dt+vol(1)*...
                 sqrt(dt)*w(j-1,1));
        SP2(i,j)=SP2(i,j-1)*exp((r-q(2)-vol(2)^2/2)*dt+vol(2)*...
                 sqrt(dt)*w(j-1,2));
    end
end

% 기준가격대비 주가 path로 전환하여 Worst Performer 도출
R1=SP1/ref_S(1);
R2=SP2/ref_S(2);
WP=min(R1,R2);

% 의무중도 및 만기상환조건 체크 및 충족 시 payoff 결정
strike_ch=WP(:,mid_ch+1); %의무중도상환 판단시점의 Worst Performer 추출
payoff=zeros(ns,mid_size);
for i=1:ns
    for j=1:mid_size
        if strike_ch(i,j)>=strike(j)
           payoff(i,j)=payment(i,j);
           break
        end
    end
    continue
end

% 의무중도 및 만기상환 미 충족시 만기 knock-in event 체크 및 payoff 결정
for i=1:ns
    if payoff(i,:)==0
        switch ki_YesNo
            case 'No'
                ki_event=any(WP(i,:) < ki);
                if ki_event==1
```

```
                payoff(i,end)=face*WP(i,end); %원금손실
            else
                payoff(i,end)=face*(1+dummy); %액면+dummy 지급
            end
        case 'Yes'
            payoff(i,end)=face*WP(i,end);     %원금손실
        otherwise
            error('ki_YesNo = Yes or No')
    end
  end
end

% payoff 기댓값 계산
exp_payoff=mean(payoff);

% payoff 기댓값의 현재가치 계산
disc_payoff=zeros(1,mid_size);
for j=1:mid_size
    disc_payoff(j)=exp_payoff(j)*exp(-r*mid_ch(j)/365);
end

% ELS가격 도출
ELS_Price=sum(disc_payoff);
```

상기 함수를 이용하여 ELS가격을 도출하면 다음과 같다.
우선 발행정보와 기초자산정보를 Command Window에 입력한다.

```
>> ns=10000;
>> face=10000;
>> val_date='04-02-2007';
>> mid_date=['09-05-2007';'03-05-2008';'09-05-2008';'03-05-2009'];
>> strike=[0.9 0.85 0.8 0.75];
>> c_rate=[0.055 0.11 0.165 0.22];
>> dummy=0.16;
>> ki=0.6;
>> ki_YesNo='No';
>> ref_S=[48300 86800];
>> S=[45800 84600];
>> r=0.05;
>> vol=[0.25 0.30];
>> rho=0.5;
```

```
>> q=[0.01 0.01];
```

함수를 실행하면 다음과 같다.

```
>> ELS_Price=StepDown_ELS_F(ns, face, val_date, mid_date, strike,
c_rate, dummy, ki, ki_YesNo, ref_S, S, r, vol, rho, q)

ELS_Price =
  9.4881e+003
```

MC기법을 이용하였기 때문에 실행할 때마다 값이 다를 수 있으나, 대략 9,400원에서 9,500원 사이의 가격이 나올 것이다.

10.3 Double-Barrier(Hive-Five형) ELS 평가

두 번째 예제상품으로 Hive-Five ELS라고 알려진 Double-Barrier(Up and Out, Down and In) ELS 상품을 평가하여 보자. 이 상품의 발행조건은 Step-Down과 거의 동일하다. 다만, 각 중간행사가격이 1개로서 전 행사시점에 걸쳐 동일하고 Knock-In(Down and In)과 더불어 Knock-Out(Up and Out)조건이 추가된 점이 다르다. 이 상품의 코딩 절차와 내용은 Step-Down과 거의 동일하므로 여기서는 Step-Down과 다른 사항을 위주로 설명하겠다.

[그림 10.6]은 Double-Barrier상품의 의무중도상환 및 만기상환 지급구조를 보여주며, [표 10.6]와 [표 10.7]은 각각 발행정보와 기초자산정보이다.

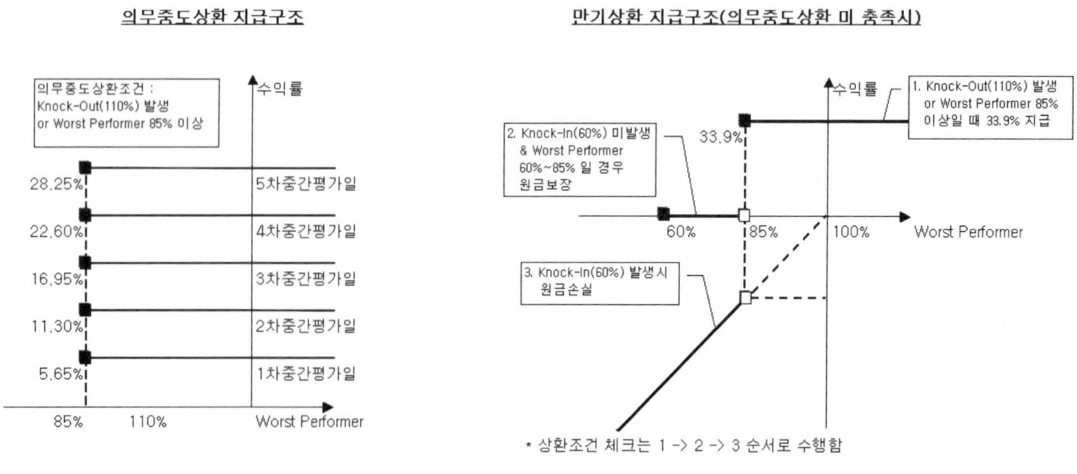

[그림 10.6] Double-Barrier상품 의무중도상환 및 만기상환 지급구조

[표 10.6] Double-Barrier상품 발행정보

<table>
<tr><td rowspan="4">일자정보</td><td>발행일</td><td colspan="3">2007.3.5</td></tr>
<tr><td>기준가격결정일</td><td colspan="3">2007.3.5</td></tr>
<tr><td>만기일</td><td colspan="3">2010.3.5</td></tr>
<tr><td>만기평가일</td><td colspan="3">2010.3.5</td></tr>
<tr><td rowspan="6">의무중도
상환정보</td><td>차수</td><td>중간평가일</td><td>중간행사가격</td><td>중간이표금리(연)</td></tr>
<tr><td>1차</td><td>2007.9.5</td><td rowspan="5">기준가격의 85%</td><td>5.65%</td></tr>
<tr><td>2차</td><td>2008.3.5</td><td>11.3%</td></tr>
<tr><td>3차</td><td>2008.9.5</td><td>16.95%</td></tr>
<tr><td>4차</td><td>2009.3.5</td><td>22.6%</td></tr>
<tr><td>5차</td><td>2009.9.5</td><td>28.25%</td></tr>
<tr><td rowspan="10">기타정보</td><td>액면</td><td colspan="3">10,000원</td></tr>
<tr><td>만기행사가격</td><td colspan="3">기준가격의 85%</td></tr>
<tr><td>Knock-Out가격</td><td colspan="3">기준가격의 110%</td></tr>
<tr><td>Knock-In가격</td><td colspan="3">기준가격의 60%</td></tr>
<tr><td>기준가격</td><td colspan="3">기준가격결정일의 각 기초자산의 종가</td></tr>
<tr><td>중간평가가격</td><td colspan="3">중간평가일의 각 기초자산의 종가</td></tr>
<tr><td>만기평가가격</td><td colspan="3">만기평가일의 각 기초자산의 종가</td></tr>
<tr><td>만기이표금리</td><td colspan="3">33.9%</td></tr>
<tr><td>만기dummy금리</td><td colspan="3">없음</td></tr>
<tr><td>기초자산</td><td colspan="3">A사 주가, B사 주가</td></tr>
<tr><td rowspan="2">상환조건</td><td>의무중도
상환조건</td><td colspan="3">· 각 중간평가일에 A사와 B사의 중간평가가격 모두 각각의 중간행사가격보다 크거나 같은 경우 또는 직전 중간평가일(불포함, 첫번째 중간평가일의 경우에는 발행일)로부터 해당 중간평가일(포함)까지의 기간 중 단 하루라도 A사와 B사의 종가가 모두 각각의 Knock-Out가격보다 크거나 같은 적이 있었던 경우에 다음의 금액을 중도상환 함
⇒ 의무중도상환금액 = 액면×(1+해당 중간이표금리)</td></tr>
<tr><td>만기
상환조건</td><td colspan="3">· 의무중도상환 미 발생시 만기상환금액 결정
(1) 만기평가일에 A사와 B사의 만기평가가격 모두 각각의 만기행사가격보다 크거나 같은 경우 또는 직전 중간평가일(불포함)로부터 만기평가일(포함)까지의 기간 중 단 하루라도 A사와 B사의 종가가 모두 각각의 Knock-Out가격보다 크거나 같은 적이 있었던 경우에 다음의 금액을 다음의 금액을 만기상환 함
⇒ 만기상환금액 = 액면×(1+만기이표금리)
(2) 만기평가일에 A사와 B사의 만기평가가격 중 어느 하나라도 각각의 만기행사가격보다 작고, 직전 중간평가일(불포함)로부터 만기평가일(포함)까지의 기간 중 단 하루라도 A사와 B사의 종가가 모두 각각의 Knock-Out가격보다 크거나 같은 적이 없었던 경우에 다음 조건을 추가로 검토하여 만기상환 함
① 발행일(불포함)부터 만기평가일(포함)까지 장중 또는 종가에 A사 또는 B사의 주가가 단 1회라도 각각의 Knock-In가격보다 작은 적이 없는 경우
⇒ 액면금액×100%
② 발행일(불포함)부터 만기평가일(포함)까지 장중 또는 종가에 A사 또는 B사의 주가가 단 1회라도 각각의 Knock-In가격 보다 작은 적이 있는 경우
⇒ 액면금액×Min(A만기평가가격/기준가격, B만기평가가격/기준가격)</td></tr>
</table>

[표 10.7] Double-Barrier상품 기초자산정보

항 목	A社	B社
ELS평가일	2007.4.2	
기준가격	78,200원	19,000원
현재가격	86,200원	19,500원
중간행사가격	66,470원	16,150원
만기행사가격	66,470원	16,150원
Knock-Out가격	86,020원	20,900원
Knock-In가격	46,920원	11,400원
변동성(연)	30%	35%
상관계수	0.5	
무위험이자율(연)	5%	
배당수익률(연)	1%	1%

Step-Down상품 평가와 다른 변수들은 [표 10.8]과 같다.

[표 10.8] Double-Barrier상품 변수의 설정

변수명	변수정의	변수설명
ko	Knock-Out가격	Knock-Out Barrier 도달 기준가격
ko_YesNo	Knock-Out event 발생유무(기존)	평가일 이전에 Knock-Out event 발생여부를 반영
ko_event	Knock-Out event 발생유무	WP 중 Knock-Out event 발생유무 체크결과

Step-Down상품의 [코드 10.4]를 참고하여 작성한 Double-Barrier상품 코드는 [코드 10.5]와 같으며, 함수형태로 구성하였다.

[코드 10.5] Double-Barrier(Hive-Five) ELS 가격결정

```
%%%%% Double-Barrier(Hive-Five) ELS 가격결정 %%%%%

function ELS_Price=Double_Barrier_ELS_F(ns, face, val_date,...
 mid_date, strike, c_rate, dummy, ko, ki, ko_YesNo, ...
 ki_YesNo, ref_S, S, r, vol, rho, q)

% 의무중도 및 만기상환일 체크
```

```
temp_ch=datenum(mid_date)'-datenum(val_date);
mid_ch=temp_ch(find(temp_ch>=0));
c_rate=c_rate(find(temp_ch>=0));

% time step
N=mid_ch(end);
dt=1/365;
mid_size=length(mid_ch);

% 의무중도상환 및 만기상환 지급 payment 계산
payment=zeros(ns,mid_size);
for i=1:ns
    for j=1:mid_size
        payment(i,j)=face*(1+c_rate(j));
    end
end

% cholesky decomposition
corr=[1 rho;rho 1];
M=chol(corr);

% 기초자산1, 2 주가 path 초기화
SP1=zeros(ns,N+1);
SP1(:,1)=S(1);
SP2=zeros(ns,N+1);
SP2(:,1)=S(2);

% 기초자산1, 2 주가 path simulation
for i=1:ns
    w0=randn(N,2);
    w=w0*M;
    for j=2:N+1
       SP1(i,j)=SP1(i,j-1)*exp((r-q(1)-vol(1)^2/2)*dt+vol(1)*...
                 sqrt(dt)*w(j-1,1));
       SP2(i,j)=SP2(i,j-1)*exp((r-q(2)-vol(2)^2/2)*dt+vol(2)*...
                 sqrt(dt)*w(j-1,2));
    end
end

% 기준가대비 주가 path로 전환하여 Worst Performer 도출
R1=SP1/ref_S(1);
R2=SP2/ref_S(2);
WP=min(R1,R2);
```

• 여기까지 코딩은 입력변수 수치와 Knock-Out조건을 제외하고는 Step-Down과 동일함

```
% 의무중도 및 만기상환조건 체크 및 충족 시 payoff 결정
strike_ch=WP(:,mid_ch+1);
payoff=zeros(ns,mid_size);
for i=1:ns
    switch ko_YesNo
        case 'No'
            for j=1:mid_size
                ko_event=any(WP(i,1:mid_ch(j)+1)>= ko);
                if strike_ch(i,j)>=strike || ko_event==1
                    payoff(i,j)=payment(i,j);
                break
                end
            end
        case 'Yes'
            payoff(i,1)=payment(i,1);
        otherwise
            error('ko_YesNo=Yes or No')
    end
    continue
end
```

```
• switch ko_YesNo
      case 'No'
          ≀
      case 'Yes'
          ≀
      otherwise
         error('ko_YesNo = Yes or No')
```

⇒ 평가일 직전 중간평가일 익일부터 차기 중간평가일까지 Knock-Out event의 발행 여부에 따라 해당 명령문을 수행함.

```
• case 'No'
      for j=1:mid_size
          ko_event=any(WP(i,1:mid_ch(j)+1)>= ko);
          if strike_ch(i,j)>=strike | ko_event==1
              payoff(i,j)=payment(i,j);
          break
          end
```

```
      end
```

⇒ Knock-Out event 미 발생시에는 각 중간평가일까지의 WP 각 path를 대상으로 최소 1개라도 ko 이상이면 event가 발생된 것이므로 변수 ko_event에 1을 반환함. 한편, 상환조건이 Knock-Out event 발생 또는 평가일의 WP인 strike_ch가 행사가격 이상일 경우이므로 상환조건을 충족하면 해당 payment금액을 변수 payoff에 할당함.

- | 연산자 : A | B performs a logical OR of arrays A and B and returns an array containing elements set to either logical 1 (TRUE) or logical 0 (FALSE).
- case 'Yes'

```
      payoff(i,1)=payment(i,1);
```

⇒ Knock-Out event가 발생하였다면 이미 상환조건을 충족한 것이므로 해당 payment금액을 변수 payoff에 할당함.

- 이하 코딩은 Step-Down과 동일함.

```
% 의무중도 및 만기상환 미 충족 시 만기 Knock-In event 체크 및 payoff 결정
for i=1:ns
    if payoff(i,:)==0
        switch ki_YesNo
            case 'No'
                ki_event=any(WP(i,:)<ki);
                if ki_event==1
                    payoff(i,end)=face*WP(i,end);
                else
                    payoff(i,end)=face*(1+dummy);
                end
            case 'Yes'
                payoff(i,end)=face*WP(i,end);
            otherwise
                error('ki_YesNo = Yes or No')
        end
    end
end

% payoff 기댓값 계산
exp_payoff=mean(payoff);

% payoff 기댓값의 현재가치 계산
disc_payoff=zeros(1,mid_size);
```

```
for j=1:mid_size
    disc_payoff(j)=exp_payoff(j)*exp(-r*mid_ch(j)/365);
end

% ELS가격 도출
ELS_Price=sum(disc_payoff);
```

상기 함수를 이용하여 ELS가격을 도출하면 다음과 같다.
우선 발행정보와 기초자산정보를 Command Window에 입력한다.

```
>> ns=10000;
>> face=10000;
>> val_date='04-02-2007';
>> mid_date=['09-05-2007';'03-05-2008';'09-05-2008';'03-05-2009';
'09-05-2009';'03-05-2010'];
>> strike=0.85;
>> c_rate=[0.0565 0.113 0.1695 0.226 0.2825 0.339];
>> dummy=0;
>> ko=1.1;
>> ki=0.6;
>> ko_YesNo='No';
>> ki_YesNo='No';
>> ref_S=[78200 19000];
>> S=[86200 19500];
>> r=0.05;
>> vol=[0.30 0.35];
>> rho=0.5;
>> q=[0.01 0.01];
```

함수를 실행하면 다음과 같다.

```
>> ELS_Price=Double_Barrier_ELS_F(ns, face, val_date, mid_date,
strike, c_rate, dummy, ko, ki, ko_YesNo, ki_YesNo, ref_S, S, r, vol,
rho, q)

ELS_Price =
  9.8119e+003
```

MC기법을 이용하였기 때문에 실행할 때마다 값이 다를 수 있으나, 대략 9,800원에서 9,850원 사이의 가격이 나올 것이다.

제11장

주가연계증권(ELS) 리스크 측정

ELS는 옵션이 내재된 상품이므로 ELS의 리스크는 옵션이 가지는 리스크와 유사하다. 따라서 ELS의 리스크는 앞에서 학습한 민감도와 VaR 측정방법, 그리고 시나리오분석법을 이용하여 측정할 수 있다. 또한 중도의무상환 조건이 존재하는 ELS는 각 상환확률을 유용한 리스크 측정치로 활용할 수 있다.

국내의 ELS 발행사들은 발행 ELS에 대한 헤지를 Back to Back 거래에서 점차 자체 Book운용을 통한 헤지로 방향을 전환하고 있다. 자체헤지를 수행할 경우에는 헤지비율 산출을 위해 민감도 측정이 대단히 중요하다. 또한 기초자산가격, 상관계수, 변동성 등의 시장변수들의 변화에 따른 ELS가격의 변화, 헤지손익이 변화 등을 추정하는 시나리오분석도 중요한 리스크 측정치가 된다.

제10장에서 ELS리스크 측정의 기반이 되는 평가방법론을 설명하였다. 이 장에서는 ELS 평가함수들을 이용하여 ELS의 리스크를 측정하는 방법들을 소개하고 이를 MATLAB으로 구현하고자 한다.

11.1 주가연계증권 리스크 종류

ELS상품의 리스크는 크게 시장리스크, 신용리스크, 유동성리스크로 구분된다.[1] 이들 리스크는 시장참여자 및 운용목적에 따라 각기 다를 수 있으며 이는 다음과 같다.

(1) 시장리스크(Market Risk)

· 정의 : 기초자산가격 변동으로 발생하는 ELS가격 변동리스크

구분	투자자	발행자	
		백투백 헤지[2]	자체 헤지[3]
리스크 내용	ELS가격하락, 만기시 원금손실, 원금보장시 기회비용 등의 리스크	없음	헤지오차 증가로 대고객의 무지급액 미충족 리스크[4]
측정지표	상환확률, Greeks, VaR, Scenario Analysis, Stress-Test 등	없음	투자자와 동일

(2) 신용리스크(Credit Risk)

· 정의 : 상환의무를 가진 ELS거래상대방이 상환의무를 수행하기 곤란할 경우 발생하는 리스크

구분	투자자	발행자	
		백투백 헤지	자체 헤지
리스크 내용	발행자의 상환불능 리스크	거래상대방의 상환불능 리스크	없음
측정지표	신용등급, 신용Exposure, 신용위험액 등[5]	좌동	없음

---

1) 기타 리스크로 입력변수(변동성/상관계수 등) 추정오류, 부적절한 평가모형 등으로 인한 모델리스크(Model Risk)와 계약상의 법률리스크(Legal Risk) 등이 있다.

2) 백투백(Back-to-Back) 헤지란 중개매매의 성격으로 발행사가 고객에게 발행한 상품과 동일한 상품을 제3자로부터 매입하는 것이며, 이 경우 시장리스크는 없으며 신용리스크만 존재한다.

3) 자체헤지는 백투백헤지와 같이 실무적 용어로서 발행자 스스로 델타헤징(필요시 감마/베가헤징 수행)을 수행하여 대고객 의무지급금액을 마련하는 것을 말한다.

4) Hi-Five, Step-Down상품 등은 발행자 입장에서 변동성 매수상품(변동성 상승시 이익, 하락시 손실)으로서 델타(Delta)헤지만 수행할 경우 베가(Vega)리스크가 존재한다.

5) Credit VaR산출이 어려울 경우에는 감독규정 상의 표준모형에 따라 신용위험액을 산출할 수 있다.

(3) 유동성리스크(Liquidity Risk)

· 정의 : ELS를 중도환매 할 경우 발생하는 비용에 대한 리스크

구분	투자자	발행자	
		백투백 헤지	자체 헷지
리스크 내용	중도환매시 비용발생 리스크	고객의 중도환매 요청시 환매재원 마련 리스크	백투백과 동일하며 기초자산 유동성 부족시 헤지수량 조절 및 시장충격 리스크 추가발생 가능
측정지표	발행조건 상 중도환매조항 등	좌동	기초자산 거래량 등

이 장에서는 시장리스크 측정지표를 소개하도록 하며 예제상품은 제10장의 Step-Down상품으로 하겠다.

11.2 의무중도/만기상환 및 원금손실 확률

Step-Down상품은 중도에 상환이 이루어지는 특이한 구조의 상품이다. 평가시점에서 향후 중도상환, 만기상환, 만기 원금손실 등의 발생확률이 어느 정도인지 추정할 수 있다면 리스크 관리에 대단히 유용한 정보가 될 것이다. 각 확률을 구하기 위한 변수의 설정은 [표 11.1]과 같다.

[표 11.1] Step-Down 상환확률 변수의 설정

변수명	변수정의	변수설명
mid_freq	의무중도상환 빈도수	시뮬레이션된 path들 중 각 의무중도상환 된 path들의 횟수
mid_prob	의무중도상환 확률	의무중도상환 빈도수÷총 시뮬레이션 횟수
mat_freq	만기상환 빈도수	시뮬레이션된 path들 중 만기상환 된 path들의 횟수
mat_prob	만기상환 확률	만기상환 빈도수÷총 시뮬레이션 횟수
dummy_freq	만기dummy지급 빈도수	시뮬레이션된 path들 중 만기에 dummy지급 path들의 횟수
dummy_prob	만기dummy지급 확률	만기dummy지급 빈도수÷총 시뮬레이션 횟수
loss_freq	만기원금손실 빈도수	시뮬레이션된 path들 중 만기에 원금손실 path들의 횟수
loss_prob	만기원금손실 확률	만기원금손실 빈도수÷총 시뮬레이션 횟수
last_result	최종확률 정리결과	회차별의무중도상환, 만기상환, dummy지급, 원금손실 확률

제10장에서 작성한 [코드 10.1], [코드 10.2], [코드 10.3]에 이어서 아래 [코드 11.1]을 작성해야 한다.

[코드 11.1] Step-Down ELS 상환확률

```
%% 의무중도상환 확률계산
mid_freq=[];
for j=1:mid_size-1
    temp_mid_freq=length(find(payoff(:,j)));
    mid_freq=[mid_freq;temp_mid_freq];
end
mid_prob=mid_freq/ns;
```

- for j=1:mid_size-1 : 만기 직전 중간평가일까지의 상환확률을 구함.
- temp_mid_freq=length(find(payoff(:,j))) : payoff의 열벡터 중 0이 아닌 값(중도상환조건을 충족하여 값이 할당된)들의 개수를 구함.
- mid_freq를 총 시뮬레이션 횟수 ns로 나누어 각 차수별 의무중도상환 확률을 계산함.

```
%% 만기상환 확률계산
mat_freq=length(find(payoff(:,end)==face*(1+c_rate(end))));
mat_prob=mat_freq/ns;
```

- mat_freq=length(find(payoff(:,end)==face*(1+c_rate(end)))) : payoff의 만기 열벡터(맨 우측) 중 만기행사조건을 충족한 것들의 개수를 구함
- mat_freq를 총 시뮬레이션 횟수 ns로 나누어 만기상환 확률을 계산함.

```
%% 만기dummy 확률계산
dummy_freq=length(find(payoff(:,end)==face*(1+dummy)));
dummy_prob=dummy_freq/ns;
```

- dummy_freq=length(find(payoff(:,end)==face*(1+dummy))) : payoff의 만기 열벡터(맨 우측) 중 dummy를 지급한 것들의 개수를 구함.
- dummy_freq를 총 시뮬레이션 횟수 ns로 나누어 dummy지급 확률을 계산함.

```
%% 만기원금손실 확률계산
loss_freq=length(find(payoff(:,end)<face & payoff(:,end)~=0));
loss_prob=loss_freq/ns;
```

- loss_freq=length(find(payoff(:,end)<face & payoff(:,end)~=0)) : payoff의 만기 열벡터(맨 우측) 중 face미만이고 0이 아닌 값(이미 의무중도상환되어 0값이 할당된 것이므로 제외해야 함)들의 개수를 구함.
- loss_freq를 총 시뮬레이션 횟수 ns로 나누어 만기원금손실 확률을 계산함.

```
%% 최종결과
last_result=[mid_prob' mat_prob dummy_prob loss_prob]

%% payoff분포 그래프 출력
hist(sum(payoff,2),100);
```

[그림 11.1]은 [코드 11.1]의 실행과정을 엑셀로 정리한 것이며 [그림 11.2]는 출력된 payoff분포의 그래프이다.

변수명 : payoff

구 분	1차의무중도상환	2차의무중도상환	3차의무중도상환	만기상환
simulation path				
1	10,550	0	0	0
2	10,550	0	0	0
3	0	0	0	11,600
4	0	11,100	0	0
5	0	0	11,650	0
6	0	0	11,650	0
7	0	0	11,650	0
8	0	0	0	12,200
9	10,550	0	0	0
10	0	0	0	4,130
:	:	:	:	:
ns=10000	10,550	0	0	0

변수명 : mid_freq, mat_freq, dummy_freq, loss_freq

빈도수	4,887	1,644	845	만기상환 : 564 만기dummy : 227 만기원금손실 : 1,833

변수명 : last_result

확률	48.87%	16.44%	8.45%	만기상환 : 5.64% 만기dummy : 2.27% 만기원금손실 : 18.33%

[그림 11.1] [코드 11.1] 실행과정

[그림 11.1]의 1차 의무중도상환확률을 보면, 총 10,000번의 시뮬레이션 중에 중도상환된 경우는 4,887번이므로 확률은 48.87%가 됨을 알 수 있다.

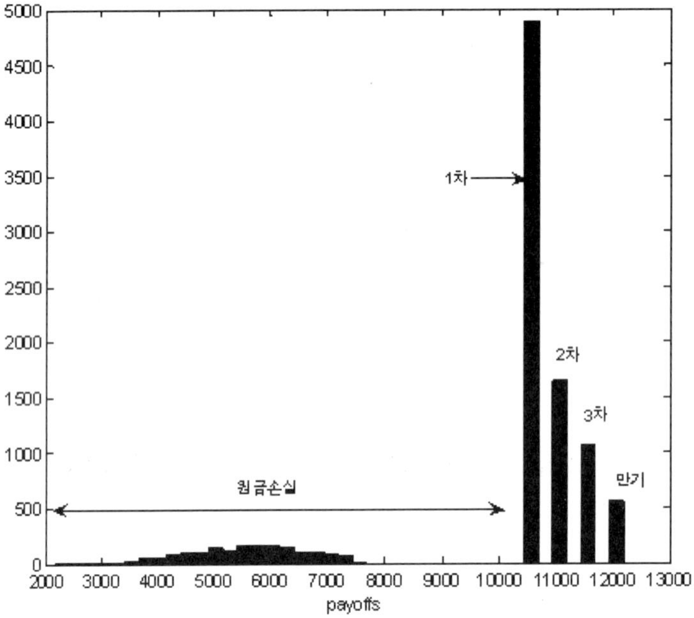

[그림 11.2] 의무중도 및 만기 Payoff 분포

11.3 주가연계증권 Greeks

Step-Down상품은 옵션의 성격이 가미되어 있으므로 델타, 감마, 베가, 쎄타, 로와 같은 민감도(Greeks)를 측정할 수 있다. 각 민감도는 평가입력변수(주가, 변동성, 만기, 이자율)의 변화에 대한 가격변화를 의미하므로 투자자와 발행자 모두에게 중요한 리스크측정 지표가 된다.[6] 특히 민감도는 발행자의 자체헤징 수행 시 헤지비율 계산에 중요한 지표라 할 수 있다. 예제상품은 기초자산이 2개이므로 각 기초자산별로 민감도가 구해지며, 이들 중 가장 중요한 델타, 감마, 베가를 측정하여 보자.

Step-Down상품은 Closed-Form이 아닌 MC방법을 적용하는 상품이므로 제7.2.2절에서 소개한 근사적 방법에 따른 민감도 측정식을 이용하도록 한다.[7] [그림 11.3]은 Step-Down 상품의 기초자산1에 대한 델타, 감마, 베가 측정방법이며 기초자산2에 대한 측정방법도 동일한 구조이다.

---

6) 기초자산이 2개 이상인 파생상품은 상관계수의 변화에 따른 파생상품가격변화를 나타내는 지표도 유용하다.

7) 민감도 산출시 MC방법을 적용하면 시뮬레이션의 성격상 측정값이 불안정하고 수렴도가 떨어질 수 있다. 이러한 문제를 시뮬레이션 횟수를 증가시켜서 어느 정도 해소할 수도 있지만 시간적 비용을 고려하면 근본적인 해결은 아닐 것이다. 따라서 실무적으로는 FDM을 이용한 민감도를 사용하는 것이 효과적이라 할 수 있다. 그러나 앞서 언급한 바와 같이 기초자산 2개의 ELS를 FDM으로 구현하기가 쉽지는 않다는 딜레마가 있다.

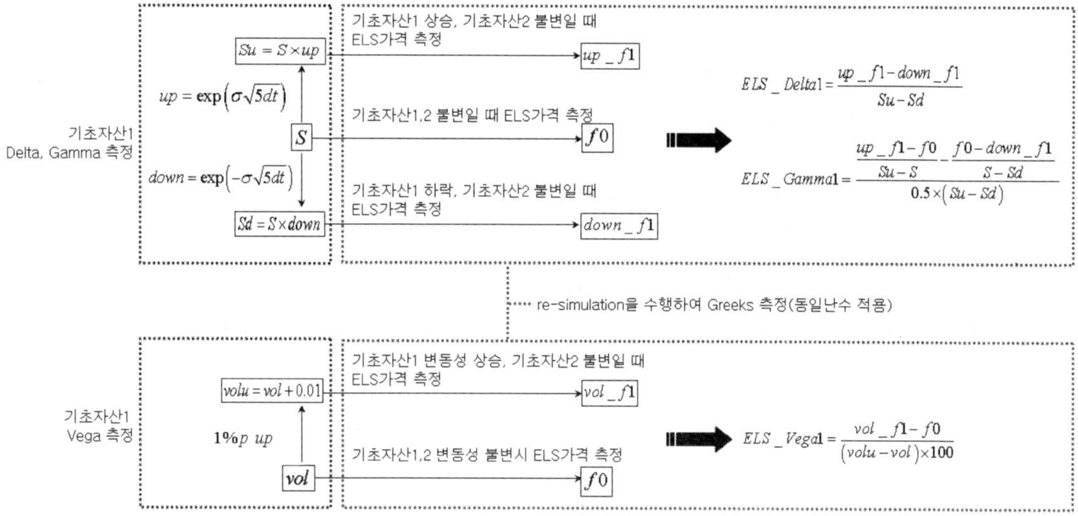

[그림 11.3] Step-Down 기초자산1의 델타, 감마, 베가 측정방법8)

델타, 감마, 베가를 구하기 위한 변수의 설정은 [표 11.2]와 같다.

[표 11.2] Step-Down 델타, 감마, 베가측정을 위한 변수의 설정

변수명	변수정의 및 설명
up	주가상승률
down	주가하락률
Su	주가상승가격
Sd	주가하락가격
volu	1% point상승한 변동성
up_변수명, down_변수명	주가상승, 불변, 하락상황과 관련된 각 기초자산별 주가 path(SP), 기준가대비 주가 path(WP), ELS가격(f)
vol_변수명	변동성 상승상황과 관련된 각 기초자산별 주가 path(SP), 기준가대비 주가 path(WP), ELS가격(f)
ELS_Delta1, 2	기초자산 1, 2의 델타

8) ① 적절한 up, down의 비율을 선택하는 것이 중요하다. 시뮬레이션방법으로 민감도를 측정할 경우에 up, down의 비율이 너무 작으면 시뮬레이션상의 오차로 인하여 Greeks의 부호가 바뀌는 오류도 발생할 수 있다. 여기서는 실무적으로 자주 사용되는 $\exp(\sigma\sqrt{5dt})$를 선택하였다.
② 기초자산별 up, down을 하나가 변하면 다른 하나는 불변으로 설정하였는데 이는 두 기초자산간의 상관관계를 고려하지 않은 단점이 존재한다. 따라서 상관관계를 고려하여 주가의 up, down을 설정하면 보다 정확한 민감도 측정이 가능할 것이다.

ELS_Gamma1, 2	기초자산 1, 2의 감마
ELS_Vega1, 2	기초자산 1, 2의 베가
ELS_Greeks	기초자산 1, 2의 Greeks

델타, 감마, 베가를 구하기 위한 MATLAB 코드는 [코드 11.2]와 같다.

[코드 11.2] Step-Down ELS Greeks

```
%%%%% Step-Down ELS Greeks %%%%%

% simulation 횟수
ns=10000;

% 발행정보
face=10000;
val_date='04-02-2007';
mid_date=['09-05-2007';'03-05-2008';'09-05-2008';'03-05-2009'];
strike=[0.9 0.85 0.8 0.75];
c_rate=[0.055 0.11 0.165 0.22];
dummy=0.16;
ki=0.6;
ki_YesNo='No';

% 기초자산정보
ref_S=[48300 86800];
S=[45800 84600];
r=0.05;
vol=[0.25 0.30];
rho=0.5;
q=[0.01 0.01];

% 의무중도 및 만기상환일 체크
temp_ch=datenum(mid_date)'-datenum(val_date);
mid_ch=temp_ch(find(temp_ch>=0));
c_rate=c_rate(find(temp_ch>=0));
strike=strike(find(temp_ch>=0));

% time step
N=mid_ch(end);
dt=1/365;
```

```
mid_size=length(mid_ch);

% 의무중도상환 및 만기상환 지급 payment 계산
payment=zeros(ns,mid_size);
for i=1:ns
    for j=1:mid_size
        payment(i,j)=face*(1+c_rate(j));
    end
end
```

• 여기까지는 [코드 10.1]과 동일함.

```
% stock up, down
up=exp(vol*sqrt(5*dt));
down=exp(-vol*sqrt(5*dt));
Su=[S(1)*up(1) S(2)*up(2)];
Sd=[S(1)*down(1) S(2)*down(2)];
```

• 기초자산1, 2의 주가 up, down을 설정함.

```
% vol up, down
volu=[vol(1)+0.01 vol(2)+0.01];
```

• 기초자산1, 2의 변동성 up을 설정함.

```
% cholesky decomposition
corr=[1 rho;rho 1];
M=chol(corr);

% 기초자산1, 2 base주가 path 초기화
SP1=zeros(ns,N+1);
SP1(:,1)=S(1);
SP2=zeros(ns,N+1);
SP2(:,1)=S(2);

% 기초자산1, 2 주가 up시 path 초기화
up_SP1=zeros(ns,N+1);
up_SP1(:,1)=Su(1);
up_SP2=zeros(ns,N+1);
up_SP2(:,1)=Su(2);

% 기초자산1, 2 주가 down시 path 초기화
down_SP1=zeros(ns,N+1);
down_SP1(:,1)=Sd(1);
```

```
down_SP2=zeros(ns,N+1);
down_SP2(:,1)=Sd(2);

% 기초자산1, 2 변동성 up시 path 초기화
vol_SP1=zeros(ns,N+1);
vol_SP1(:,1)=S(1);
vol_SP2=zeros(ns,N+1);
vol_SP2(:,1)=S(2);

% 기초자산1, 2 주가 base, up, down 및 변동성 up시 path simulation
for i=1:ns
    w0=randn(N,2);
    w=w0*M;
    for j=2:N+1
      SP1(i,j)=SP1(i,j-1)*exp((r-q(1)-vol(1)^2/2)*dt+...
            vol(1)*sqrt(dt)*w(j-1,1));
      SP2(i,j)=SP2(i,j-1)*exp((r-q(2)-vol(2)^2/2)*dt+...
            vol(2)*sqrt(dt)*w(j-1,2));
      up_SP1(i,j)=up_SP1(i,j-1)*exp((r-q(1)-vol(1)^2/2)*dt+...
            vol(1)*sqrt(dt)*w(j-1,1));
      up_SP2(i,j)=up_SP2(i,j-1)*exp((r-q(2)-vol(2)^2/2)*dt+...
            vol(2)*sqrt(dt)*w(j-1,2));
      down_SP1(i,j)=down_SP1(i,j-1)*exp((r-q(1)-vol(1)^2/2)*dt+...
            vol(1)*sqrt(dt)*w(j-1,1));
      down_SP2(i,j)=down_SP2(i,j-1)*exp((r-q(2)-vol(2)^2/2)*dt+...
            vol(2)*sqrt(dt)*w(j-1,2));
      vol_SP1(i,j)=vol_SP1(i,j-1)*exp((r-q(1)-volu(1)^2/2)*dt+...
            volu(1)*sqrt(dt)*w(j-1,1));
      vol_SP2(i,j)=vol_SP2(i,j-1)*exp((r-q(2)-volu(2)^2/2)*dt+...
            volu(2)*sqrt(dt)*w(j-1,2));
    end
end
```

- 주가 base, up, down 및 변동성 up시 path를 시뮬레이션할 때 동일한 난수를 적용함.

```
% 기준가대비 주가 path로 전환하여 Worst Performer 도출
R1=SP1/ref_S(1);
R2=SP2/ref_S(2);
up_R1=up_SP1/ref_S(1);
up_R2=up_SP2/ref_S(2);
down_R1=down_SP1/ref_S(1);
down_R2=down_SP2/ref_S(2);
```

```
vol_R1=vol_SP1/ref_S(1);
vol_R2=vol_SP2/ref_S(2);

WP0=min(R1,R2);
up_WP1=min(up_R1,R2);
up_WP2=min(R1,up_R2);
down_WP1=min(down_R1,R2);
down_WP2=min(R1,down_R2);
vol_WP1=min(vol_R1,R2);
vol_WP2=min(R1,vol_R2);

% 기초자산1, 2 주가 base, up, down 및 변동성 up시 가격계산
f0=price_f(ns, mid_ch, mid_size, WP0, strike, payment,...
           ki_YesNo, ki, face, dummy, r);
up_f1=price_f(ns, mid_ch, mid_size, up_WP1, strike, payment,...
           ki_YesNo, ki, face, dummy, r);
up_f2=price_f(ns, mid_ch, mid_size, up_WP2, strike, payment,...
           ki_YesNo, ki, face, dummy, r);
down_f1=price_f(ns, mid_ch, mid_size, down_WP1, strike, payment,...
           ki_YesNo, ki, face, dummy, r);
down_f2=price_f(ns, mid_ch, mid_size, down_WP2, strike, payment,...
           ki_YesNo, ki, face, dummy, r);
vol_f1=price_f(ns, mid_ch, mid_size, vol_WP1, strike, payment,...
           ki_YesNo, ki, face, dummy, r);
vol_f2=price_f(ns, mid_ch, mid_size, vol_WP2, strike, payment,...
           ki_YesNo, ki, face, dummy, r);
```

• price_f : [코드 10.3]을 함수로 만든 것으로서 [코드 11.3]에 작성되어 있음

```
% 기초자산1, 2의 델타, 감마, 베가 계산
ELS_Delta1=(up_f1-down_f1)/(Su(1)-Sd(1));
ELS_Delta2=(up_f2-down_f2)/(Su(2)-Sd(2));
ELS_Gamma1=((up_f1-f0)/(Su(1)-S(1))-(f0-down_f1)/(S(1)-Sd(1)))/...
           (0.5*(Su(1)-Sd(1)));
ELS_Gamma2=((up_f2-f0)/(Su(2)-S(2))-(f0-down_f2)/(S(2)-Sd(2)))/...
           (0.5*(Su(2)-Sd(2)));
ELS_Vega1=((vol_f1-f0)/(volu(1)-vol(1)))/100;
ELS_Vega2=((vol_f2-f0)/(volu(2)-vol(2)))/100;
ELS_Greeks=[ELS_Delta1 ELS_Delta2 ELS_Gamma1 ELS_Gamma2...
            ELS_Vega1 ELS_Vega2]
```

• 7.2.2절 Greeks 측정공식을 이용함

[코드 11.3] Step-Down ELS Greeks 추정 위한 price_f

```
%%%%% Step-Down ELS Greeks 추정 위한 price_f %%%%%

function ELS_Price=price_f(ns, mid_ch, mid_size, WP, strike,...
 payment, ki_YesNo, ki, face, dummy, r)

%% 의무중도 및 만기상환조건 체크 및 충족 시 payoff 결정
strike_ch=WP(:,mid_ch+1);
payoff=zeros(ns,mid_size);
for i=1:ns
    for j=1:mid_size
        if strike_ch(i,j)>=strike(j)
           payoff(i,j)=payment(i,j);
           break
        end
    end
    continue
end

%의무중도 및 만기상환 미 충족시 만기 knock-in event 체크 및 payoff 결정
for i=1:ns
    if payoff(i,:)==0
        switch ki_YesNo
            case 'No'
                ki_event=any(WP(i,:) < ki);
                if ki_event==1
                    payoff(i,end)=face*WP(i,end); %원금손실
                else
                    payoff(i,end)=face*(1+dummy); %액면+dummy 지급
                end
            case 'Yes'
                payoff(i,end)=face*WP(i,end); %원금손실
            otherwise
                error('ki_YesNo = Yes or No')
        end
    end
end

% payoff 기댓값 계산
exp_payoff=mean(payoff);
```

```
% payoff 기댓값의 현재가치 계산
disc_payoff=zeros(1,mid_size);
for j=1:mid_size
    disc_payoff(j)=exp_payoff(j)*exp(-r*mid_ch(j)/365);
end

% ELS가격 도출
ELS_Price=sum(disc_payoff);
```

기초자산1, 2의 민감도를 측정하기 위해서는 7개 상황에 대한 가격(f0, up_f1, up_f2, down_f1, down_f2, vol_f1, vol_f2)을 구해야 하며, 이 경우 동일 시뮬레이션 횟수를 7번 수행하게 되므로 연산시간이 오래 걸리게 된다.[9] 따라서 몇 번의 시뮬레이션을 수행하여야 민감도 측정치가 수렴하는지를 살펴볼 필요가 있다.[10] 상기 파일을 실행하여 민감도를 구하면 다음과 같다.[11]

ELS_Delta1	ELS_Delta2	ELS_Gamma1	ELS_Gamma2	ELS_Vega1	ELS_Vega2
0.0646	0.0366	-0.0000133	-0.0000018	-39.93	-42.65

11.4 주가연계증권 Value at Risk

Step-Down상품은 옵션이 가미된 비선형 payoff를 가지고 있으므로 제8.6절에서 설명한 MC방법을 이용하여 VaR를 추정하는 것이 오차가 작을 수 있다. 그러나 생성된 기초자산 주가시나리오별로 Step-Down가격을 각각 시뮬레이션 해야 하므로 상당한 시간적 비용이 소요된다. 또한 상품 특성상 매매목적이 아닌 만기보유 목적이 대부분이므로 VaR 측정치의 활용성도 크지 않다고 생각된다. 따라서 쉽게 계산할 수 있는 제8.4절에 설명한 델타-감마 VaR 또는 감독규정의 표준모형을 이용할 수도 있다.

Step-Down상품의 95% 1일 MC VaR를 구하기 위한 변수의 설정은 [표 11.3]과 같다.

---

9) 시뮬레이션 횟수가 10,000번일 경우 7개 상황에 대한 가격을 구해야 되므로 70,000번의 시뮬레이션이 수행되어야 함.

10) 대략 20,000번 정도 이상이면 측정값들이 안정적인 것을 볼 수 있다.

11) 시뮬레이션마다 수치가 달라진다.

[표 11.3] Step-Down 95% 1일 MC VaR 측정을 위한 변수의 설정

변수명	변수정의 및 성명
S_ns	익일 주가 시나리오 생성을 위한 시뮬레이션 횟수
ELS_ns	주가 시나리오별 ELS평가가격 계산을 위한 시뮬레이션 횟수
val_date0	측정일(2007-04-02)
val_date1	측정일 익일(2007-04-03)
ELS_price0	측정일 ELS평가가격
h1, h2	밑수(base)2와 7인 Halton방식 난수1, 2
seq1, seq2	Halton방식 난수1, 2를 Box-Muller방식을 이용하여 표준정규난수로 전환
S1	익 일자 기준으로 생성된 기초자산1, 2의 주가 시나리오
ELS_price1	주가시나리오별 ELS평가가격
ELS_PL	ELS 평가손익
ELS_PL_sort	ELS 평가손익을 오름차순으로 정리
ELS_VaR	95% 1일 ELS Value at Risk(금액)
ELS_percent_VaR	95% 1일 ELS Value at Risk(%)

Step-Down상품의 95% 1일 MC VaR를 구하기 위한 MATLAB 코드는 [코드 11.4]와 같다.12)

[코드 11.4] Step-Down ELS 95% 1일 MC VaR

```
%%%%% Step-Down ELS MC VaR %%%%%

% 1Day-Ahead 주가시나리오 및 ELS 평가 Simulation 횟수
S_ns=1000;
ELS_ns=10000;

% 발행정보
face=10000;
val_date0='04-02-2007';
val_date1='04-03-2007';
```

• 1일 VaR계산을 위해 주가시나리오 생성일을 측정일 익일로 설정함.

12) [코드 11.4]는 투자자 입장의 VaR를 측정하는 코드이다.

```
mid_date=['09-05-2007';'03-05-2008' ;'09-05-2008' ;'03-05-2009'];
strike=[0.9 0.85 0.8 0.75];
c_rate=[0.055 0.11 0.165 0.22];
dummy=0.16;
ki=0.6;
ki_YesNo='No';

% 기초자산정보
ref_S=[48300 86800];
S=[45800 84600];
r=0.05;
vol=[0.25 0.30];
rho=0.5;
q=[0.01 0.01];

% 측정일 ELS price
ELS_price0=9461;
```

• 사전에 측정당일 ELS평가가격을 계산함

```
% dt 설정
dt=1/365;

% cholesky decomposition
corr=[1 rho;rho 1];
M=chol(corr);

% 표준정규난수 생성
h1=RN_Halton(S_ns,2);
h2=RN_Halton(S_ns,7);
[seq1, seq2]=BoxMuller(h1,h2);
w0=[seq1 seq2];
w = w0*M;
```

• 제4장에서 설명한 분산감소기법 중 하나인 Halton's sequence[코드4.4]를 이용하여 균등분포를 따르는 난수를 생성하고 이를 Box-Muller방법(제4장 주석12)을 이용하여 표준정규분포를 따르는 난수를 생성함

```
% 1Day-Ahead 주가시나리오 Simulation
SP1=S(1)*exp((r-q(1)-vol(1)^2/2)*dt + vol(1)*sqrt(dt).*w(:,1));
SP2=S(2)*exp((r-q(2)-vol(2)^2/2)*dt + vol(2)*sqrt(dt).*w(:,2));
S1=[SP1 SP2];
```

• for문을 이용하지 않고 element by element 연산(.연산자)을 사용하여 단순화시킴

```
% 주가시나리오별 ELS평가가격 simulation
ELS_price1=[];
for i=1:S_ns,
    temp_price = StepDown_ELS_F(ELS_ns, face, val_date1, mid_date,...
                 strike, c_rate, dummy, ki, ki_YesNo, ref_S,...
                 S1(i,:), r, vol, rho, q);
    ELS_price1 = [ELS_price1;temp_price];
end
```

• StepDown_ELS_F : [코드 10.4]

```
% ELS Value at Risk 계산
ELS_PL=(ELS_price1-ELS_price0);
```
[13]

• 주가시나리오별 ELS평가가격인 ELS_price1과 측정일 가격인 ELS_price0의 차이인 평가손익을 계산함.

```
ELS_PL_sort=sort(ELS_PL);
```

• 평가손익을 오름차순으로 정리함.
• sort 함수 : For vectors, sort(X) sorts the elements of X in ascending order.

```
ELS_VaR=quantile(ELS_PL_sort, 0.05);
```

• 95% VaR(금액)를 계산함.
• quantile 함수 : Y = quantile(X,P) returns quantiles of the values in X. P is a scalar or a vector of cumulative probability values.

```
ELS_percent_VaR=ELS_VaR/face;
```

• 95% VaR(%)를 계산함
• ELS포지션의 VaR 계산 : 명목금액*ELS_percent_VaR

```
histfit(ELS_PL)
```

• 평가손익 증감의 분포를 그래프로 표시함.

[그림 11.4]는 [코드 11.4]의 실행과정을 보다 구체적으로 설명하기 위하여 각 변수들의 결과 값들을 엑셀로 정리한 것이다.

13) 발행자 입장의 VaR를 측정하려면 ELS_PL=(ELS_price0−ELS_price1)로 코딩하면 된다.

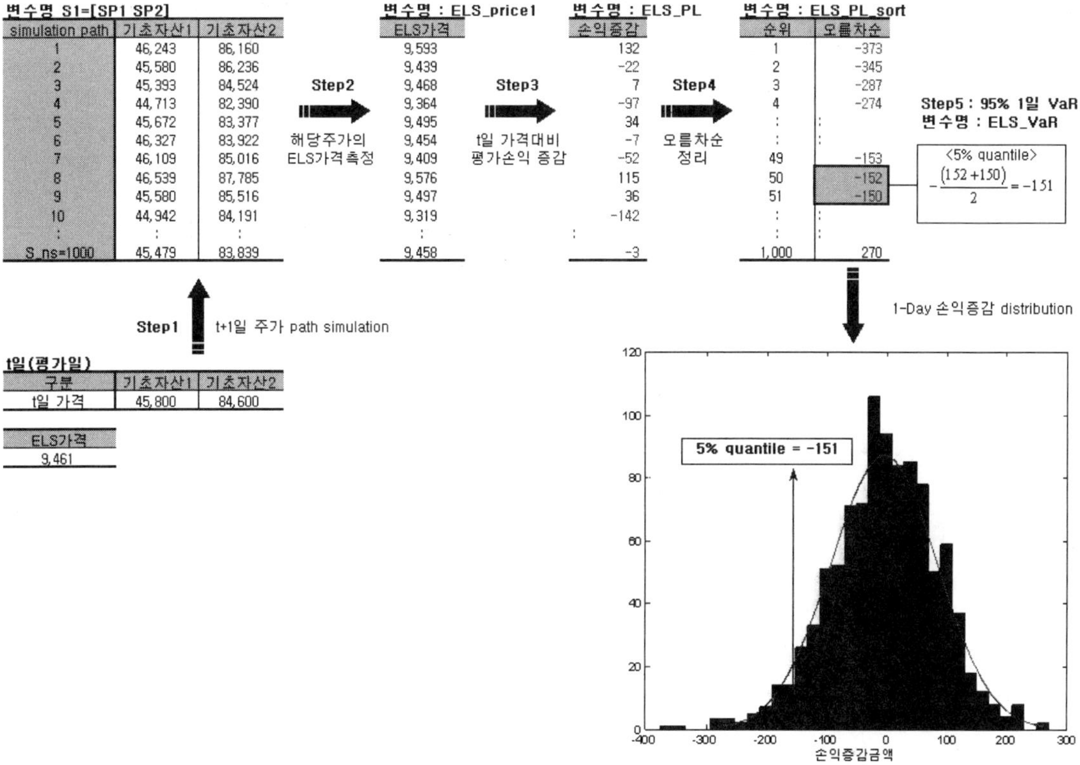

[그림 11.4] Step-Down 95% 1일 VaR 측정

[그림 11.4]의 첫 번째 시뮬레이션을 보면, 측정일 현재 주가는 45,800원, 84,600원이고 이 가격 기준으로 산출된 ELS가격은 9,461원 이다. 다음 순서로 측정일 익일의 주가시나리오를 46,243원과 86,160원으로 생성(step1)하고 이 주가를 입력변수로 하여 ELS가격을 9,593원으로 계산(step2)하였다. 이제 9,461원이 9,593원이 되었으므로 손익(step3)은 +132원이 된다. 이러한 과정을 시뮬레이션별로 수행하여 손익의 분포를 생성(step4)하고 이들을 오름차순으로 정렬한 후에 5퍼센타일에 해당하는 값을 취하면(step5) 95% 1일 VaR측정치가 된다.

11.5 주가연계증권 시나리오 분석

Step-Down상품의 가격변동에 가장 크게 영향을 미치는 변수는 주가와 변동성이라 할 수 있다. 따라서 주가와 변동성 시나리오에 따라 Step-Down상품의 가격이 어떻게 변하는지를 살펴보는 것은 리스크관리에 중요한 작업일 것이다.14) 또한 극단적 시나리오에 해당하는 Step-Down상품의 가격변동을 Stress-Test값으로 간주할 수도 있다.

Step-Down상품의 주가와 변동성 시나리오분석을 위한 변수의 설정 및 MATLAB 코딩은 각각 [표 11.4]와 [코드 11.5]와 같다.

[표 11.4] Step-Down 주가와 변동성 시나리오분석을 위한 변수의 설정

변수명	변수정의 및 설명
S_ch	주가 변동율
S1	기초자산1, 2의 주가 변동 시나리오
vol_ch	변동성 변동폭(%p)
vol1	기초자산1, 2의 변동성 변동 시나리오
ELS_price	주가와 변동성 시나리오에 따른 ELS평가가격

[코드 11.5] Step-Down ELS 주가와 변동성 시나리오분석

```
%%%%% Step-Down ELS 주가와 변동성 시나리오분석  %%%%%

% simulation 횟수
ns=10000;

% 발행정보
face=10000;
val_date='04-02-2007';
mid_date=['09-05-2007';'03-05-2008';'09-05-2008';'03-05-2009'];
strike=[0.9 0.85 0.8 0.75];
c_rate=[0.055 0.11 0.165 0.22];
dummy=0.16;
ki=0.6;
ki_YesNo='No';

% 기초자산정보
ref_S=[48300 86800];
S=[45800 84600];
r=0.05;
vol=[0.25 0.30];
```

14) 시나리오 설정변수로 주가와 변동성이외에도 상관계수, 잔존만기, 금리 등을 선택할 수도 있다.

```
rho=0.5;
q=[0.01 0.01];

% 주가와 변동성 scenario set
S_ch=linspace(-0.5,0.5,99)';
S1=[S(1)*(1+S_ch) S(2)*(1+S_ch)];
vol_ch=linspace(-0.15,0.15,99)';
vol1=[vol(1)+vol_ch vol(2)+vol_ch];
```

- S_ch=linspace(-0.5,0.5,99)' : 주가 변화율을 -50%에서 +50%까지 균등한 간격으로 99개 생성함.
- vol_ch=linspace(-0.15,0.15,99)' : 변동성 변동을 -15%p에서 15%p까지 균등한 간격으로 99개 생성함.
- linspace 함수 : linspace(X1, X2, N) generates N points between X1 and X2.

```
% 주가와 변동성 시나리오에 따른 ELS평가가격
ELS_price=zeros(length(S_ch),length(vol_ch));
for i=1:length(S_ch)
    for j=1:length(vol_ch),
        ELS_price(i,j) = StepDown_ELS_F(ns, face, val_date,...
                         mid_date, strike, c_rate, dummy, ki,ki_YesNo,...
                         ref_S, S1(i,:), r, vol1(j,:), rho, q);
    end
end

% 주가와 변동성 시나리오에 따른 ELS가격을 3차원 그래프로 표시
[S_ch,vol_ch]=meshgrid(S_ch,vol_ch);
mesh(S_ch,vol_ch,ELS_price')
xlabel('주가변동율(%)')
ylabel('변동성변동(%p)')
zlabel('ELS Price')
title('주가와 변동성 시나리오에 따른 ELS가격')
```

- 주가와 변동성 시나리오에 따른 ELS가격을 3차원 그래프로 표시함.
- meshgrid 함수 : [X,Y] = meshgrid(x,y) transforms the domain specified by vectors x and y into arrays X and Y that can be used for the evaluation of functions of two variables and 3-D surface plots.
- mesh 함수 : mesh(X,Y,Z) plots the colored parametric mesh defined by three matrix arguments.

[코드 11.5]를 실행하면 [그림 11.5]와 같이 3차원 그래프가 출력된다. [그림 11.5]를 보면 주가가 상승할수록, 변동성이 감소할수록 평가가격이 상승함을 알 수 있다.[15] 이는 투자자 입장에서 Step-Down상품은 풋옵션을 매도한 포지션과 발행자는 풋옵션을 매입한 포지션과 유사함을 의미한다.[16]

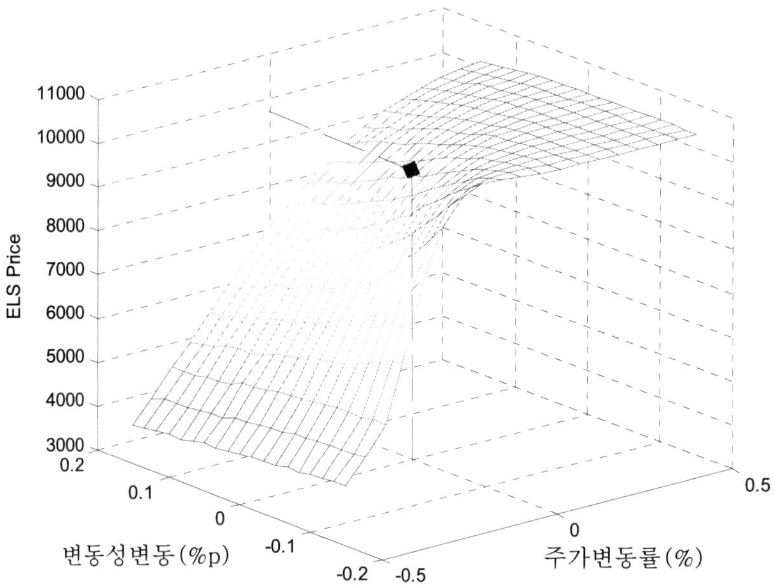

[그림 11.5] Step-Down 주가와 변동성 시나리오에 따른 ELS평가가격

---

15) 특히 주가변화율이 행사가격 근처(ATM의미)일 경우에는 변동성 변동에 대한 평가가격 변동이 상대적으로 크게 나타나며 이는 ATM에서 베가가 높다는 점을 의미한다.

16) 또한 투자자 입장에서 변동성 매도이며 발행자는 변동성 매수포지션이다.

제4부

MATLAB® 이해

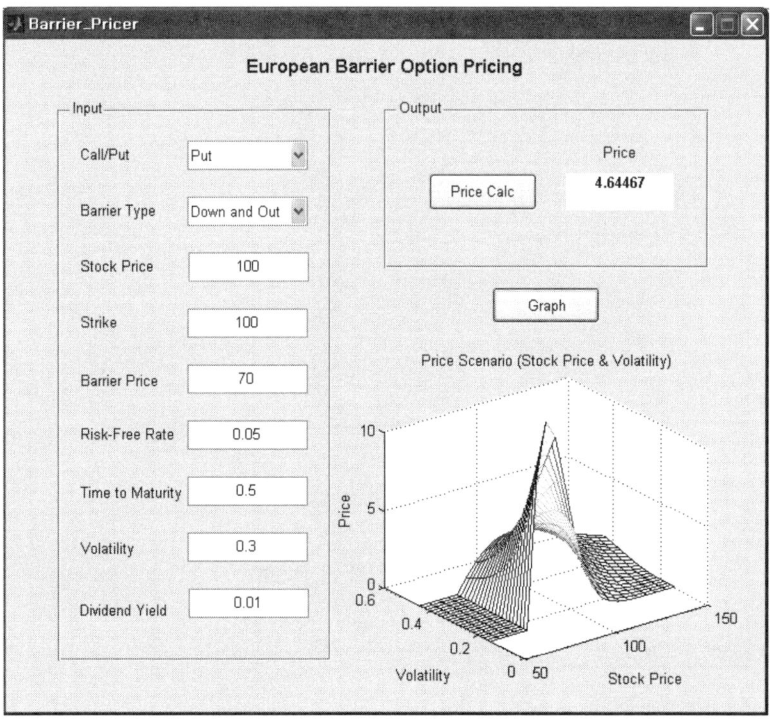

제12장

MATLAB® 기초

MATLAB®은 국내에서는 이공계 분야에서 점차 대중성을 확보하고 있으나 금융 분야에서는 다소 생소한 것이 사실이며, MATLAB을 처음 대하는 사람들은 다소 부담스럽거나 어려울 수 있다. 그러나 저자의 경험으로 비추어 보면, 초기 학습단계에 집중력과 성의를 보인다면 이 후에는 큰 어려움 없이 자가발전할 수 있다고 생각한다. 즉, MATLAB은 초기에 기본적 사용방법을 무난히 익힐 수 있으면 강력한 MATLAB Help기능을 이용하여 스스로 학습이 가능할 것이라 판단된다.

MATLAB®의 기능은 각 학문 분야별로 무수히 많다. 저자도 모든 기능을 알 수 없으며, 그럴 필요도 없다고 생각한다. 따라서 여기서는 이 책의 목적인 파생상품을 평가하고 리스크를 측정하기 위해 습득해야 하는 MATLAB 기능들을 위주로 설명하고자 한다. 이 장에서는 MATLAB의 가장 기본적인 사용방법들에 대해 소개하기로 한다.

12.1 MATLAB® 시작1)

MATLAB®은 1984년도에 소개된 이후로 오늘날 전 세계 2,000여개 이상의 회사와 50만 명 이상이 사용하고 있다. MATLAB은 알고리즘 개발, 데이터 시각화, 데이터 분석 및 산술연산, GUI에 의한 어플리케이션 개발 등을 위한 고성능 테크니컬 컴퓨팅 언어이자 대화형 환경이다. MATLAB을 사용하면 C, C++ 및 Fortran과 같은 기존 프로그래밍 언어보다 빠르게 테크니컬 컴퓨팅 문제를 해결할 수 있다.2)

국내에서는 공학계통의 종사자들 중심으로 MATLAB을 사용하고 있었으나 점차 Finance 종사자들의 관심이 증대되고 있다. 또한 최근 첨단금융공학기법을 이용한 신종 장외파생상품들이 출시되고 있으나 이를 Modeling하기 위한 프로그래밍 언어로서 기존 엑셀VB나 C++ 등은 많은 한계점을 보여주고 있는 것이 사실이다.3) 반면에 MATLAB은 수치해석방법에 탁월한 장점이 있고 초기 학습에 투자를 하게 되면 이후 응용하기가 쉽기 때문에 신종 장외파생상품 평가 등 파생상품 Modeling의 구현도구로서 적합하다고 판단된다. 이제 MATLAB을 시작하여 보자.

12.1.1 MATLAB® 구성

MATLAB®을 실행하면 [그림 12.1]과 같은 화면이 나타난다.

MATLAB®은 Command Window, Work Space Window, Current Directory Window, Command History Window로 구성되며 각각의 기능은 다음과 같다.

· Command Window :
  변수의 입/출력 및 프로그램을 실행하는 기능을 수행한다.

· Workspace Window :
  생성된 변수의 정보를 보여주며 해당변수를 더블클릭하면 Array Editor Window가 활성화되면서 해당변수에 할당된 정보들이 Excel형태로 출력된다.4)

---

1) 이 책에서 사용할 MATLAB 버전은 R2007a이며, ver 명령어를 사용하면 현재 사용 중인 MATLAB의 버전 정보와 사용가능한 Toolbox의 목록을 확인할 수 있다.

2) MathWorks사의 MATLAB 소개부분을 참조하였다.

3) 수치해석기법을 이용하여 파생상품을 평가할 때 엑셀VB는 배열의 생성 및 계산이 다소 번거로우며, 계산속도도 많이 걸린다. 또한 C++은 학습하여 숙련되기가 다소 생소하고 어려운 면이 있다.

4) Array Editor Window는 대단히 유용하다. 생성된 변수의 값을 즉시 알 수 있기 때문에 파생상품 평가 시(특

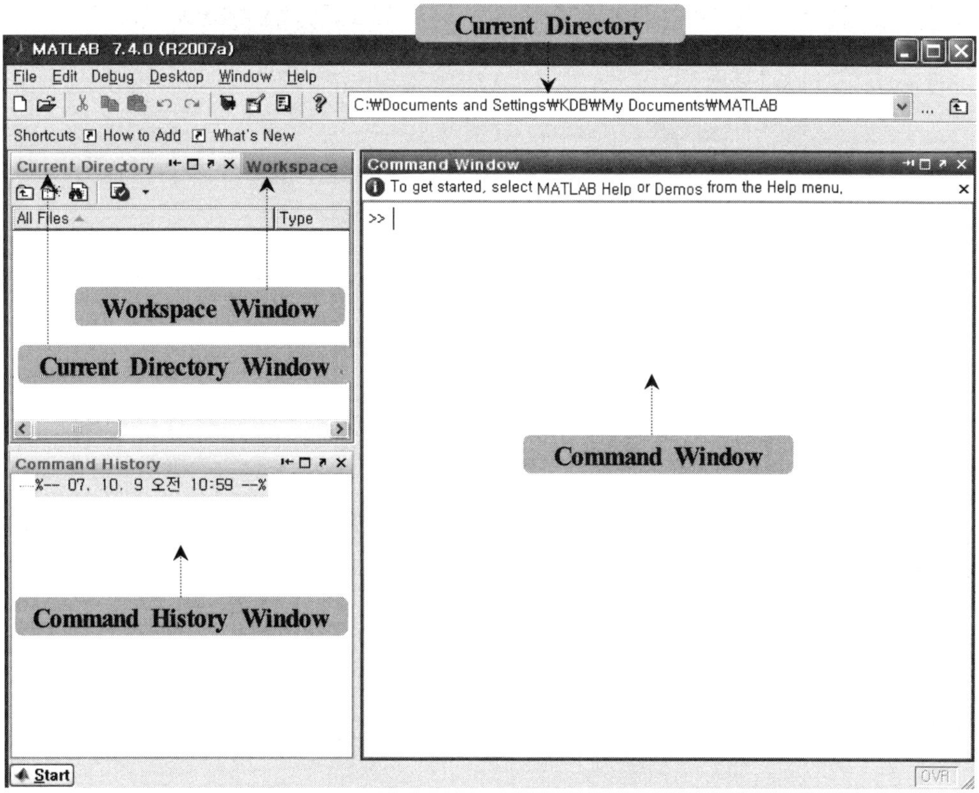

[그림 12.1] MATLAB® 시작화면

· Current Directory Window :
  Current Directory로 설정된 폴더내의 파일들을 보여준다.

· Command History Window :
  Command Window에 입력했던 명령들에 대한 History누적 기능을 수행하며, Command History Window에 기록되어 있는 명령들을 더블클릭하면 해당 명령이 수행된다.

[그림 12.2]는 Command Window에 A=[1 2 3 4 5]를 입력한 경우로서 각 Window의 기능을 알 수 있다.

히 시뮬레이션방법 사용 시) 생성된 변수 값들을 직접 관찰하면서 코딩이 제대로 되었는지 확인할 수 있다.

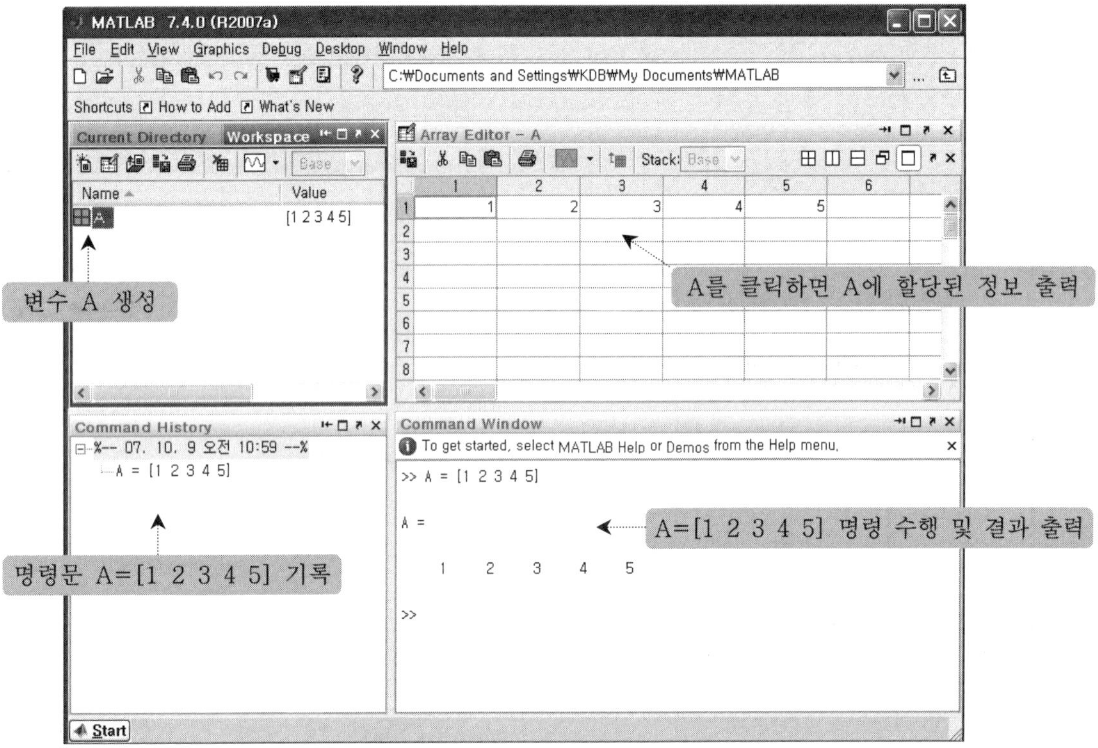

[그림 12.2] MATLAB® 각 Window 기능

MATLAB®에는 기능에 따라 다음과 같은 추가 Window 기능이 지원된다.

· Figure Window :
  각종 그래픽명령의 결과 값이 출력된다.

· Editor Window :
  스크립트(Script) 파일이나 함수(Function) 파일들을 생성하거나 디버그(Debug)할 수 있는 기능을 수행한다.

· Help Window :
  MATLAB®에서 기본적으로 제공되는 도움말 기능이 출력된다.5)

5) Help Window를 이용하면 알고 싶은 MATLAB기능에 대해 쉽게 접근할 수 있다. 또한 Command Window에서 Help기능을 이용할 수 있는데, 예를 들면 블랙-숄즈 옵션가격결정 함수인 blsprice에 대해 알고자 한다면 Command Window에 help blsprice를 입력하고 엔터를 치면 된다.

· Launch Pad Window :
MATLAB®에서 기본적으로 제공되는 각종 도구, 데모, 문서정보들이 출력된다.

12.1.2 MATLAB® 기본명령

MATLAB®을 이용하여 원하는 기능을 수행하는 방법은 크게 두 가지로 구분된다. 첫 번째는 Command Window에 직접 명령어를 입력하는 방법이고, 두 번째는 제12.4절에서 다룰 Script파일을 이용하는 것이다. 일단 Command Window를 이용하는 방법을 살펴보도록 한다. 다음은 Command Window를 사용할 때 기본적으로 알아두어야 할 것들 이다.

[표 12.1] MATLAB® 기본명령어

항목	명령어	기능
Command Prompt	>>	모든 명령어들은 Command Prompt (>>) 다음에 입력한 후 엔터키를 입력하여 실행
명령어나열	,	두개 이상의 명령어를 한 줄에 표현하려면 콤마(,)를 이용하여 구분
줄넘기기	...	명령어가 너무 길어 다음 줄로 넘어가고 싶을 때는 ...를 입력하고 엔터키 실행
명령어 호출	↑, ↓	방향키(↑, ↓)를 사용하면 최근에 사용했던 명령들의 재수행이 가능
출력여부	;	Command Window상에서 명령어를 입력하고 엔터키를 입력하면 해당 명령이 실행되면서 화면에 결과 값이 출력됨. 그러나 명령어 다음에 세미콜론(;)을 입력하고 엔터키를 입력하면 결과 값은 출력되지 않으며 Workspace에만 저장된다.
주석	%	명령어의 앞에 %를 입력하면 주석으로 사용되며, 엔터키를 입력해도 실행되지 않음
화면정리	clc	clc 명령어를 입력하고 엔터를 치면 Command Window에 표시되었던 모든 내용들을 지워짐
변수삭제	clear	clc 명령어는 화면에 보이는 명령어들을 지워주지만 Workspace에 저장되어있는 값들은 그대로 남아 있음. 이때 clear 명령어를 사용하면 각 변수 및 배열에 할당된 값들도 모두 삭제함

12.1.3 변수의 정의

MATLAB®에서 변수는 다음과 같이 정의된다.

변수명 = 값 또는 수식

변수 정의 시 사용되는 "="는 서로 같음의 의미가 아니라 할당연산자(assignment operator)로서 우측에 입력한 값이나 수식을 좌측의 변수에 할당하라는 연산자이다. 즉, a=10일 경우 10이라는 값을 a라는 변수에 할당하라는 의미이다. 이는 MATLAB 프로그래밍의 가장 중요한 개념으로서 항상 염두에 두길 바란다.[6)]

MATLAB®에서는 변수를 지정하면 해당변수의 메모리에 결과 값이 할당되지만, 사전에 변수를 지정하지 않으면 ans라는 변수에 할당된다. 다음은 변수 정의에 대한 예시이다.

```
>> 5+10
ans =
    15
```
☞ 5+10의 결과 값 15를 변수 ans에 할당

```
>> x=5+10
x =
    15
```
☞ 변수 x와 5+10의 연산결과가 같다는 의미가 아닌 5+10의 연산결과인 15를 변수 x에 할당하라는 명령

일반적으로 변수를 정의 할 때 우측에는 값이나 수식을 사용하지만, 또 다른 변수를 이용할 수도 있으며 이때 사용된 변수에는 Workspace에 저장된 변수의 값이 적용된다.

```
>> x=5+10
x =
    15
```
☞ 15가 x에 할당되며 Workspace에 저장됨

```
>> y=x+5
```

6) MATLAB®에서 equal operator는 "=="임을 주의하기 바란다.

```
y =
     20
```

☞ x에 저장된 15에 5를 더한 값인 20을 y에 할당
☞ 변수y 정의 시 숫자나 문자열뿐만 아니라 변수 x를 포함한 수식도 사용이 가능

상기 예시에서 세미콜론(;)을 사용하면 화면에는 결과 값이 출력되지 않고, 변수에 할당된 메모리에만 저장된다. 즉, x=5+10; 로 입력하면 x=15값이 출력되지 않고 메모리에만 저장된다. 세미콜론(;)은 앞으로 다룰 Script파일을 작성할 때 유용하게 사용된다. 변수를 지정할 때는 다음과 같이 몇 가지 규칙을 따라야 한다.

- 변수명은 63글자를 넘을 수 없다. 그러나 MATLAB 버전에 따라 최대 허용 문자수는 달라질 수 있다.
- 변수명은 영문, 숫자, "_"로 구성될 수 있으며, 반드시 영문자로 시작하여야 한다. MATLAB은 대소문자를 구분하므로 AA, Aa, aA, aa 등은 모두 다른 변수로 인식된다.
- MATLAB®에서 기본적으로 설정해놓은 상수나 함수명의 사용은 피해야 한다.[7] 함수명을 변수로 사용하게 되면 해당함수의 기능을 사용할 수 없다.

12.2 배열(Array) 생성[8]

배열(array)은 행(row)과 열(column)로 구성된 자료의 집합으로 MATLAB이 데이터를 저장하고 가공하는 기본적인 형태이다. 원소가 1개인 배열을 스칼라(scala), 원소가 2개 이상으로 1개의 행 또는 열로 구성된 배열을 벡터(vector), 원소가 2개 이상으로 2개 이상의 행과 열로 구성된 배열을 행렬(matrix)라고 한다.[9] 여기서는 배열을 만들고 배열에 저장된 정보를 활용하는 방법을 알아보기로 한다.

12.2.1 벡터(Vector) 생성

벡터는 다음과 같은 방법으로 생성할 수 있다.

---

7) 예를 들면 pi(π=3.141592...)는 MATLAB에 미리 설정된 대표적 상수이다.

8) 배열은 수학의 행렬(matrix)이라고 생각하면 되며, MATLAB의 변수 값들은 대부분 배열로 인식한다. 따라서 MATLAB은 배열의 생성 및 연산에 매우 강력한 도구이다.

9) 행렬은 가장 포괄적 의미로서 스칼라나 벡터도 행렬의 일종이라고 생각하면 된다.

변수명 = [벡터 원소들]

벡터는 행벡터(row vector)와 열벡터(column vector)로 구분되는데 원소들 사이에 공란(space), 콤마(,), 세미콜론(;)로 구분하여 벡터를 생성할 수 있다. 또한 벡터 생성 시 원소들은 반드시 대괄호인 [ ]으로 묶어야 한다. 다음은 벡터를 생성하는 예시이다.

```
>> A=[100 200 300 400 500]
A =
       100          200          300          400          500
```
☞ 원소들 사이를 공란으로 구분하여 행벡터 생성

```
>> A=[100, 200, 300, 400, 500]
A =
       100          200          300          400          500
```
☞ 원소들 사이를 콤마로 구분하여 행벡터 생성

```
>> B=[100; 200; 300; 400; 500]
B =
    100
    200
    300
    400
    500
```
☞ 원소들 사이를 세미콜론(;)으로 구분하여 열벡터 생성

동일한 간격을 갖는 벡터의 경우 다음과 같이 만들 수 있다.

```
>> X=[5 : 5 : 30]
X =
     5    10    15    20    25    30
```
☞ 변수명 = [시작원소 : 증분 : 마지막원소], 5부터 30까지 5만큼씩 증가하는 벡터

```
>> X=linspace(5, 30, 6)
X =
     5    10    15    20    25    30
```
☞ 변수명 = linspace(시작원소, 마지막원소, 원소개수), 5부터 30까지 숫자를 6개로

균등분할

12.2.2 행렬(Matrix) 생성

m개의 행과 n개의 열을 가진 m×n 행렬은 다음과 같은 방법으로 생성할 수 있다.

변수명 = [첫 번째 행의 원소들 ; 두 번째 행의 원소들; ... ; m번째 행의 원소들]

행렬은 벡터생성과 동일하게 열은 공란이나 콤마(,)로 구분되며, 행은 세미콜론(;)로 구분된다. 행렬은 다음과 같이 만들 수 있다.

```
>> X=[1 2 3 ; 4 5 6]
X =
     1     2     3
     4     5     6
```
☞ 2×3 행렬 생성

다음은 명령어를 이용하여 특정 값을 가지는 행렬들의 생성방법이다.

```
>> zeros(3, 3)
ans =
     0     0     0
     0     0     0
     0     0     0
```
☞ 모든 구성원소가 0인 행렬 생성

```
>> ones(3, 3)
ans =
     1     1     1
     1     1     1
     1     1     1
```
☞ 모든 구성원소가 1인 행렬 생성

```
>> X=[1 2 3 ; 4 5 6 ; 7 8 9]
X =
```

```
     1     2     3
     4     5     6
     7     8     9

>> Y = X'
Y =
     1     4     7
     2     5     8
     3     6     9
```
☞ 해당 행렬의 열과 행을 바꾼 전치행렬(transpose matrix)을 생성

```
>> eye(3)
ans =
     1     0     0
     0     1     0
     0     0     1
```
☞ 대각원소들은 1, 그 외는 0인 크기가 n×n인 정방행렬(square matrix)을 생성

12.2.3 배열의 주소(Address)

배열은 MATLAB에서 사용하는 기본 데이터구조이며, 배열의 원소들은 각각 고유의 주소(address)를 가진다. 이 주소를 이용하면 배열에 할당된 각각의 데이터를 참조할 수 있다.

(1) 벡터(Vector) 주소

벡터의 원소를 참조 또는 반환하기 위해서는 아래와 같이 괄호 안에 원하는 원소의 행 또는 열주소를 입력하면 된다.

```
>> X=[3 6 4 2 7]
X =
     3     6     4     2     7

>> X(2)
ans =
     6
```
☞ 1×5 벡터 X의 두 번째 원소를 반환

(2) 행렬(Matrix) 주소

벡터와 마찬가지로 행렬의 원소를 참조 또는 반환하기 위해서는 괄호 안에 원하는 원소의 행과 열주소를 입력하면 된다. X(m, n)일 경우 앞의 m은 행 주소, n은 열 주소를 의미한다.

```
>> X=[1 2 3 ; 4 5 6 ; 7 8 9]
X =
     1     2     3
     4     5     6
     7     8     9

>> X(1, 2)
ans =
     2
```

☞ 3×3 Matrix X의 첫 번째 행의 두 번째 열 원소를 반환

(3) 콜론(:) 사용하기

콜론(:)을 사용하면 다음과 같이 배열의 행이나 열범위를 선택할 수 있다. 콜론(:)의 의미를 "모든"의 의미(즉, 모든 행 또는 모든 열)로 생각하면 이해하기 쉽다.

```
>> X=[11 12 13 ; 21 22 23 ; 31 32 33]
X =
    11    12    13
    21    22    23
    31    32    33

>> X(: , 1)
ans =
    11
    21
    31
```

☞ 3×3 Matrix X의 모든(콜론(:) 의미를 '모든'으로 해석) 행을 반환하나, 그 중 첫 번째 열의 원소들을 반환

```
>> X(1 , :)
ans =
    11    12    13
```

☞ 3×3 Matrix X의 첫 번째 행의 모든 열의 원소들을 반환

```
>> X(: , 2:3)
ans =
    12     13
    22     23
    32     33
```
☞ 3×3 Matrix X의 모든 행을 반환하나, 그 중 두 번째부터 세 번째 까지 열의 원소들을 반환

```
>> X(2:3 , :)
ans =
    21     22     23
    31     32     33
```
☞ 3×3 Matrix X의 두 번째부터 세 번째 까지 행의 원소들을 반환하나, 그 중 모든 열 원소를 반환

```
>> X(1:2 , 2:3)
ans =
    12     13
    22     23
```
☞ 3×3 Matrix X의 첫 번째부터 두 번째 까지 행의 원소들을 반환하나, 그 중 두 번째부터 세 번째까지 열의 원소들을 반환

12.2.4 배열의 추가, 수정, 합성, 크기

기존 배열에 배열을 추가할 수도 있으며, 배열 내 원소들의 수정도 가능하다. 다음 예시를 통하여 알아보자.

```
>> X=[11 12 13 ; 21 22 23 ; 31 32 33]
X =
    11     12     13
    21     22     23
    31     32     33

>> X(4 , :)=[41 42 43]
X =
    11     12     13
    21     22     23
    31     32     33
    41     42     43
```
☞ 기존 배열에 행벡터 추가 : 3×3 Matrix X의 크기를 4×3으로 변경하고 4행에 행백

터를 추가

```
>> X(4 , 3)=44
X =
    11    12    13
    21    22    23
    31    32    33
    41    42    44
```

☞ 기존 배열의 특정원소 수정 : 4×3 Matrix X의 네 번째 행의 세 번째 열 원소를 44로 수정

```
>> X(: , 3)=[ ]
X =
    11    12
    21    22
    31    32
    41    42
```

☞ 기존 배열의 특정원소 삭제 : 4×3 Matrix X의 세 번째 열의 모든 원소 삭제, 4×2 Matrix 변경

```
>> A=[1 2 ; 3 4]
A =
     1     2
     3     4

>> B=[5 6 ; 7 8]
B =
     5     6
     7     8

>> C=[A B]
C =
     1     2     5     6
     3     4     7     8
```

☞ 두 배열의 합성(배열사이를 공란으로([A B]) 구분) : 2×2 Matrix A와 2×2 Matrix B를 합성하여 2×4 Matrix C 생성

```
>> D=[A ; B]
D =
     1     2
     3     4
     5     6
     7     8
```

☞ 두 배열의 합성(배열사이를 ; 으로([A ; B]) 구분) : 2×2 Matrix A와 2×2 Matrix B를 합성하여 4×2 Matrix D 생성

```
>> E=[1 2 3]
E =
     1     2     3

>> F=[1 2 3 ; 4 5 6]
F =
     1     2     3
     4     5     6

>> length(E)
ans =
     3
```

☞ Vector의 크기 : length명령어를 이용하여 1×3 Vector E의 크기를 반환

```
>> length(F)
ans =
     3
```

☞ Matrix의 크기 : length명령어를 이용하여 2×3 Matrix F의 크기 중 큰 것 반환 (열이 행보다 더 커서 열 크기를 반환)

```
>> size(E)
ans =
     1     3
```

☞ Vector의 크기 : size명령어를 이용하여 1×3 Vector E의 크기 반환(앞의 반환 값은 행 크기, 뒤의 반환 값은 열 크기)

```
>> size(F)
ans =
     2     3
```

☞ Matrix의 크기 : size명령어를 이용하여 2×3 Matrix F의 크기 반환(앞의 반환 값은 행 크기, 뒤의 반환 값은 열 크기)

12.3 배열 연산

12.3.1 배열의 사칙연산

MATLAB®의 기본연산자로는 +(덧셈), −(뺄셈), *(곱셈), /(우측나눗셈), \(좌측나눗셈),

^(제곱) 등이 있으며 사용법 및 연산순서는 Excel 프로그램과 동일하다[10]. 배열의 연산은 기본적으로 수학의 행렬연산과 동일하다. 따라서 행렬연산의 원칙에 위배되는 경우에는 에러가 발생된다. 배열의 연산을 다음 예시를 통하여 알아보자.

```
>> A=[1 2 3 ; 4 5 6 ; 7 8 9]
A =
     1     2     3
     4     5     6
     7     8     9

>> B=[9 8 7 ; 6 5 4 ; 3 2 1]
B =
     9     8     7
     6     5     4
     3     2     1

>> A + B
ans =
    10    10    10
    10    10    10
    10    10    10
```

☞ 배열의 덧셈 : 3×3 Matrix A와 3×3 Matrix B를 더하여 3×3 Matrix를 생성, 배열의 덧셈은 두 배열의 크기가 동일해야 함

```
>> A - B
ans =
    -8    -6    -4
    -2     0     2
     4     6     8
```

☞ 배열의 뺄셈 : 3×3 Matrix A에서 3×3 Matrix B를 차감하여 3×3 Matrix를 생성, 배열의 뺄셈은 두 배열의 크기가 동일해야 함

```
>> C=[1 2 ; 3 4]
C =
     1     2
     3     4

>> A + C
??? Error using ==> plus
Matrix dimensions must agree.
```

---

10) MATLAB® 연산 시 최우선순위는 괄호( )이므로 복잡한 수식을 표현할 경우, ( )를 활용하면 유용하다.

☞ 덧셈이나 뺄셈을 수행하고자 하는 배열의 크기가 다르면 상기와 같은 에러가 발생됨

```
>> D=[1 2 3 ; 4 5 6]
D =
     1     2     3
     4     5     6

>> E=[1 2 ; 3 4 ; 5 6]
E =
     1     2
     3     4
     5     6

>> D * E
ans =
    22    28
    49    64
```

☞ 배열의 곱셈 : 2×3 Matrix D와 3×2 Matrix E를 곱하여 2×2 Matrix를 생성, 배열 간 곱셈을 수행하려면 첫 번째 배열의 열 크기와 두 번째 배열의 행 크기가 동일해야 함

```
>> F=[1 2 ; 3 4]
F =
     1     2
     3     4

>> D * F
??? Error using ==> mtimes
Inner matrix dimensions must agree.
```

☞ 배열의 곱셈연산 조건(배열 간 크기 조건)을 충족하지 않으면 상기와 같은 에러가 발생됨

```
>> G=[1 2 ; 3 4]
G =
     1     2
     3     4

>> H=[5 6 ; 7 8]
H =
     5     6
     7     8

>> G/H
```

```
ans =
    3.0000   -2.0000
    2.0000   -1.0000
```

☞ 배열의 나눗셈(right division) : 2×2 Matrix G를 2×2 Matrix H로 나누어 2×2 Matrix를 생성,
' / ' 기호는 우측 배열로 나누는 것임

```
>> G*inv(H)
ans =
    3.0000   -2.0000
    2.0000   -1.0000
```

☞ 앞의 G/H는 $G \times H^{-1}$와 동일하며, H^{-1}는 H의 역함수로서 inv명령어를 이용하여 구함

```
>> G\H
ans =
    -3    -4
     4     5
```

☞ 배열의 나눗셈(left division) : 2×2 Matrix H를 2×2 Matrix G로 나누어 2×2 Matrix를 생성, ' \ ' 기호는 좌측 배열로 나누는 것임

```
>> inv(G)*H
ans =
   -3.0000   -4.0000
    4.0000    5.0000
```

☞ 앞의 G\H는 $G^{-1} \times H$와 동일함

```
>> H^2
ans =
    67    78
    91   106
```

☞ 배열의 제곱 : H^2은 H*H를 의미함

MATLAB®은 기본연산자이외에 다양한 계산함수들을 제공하고 있으며, 많이 사용되는 주요 계산함수는 다음과 같다.11)

```
>> abs(-9)
ans =
```

11) MATLAB®은 Built-In Function을 제공하며, Built-In Function의 기능 및 사용방법에 대해서는 Help Window를 통하여 확인할 수 있다.

```
     9
```
☞ 절대값을 반환

```
>> exp(3)
ans =
   20.0855
```
☞ e^x 값을 반환

```
>> log(10)
ans =
    2.3026
```
☞ 자연로그값을 반환

```
>> sqrt(9)
ans =
     3
```
☞ √ 값을 반환

12.3.2 Element by Element 연산

element by element 연산자는 배열의 각 원소들 간의 연산을 수행해주며 사용방법은 다음과 같다.

```
>> A=[1 2 ; 3 4]
A =
     1     2
     3     4

>> B=[5 6 ; 7 8]
B =
     5     6
     7     8

>> A .* B
ans =
     5    12
    21    32
```
☞ * 연산자 앞에 . 을 사용하여 A의 각 원소들과 이에 대응되는 B의 각 원소들을 곱함
☞ 이는 아래와 같은 연산을 의미하므로 A.*B와 A*B는 다름

$$C = A.*B$$
$$= \begin{bmatrix} A_{11} & A_{12} \\ A_{21} & A_{22} \end{bmatrix} .* \begin{bmatrix} B_{11} & B_{12} \\ B_{21} & B_{22} \end{bmatrix} = \begin{bmatrix} A_{11}*B_{11} & A_{12}*B_{12} \\ A_{21}*B_{21} & A_{22}*B_{22} \end{bmatrix}$$

```
>> A ./ B
ans =
    0.2000    0.3333
    0.4286    0.5000
```

☞ / 연산자 앞에 . 을 사용하여 A의 각 원소들을 이에 대응되는 B의 각 원소들로 나눔
☞ 이는 아래와 같은 연산을 의미하므로 A./B와 A/B는 다름

$$C = A./B$$
$$= \begin{bmatrix} A_{11} & A_{12} \\ A_{21} & A_{22} \end{bmatrix} ./ \begin{bmatrix} B_{11} & B_{12} \\ B_{21} & B_{22} \end{bmatrix} = \begin{bmatrix} A_{11}/B_{11} & A_{12}/B_{12} \\ A_{21}/B_{21} & A_{22}/B_{22} \end{bmatrix}$$

```
>> A.^2
ans =
     1     4
     9    16
```

☞ ^ 연산자 앞에 . 을 사용하여 A의 각 원소들 각각의 제곱을 수행함
☞ 이는 아래와 같은 연산을 의미하므로 A.^2과 A^2는 다름

$$C = A.^{\wedge}2$$
$$= \begin{bmatrix} A_{11} & A_{12} \\ A_{21} & A_{22} \end{bmatrix} .^{\wedge}2 = \begin{bmatrix} A_{11}^2 & A_{12}^2 \\ A_{21}^2 & A_{22}^2 \end{bmatrix}$$

12.4 스크립트 파일(Script Files)

MATLAB®에서 연산을 수행하는 방법은 앞에서 다루었던 Command Window에 명령어를 입력하는 방법과 MATLAB에서 제공하는 script 파일을 사용하는 방법이 있다. 그러나 Command Window에서의 작업은 작성된 프로그램을 저장하여 다시 사용하기가 어려우며, 또한 함수형태로 만들어서 사용할 수가 없다. 따라서 이러한 단점을 보완하기 위해서는 script 파일을 이용해야 하며, M-File형태로 저장된다.

12.4.1 스크립트 파일의 구성

script 파일을 만들고 실행하기 위해서는 Editor Window를 사용하여야 한다.12) File → New → M-File를 클릭하여 Editor Window를 연다. Editor Window에 원하는 코딩을 하고 저장하면 새로운 script 파일이 생성되며, 확장자는 .m으로 M-File을 의미하게 된다.

Editor Window를 사용하여 script 파일을 만드는 방법은 Command Window에 직접 명령어를 입력하는 방법과 거의 동일하다. 수행하고자 하는 명령어들을 순차적으로 입력하고 엔터를 입력하면 된다. 이때 입력된 명령어들은 입력된 순서대로 차례로 수행된다. [그림 12.3]은 Editor Window사용하여 script 파일작성과 관련된 구성요소들이다.

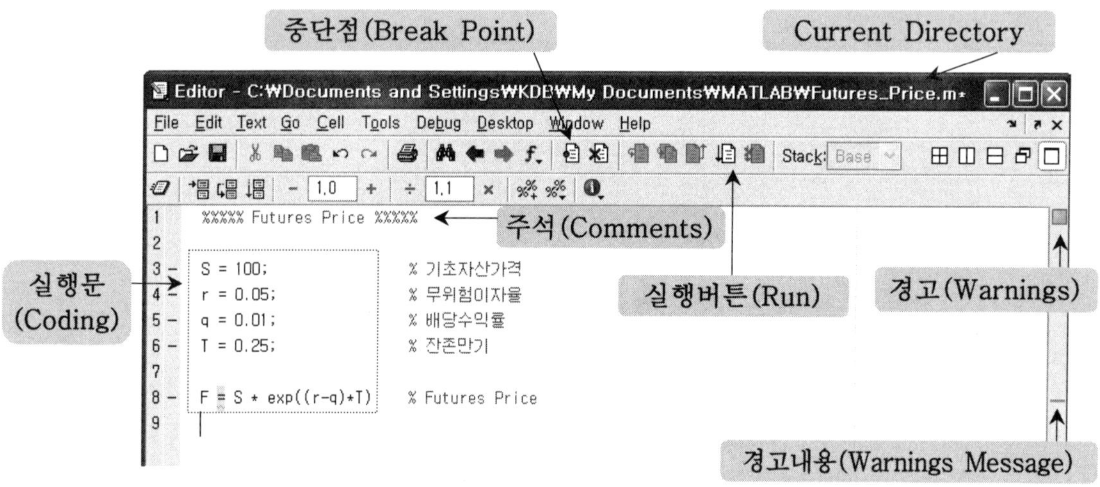

[그림 12.3] Script 파일 구성요소

다음은 script 파일 구성요소들에 대한 설명이다.

· 주석(Comments) :

script 파일 내에 주석을 사용하려면 문장의 맨 앞에 %를 입력하면 되며, 해당 라인에 입력된 모든 문자는 주석으로 인식(실행되지 않음)하게 되고 Editor Window상에서 녹색으로 표시된다. 실행문 마지막에 세미콜론(;)을 사용하면 해당명령어의 결과는 Command Window에 출력되지 않고 Work Space에만 저장된다.

---

12) 윈도우에서 제공하는 메모장이나 다른 텍스트편집프로그램을 사용할 수도 있지만, 작성된 파일의 실행이나 디버깅을 위해서는 Editor Window를 사용하는 것이 편리하다.

· 실행문 :
script 파일을 실행시킬 때 실제로 실행되는 부분이다.

· 실행버튼(run) :
Tool Bar 상단에 있는 실행버튼()을 클릭하면 실행문이 실행된다.(F5 key 동일기능)

· 중단점(break point) :
특정 실행문에 중단점을 찍고 실행하면 중단점까지만 실행되며, 옆의 디버깅(debugging) 버튼들을 이용하여 디버깅을 수행할 수 있다.

· Current Directory :
작성된 script 파일이 저장된 directory로서 MATLAB의 Current Directory와 일치해야 한다.13)

· 경고(Warnings) :
작성한 코드 중 부적절한 부분이 있는 경우 색깔이 변화된다.(정상은 녹색)

· 경고내용(Warnings Message) :
부적절한 코드라인에 표시되며, 마우스를 대면 경고내용을 보여주고 클릭하면 해당라인으로 커서가 이동한다. 상기그림에서의 경고내용은 8번 라인의 문장 마지막에 세미콜론(;)을 붙이는 것이 바람직하다는 내용이다.

12.4.2 스크립트 파일 작성 및 실행

주가지수선물의 이론가격을 계산하는 간단한 예제를 통하여 script 파일 작성 및 실행방법에 대해 알아보자. 주가지수선물의 이론가격은 다음과 같다.

$$F = S \times e^{(r-q)T}$$

(S : 기초자산가격, r : 무위험이자율, q : 배당수익률, T : 잔존만기)

File → New → M-File를 클릭하여 Editor Window를 열고 저장 아이콘을 클릭하여

13) 다를 경우 Change Directory 메시지가 나오므로 이를 이용하여도 되지만 가급적 일치시키는 것이 바람직하다. 또는 File → Set Path기능을 이용하는 방법도 있다.

Futures_Price 이름으로 저장한다. Editor Window에 아래와 같이 코딩을 수행한다.

```
%%%%% Futures Price %%%%%

%  변수 정의 및 초기값 입력
S = 100;                 % 기초자산가격
r = 0.05;                % 무위험이자율
q = 0.01;                % 배당수익률
T = 1;                   % 잔존만기

%  Futures Price
F = S * exp((r-q)*T)
```

코딩한 파일을 저장하고 실행버튼( )을 클릭하면 Command Window에 다음과 같은 실행결과가 출력된다. 이 M-File은 나중에 언제든지 재사용 할 수 있으며, 편집도 가능하다.

```
F =

   104.0811
```

12.5 함수파일(Function Files)

앞에서 살펴본 script 파일은 명령어들을 순차적으로 조합하여 만든 일종의 프로시져(procedure)이다. 이번 장에서 알아볼 함수와 함수파일은 자주 사용되는 기능들에 대해 필요한 입력변수 및 사용방법을 정형화해놓은 것이다.[14] MATLAB은 기본적으로 다양한 함수를 제공해주고는 있지만, MATLAB의 기본함수를 조합하거나 새로운 기능을 구현하기 위하여 함수를 만드는 것은 매우 유용하다.

12.5.1 함수파일의 구성

함수파일을 만들기 위해서는 script 파일과 마찬가지로 File → New → M-File를 클릭하여 Editor Window를 통해 만들 수 있다. [그림 12.4]는 변동성 기간조정 함수파일로 세 개의 입력변수(일간변동성, 월간영업일수, 연간영업일수)를 통하여 월간 및 연간변동성 등 두개의 결과 값을 출력한다.

14) MATLAB®의 Function File은 Excel의 사용자 정의함수와 동일한 기능이다.

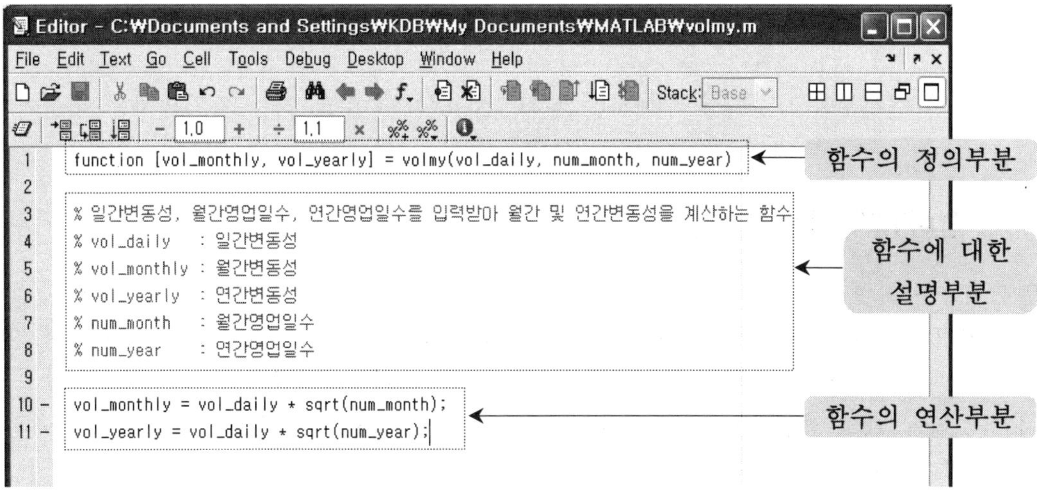

[그림 12.4] 함수파일 (volmy.m)

함수파일은 ①함수의 정의부분, ②함수에 대한 설명부분, ③함수의 연산부분으로 구분할 수 있으며, 각각의 세부사항을 살펴보면 다음과 같다.

① 함수의 정의부분 : 함수파일의 맨 처음에 위치하며 작성형식은 다음과 같다.

---

function[출력인수] = 함수이름(입력인수)

· function이라는 글자는 앞에 어떠한 문자도 있어서는 안 되며, 반드시 소문자이어야 한다.
· 출력인수 : 대괄호 [ ]를 사용하며, 함수실행 시 출력되는 변수 값들로서 스칼라, 벡터, 매트릭스 모두 가능하다. 복수의 출력인수도 가능하며, 이 경우 출력인수들은 콤마(,)로 구분한다.
· 함수이름 : 함수이름은 영문자, 숫자, _로 구성할 수 있으며 첫 글자는 반드시 영문자로 시작한다. 또한 함수 파일명은 반드시 함수이름과 동일해야 한다.
· 입력인수 : 소괄호 ( )를 사용하며, 함수실행을 위해 입력되어야 하는 변수 값들로서 스칼라, 벡터, 매트릭스 모두 가능하다. 복수의 입력인수도 가능하며, 이 경우 입력인수들은 콤마(,)로 구분한다.

② 함수에 대한 설명부분 : 각문장의 맨 앞에 "%"기호를 사용하여 작성할 수 있으며, 작성하지 않아도 상관없지만, 설명부분을 작성해놓으면 help 명령어를 통해서 해당함수의

기능 및 관련변수에 대해서 확인할 수 있다.

③ 함수의 연산부분 : 코딩을 수행하는 부분으로 실제 함수의 기능을 입력하는 부분이다.

12.5.2 함수파일의 작성 및 실행

일간변동성을 월간 및 연간변동성으로 전환하는 간단한 함수파일을 통하여 함수파일 작성 및 실행방법에 대해 알아보자. File → New → M-File를 클릭하여 Editor Window를 열고 아래와 같이 함수파일을 작성한다. 이 함수파일 저장 시에는 파일명은 정의함 함수이름과 동일하게 저장(아래의 경우 volmy)하여야 하며, MATLAB에서 기본적으로 제공하거나 이전에 만들어놓은 함수명과는 달라야 한다.

```
function [vol_monthly, vol_yearly] = volmy(vol_daily, num_month,
num_year)

% 일간변동성, 월간영업일수, 연간영업일수를 입력받아 월간 및 연간변동성을 계산하는
  함수
% vol_daily   : 일간변동성
% vol_monthly : 월간변동성
% vol_yearly  : 연간변동성
% num_month   : 월간영업일수
% num_year    : 연간영업일수

vol_monthly = vol_daily * sqrt(num_month);
vol_yearly = vol_daily * sqrt(num_year);
```

상기 함수파일을 설명하면,

① 함수의 정의부분 : function [vol_monthly, vol_yearly] = volmy(vol_daily, num_month, num_year)
   ⇒ 3개의 입력인수(vol_daily, num_month, num_year)를 받아서 volmy라는 이름의 함수파일을 수행하여 2개의 값(vol_monthly, vol_yearly)을 출력한다.

② 함수에 대한 설명부분 : Command Window에 help volmy 입력하면 설명부분이 출력된다.

③ 함수의 연산부분 : 일간변동성을 월간 및 연간변동성으로 전환하는 공식으로서 vol_monthly, vol_yearly는 최종 결과 값이다. 출력을 원하는 이 두 변수 명을 함수정의 부분의 출력인수와 동일하게 하면 된다.

이렇게 저장된 함수파일은 Command Window에 직접 입력하거나, 다른 script 파일 안에서 사용될 수 있다. 상기에서 작성한 함수파일인 volmy.m을 실행하여 보자.

(1) Command Window에서 실행하는 방법

```
>> [M Y] = volmy(0.03, 20, 250)

M =
    0.1342

Y =
    0.4743
```

☞ 입력변수 3개(일간 변동성 0.03, 월간영업일수 20일, 연간영업일수 250일)를 받아서 월간 및 연간변동성을 산출함

(2) 다른 script 파일 안에서 호출하는 방법

아래와 같이 M-File을 작성하여 보자.

```
S=100; X=100; r=0.05; T=0.5; Daily_Vol=0.02; q=0.01;
[M Y] = volmy(Daily_Vol, 20, 250);

% d1, d2
d1 = (log(S/X)+(r-q+Y^2/2)*T)/(Y*sqrt(T));

d2 = d1-Y*sqrt(T);

% price 계산
Call_Price = S*exp(-q*T).*normcdf(d1)-X*exp(-r*T)*normcdf(d2)
```

상기 파일 안에는 volmy 함수파일이 사용되었다. 이를 실행시키면 다음과 같다.[15)]

15) 스크립트 파일 안에 사용자가 작성한 함수파일을 사용하기 위해서는 두 파일 모두 동일 directory내에 있어야 하거나 함수파일에 대한 Set Path를 지정해야 한다.

```
Price =
    9.7900
```

12.6 연산자(Operators)

12.6.1 관계연산자 (Relational operators)

관계연산자는 두개의 숫자 혹은 변수를 비교하여 그 결과를 두개의 형태, 즉 True이면 1, False이면 0을 반환하는 것으로 다음과 같은 연산자들이 있다.

```
>> 5 < 10
ans =
     1
```

☞ 관계연산자 < : 5 < 10 조건이 성립하므로 True(1)값을 반환

```
>> 5 > 10
ans =
     0
```

☞ 관계연산자 > : 5 > 10 조건이 성립하지 않으므로 False(0)값을 반환

```
>> A = [1 2 ; 3 4]
A =
     1     2
     3     4

>> B = [1 3 ; 2 4]
B =
     1     3
     2     4

>> A >= B
ans =
     1     0
     1     1
```

☞ 관계연산자 >= : A와 B의 각 원소들을 비교하여 A >= B이 성립하는 원소자리에 True(1)반환, 아니면 False(0)반환

```
>> A == B
ans =
```

```
     1     0
     0     1
```

☞ 관계연산자 == : equal 관계를 판단하는 연산자, A와 B의 각 원소들을 비교하여 A == B이 성립하는 원소자리에 1반환, 아니면 0반환

```
>> A ~= B
ans =
     0     1
     1     0
```

☞ 관계연산자 ~= : not equal 관계를 판단하는 연산자, A와 B의 각 원소들을 비교하여 A ~= B이 성립하는 원소자리에 1반환, 아니면 0반환

12.6.2 논리연산자 (Logical operators)

논리연산자는 논리연산에 따라 0이 아닌 수(nonzero number)이면 True로서 1, 0인 수이면 False로서 0을 반환하는 것으로 다음과 같은 연산자들이 있다.

```
>> A = [1 2 3 4 5]
A =
     1     2     3     4     5

>> B = [1 0 3 0 5]
B =
     1     0     3     0     5

>> A & B
ans =
     1     0     1     0     1
```

☞ 논리연산자(and) & : A와 B의 각 원소들을 비교하여 둘 다 0이 아니면 True(1)반환, 둘 중에 하나라도 0이 아니면 False(0)반환

```
>> A | B
ans =
     1     1     1     1     1
```

☞ 논리연산자(or) | : A와 B의 각 원소들을 비교하여 둘 중에 하나라도 0이 아니면 True(1)반환, 둘 다 0이면 False(0)반환

```
>> ~B
ans =
     0     1     0     1     0
```

☞ 논리연산자(not) ~ : B의 원소들 중 0이면 True(1)반환, 0이 아니면 False(0)반환

```
>> X=[1 1; 1 0]
X =
     1     1
     1     0

>> all(X)
ans =
     1     0
```

☞ 논리연산자(all) : X의 열 벡터의 모든 원소가 0이 아니면 True(1)반환, 원소 하나라도 0이면 False(0)반환

```
Y =
     0     1
     0     0

>> any(Y)
ans =
     0     1
```

☞ 논리연산자(any) : Y의 열 벡터 원소들 중 하나라도 0이 아니면 True(1)반환, 모두 0이면 False(0)반환

```
>> Z=[3 5 2 8 6 1]
Z =
     3     5     2     8     6     1

>> find(Z<4)
ans =
     1     3     6
```

☞ 논리연산자(find) : Z의 원소들 중 4보다 작은 원소들의 주소를 반환, 즉 Z의 1, 3, 6번째 원소들이 4보다 작음

```
>> Z(find(Z<4))
ans =
     3     2     1
```

☞ 논리연산자(find) 응용 : Z의 원소들 중 4보다 작은 원소들의 주소에 해당하는 원소들를 반환, 즉, Z원소 중에 4보다 작은 원소들의 주소인 1, 3, 6을 찾고 이 주소에 해당되는 원소 3, 2, 1을 반환

12.7 구문(Satements)

프로그래밍은 사용자가 필요로 하는 명령어들을 실행순서에 맞게 모아둔 것으로 앞에서 다룬 스크립트 파일과 함수파일을 통칭한다. 프로그램에는 특정조건 발생에 따른 명령의 수행이나 반복이 빈번히 발생하며 다른 프로그램 언어와 마찬가지로 MATLAB에서도 프로그래밍의 구문들을 만들어 놓았다.

MATLAB® 프로그래밍을 위한 대표적인 구문이 조건 구문과 반복 구문이다. 조건 구문은 12.6에서 설명한 관계 및 논리연산자와 결합되어 프로그램 안에서 명시한 특정한 조건에 해당하는 경우와 해당하지 않는 경우의 실행문에 대해 정의되며, MATLAB의 조건 구문으로는 if – end구문, switch case – end구문 등이 있으며 반복 구문으로는 for – end 구문, while – end구문 등이 있다.16)

12.7.1 조건 구문(Conditional Statements)

(1) if 구문

if 다음에 입력한 조건에 충족되면 if와 end 사이의 실행문들을 수행하는 구문이다. 조건을 추가하려면 elseif를 사용할 수 있다. if 다음에 사용되는 조건문에는 앞에서 다룬 관계 또는 논리연산자가 사용된다. if-end 구문의 형식은 다음과 같다.

```
if 조건문 1
   실행문      ⇒ 조건문 1 충족 시 수행
elseif 조건문 2
   실행문      ⇒ 조건문 2 충족 시 수행
else
   실행문      ⇒ 조건문 1,2 모두 미 충족 시 수행
end
```

조건문이 1개 일 경우 elseif와 else는 생략되고, 조건문이 늘어날 경우 elseif와 else를 계속 추가할 수 있다. 다음은 if 구문을 이용하여 해당 숫자의 양수, 0, 음수를 판단하는 함수이다.

16) 엑셀에서 사용하는 구문과 유사하나 다른 점이 있으므로 주의해야 한다.

MATLAB	EXCEL
if - end	if - end if
switch case - end	select case - end select
for - end	for - next
while - end	do while - loop

```
function SineTest(A)

if A > 0
    fprintf('입력하신 숫자는 양수입니다.\n');     % A가 0보다 크면 실행
elseif A < 0
    fprintf('입력하신 숫자는 음수입니다.\n');     % A가 0보다 작으면 실행
else
    fprintf('입력하신 숫자는 0입니다.\n');       % A가 0보다 크지도 작지도 않
                                                 으면(0이면) 실행
end
```

실행하면 다음과 같다.

```
>> SineTest(4)
입력하신 숫자는 양수입니다.
```

(2) switch case - end 구문

switch 다음에 입력된 변수나 수식의 값이 각 case에 해당할 경우 실행문을 수행하는 구문으로 case문의 개수는 제한이 없으며, 모든 조건을 충족하지 않으면 otherwise와 end 사이의 명령문들을 수행한다. switch case - end 구문의 형식은 다음과 같다.

```
switch (변수 또는 수식)
   case   값1
        실행문      ⇒ 지정된 변수 또는 수식이 값1과 동일할 때 수행
   case   값2
        실행문      ⇒ 지정된 변수 또는 수식이 값2와 동일할 때 수행
   ...
   otherwise
        실행문      ⇒ 모든 조건을 미 충족할 때 수행
end
```

다음은 switch case - end 구문을 이용하여 해당 날짜의 요일을 판단하는 함수이다.

```
function WeekdayTest(A)
```

```
n = weekday(A);

switch n
    case 1
        fprintf('입력하신 날짜는 일요일입니다.\n');    % n값이 1이면 실행
    case 2
        fprintf('입력하신 날짜는 월요일입니다.\n');
    case 3
        fprintf('입력하신 날짜는 화요일입니다.\n');
    case 4
        fprintf('입력하신 날짜는 수요일입니다.\n');
    case 5
        fprintf('입력하신 날짜는 목요일입니다.\n');
    case 6
        fprintf('입력하신 날짜는 금요일입니다.\n');
    otherwise
        fprintf('입력하신 날짜는 토요일입니다.\n');    % n값이 1~6이 아니면 실행
end
```

실행하면 다음과 같다.

```
>> WeekdayTest('09-10-2027')
입력하신 날짜는 금요일입니다.
```

12.7.2 반복 구문 (Loops Statements)[17]

(1) for - end 구문

for-end 구문은 for와 end 사이에 입력된 실행문을 특정횟수만큼 반복하는 구문이며, 다음과 같이 구성된다.

```
for n = s : c : e   ⇒ s는 n의 시작 값, c : 증감 값 (생략 시 +1), e : n의 마지막 값
    실행문
end
```

17) for-end 구문 및 중첩 for-end구문은 주가파생상품 모델링을 위한 시뮬레이션 수행 시 자주 사용되는 중요구문이므로 구문의 사용방법을 숙지해두어야 한다.

다음은 for - end 구문을 이용하여 특정 정수에서 특정 정수까지 누적 합계를 구하는 함수이다.

```
function Result=SumTest1(startN, endN)

Result = 0;                         % 초기 값
for a = startN : endN
    Result = Result + a;
end
```

1에서 10까지 누적 합계를 구하면 다음과 같다.

```
>>  Result=SumTest1(1, 10)
Result =
    55
```

(2) 중첩 for - end 구문

중첩 for-end 구문은 한 개의 for - end 구문 사이에 한개 이상의 for - end 구분을 추가한 것으로 다음과 같이 구성된다.

```
for i = s1 : c1 : e1
    for j = s2 : c2 : e2
        실행문
    end
end
```

다음은 중첩 for - end 구문을 이용하여 주가와 변동성변화에 따른 유럽형 바닐라 콜옵션 가격을 구하는 함수이다.[18)]

```
function Call=Price_Chg(S, X, r, T, vol, q)
```

18) 중첩 for - end문의 코딩에 제대로 되었는지 판단하기 위해서는 디버깅 버튼들을 이용하여 하나씩 수행하고, 각 수행결과들의 적정성을 해당 변수 명을 클릭하여 바로바로 Array Editor를 통해 확인하면 된다. 다른 구문들도 마찬가지이다. 이렇게 코딩 중 생성되는 변수 값들이 적정 값인지를 눈으로 확인할 수 있다는 점이 다른 프로그래밍 언어와 비교되는 MATLAB의 탁월한 강점이다.

```
Call=zeros(length(S), length(vol));
for i = 1:length(S)
    for j = 1:length(vol)
        Call(i,j) = blsprice(S(i),X,r,T,vol(j),q);
    end
end
```

실행하면 주가와 변동성변화에 따른 옵션가격 시나리오가 다음과 같이 생성된다.

```
>> Call=Price_Chg([90 95 100 105 110], 100, 0.05, 0.5, [0.1 0.15 0.2
0.25 0.3 0.35], 0.01)
Call =
    0.3652    1.1806    2.2133    3.3493    4.5398    5.7616
    1.4668    2.7344    4.0427    5.3665    6.6969    8.0298
    3.8740    5.2256    6.5940    7.9681    9.3436   10.7187
    7.5712    8.6115    9.8256   11.1168   12.4473   13.7993
   12.0782   12.6909   13.6272   14.7413   15.9563   17.2318
```

(3) while - end 구문

while - end 구문은 for - end 구문과 유사하지만, while 옆에 입력한 특정조건의 상황까지만 while과 end 사이에 입력한 실행문을 수행하는 반복구문이다.[19] while - end 구문의 형식은 다음과 같다.

```
while (조건문)
    실행문
end
```

다음은 while - end 구문을 이용하여 특정 정수에서 특정 정수까지 누적 합계를 구하는 함수(앞의 for - end 구문예제와 동일)이다.

```
function Result=SumTest2(startN, endN)

Result = 0;                    % 초기 값
```

19) 잘못된 로직으로 무한루프에 빠지게 되었을 경우에는 Control+Pause 또는 Control+C를 사용하여 강제로 반복구문을 종료할 수 있다.

```
while startN <= endN;
    Result = Result + startN;
    startN = startN + 1;
end
```

1에서 10까지 누적 합계를 구하면 다음과 같다.

```
>> Result=SumTest2(9, 10)
Result =
    19
```

(4) 반복 구문에 사용되는 주요명령어 (break, continue)

앞에서 알아본 반복구문은 특정조건에 만족할 때까지 반복 구문 내에 입력한 명령어들을 수행한다. 이때 break나 continue 명령어를 만나면 미리 지정해 놓은 조건과는 상관없이 반복을 제어할 수 있다.

· break :
반복 구문(for-end, while-end) 안에서 반복을 중지시키는 역할을 하며, break를 만나게 되면 반복문 내에 있는 이후의 명령어들은 실행되지 않는다.

· continue :
반복 구문 안에서 continue를 만나게 되면 다음단계로 이동한다.

12.8 그래프 기능

MATLAB®의 강력한 장점 중 한 가지가 그래픽 기능이다. MATLAB을 이용하면 많은 데이터를 가공하여 사용자들이 원하는 결과를 만들어낼 수 있다. 이러한 결과물들을 표현할 때 그래프를 이용하면 훨씬 이해가 쉽고 유용할 때가 많다. 여기서는 MATLAB에서 제공하는 다양한 2차원 및 3차원 그래프의 종류와 각각의 기능들에 대해서 알아본다.

12.8.1 plot

MATLAB®에서 2차원 그래프를 만들기 위해 사용하는 명령어는 plot 명령어이며, 사용방법은 다음과 같다.

plot(x, y, 그래프설정 선택인수)

plot명령어의 인수인 x와 y는 모두 벡터로 구성되며, 각 벡터는 동일한 개수의 원소들로 구성되어야 한다. x는 x축 데이터, y는 y축 데이터이며 Line format, Volume Name, Bar 등은 선택인수로 각각 선의 형태, 색상, 표식 등을 설정할 수 있다. 다음은 plot에 대한 예시이다.

```
>> x = [50 60 70 80 90 100 110 120 130 140 150];
>> y = [0 0 0 0 0 0 10 20 30 40 50];
>> plot(x, y)
```

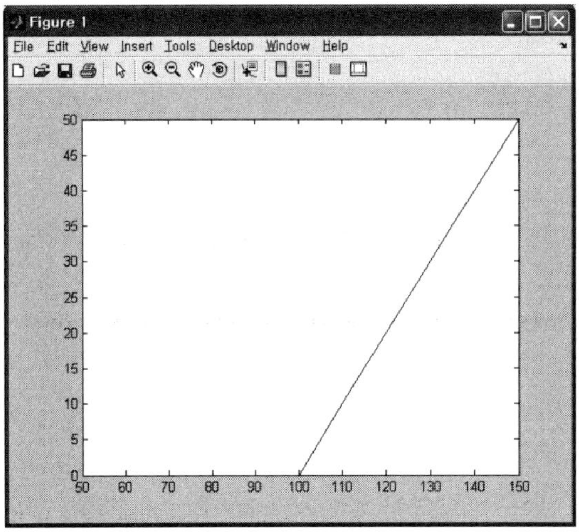

☞ x값들에 대응하는 y값들의 궤적을 그림

12.8.2 fplot

fplot은 특정구간에 대한 함수의 결과를 그래프로 출력해주는 명령어이며, 사용방법은 다음과 같다.

fplot('함수', 변수범위, 그래프설정 선택인수)

함수는 그림이 그려질 함수를 말하는 것으로서 직접 함수를 쓰거나 MATLAB 내장함수 또는 사용자 작성함수를 적용할 수 있다. 여기서 함수는 따옴표(' ')안에 기재되어야 한다. 변수는 x축 데이터의 범위를 의미한다.

다음은 fplot에 대한 예시이다.

```
>> fplot('max(x-100,0)',[50 150])
```

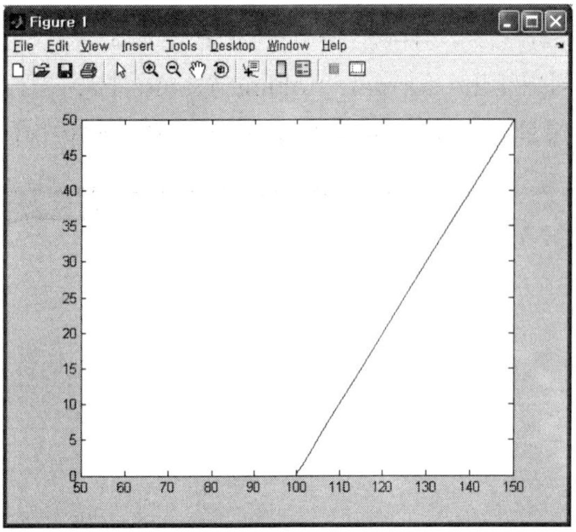

☞ x값들은 50, 51, 52, ... , 149, 150이며, 이 값들을 함수 max(x-100,0)에 입력하여 산출된 결과 값들을 plot

12.8.3 그래프 편집

MATLAB®에서 제공하는 명령어 또는 plot명령어의 선택인수를 이용하여 그래프를 꾸밀 수 있다. 다음은 이에 대한 예시이다.[20]

```
fplot('max(x-100,0)',[50 150], '*');  % plot의 형태는 *

xlabel('Stock Price');                % x축 데이터 명
ylabel('Pay-off');                    % y축 데이터 명

title('Pay-off of Call Option');      % 그래프 제목
text(80,30,'Maturity Pay-off');       % 그래프 상에 텍스트 삽입
legend('Pay-off',0);                  % 그래프에 범례 표시
grid on                               % 그래프에 격자 표시
```

상기 M-File을 실행하면 다음과 같은 그래프가 출력된다.

20) 그래프를 꾸미는 또 하나의 방법은 figure window에서 도구들을 이용하여 작업하는 것이다.

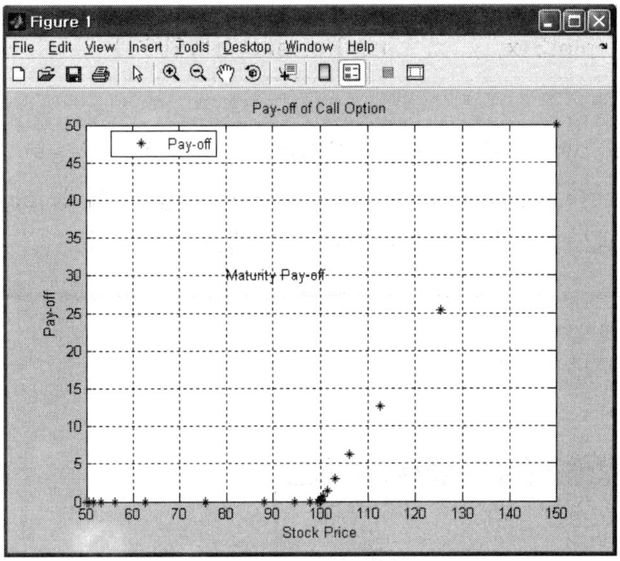

MATLAB®에는 다양한 2차원그래프를 그리는 명령어가 있다. 다음은 대표적인 2차원그래프 명령어들이다.

· bar(x,y) : 세로막대 그래프
· barh(x,y) : 가로막대 그래프
· stairs(x,y) : 계단형 그래프
· stem(x,y) : 줄기형 그래프
· pie(x) : 파이형 그래프
· hist(y) : 히스토그램
· histfit(y, nbins) : 히스토그램 및 normal density curve

12.8.4 3차원 그래프

MATLAB®은 앞서 살펴본 2차원 그래프 기능이외에도 다양한 3차원 그래프를 제공한다. 3차원 그래프는 두 개 이상의 변수로 구성된 정보를 표현할 때 유용한 방법이다.

(1) Line Plots

3차원 공간상의 점들을 곡선으로 연결하는 것이 3차원 line plot이며, plot3 명령어를 사용한다.

plot3(x, y, z, Line Format(선택인수))

plot3 명령어는 plot 명령어와 기능이 유사하며, x, y, z는 각각 x축, y축, z축 데이터로서 3개의 벡터들로 구성된다. Line Format은 선의 형태, 색상, 두께 등 plot의 형태를 지정하는 기능이다. 다음은 plot3 명령어를 이용한 3차원 그래프 예시이다.

```
>> t = 0:pi/50:10*pi;
>> plot3(sin(t),cos(t),t)
>> grid on
>> axis square
```

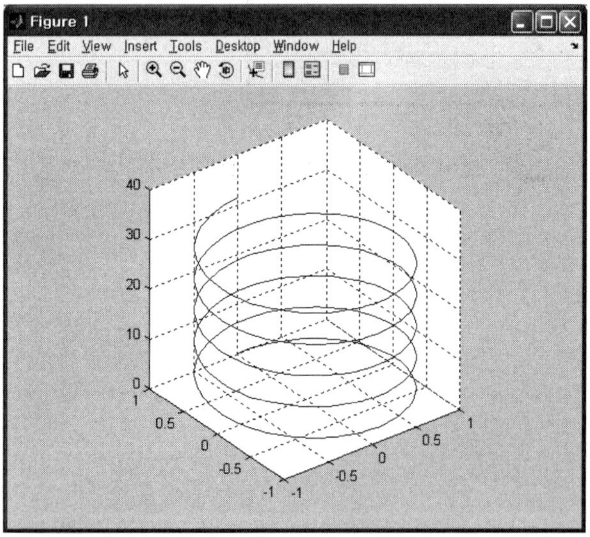

(2) Mesh Plots, Surf Plots

3차원 line plot은 3차원 공간에서 곡선을 그리는 것이나 mesh plot과 surf plot은 3차원 공간에서 면을 그리는 명령어들이다. mesh plot과 surf plot은 z가 독립변수 x, y에 의하여 함수형태로 이루어진 데이터를 표현할 때 사용되는 3차원 그래픽기능이다. 예를 들면, 기초자산의 가격(x)과 변동성(y)의 변화에 따른 주가파생상품의 가격(z)을 그래프로 표현할 때 사용될 수 있다.[21] mesh plot과 surf plot은 다음의 세 가지 단계를 통하여 생성된다.

① meshgrid 명령어를 사용하여 독립변수 x, y 평면에 grid를 생성

21) 예시와 같이 3차원 그래프는 파생상품의 시나리오분석 등의 결과를 시각적으로 보여줄 때 유용하다.

② 생성된 grid에 해당되는 z값 계산
③ mesh 또는 surf 명령어를 이용하여 3차원 그래프를 생성

상기 절차에서 x, y값에 따른 z값이 이미 산출되어 있으면, ②번을 생략하고 ①과 ③을 수행하면 된다. 이제 상기 세 가지 단계에 따라 그래프를 생성하는 방법을 알아보자.

```
[x, y] = meshgrid(-8:0.5:8);        % 독립변수 x, y 평면에 grid를 생성
R = sqrt(x.^2 + y.^2) + eps;        % R값 계산 R= √(x^2+y^2)+eps 22)
z = sin(R)./R;                      % z값 계산 z= sin(R)/R
subplot(1,2,1)
mesh(x,y,z)
subplot(1,2,2)
surf(x,y,z)
```

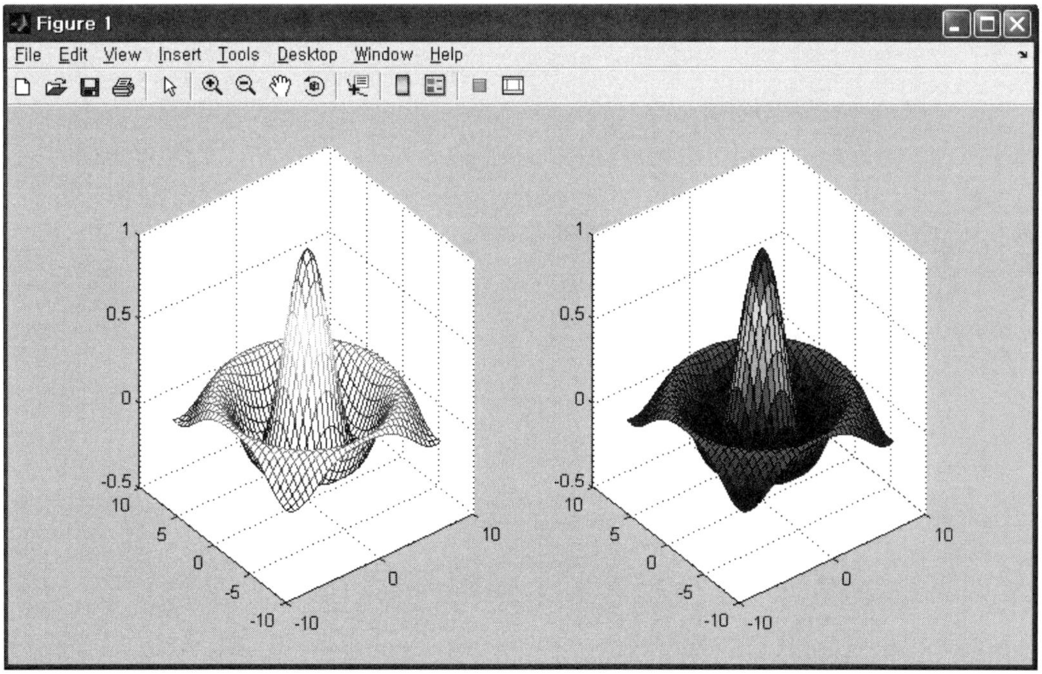

상기 그림에서 좌측은 mesh plot이고 우측은 surf plot이다. 한편 상기 m-file에서 subplot 명령어는 한 화면에 여러 그림을 출력할 때 시용된다. 즉, subplot(1,2,1)은 1행 2열로 구역을 나누고, 해당그림을 1번째에 출력하라는 명령어이다.

22) EPS Spacing of floating point numbers.
D = EPS(X), is the positive distance from ABS(X) to the next larger in magnitude floating point number of the same precision as X.

제13장

MATLAB® 응용

파생상품에 대한 Modeling을 수행 하다보면 Curve Fitting, 해찾기, 최적화(Optimization), 미적분 등의 작업들을 해야 하는 경우가 자주 있다. 이 장에서는 제12장에서 배운 MATLAB 기본기능들을 바탕으로 이러한 응용작업들을 소개하도록 한다. 특히 최적화 작업은 파생상품 Modeling과정에서 모수(Parameters)를 찾는 방법론으로 많이 사용되므로 반드시 익혀두길 바란다.

13.1 다항식(Polynomials)

다항식(Polynomials)은 2개 이상의 단항식을 대수의 합으로 연결한 식을 말하며, 다항식의 최고차수 항이 n차일 경우에 이를 n차 다항식이라고 한다. 다음과 같이 표현할 수 있다.

$$f(x) = a_n x^n + a_{n-1} x^{n-1} + \cdots + a_1 x^1 + a_0 x^0$$

$a_n, a_{n-1}, \cdots, a_1, a_0$: 각 항의 계수

(1) 다항식의 표현방법

MATLAB®에서 다항식을 표현하는 방법은 [표 13.1]과 같이 각 항의 계수들만 입력하며, 계수가 0인 경우에는 0으로 입력해야 한다.

[표 13.1] MATLAB®의 다항식 표현

다항식	MATLAB 표현방법
$2x+3$	a = [2 3]
x^2+3x+5	b = [1 3 5]
$5x^2+4\ (=5x^2+0x+4)$	c = [5 0 4]
$3x^4+5x^2+2x\ (=3x^4+0x^3+5x^2+2x+0)$	d = [3 0 5 2 0]

(2) polyval

polyval은 다항식의 결과 값을 반환해주는 명령어로 사용방법은 다음과 같다.

polyval(p, x)
p : 각 항의 계수로서 다항식 f(x)를 의미
x : 다항식 f(x)의 x변수 값

다음은 polyval 명령어의 사용예제이다.

```
>> a = [2 3];
>> polyval(a,5)
ans =
    13
```

☞ 변수 a는 다항식 $f(x)=2x+3$을 의미하며, polyval(a,5)은 다항식 2x+3에 x=5를 입력한 값을 반환하라는 명령어

```
>> d = [3 0 5 2 0];
>> polyval(d,3)
ans =
   294
```

☞ 변수 d는 다항식 $f(x)=3x^4+5x^2+2x$를 의미하며, polyval(d,3)은 다항식에 x=3을 입력한 값을 반환하라는 명령어

```
>> x = -2 : 0.1 : 2;
>> d = [3 0 5 2 0];
>> y = polyval(d, x);
>> plot(x,y)
```

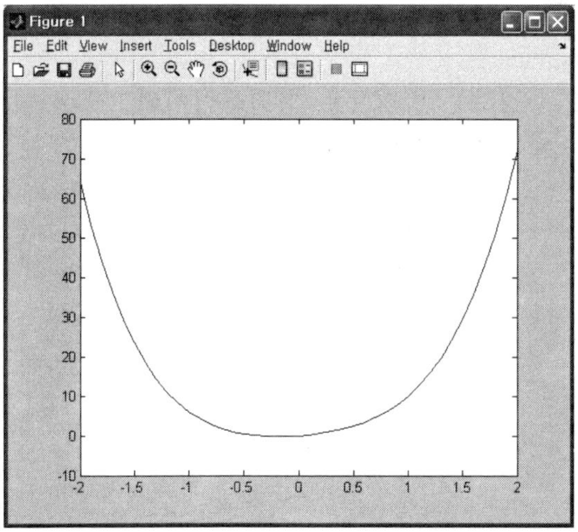

☞ y = polyval(d, x)은 다항식 $f(x)=3x^4+5x^2+2x$에 x=-2, -1.9, -1.8,...,1.9, 2의 값을 입력하여 결과를 y에 할당하라는 명령어, 이를 그래프로 출력

(3) roots

roots는 f(x)=0을 만족하는 다항식의 근을 찾는 명령어로 사용방법은 다음과 같다.

r = roots(p)
r : 다항식 f(x)=0을 만족하는 근
p : 각 항의 계수로서 다항식 f(x)=0을 의미

다음은 roots 명령어의 사용예제이다.

```
>> p = [1 -6 -72 -27];
>> r=roots(p)
r =
   12.1229
   -5.7345
   -0.3884
```
☞ $f(x) = x^3 - 6x^2 - 72x - 27 = 0$을 만족하는 x값을 반환

13.2 Curve Fitting

Curve Fitting은 주어진 데이터들 간의 함수를 추정하는 방법으로 회귀분석이라고도 하며, polyfit 명령어를 통하여 수행할 수 있다. polyfit의 사용방법은 다음과 같다.

p = polyfit(x,y,n)
p : fitting된 다항식의 각 항의 계수
x : 데이타의 x좌표
y : 데이타의 y좌표
n : 몇 차식의 다항식으로 fitting할 것인가의 문제로 차수선택

다음은 polyfit 명령어의 사용예제이다.

```
x = [1 2 3 5 6 7 9 10];
y = [1 2 3 5 4 4 6 9];

p1 = polyfit(x,y,1);    % x,y 데이터를 1차 다항식으로 fitting
p2 = polyfit(x,y,2);    % 2차
p3 = polyfit(x,y,3);    % 3차
p4 = polyfit(x,y,4);    % 4차
```

```
xp = 1:1:10;              % fitting된 다항식에 입력할 새로운 x데이터
yp1 = polyval(p1,xp);     % fitting된 1차 다항식을 이용하여 y데이터 추정
yp2 = polyval(p2,xp);     % 2차
yp3 = polyval(p3,xp);     % 3차
yp4 = polyval(p4,xp);     % 4차

% curve fitting plot
subplot(2,2,1)
plot(x,y,'o',xp,yp1)
title('n=1');
subplot(2,2,2)
plot(x,y,'o',xp,yp2)
title('n=2');
subplot(2,2,3)
plot(x,y,'o',xp,yp3)
title('n=3');
subplot(2,2,4)
plot(x,y,'o',xp,yp4)
title('n=4');
```

상기 m-file을 실행하면 다음과 같다.

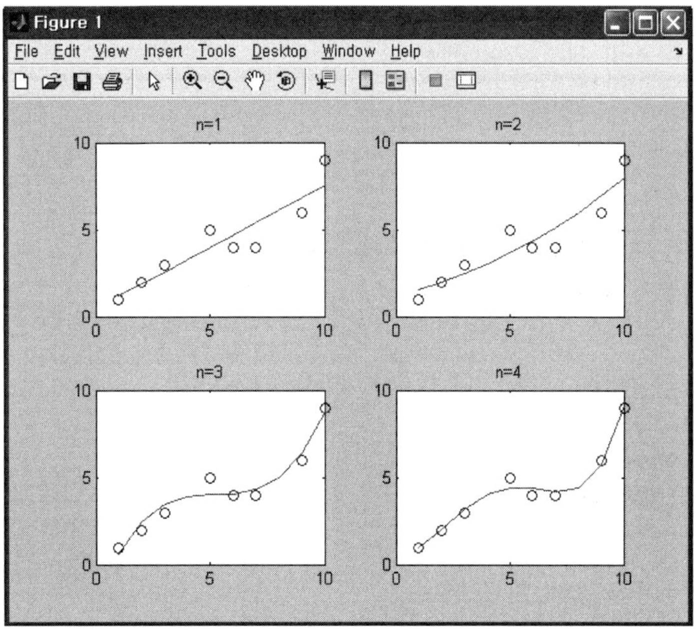

13.3 Interpolation

Interpolation은 두 개 이상의 데이타를 이용하여 다른 데이타의 값을 추정하는 방법으로 보간법이라고도 하며, interp1 명령어를 통하여 수행할 수 있다.1) 사용방법은 다음과 같다.

y = interp1(X, Y, x, **'추정방법'**)
X : 주어진 데이타의 X값 (독립변수)
Y : 주어진 데이타의 Y값 (종속변수)
x : 독립변수 값
y : x값에 해당되는 보간법으로 추정될 y값
추정방법 : 보간법 수행방법 (선택인수)

여기서 추정방법은 다음과 같다.

· nearest : 추정하고자하는 값과 가장 가까운 데이터를 사용하여 추정
· linear : Linear 방법을 사용하여 추정
· spline : Cubic spline 방법을 사용하여 추정
· pchip : Piecewise cubic Hermite 방법을 사용하여 추정

다음은 interp1 명령어의 사용예제이다.

```
X = [1 2 3 7 8 9 11 12];
Y = [1 2 3 5 4 4 6 9];
x = 1 : 0.5 : 12;

% X, Y데이터 이용 x데이터에 해당되는 y값 계산
y_linear = interp1(X,Y,x,'linear');  % linear 방법
y_spline = interp1(X,Y,x,'spline');  % cubic spline 방법

% Interpolation plot
subplot(1,2,1)
plot(X,Y,x,y_linear,'o-')
title('Linear Interpolation')
subplot(1,2,2)
```

1) interp1은 수익률곡선(Yield Curve) 추정 시 유용한 명령어이다.

```
plot(X,Y,x,y_spline,'o-')
title('Cubic Spline Interpolation')
```

상기 m-file을 실행하면 다음과 같다.

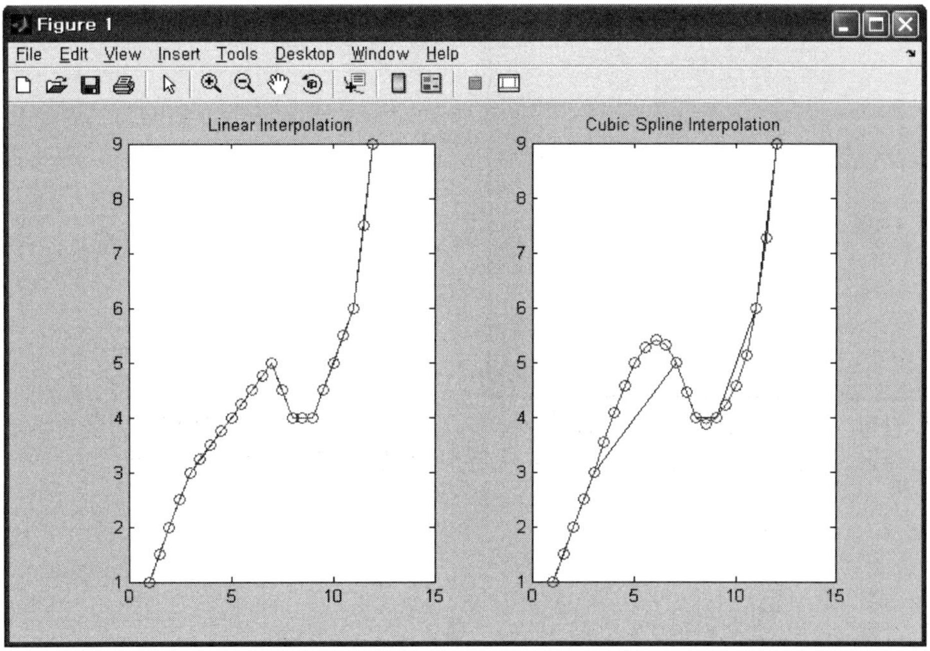

13.4 해 찾기

fzero명령어를 이용하여 방정식의 해를 찾을 수 있다. fzero[2)]는 f(x)=0의 해를 찾아주는 명령어로 해당함수가 X축과 교차되는 점을 찾아준다. fzero의 사용법은 다음과 같다.

x = fzero('함수', 초기값)
함수 : f(x)=0에서 f(x)
초기 값 : f(x)에 입력할 초기 x값
x : 초기 값과 가까운 해를 반환

2) fzero의 방법론은 뉴튼랩슨법과 유사하다. 또한 f(x)=0의 해를 찾는 것이므로 roots명령어와 유사하다.

다음은 fzero 명령어의 사용예제이다.

```
>> fplot('x^2-2*x-4',[-5,5])
>> grid on
```

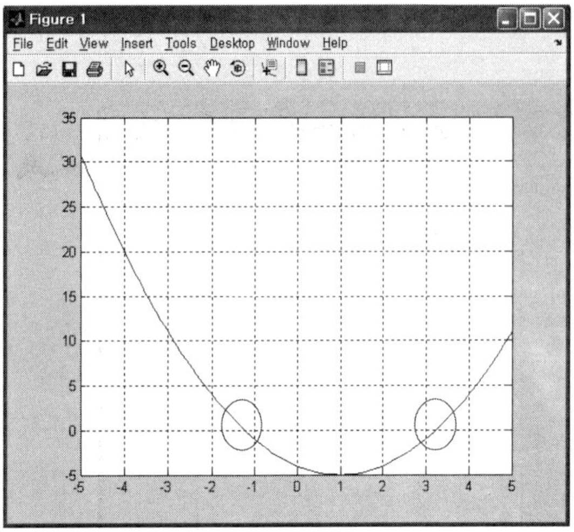

☞ 일단 방정식 $x^2-2x-4=0$의 해를 구하기 위해서 fplot 명령어를 이용하여 그림을 그리면, 해당 방정식은 -1과 3근처에서 두개의 해를 가짐을 알 수 있음

```
>> x1=fzero('x^2-2*x-4',-2)
x1 =
   -1.2361
```

☞ 초기 값을 -2로 설정하면, -2에 가까운 해인 -1.2361을 반환

```
>> x2=fzero('x^2-2*x-4',3)
x2 =
    3.2361
```

☞ 초기 값을 3로 설정하면, 3에 가까운 해인 3.2361을 반환

13.5 최적화(Optimization)

최적화(Optimization)는 목적함수(objective function)의 최소값(minimum) 또는 최대값(maximum)을 찾아내는 절차라 할 수 있다.[3] MATLAB의 Optimization Toolbox의 최적화 명령어들을 이용하여 최적화 작업을 수행할 수 있다.

3) 최적화 작업은 finance 분야에서는 모델의 모수 추정(GARCH 모수 추정 등) 등에 널리 쓰인다.

(1) fminbnd

fminbnd 명령어는 지정한 범위 내에서 단일변수로 구성된 목적함수의 최소값(함수의 기울기가 0이 되는 local minimum)을 반환하는 함수이다. fminbnd의 사용법은 다음과 같다.

[x fval] = fminbnd('함수', x1, x2)
함수 : 목적함수
x1, x2 : 목적함수의 최소값을 찾기 위한 x의 범위
x : 목적함수가 최소값을 가지는 x값
fval : 목적함수의 최소값으로서 f(x)값을 반환

다음은 fminbnd 명령어의 사용예제이다.

```
>> fplot('x.^3-7*x-5',[-5,5])
>> grid on
```

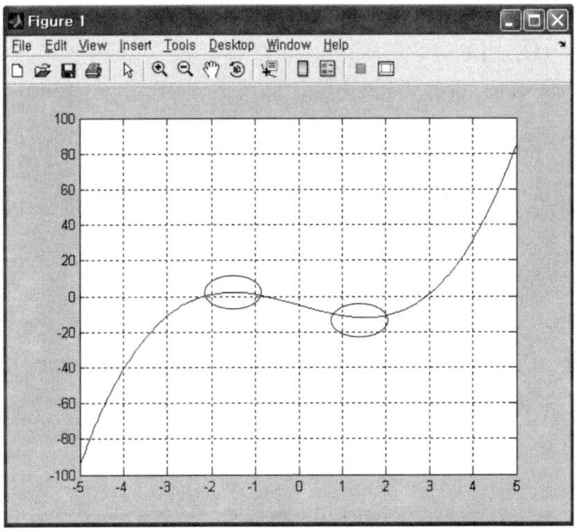

☞ 일단 목적함수 $f(x)=x^3-7x-5$의 최소값과 최대값을 구하기 위해서 fplot 명령어를 이용하여 그림을 그리면, 해당 방정식은 -2과 -1 사이에서 최대값(local maximum), 1과 2사이에서 최소값(local minimum)을 가짐을 알 수 있음

```
>> [x fmin] = fminbnd('x.^3-7*x-5',-5,5)
x =
    1.5275

fmin =
```

```
   -12.1285
```
☞ 목적함수 $f(x)=x^3-7x-5$는 x=1.5275 일 때 최소값 -12.1285를 가짐

```
>> [x fmin] = fminbnd('-x.^3+7*x+5',-5,5)
x =
   -1.5275

fmin =
   -2.1285
```
☞ 목적함수 $f(x)=x^3-7x-5$는 x=-1.5275 일 때 최대값 2.1285를 가짐, fminbnd는 최소값을 반환하므로 최대값을 구하려면 목적함수에 음의 부호를 취함

(2) fminsearch

fminsearch는 다 변수(multivariable)로 구성된 목적함수의 최소값을 반환하는 명령어이다. fminsearch의 사용법은 다음과 같다.

> [v fval] = fminsearch(함수, [x0, y0,...])
> 함수 : 변수가 2개 이상(x, y,...)로 구성된 목적함수
> x0, y0,... : 목적함수의 최소값을 찾기 위한 각 변수들의 초기값
> v : 목적함수가 최소값을 가지는 각 변수들 값
> fval : 목적함수의 최소값으로서 f(x,y...)값을 반환

2개의 변수 x, y로 구성된 목적함수가 $f(x,y)=(5y-x^2)^2+(1-x)^2$일 경우에 fminsearch 명령어를 이용하여 최소값을 구하여 보자. 일단 목적함수를 다음과 같이 별도의 함수파일로 만들어야 한다.

```
function f = fun1(v)
% f(x,y)=(5y-x^2)^2+(1-x)^2에서 v(1)은 x, v(2)는 y
f=(5*v(2)-v(1)^2)^2+(1-v(1))^2;
```

이제 다음과 같이 최소값을 구할 수 있다.

```
>> [v fval] = fminsearch(@fun1, [0,0])
```

```
v =
    0.9999    0.2000
fval =
  4.7184e-009
```

☞ [v fval] = fminsearch(@fun1, [0,0])는 fun1이라는 목적함수에 x, y의 초기값을 0, 0으로 설정하여 해당 목적함수의 값이 최소가 되는 x, y값을 v에 반환하고, 이때 목적함수의 최소값은 fval에 반환하라는 의미. 작성된 다른 함수를 참조하고자 할 경우에는 함수의 이름 앞에 "@"를 입력, 최대값을 찾기 위해서는 목적함수에 음의 부호를 취하면 됨

$f(x,y) = (5y - x^2)^2 + (1-x)^2$를 앞에서 배운 mesh plot을 이용하여 그리면 다음과 같으며, 대략 0근처에 최소값이 존재함을 알 수 있다.

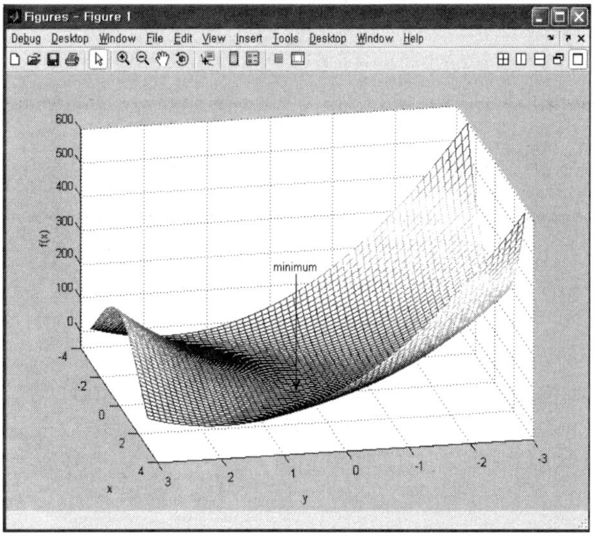

(3) lsqcurvefit

lsqcurvefit은 비선형 curve fitting을 수행하는 명령어이다. 예를 들어 x(독립변수), y(종속변수) 데이터가 주어진 경우에 ε을 최소화하는 α, β, γ 값을 찾아주는 것이다.

$$y = \alpha x^2 + \beta \sin(x) + \gamma x^3 + \varepsilon$$

lsqcurvefit의 사용법은 다음과 같다.

v = lsqcurvefit(함수, $[\alpha, \beta, \gamma, \ldots]$, xdata, ydata)[4)]
함수 : fitting할 목적함수
$\alpha, \beta, \gamma, \ldots$: 구하고자 하는 각 계수들의 초기값
xdata, ydata : 주어진 x(독립변수), y(종속변수) 데이터
v : curve fitting시 오차를 최소화하는 각 계수들 반환

x, y데이터가 주어진 경우 두 데이터의 관계를 $y = \alpha x^2 + \beta \sin(x) + \gamma x^3 + \epsilon$라고 설정하자. 이 경우 lsqcurvefit 명령어를 이용하여 ϵ을 최소화하는 α, β, γ를 구하여 보자. 일단 목적함수를 다음과 같이 별도의 함수파일로 만들어야 한다.

```
function f = fun2(v,xdata)

% α,β,γ는 각각 v(1), v(2), v(3)를 의미
f=v(1)*xdata.^2+v(2)*sin(xdata)+v(3)*xdata.^3;
```

이제 다음과 같이 ϵ을 최소화하는 α, β, γ를 구할 수 있다.

```
>> xdata = [-10 -7.5 -4.3 -0.5 2.1 3.3 4.3 7.2];
>> ydata = [-200 -60 -1.2 -0.4 9.5 43.2 55.2 76.3];
☞ 주어진 x,y 데이터

>> v = lsqcurvefit(@fun2,[0.5 0.5 0.5], xdata, ydata)
 Optimization terminated: relative function value
 changing by less than OPTIONS.TolFun.

v =
    0.3477   -13.0798     0.2224
☞ α,β,γ의 초기값을 0.5, 0.5, 0.5로 설정하고 ε을 최소화하는 α,β,γ를 v에 반환
```

추정된 α, β, γ를 이용하여 fitting된 함수는 다음과 같다.

$$y = 0.3477x^2 - 13.0798\sin(x) + 0.2224x^3$$

4) fminbnd, fminsearch, lsqcurvefit 의 입력인수들 중 상기에 소개한 것은 기본사항이므로 이외에 options 등 여러 입력인수들이 있으므로 help기능을 통해 익히기를 바란다.

이 함수를 그래프로 그리면 다음과 같다.

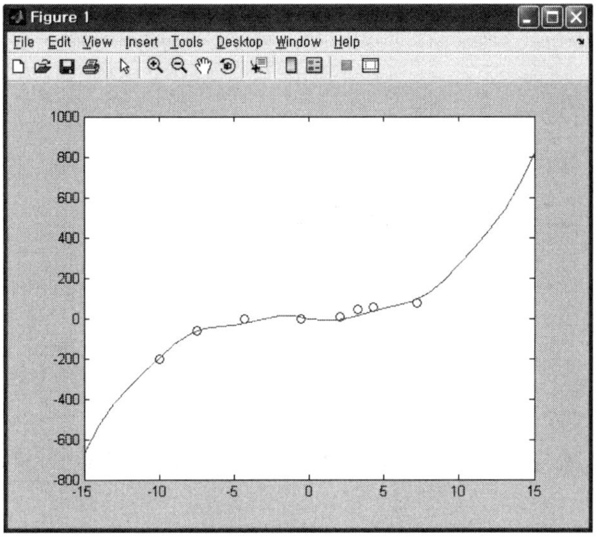

13.6 기호연산 (Symbolic Math)

MATLAB® Symbolic Math Toolbox의 기호연산은 사용자가 입력하는 숫자나 문자들을 수치로 인식하지 않고 기호형태로 인식하는 것이다. 기호연산 기능을 사용하면 복잡한 수식에 대한 미적분수행 등 수식을 보다 편리하게 사용할 수 있다.

(1) 기호식 만들기

MATLAB®은 각각의 기호식을 기호개체(Symbolic Object)로 인식한다. 기호식을 사용하기 위해서는 기호식에 사용될 기호변수를 정의하고 수식을 작성해야 한다. 기호변수의 정의는 sym(기호변수 1개일 때)이나 syms(기호변수 2개 이상일 때) 명령어를 통해서 가능하다.

```
>> syms x y
```
☞ x, y를 기호변수로 정의

```
>> z=sqrt((x+y+3)^3)
z =
((x+y+3)^3)^(1/2)
```
☞ 수식작성 : $y = \sqrt{(x+y+3)^2}$

(2) solve

solve명령어를 이용하여 기호식의 해를 찾을 수 있다.

```
>> x=sym('x');
>> f=(x^2+3*x)*(2*x+5)
f =
(x^2+3*x)*(2*x+5)
```

☞ $f(x)=(x^2+3x)\times(2x+5)$를 기호식으로 표현

```
>> solve(f)
ans =
    0
 -5/2
   -3
```

☞ solve는 기호식으로 된 방정식 f(x)가 0을 만족하는 해를 구하는 명령어

```
>> syms x y
>> f1 = x+y-3
f1 =
x+y-3

>> f2 = 2*x+5*y
f2 =
2*x+5*y
```

☞ f1, f2를 기호식으로 표현

```
>> s=solve(f1, f2)
s =
    x: [1x1 sym]
    y: [1x1 sym]

>> s.x
ans =
5

>> s.y
ans =
-2
```

☞ solve를 이용하여 연립방정식 해찾기

(3) 기호식 미적분

복잡한 수식을 미적분할 경우에 수작업으로 하다보면 오류가 발생할 수 있다. MATLAB의 기호연산을 이용하면 손쉽게 미적분을 수행할 수 있다. diff는 미분, int는 적분 명령어이다. 다음은 기호식을 이용한 미적분 예시이다.

```
>> syms x
>> f = x^3+2*x;
>> dx = diff(f)
dx =
3*x^2+2
```

☞ $f(x) = x^3 + 2x$의 x에 대한 1차 도함수

```
>> dxx = diff(f,2)
dxx =
6*x
```

☞ $f(x) = x^3 + 2x$의 x에 대한 2차 도함수

```
>> syms x y
>> v = x^3+2*x+y^2
>> dvdx = diff(v,x)
dvdx =
3*x^2+2
```

☞ $f(x,y) = x^3 + 2x + y^2$의 x에 대한 편도함수

```
>> dvdy = diff(v,y)
dvdy =
2*y
```

☞ $f(x,y) = x^3 + 2x + y^2$의 y에 대한 편도함수

```
>> dvdxx = diff(v,x,2)
dvdxx =
6*x
```

☞ $f(x,y) = x^3 + 2x + y^2$의 x에 대한 2차 편도함수

```
>> syms x
>> f = x^3+2*x;
>> int(f)
ans =
1/4*x^4+x^2
```

☞ $f(x) = x^3 + 2x$의 x에 대한 적분

```
>> syms x y
>> v = x^3+2*x+y^2
>> int(v,x)
ans =
1/4*x^4+x^2+y^2*x
```

☞ $f(x,y) = x^3 + 2x + y^2$의 x에 대한 적분

```
>> int(v,y)
ans =
x^3*y+2*x*y+1/3*y^3
```

☞ $f(x,y) = x^3 + 2x + y^2$의 y에 대한 적분

제2장의 Local Volatility Surface와 관련된 식(2.26)의 도함수를 기호연산을 이용하여 도출하여 보자. 식(2.26)을 다시 쓰면 다음과 같다.

식 (2.26) : $\sigma_I(X,T) = a + c\exp(bT) + dM + eM^2 + gM^3 + hM^4,\ M = ln\left(\dfrac{Se^{(r-q)T}}{X}\right)$

식(2.26)을 T에 대해 미분하면 다음과 같다.

$$\frac{\partial\sigma_I(X,T)}{\partial T} = cb\exp(bT) + (r-q)(d + 2eM + 3gM^2 + 4hM^3)$$

상기 도함수를 기호연산을 이용하여 다음과 같이 구할 수 있다.

```
>> syms a b c d e g h S X T r q
>> M=log((S*exp((r-q)*T))/X);
>> sigma=a+c*exp(b*T)+d*M+e*M^2+g*M^3+h*M^4 ;
>> dT=diff(sigma,T)
dT =
c*b*exp(b*T)+d*(r-q)+2*e*log(S*exp((r-q)*T)/X)*(r-q)+3*g*log(S*exp((r-
q)*T)/X)^2*(r-q)+4*h*log(S*exp((r-q)*T)/X)^3*(r-q)
```

☞ T에 대한 도함수가 출력되었는데 식이 복잡하므로 pretty명령어로 정리 가능

```
>> pretty(dT)
```

```
                                        S exp((r - q) T)
  c b exp(b T) + d (r - q) + 2 e log(----------------) (r - q)
                                               X
                  S exp((r - q) T) 2
         + 3 g log(----------------)  (r - q)
                          X
                  S exp((r - q) T) 3
         + 4 h log(----------------)  (r - q)
                          X
```

☞ 도함수가 보기 좋게 정리됨

13.7 MATLAB® Toolbox 사용법[5)]

MATLAB®은 수학 계산, 알고리즘 개발, 데이터분석, 공학적 그래프출력, 어플리케이션 개발 등 다양한 분야에 사용되는 행렬기반의 프로그래밍 언어다. 앞서 살펴본 바와 같이 사용자는 Editor Window나 Command Window를 사용하여 원하는 함수나 스크립트를 만들 수 있지만 MATLAB은 자주 사용되는 기능이나 유용한 기능들을 사용분야별로 구분하여 함수형태로 제공하는데 이것을 Toolbox라고 하며, Help기능을 통하여 자세한 내용을 확인할 수 있다. 특히 Finance와 관련된 유용한 Toolbox가 많이 있으므로 필히 익혀두길 바란다. 여기서는 Financial Toolbox에서 블랙-숄즈 옵션가격결정함수인 blsprice함수 소개를 통해 Toolbox 함수를 찾고 사용하는 방법을 알아보자.

우선 함수이름을 모를 경우 Help Window를 열고 좌측의 Help Navigator 기능을 이용하여 원하는 함수를 찾을 수 있다.[6)] blsprice를 찾았을 경우에 이 함수에 대한 정의, 사용법, 예제 등이 자세히 나올 것이다.

Command Window에 help blsprice를 입력하면 다음과 같은 내용이 출력된다. 한글로 표기된 것은 저자의 설명부분이다.

```
>> help blsprice
```

☞ 함수정의

```
 BLSPRICE Black-Scholes put and call option pricing.
    Compute European put and call option prices using a Black-Scholes
```

5) MATLAB®은 Toolbox 각각을 별도로 구입해야 하므로 미 구입한 Toolbox는 실행되지 않는다.

6) MATLAB® Help기능은 체계적이고 구체적으로 되어 있기 때문에 스스로 학습하기에 좋다.

model.

☞ 함수 사용법 : 입력인수와 출력인수

```
[Call,Put] = blsprice(Price, Strike, Rate, Time, Volatility)
[Call,Put] = blsprice(Price, Strike, Rate, Time, Volatility,
             Yield)
```

☞ 함수의 입력인수와 출력인수에 대한 설명

```
Optional Input: Yield

Inputs:
Price      - Current price of the underlying asset.

Strike     - Strike (i.e., exercise) price of the option.

Rate       - Annualized continuously compounded risk-free rate of
             return over the life of the option, expressed as a
             positive decimal number.

Time       - Time to expiration of the option, expressed in years.

Volatility  - Annualized asset price volatility (i.e., annualized
              standard deviation of the continuously compounded
              asset return), expressed as a positive decimal
              number.

Optional Input:
Yield      - Annualized continuously compounded yield of the
             underlying asset over the life of the option, expressed
             as a decimal number. If Yield is empty or missing. the
             default value is zero.

             For example, this could represent the dividend yield
             (annual dividend rate expressed as a percentage of the
             price of the security) or foreign risk-free interest
             rate for options written on stock indices and
             currencies, respectively.

Outputs:
Call          - Price (i.e., value) of a European call option.

Put           - Price (i.e., value) of a European put option.
```

☞ 사용예제

```
Example:
  Consider European stock options with an exercise price of $95
  that expire in 3 months. Assume the underlying stock pays no
  dividends, is trading at $100, and has a volatility of 50% per
  annum, and that the risk-free rate is 10% per annum. Using this
  data,

  [Call, Put] = blsprice(100, 95, 0.1, 0.25, 0.5)
  Call =
     13.6953      % or $13.70
  Put =
      6.3497      % or $6.35

  The S&P 100 index currently stands at 585 and has a volatility
  of 25% per annum. The risk-free rate of interest is 5% per annum
  and the index provides a dividend yield of 4.5% per annum.
  Calculate the value of a three-month European call and put with
  strike price 600.

  [Call, Put] = blsprice(585, 600, .05, .25, .25, .045)
  Call =
     22.6716      % or $22.67
  Put =
     36.7626      % or $36.76
```

☞ 사용시 주의사항

```
Notes:
 (1) Any input argument may be a scalar, vector, or matrix. If a
     scalar, then that value is used to price all options. If more
     than one input is a vector or matrix, then the dimensions of
     those non-scalar inputs must be the same.
 (2) Ensure that Rate, Time, Volatility, and Yield are expressed
     in consistent units of time.
```

☞ 연관된 함수들 : 클릭하면 해당함수 설명으로 이동함

```
See also blsimpv, blsdelta, blsgamma, blslambda, blstheta, blsrho.
```

☞ 설명문서 바로가기

```
Reference page in Help browser
   doc blsprice
```

제14장

파일 입출력(Input/Output) 및 Excel Link

MATLAB® 프로그래밍 작업 시 외부의 데이터를 호출하여 입력하거나 결과값들을 외부로 출력하는 작업이 필요할 때가 많다. 이 장에서는 MATLAB의 파일 입출력에 대한 기본기능과 Excel과의 연계작업 등을 소개하고자 한다.

14.1 파일 열기(Opening), 불러오기(Loading), 저장하기(Saving)

MATLAB®에서 파일을 열고(opening), 불러오고(loading), 저장(saving)하는 주요 명령어들은 다음과 같다.

[표 14.1] MATLAB® 파일 Opening, Loading, Saving 주요 명령어

명령어	기능	사용방법
open	확장자(extension)에 따라 파일 열기	· M-file 열기 : open('name.m') · MAT-file 열기 : open('name.mat')
load	저장된 MAT-file의 변수들을 Workspace로 불러오기	· load filename : filename.mat에 저장된 모든 변수를 Workspace로 불러오기 · load filename X Y Z ... : filename.mat에 저장된 특정 변수(X, Y, Z,...)를 Workspace 로 불러오기
save	Workspace에 존재하는 변수들을 특정형태의 파일로 저장(default : MAT-file)	· save('filename') : filename으로 Workspace의 모든 변수들을 저장 · save('filename', 'var1', 'var2',...) : filename으로 Workspace의 특정 변수들을 저장
uiimport	Import 마법사를 실행	· Command Window에 uiimport 입력
winopen	Microsoft Windows application 작성파일 열기	· winopen('filename')

상기 명령어들 중에서 save와 load에 대한 사용예제는 다음과 같다.

```
>> x=randn(100,1);
>> y=randn(100,1);
>> z=randn(100,1);
```
☞ Workspace에 x, y, z 변수를 생성

```
>> save('rand1.mat')
```
☞ 파일명(확장자는 mat)은 rand1로 하고 여기에 Workspace의 모든 변수(x, y, z)들을 저장하라는 의미로서, Current Directory에 rand1.mat 파일이 생성됨

```
>> save('rand2.mat', 'x', 'y')
```

☞ 파일명(확장자는 mat)은 rand2로 하고 여기에 Workspace의 특정 변수(x, y)들을 저장하라는 의미로서, Current Directory에 rand2.mat 파일이 생성됨

```
>> load rand1.mat
```
☞ rand1.mat에 저장된 모든 변수(x, y, z)들을 Workspace로 불러옴
```
>> load rand1.mat x y
```
☞ rand1.mat에 저장된 변수들 중 x, y만 Workspace로 불러옴

14.2 저수준파일(Low-Level File) 입출력

다음은 Low-Level File 입출력과 관련된 주요 명령어들이다.

[표 14.2] Low-Level File 입출력 주요 명령어

명령어	기능	사용방법
fopen/fclose	파일 열기/닫기	fid = fopen('filename', permission) status = fclose(fid)
feof	파일 끝(end-of-file) 여부 확인	eofstat = feof(fid)
fgetl	파일로부터 line 읽기 (discarding newline character)	tline = fgetl(fid)
fgets	파일로부터 line 읽기 (keeping newline character)	tline = fgets(fid)
fscanf/fprintf	파일로부터 formatted data 읽기/쓰기	A = fscanf(fid, format) count = fprintf(fid, format, A, ...)
fread/fwrite	파일로부터 binary data 읽기/쓰기	A = fread(fid) count = fwrite(fid, A)

대부분의 HTS나 Bloomberg같은 정보단말은 엑셀형식이나 텍스트 파일 형태로 데이터를 변환할 수 있다. 엑셀 파일의 경우 셀로 구분되어 있어 MATLAB과 바로 호환될 수 있지만, 텍스트 파일의 경우 사용자가 원하는 값을 얻기 위해서는 Low-Level File 입출력 명령어들이 필요하다.[1)]

다음은 텍스트형식으로 저장된 행사가격별 옵션데이터를 fopen, fclose, fscanf을 이용하여

1) Finance분야에서 실증분석을 하기 위해서는 종종 대용량 데이터가 필요하다. 이 경우의 데이터들은 대부분 텍스트파일 형식이므로 상기 기능들을 익히면 매우 유용할 것이다.

MATLAB으로 불러오는 예제이다.[2] Option.txt 파일의 내용은 다음과 같다. 좌측부터 각 데이터 값들은 콜/풋 구분, 행사가격, 현재가, 거래량, 내재변동성으로 총 5개 데이터 항목이 있다.

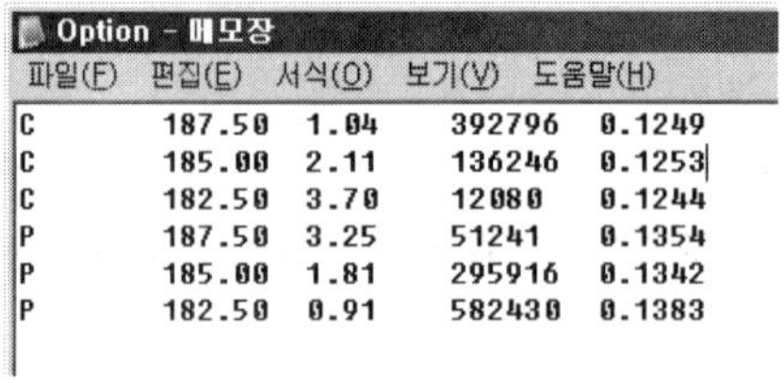

```
Option - 메모장
파일(F) 편집(E) 서식(O) 보기(V) 도움말(H)
C       187.50  1.04    392796  0.1249
C       185.00  2.11    136246  0.1253
C       182.50  3.70    12080   0.1244
P       187.50  3.25    51241   0.1354
P       185.00  1.81    295916  0.1342
P       182.50  0.91    582430  0.1383
```

다음과 같이 M-File을 작성하면 Option.txt의 데이터들을 불러올 수 있다.

```
% 파일 열기
fid = fopen('Option.txt','r');

% 파일 읽기
G = fscanf(fid,'%s %f %f %d %f',[5,3])'; % transpose(') 필요

% 파일 닫기, fclose 이용
fclose(fid);
```

상기 M-File을 설명하여 보면,

· fid :
MATLAB® integer로서 file identifier로 불리며, 파일을 열고 닫을 때 사용한다. 'r'은 read를 의미한다.

· G = fscanf(fid,'%s %f %f %d %f',[5,3])';
' %s %f %f %d %f ' 는 5개 데이터 항목들의 데이터 값들에 대해 읽어 올 때 특성에 맞는 format을 지정한 것이며, [5,3]은 읽을 범위로서 5개의 데이터 항목 모두를 읽어 오는데 3행까지 읽으라는 의미이다. 3대신 inf를 입력하면 데이터 끝까지 읽으라는 의미이다.

fscanf를 이용하여 데이터를 읽어올 때 format형식은 다음과 같다.

[표 14.3] fscanf의 데이터 format형식

2) fscanf는 데이터 형식이 format되어(데이터가 일정한 형태로 정비되어 구분이 가능)있으면 통째로 읽을 수가 있으므로 Line을 읽는 fgetl, fgets보다 훨씬 사용하기 편리하다.

구분자	데이터 format	구분자	데이터 format
%c	문자	%s	문자열
%d	10진수 (signed)	%u	10진수 (unsigned)
%e	지수 (소문자 e사용)	%E	지수 (대문자 E사용)
%f	고정소수점	%o	8진수
%x	16진수 (소문자 a~f사용)	%X	16진수 (대문자 A~F사용)

상기 M-File를 실행하면 Workspace에 변수 G가 생성되고, 이를 클릭하여 Array Editor를 보면 5개 데이터항목별로 3개의 행을 읽어온 것을 볼 수 있다.

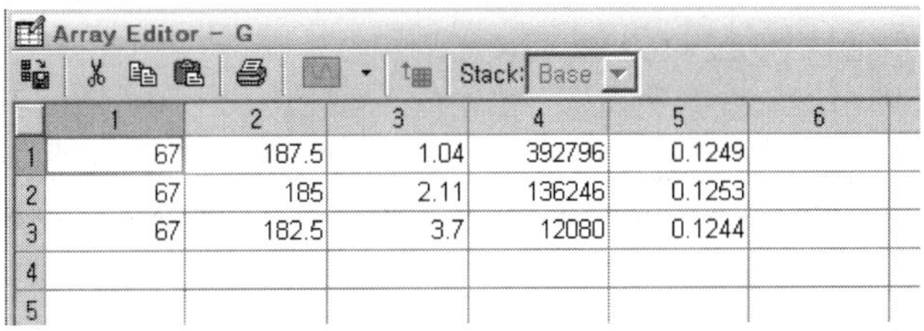

14.3 Spreadsheets 읽기

MATLAB® 프로그래밍을 할 때에 엑셀 파일(.xls파일)로 저장된 데이터를 호출할 필요가 자주 발생한다. 이 때 사용되는 명령어가 xlsread이며, 사용방법을 익혀두면 매우 유용할 것이다.

xlsread의 사용법은 다음과 같다.

```
[num, txt] = xlsread('filename', 'sheet')
filename : 호출하고자 하는 엑셀파일 이름
sheet : 호출하고자 하는 sheet 이름, 미 입력 시 첫 번째 sheet가 적용됨
num : 수치데이터(numeric data) 반환
txt : 텍스트데이터(text data) 반환
```

파일명은 Equity.xls, Sheet명은 Price라는 곳에 아래와 같은 데이터가 있다면, 이를 MATLAB으로 읽어보자. 이 때 Equity.xls의 경로는 MATLAB의 작업 중인 Current Directory와 동일해야 한다.

	A	B
1	KOSPI200	
2	187.15	
3	186.89	
4	187.19	
5	187.68	
6	185.96	
7	187.44	
8	187.60	
9	188.56	
10	189.12	
11	191.77	
12	191.41	
13		

```
>> A = xlsread('Equity.xls','Price');
```

☞ 변수 A에 187.15에서 191.41까지의 원소로 구성된 11×1 열벡터가 할당되며, 데이터의 맨 상단에 있는 KOSPI200은 numeric data가 아니기 때문에 읽히지 않고 무시됨

14.4 Excel Link[3)]

Excel Link는 Excel과 MATLAB의 데이터를 상호 연결시켜주는 기능으로 해당기능을 사용하기 위해서는 먼저 Excel Link Toolbox가 설치되어 있어야 한다. Toolbox가 설치되어 있다면, Excel에 해당기능을 추가해주어야 한다. 먼저 엑셀의 추가기능 대화상자(도구 → 추가기능)를 연다.

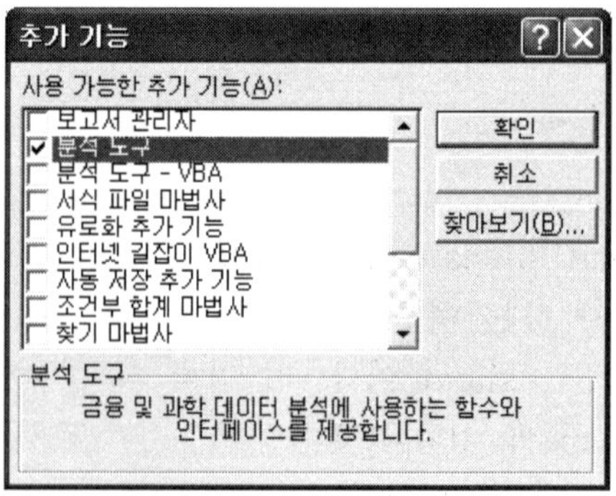

다음으로 찾아보기 버튼을 클릭하여 Excel Link기능을 선택한다.
(C:\Program Files\MATLAB\R2007a\toolbox\exlink\excllink.xla)

3) 이 기능을 이용하여 MATLAB에서 작성된 함수들을 엑셀에서 사용할 수 있으나 "MATLAB Builder for Excel" ToolBox를 이용하여 MATLAB 함수파일을 엑셀에 추가하여 사용하는 것이 더욱 편리하다. 이 기능에 대해서는 부록 : 옵션포트폴리오 리스크관리시스템 구축("MATLAB Builder for Excel" ToolBox 이용) 부분에 자세히 설명하였다.

마지막으로 아래와 같이 확인버튼을 클릭하여 Excel Link 기능을 활성화한다.

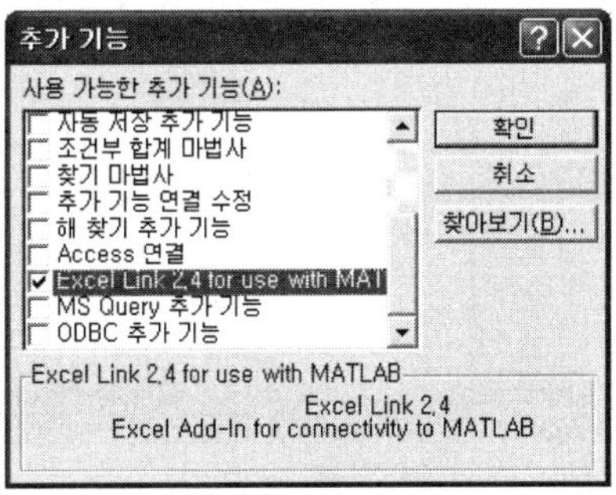

Excel Link 기능을 추가하면 다음과 같이 Excel의 툴바에 관련항목들이 나타난다.

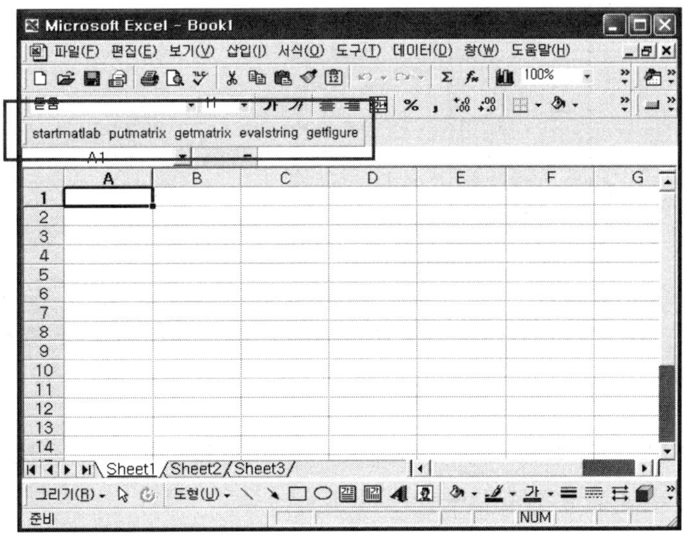

주로 사용되는 메뉴는 putmatrix와 getmatrix이며 주요기능을 살펴보도록 하자.

14.4.1 Putmatrix(Excel → MATLAB)

putmatrix 메뉴를 사용하면 Excel의 데이터를 MATLAB Workspace로 저장할 수 있다. 원하는 데이터(Cell 또는 Range)를 선택한 다음, Excel Link 툴바에 있는 putmatrix 메뉴를 클릭하면 MATLAB에 저장될 변수명을 물어보는 대화상자가 나온다. 원하는 변수명을 입력하고 확인버튼을 클릭하면 Excel 데이터가 MATLAB으로 저장된다.

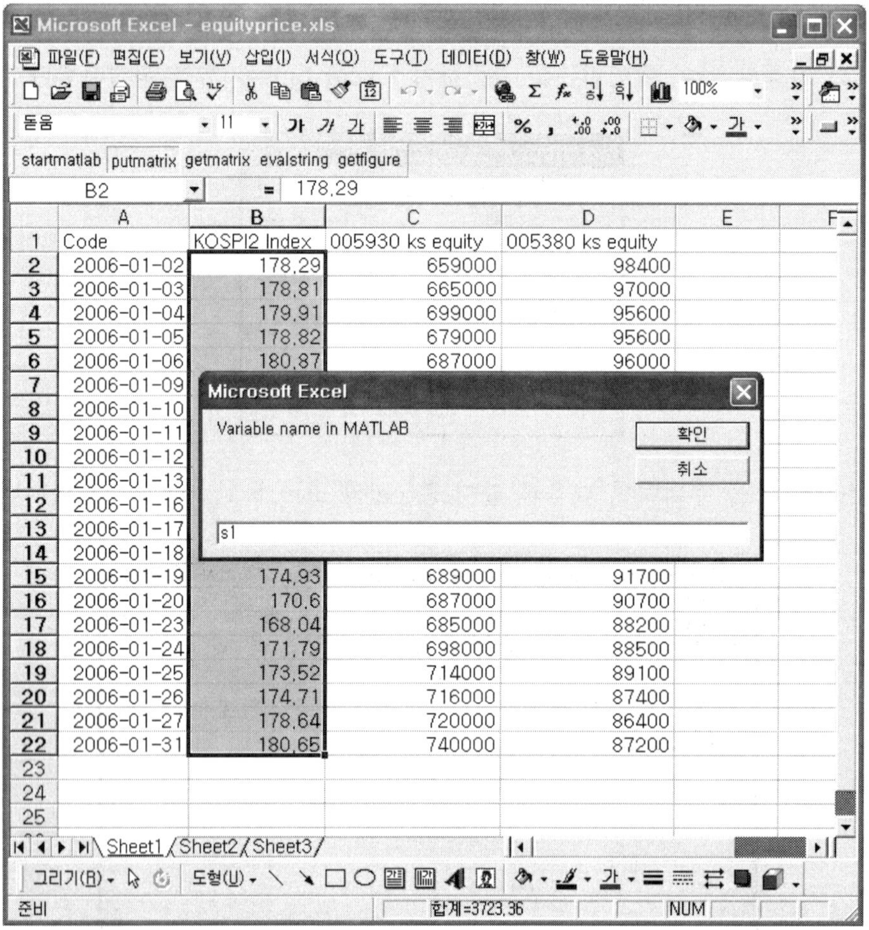

동일한 방식으로 세 개 주식에 대한 가격을 s1, s2, s3라는 변수에 저장할 수 있고, 그 결과는 아래와 같이 Workspace Window를 통하여 확인할 수 있다.

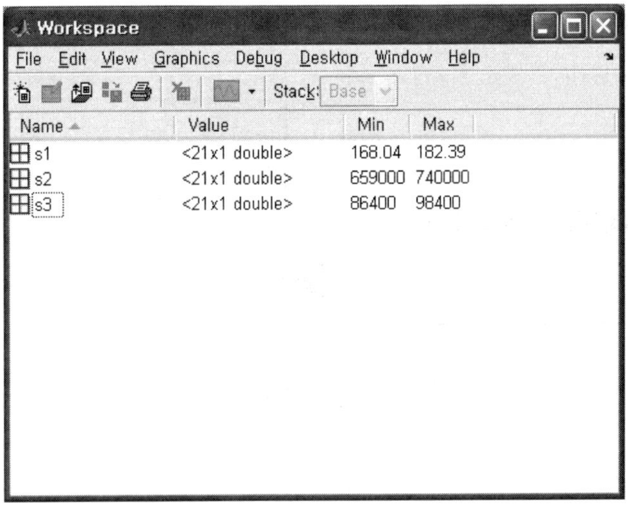

14.4.2 Getmatrix(MATLAB → Excel)

getmatrix 메뉴를 사용하면 MATLAB Workspace에 저장된 값들을 Excel로 불러올 수 있다. Excel에서 입력할 셀을 선택한 다음 getmatrix를 클릭하고 가져오기 원하는 변수를 입력하면 된다. 이때 가져오는 데이터는 단순히 값을 가져오는 것으로 MATLAB에서 해당 값을 바꾸더라도 Excel로 가져온 데이터는 변하지 않는다.

아래와 같이 MATLAB Workspace의 x라는 변수에 3×3의 난수데이터가 저장되어 있다면,

```
>> x=rand(3,3)
x =
    0.9501    0.4860    0.4565
    0.2311    0.8913    0.0185
    0.6068    0.7621    0.8214
```

Excel에서 입력하고자하는 셀을 선택하고 getmatrix 메뉴를 클릭하여 변수명(x)를 입력해 주면 x에 저장된 값들이 Excel로 전송된다.

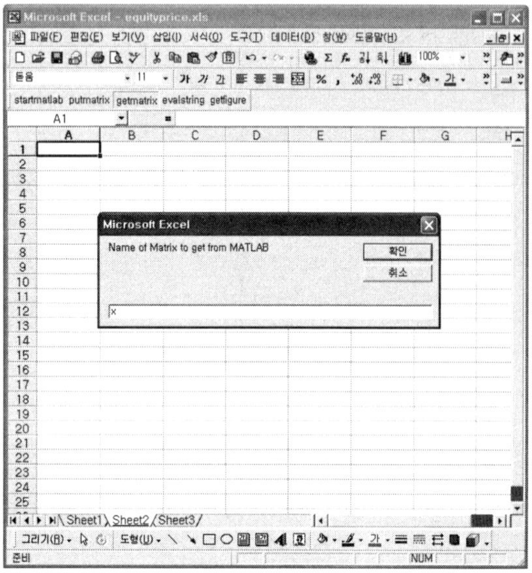
Microsoft Excel - equityprice.xls
startmatlab putmatrix getmatrix evalstring getfigure
Microsoft Excel
Name of Matrix to get from MATLAB
확인
취소
x
Sheet1 Sheet2 Sheet3

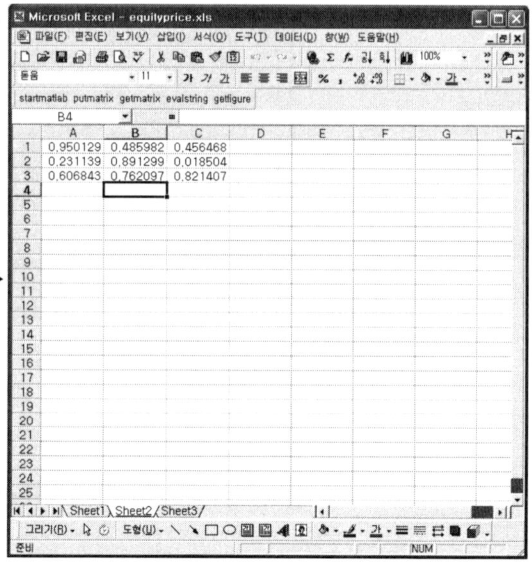
Microsoft Excel - equityprice.xls
startmatlab putmatrix getmatrix evalstring getfigure
0.950129 0.485982 0.456468
0.231139 0.891299 0.018504
0.606843 0.762097 0.821407
Sheet1 Sheet2 Sheet3

제15장

GUI (Graphical User Interface)

GUI(Graphical User Interface)란 MATLAB으로 작성한 일련의 작업들을 사용자가 사용하기 편하도록 만드는 시각화 작업이다. 예를 들어 제3장에서 작성한 베리어옵션 가격결정 M-File(코드 3.5)을 MATLAB 화면이 아닌 별도의 화면에서 수행하길 원할 경우에 GUI를 이용하여 Stand-Alone 프로그램을 만들고 배포할 수 있다. 이 장에서는 GUI작업의 개략적인 지식을 살펴보고 예제로 유럽형 베리어옵션 가격결정계산기를 GUI를 이용하여 작성해보기로 한다.

15.1 GUI 기초

MATLAB® Tool Bar에 있는 GUIDE 아이콘( )을 클릭하면 [그림 15.1]과 같이 GUIDE Quick Start 창이 생성되며, 이를 이용하여 새로운 GUI를 생성하고 기존에 만들었던 GUI를 불러올 수 있다.1)

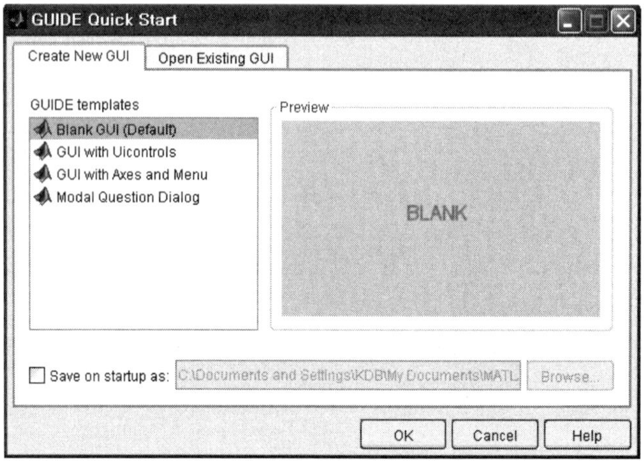

[그림 15.1] GUIDE Quick Start

· Blank GUI (Default) : 기본값으로 아무런 컨트롤도 없는 빈양식이 생성된다.
· GUI with Uicontrols : Uicontrols들을 포함한 샘플양식이 생성된다.
· GUI with Axes and Menu : 그래프와 메뉴기능을 포함한 샘플양식이 생성된다.

GUI를 작업은 두 가지 주요 단계가 있다. 첫 번째는 객체(objects)들을 배치하는 GUI layout 작업단계이며, 두 번째는 각 객체들의 기능을 프로그래밍 하는 Callback 함수 작성단계이다. 순서대로 알아보자.

15.1.1 GUI Layout

GUI Quick Start에서 Blank GUI를 선택하면 아래와 같은 빈 양식을 포함한 [그림 15.2]의 Layout Editor 창이 생성된다.

---

1) GUIDE는 MATLAB graphical user interface development environment로서 GUI layout 작업과 GUI programming 작업절차를 매우 단순하게 하여주는 대화식 Tool들을 제공한다.

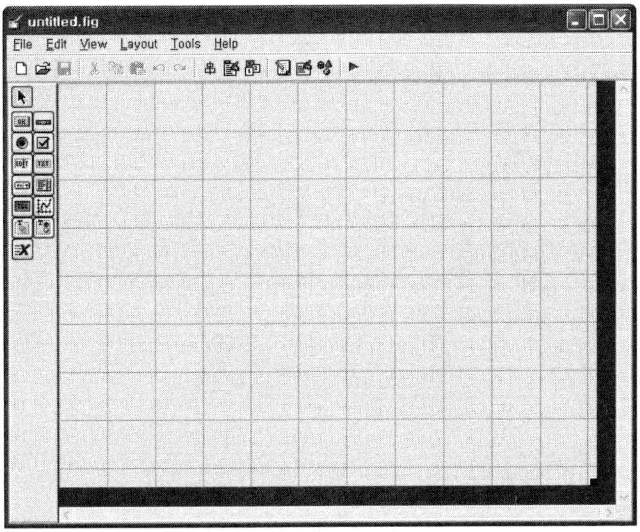

[그림 15.2] Layout Editor Windows (Blank GUI)

Layout Editor는 Tool Bar(상단), Component Palette(좌측), Layout Area(중앙)로 구성된다.

(1) Tool Bar

주요 Tool Bar의 기능들은 다음과 같다.

[표 15.1] Layout Editor 주요 Tool Bar

아이콘	Tool Bar명	기능
	Align Objects	구성한 컨트롤들의 위치(Align)나 간격(Distribute)을 조정
	Menu Editor	생성할 GUI 폼에 메뉴기능을 삽입할 수 있게 해주는 기능
	Tab Order Editor	실행된 GUI 화면에서 Tab키를 누를 때 이동하는 순서를 지정
	Property Inspector	Layout area에 배치한 각 아이콘들의 속성을 변경해주는 기능
	Object Browser	Layout area에 배치된 모든 컨트롤들의 목록을 보여주는 기능
	Run	작성한 GUI를 실행

(2) Component Palette

Component Palette는 Layout area에 배치할 수 있는 객체들을 모아놓은 곳으로 객체들은 다음과 같다.

[표 15.2] Component Palette 객체

아이콘	객체명	아이콘	객체명
	Select		Pop-up Menu
	Push Button		Listbox
	Slider		Toggle Button
	Radio Button		Axes
	Check Box		Panel
	Edit Text		Button Group
	Static Text		ActiveX Control

(3) Layout Area

[그림 15.3]의 Layout area는 앞에서 살펴본 객체들을 배치하는 화면이다. Layout area에 객체들을 배치하려면 Component Palette에서 원하는 객체를 선택한 후 마우스 드래그앤드롭을 이용하여 원하는 곳에 배치하면 된다. 배치된 객체들의 위치나 크기는 마우스를 사용하거나 도구의 Align Objects를 통해서 변경할 수 있다.

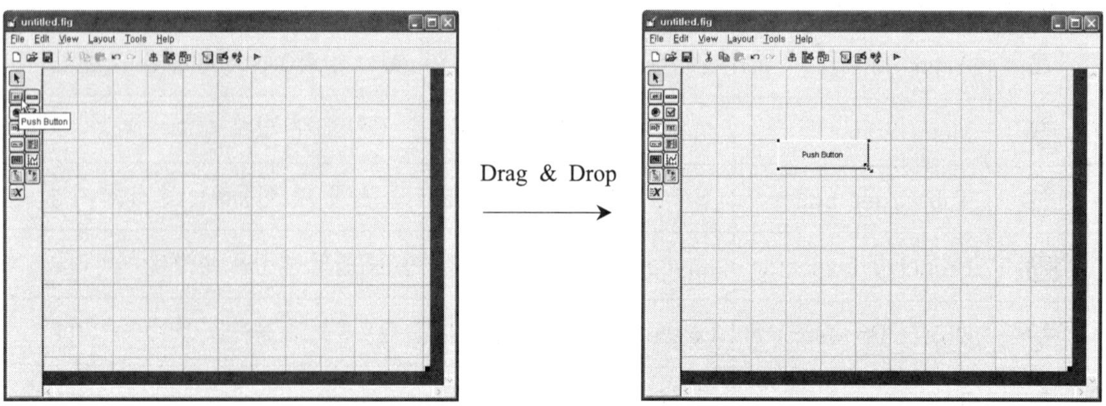

[그림 15.3] 객체(Push Button) 선택 및 배치

15.1.2 GUI Programming

원하는 디자인대로 객체들을 배치한 후에는 각 객체들을 실행하였을 때 수행되는 기능들을 프로그래밍 해야 한다. GUI 프로그래밍은 앞서 살펴본 함수나 스크립트를 작성하는 것과 동일하지만 각 객체들이 가지고 있는 고유의 이벤트와 속성들을 알아두면 유용하게 사용할 수 있다.

일단 앞의 GUI Layout 작업이 끝내고 저장을 하면 M-File과 확장자가 .fig인 두 개의 파일이 생성된다. 다음 단계는 이 M-File의 해당 객체들에 대한 프로그래밍을 추가하는 작업이다.

(1) GUI 프로그래밍 방법

GUI 프로그래밍은 Tool Bar에 있는 M-File Editor()를 사용하거나 각 객체를 선택한 다음 마우스 오른쪽 버튼을 눌러 해당되는 이벤트를 선택하여 작성할 수 있다.

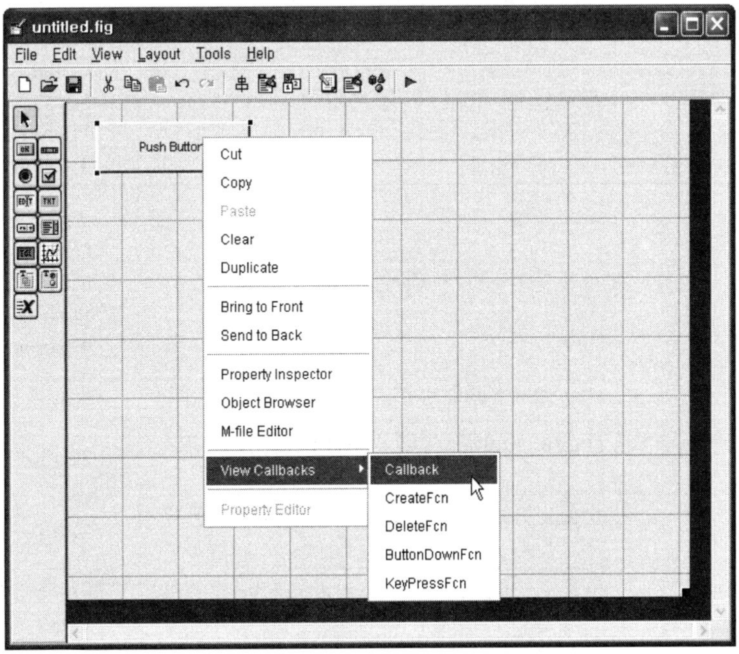

[그림 15.4] GUI 프로그래밍

(2) Event

GUI의 모든 구성요소는 객체(Object)로 구성되어있다. GUI 프로그래밍은 폼 위에 배치한 각각의 객체들에 대한 Event(마우스를 클릭하거나 버튼을 누르거나 메뉴를 선택하거나 키를 누르는 등의 작업들)에 응답하는 행동들을 나열한 것이다. MATLAB에서는 각각의 객체들과 연관된 이벤트들을 함수처럼 인식하며, 대표적인 것들은 다음과 같다.

[표 15.3] Event 종류 및 정의

Event (Callback속성)	Event 정의	관련개체
ButtonDownFcn	사용자가 마우스버튼 클릭 시 발생	Axes, Figure, Button group, Panel, UI controls
Callback	사용자가 Push button을 클릭하거나 Menu를 선택하는 등 개체들을 제어할 때 발생	Context menu, Menu, UI controls
ClickedCallback	사용자가 Push tool이나 Toggle tool을 클릭하는 등 개체들을 제어할 때 발생	Push tool, Toggle tool
CloseRequestFcn	Figure 개체를 닫을 때 발생	Figure
CreateFcn	개체들을 초기화 할 때 발생	Axes, Button group, Context menu, Figure, Menu, Panel, Push tool, Toggle tool, Toolbar, UI controls
DeleteFcn	개체를 지우기 직전에 발생	Axes, Button group, Context menu, Figure, Menu, Panel, Push tool, Toggle tool, Toolbar, UI controls
KeyPressFcn	사용자가 키보드의 키를 누를 때 발생	Figure, UI controls
OffCallback	Toggle tool의 상태가 OFF 상태로 변환될 때 발생	Toggle tool
OnCallback	Toggle tool의 상태가 ON 상태로 변환될 때 발생	Toggle tool
ResizeFcn	사용자가 Panel, Button group의 크기를 조정할 때 발생	Figure, Button group, Panel
SelectionChangeFcn	사용자가 다른 Radio button이나 Toggle button의 상태를 변경할 때 발생	Button group
WindowButtonDownFcn	마우스 버튼을 클릭할 때 발생	Figure
WindowButtonMotionFcn	마우스 포인터를 이동할 때 발생	Figure
WindowButtonUpFcn	마우스 버튼 클릭을 해제할 때 발생	Figure

15.2 예제 : GUI를 이용한 European Barrier Option Pricing 계산기 구현

European Barrier Option Pricing 계산기를 GUI를 이용하여 구현하는 방법과 절차를 구체적으로 소개하고자 한다.

15.2.1 제1단계 : European Barrier Option Pricing 함수파일 작성

GUI를 통해 실행할 European Barrier Option Pricing 함수파일을 다음과 같이 작성한다. 이 파일은 제3장의 [코드 3.5]를 약간 변형한 것이다. 즉, 변수 C_P와 B_Type의 입력 값을 문자가 아닌 숫자로 받도록 작성하였다.

[코드 15.1] GUI를 위한 European Barrier Option Pricing

```
%%%%% GUI를 위한 European Barrier Option Pricing %%%%%

function price = BS_Barrier(C_P, S, X, r, T, vol, B_Type, H, q)

% European Barrier Option Pricing
% C_P : 1 - Call, 2 - Put
% B_type : 1 - Down and in, 2 - Down and out, 3 - Up and in, 4 - Up
           and out
% H : Barrier Price

% 배당율을 입력하지 않을 경우 0으로 처리
if nargin < 9, q = 0;
end

% 계산시 필요한 상수 계산
if C_P == 1
   phi = 1;
elseif C_P == 2
   phi = -1;
end

if B_Type == 1 | B_Type == 2
    eta = 1;
elseif B_Type == 3 | B_Type == 4
    eta = -1;
```

```
end

mu = (r-q-vol^2/2)/vol^2 ;
x1 = log(S/X)/(vol*sqrt(T))+(1+mu)*vol*sqrt(T) ;
x2 = log(S/H)/(vol*sqrt(T))+(1+mu)*vol*sqrt(T) ;
y1 = log(H^2/(S*X))/(vol*sqrt(T))+(1+mu)*vol*sqrt(T);
y2 = log(H/S)/(vol*sqrt(T))+(1+mu)*vol*sqrt(T) ;

% 네 가지 기본식 계산
f1 = phi*S*exp(-q*T)*normcdf(phi*x1)-phi*X*exp(-r*T)*...
     normcdf(phi*x1-phi*vol*sqrt(T));
f2 = phi*S*exp(-q*T)*normcdf(phi*x2)-phi*X*exp(-r*T)*...
     normcdf(phi*x2-phi*vol*sqrt(T));
f3 = phi*S*exp(-q*T)*(H/S)^(2*(mu+1))*normcdf(eta*y1)-phi*X*...
     exp(-r*T)*(H/S)^(2*mu)*normcdf(eta*y1-eta*vol*sqrt(T)) ;
f4 = phi*S*exp(-q*T)*(H/S)^(2*(mu+1))*normcdf(eta*y2)-phi*X*...
     exp(-r*T)*(H/S)^(2*mu)*normcdf(eta*y2-eta*vol*sqrt(T)) ;


% 옵션유형별 기본식 조합으로 옵션가치 평가
if C_P == 1
    switch B_Type
        case 1
            if X > H
                price = f3;
            elseif  X < H
                price = f1-f2+f4;
            end
        case 2
            if X > H
                price = f1-f3;
            elseif  X < H
                price = f2-f4;
            end
        case 3
            if X > H
                price = f1;
            elseif  X < H
                price = f2-f3+f4;
            end
        case 4
            if X > H
                price = 0;
```

```
            elseif  X < H
                price = f1-f2+f3-f4;
            end
    end
elseif C_P == 2
    switch B_Type
        case 1
            if X > H
                price = f2-f3+f4;
            elseif  X < H
                price = f1;
            end
        case 2
            if X > H
                price = f1-f2+f3-f4;
            elseif  X < H
                price = 0;
            end
        case 3
            if X > H
                price = f1-f2+f4;
            elseif  X < H
                price = f3;
            end
        case 4
            if X > H
                price = f2-f4;
            elseif  X < H
                price = f1-f3;
            end
    end
end
if price<=0,
    price=0;
end
```

15.2.2 제2단계 : GUI Layout

① Layout Editor Windows 열기

· 도구 → GUIDE 아이콘( ) 클릭 → GUIDE Quick Start → Blank GUI 선택 → OK

② 객체배치 및 속성부여

· Component Palette에서 원하는 객체선택 → Layout Area에 드래그 앤 드롭으로 배치 → 각 객체들에 속성(Property)부여

· 다음 [그림 15.5]는 Pop-up Menu 객체에 대한 속성부여 방법을 보여준다.

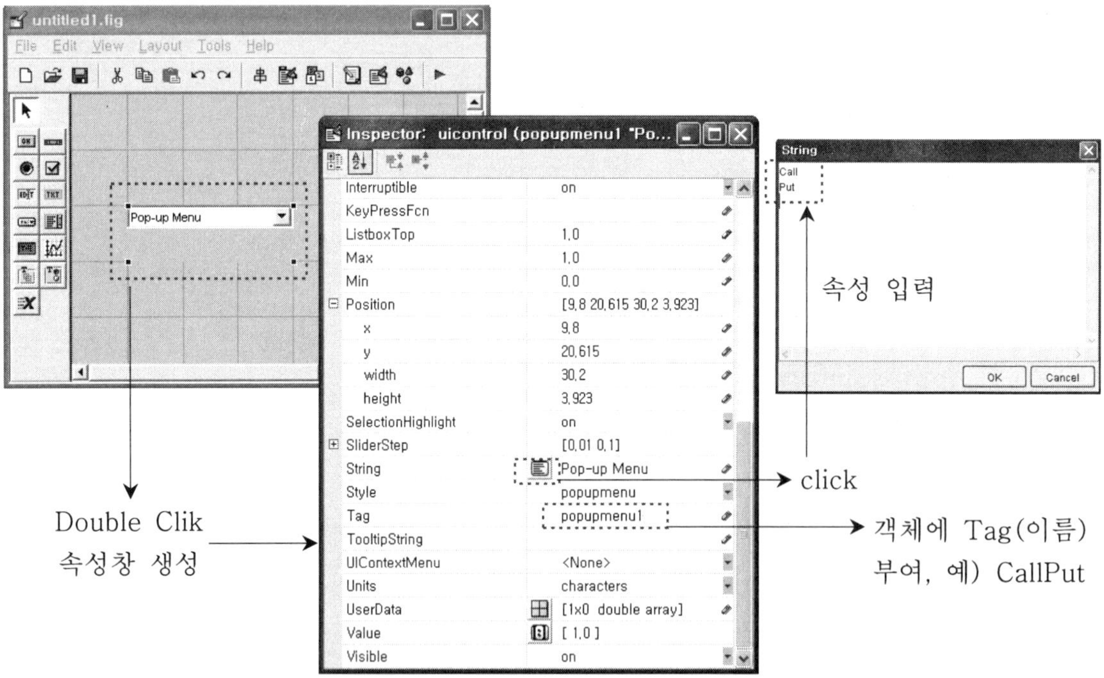

[그림 15.5] Pop-up Menu 배치 및 속성부여

· 이제 [그림 15.6]과 같이 상기 방법에 따라 나머지 필요한 모든 객체들을 배치하고 속성을 부여한다.

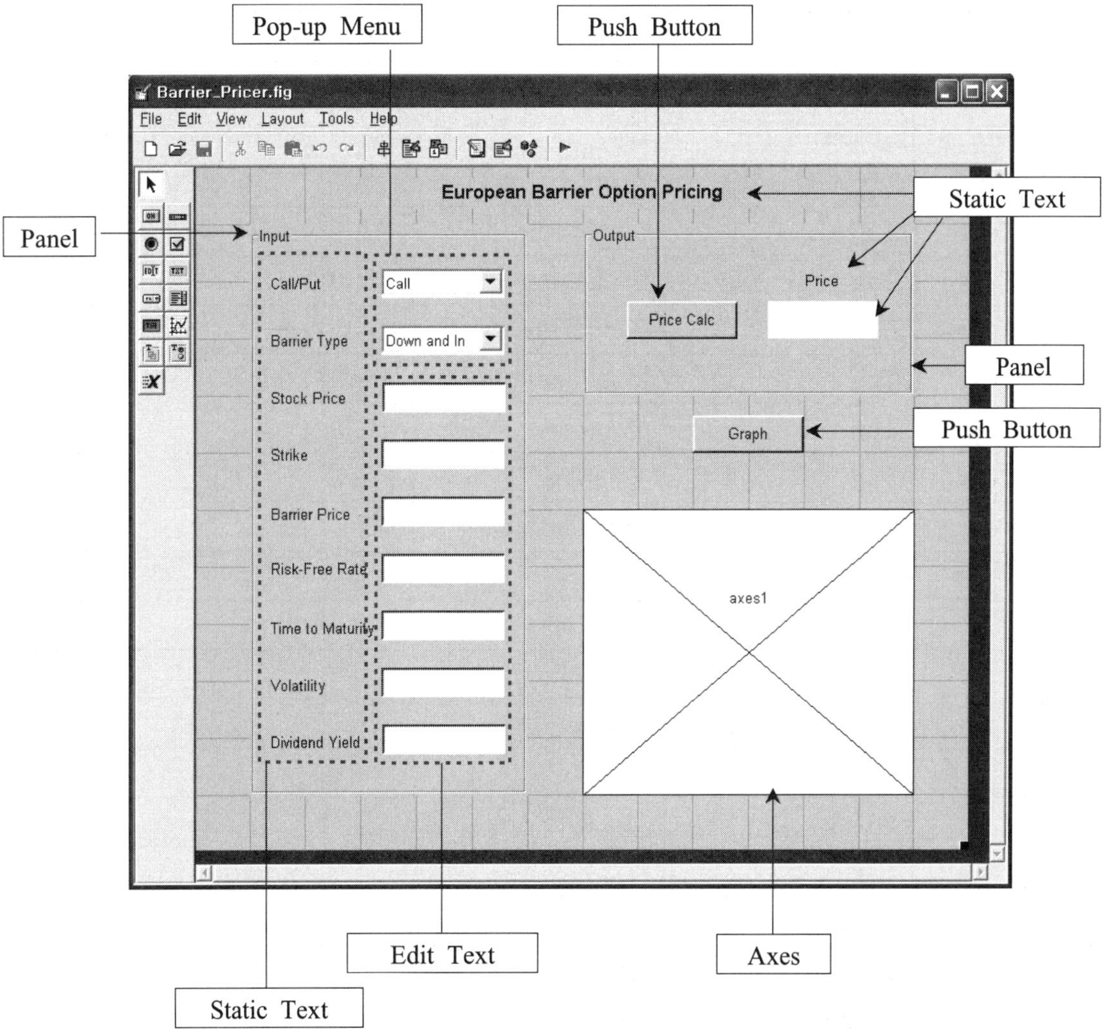

[그림 15.6] GUI 객체배치 및 속성부여

· 배치된 각 객체들(총 26개)의 속성은 다음 [표 15.4]와 같이 부여하였다.

[표 15.4] 객체별 부여된 속성

객체	속성명	속성값	설명
Pop-up Menu	Tag	CallPut	콜옵션, 풋옵션 구분
	String	Call Put	한 줄에 1개씩 작성 Call선택시 1, Put은 2 반환

Pop-up Menu	Tag	BarrierTape	베리어 유형
	String	Down and In Down and Out Up and In Up and Out	한 줄에 1개씩 작성 Down and In선택 시 1반환, 차례로 2, 3, 4반환
Edit Text	Tag	StockPrice	기초자산가격
Edit Text	Tag	Strike	행사가격
Edit Text	Tag	BarrierPrice	베리어가격
Edit Text	Tag	RiskFreeRate	무위험이자율
Edit Text	Tag	Maturity	잔존만기
Edit Text	Tag	Volatility	변동성
Edit Text	Tag	DividendYield	배당수익률
Static Text	Tag	text1	
	String	Call/Put	
Static Text	Tag	text2	
	String	Barrier Type	
Static Text	Tag	text3	
	String	Stock Price	
Static Text	Tag	text4	
	String	Strike	
Static Text	Tag	text5	
	String	Barrier Price	
Static Text	Tag	text6	
	String	Risk-Free Rate	
Static Text	Tag	text7	
	String	Time to Maturity	
Static Text	Tag	text8	
	String	Volatility	
Static Text	Tag	text9	
	String	Dividend Yield	
Static Text	Tag	text10	

	String	European Barrier Option Pricing	
Static Text	Tag	text11	
	String	Price	
Static Text	Tag	OutputPrice	
	String	공란으로 함	결과 값 출력
	BackgroundColor	흰색지정	
Push Button	Tag	PriceButton	결과 값 출력버튼
	String	Price Calc	
Push Button	Tag	GraphButton	그래프 출력버튼
	String	Graph	
Panel	Tag	InputPanel	
	String	Input	
Panel	Tag	OutputPanel	
	String	Output	
Axes	Tag	axes1	

주) Edit Text의 String의 속성 값은 공란으로 만든다.

· 이름을 Barrier_Pricer로 하여 저장하면 확장자가 fig인 Barrier_Pricer.fig 파일과 Barrier_Pricer.m 파일이 생성된다. 이 M-File에는 GUI를 구성하는 각 객체들에 대한 기본적인 프로그램이 자동으로 생성되어 있음을 볼 수 있다.

15.2.3 제3단계 : GUI Programming

① 각 객체별 Callback함수 프로그래밍

· Callback 함수는 프로그램 사용자가 수행한 작업(버튼클릭 등)에 대한 응답을 구현한 함수라고 할 수 있으며, GUI 프로그램에서 가장 많이 사용되는 부분이다.

· 해당 객체선택 → 마우스 우측 클릭 → View Callbacks 선택 → Callback 선택 → Barrier_Pricer.m의 해당 객체 Callback함수로 이동 → 해당 코드 작성

마우스 우측 클릭
→ View Callbacks
→ Callback

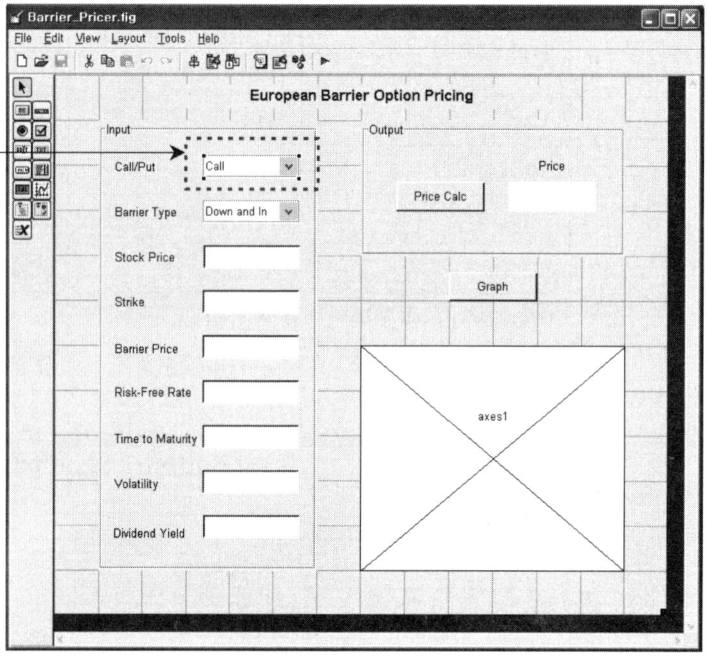

[그림 15.7] 객체별 Callback함수 프로그래밍

· 상기 그림같이 실행하면 CallPut_Callback함수로 이동하게 되며 여기에 필요한 코드를 다음과 같이 추가 작성하였다.

[코드 15.2] GUI용 European Barrier Option Pricing Callback 함수완결

```
% --- Executes on selection change in CallPut.
function CallPut_Callback(hObject, eventdata, handles)
% hObject    handle to CallPut (see GCBO)
% eventdata  reserved - to be defined in a future version of MATLAB
% handles    structure with handles and user data (see GUIDATA)
% Hints: contents = get(hObject,'String') returns CallPut contents as
         cell array
%        contents{get(hObject,'Value')} returns selected item from
         CallPut
handles.CallPut=get(hObject,'value');      ← 추가 작성한 코드
guidata(hObject,handles);
```

· 추가로 작성된 코드를 설명하면, handles.CallPut=get(hObject,'value');는 Call 또는 Put을 선택할 때 값을 handles.CallPut 변수에 반환하라는 것이다.[2] 또한 guidata (hObject,handles);는 Call 또는 Put선택 반환값을 저장하는 기능이다.
· 나머지 객체들의 Callback함수에 추가 프로그래밍작업을 상기 작업과 같이 완료하면 다음과 같다. 코드를 보면 분량이 많고 복잡해 보이지만 대부분이 자동 생성된 부분이며, 추가로 코딩작업을 한 부분에 대하여는 박스로 표시하였다.

[코드 15.3] GUI용 European Barrier Option Pricing Callback 함수완결

```
function varargout = Barrier_Pricer(varargin)
% BARRIER_PRICER M-file for Barrier_Pricer.fig
%      BARRIER_PRICER, by itself, creates a new BARRIER_PRICER or
%      raises the existing singleton*.
%
%      H = BARRIER_PRICER returns the handle to a new BARRIER_PRICER
%      or the handle to the existing singleton*.
%
%      BARRIER_PRICER('CALLBACK',hObject,eventData,handles,...) calls
%      the local function named CALLBACK in BARRIER_PRICER.M with the
%      given input arguments.
%
%      BARRIER_PRICER('Property','Value',...) creates a new
%      BARRIER_PRICER or raises the existing singleton*.  Starting
%      from the left, property value pairs are applied to the GUI
%      before Barrier_Pricer_OpeningFcn gets called.  An unrecognized
%      property name or invalid value makes property application stop.
%      All inputs are passed to Barrier_Pricer_OpeningFcn via
%      varargin.
%
%      *See GUI Options on GUIDE'stockprice Tools menu.  Choose "GUI
%      allows only one instance to run (singleton)".
%
% See also: GUIDE, GUIDATA, GUIHANDLES

% Edit the above text to modify the response to help Barrier_Pricer

% Last Modified by GUIDE v2.5 14-Oct-2007 19:03:05
```

2) Pop-up Menu에서 설정한 바와 같이 Call선택은 1, Put선택은 2가 반환된다. handles.CallPut 변수는 structure형태로 handles라는 structure의 하부에 속한 변수이다.

```
% Begin initialization code - DO NOT EDIT
gui_Singleton = 1;
gui_State = struct('gui_Name',       mfilename, ...
                   'gui_Singleton',  gui_Singleton, ...
                   'gui_OpeningFcn', @Barrier_Pricer_OpeningFcn, ...
                   'gui_OutputFcn',  @Barrier_Pricer_OutputFcn, ...
                   'gui_LayoutFcn',  [] , ...
                   'gui_Callback',   []);
if nargin && ischar(varargin{1})
    gui_State.gui_Callback = str2func(varargin{1});
end

if nargout
    [varargout{1:nargout}] = gui_mainfcn(gui_State, varargin{:});
else
    gui_mainfcn(gui_State, varargin{:});
end
% End initialization code - DO NOT EDIT

% --- Executes just before Barrier_Pricer is made visible.
function Barrier_Pricer_OpeningFcn(hObject, eventdata, handles,
varargin)
% This function has no output args, see OutputFcn.
% hObject    handle to figure
% eventdata  reserved - to be defined in a future version of MATLAB
% handles    structure with handles and user data (see GUIDATA)
% varargin   command line arguments to Barrier_Pricer (see VARARGIN)

% Choose default command line output for Barrier_Pricer
handles.output = hObject;

% Update handles structure
guidata(hObject, handles);

% UIWAIT makes Barrier_Pricer wait for user response (see UIRESUME)
% uiwait(handles.figure1);

% --- Outputs from this function are returned to the command line.
function varargout = Barrier_Pricer_OutputFcn(hObject, eventdata,
handles)
% varargout  cell array for returning output args (see VARARGOUT);
% hObject    handle to figure
% eventdata  reserved - to be defined in a future version of MATLAB
```

```
% handles    structure with handles and user data (see GUIDATA)

% Get default command line output from handles structure
varargout{1} = handles.output;

% --- Executes on selection change in CallPut.
function CallPut_Callback(hObject, eventdata, handles)
% hObject    handle to CallPut (see GCBO)
% eventdata  reserved - to be defined in a future version of MATLAB
% handles    structure with handles and user data (see GUIDATA)

% Hints: contents = get(hObject,'String') returns CallPut contents as
%        cell array
%        contents{get(hObject,'Value')} returns selected item from
%        CallPut
handles.CallPut=get(hObject,'value');
guidata(hObject,handles);

% --- Executes during object creation, after setting all properties.
function CallPut_CreateFcn(hObject, eventdata, handles)
% hObject    handle to CallPut (see GCBO)
% eventdata  reserved - to be defined in a future version of MATLAB
% handles    empty - handles not created until after all CreateFcns
%            called

% Hint: popupmenu controls usually have a white background on Windows.
%       See ISPC and COMPUTER.
if ispc && isequal(get(hObject,'BackgroundColor'),
get(0,'defaultUicontrolBackgroundColor'))
    set(hObject,'BackgroundColor','white');
end

% --- Executes on selection change in BarrierType.
function BarrierType_Callback(hObject, eventdata, handles)
% hObject    handle to BarrierType (see GCBO)
% eventdata  reserved - to be defined in a future version of MATLAB
% handles    structure with handles and user data (see GUIDATA)

% Hints: contents = get(hObject,'String') returns BarrierType contents
%        as cell array
%        contents{get(hObject,'Value')} returns selected item from
%        BarrierType
```

```
handles.BarrierType=get(hObject,'value');
guidata(hObject,handles);
```

```
% --- Executes during object creation, after setting all properties.
function BarrierType_CreateFcn(hObject, eventdata, handles)
% hObject    handle to BarrierType (see GCBO)
% eventdata  reserved - to be defined in a future version of MATLAB
% handles    empty - handles not created until after all CreateFcns
%            called

% Hint: popupmenu controls usually have a white background on Windows.
%       See ISPC and COMPUTER.
if ispc && isequal(get(hObject,'BackgroundColor'),
get(0,'defaultUicontrolBackgroundColor'))
    set(hObject,'BackgroundColor','white');
end

function StockPrice_Callback(hObject, eventdata, handles)
% hObject    handle to StockPrice (see GCBO)
% eventdata  reserved - to be defined in a future version of MATLAB
% handles    structure with handles and user data (see GUIDATA)

% Hints: get(hObject,'String') returns contents of StockPrice as text
%        str2double(get(hObject,'String')) returns contents of
%        StockPrice as a double
```

```
handles.StockPrice=str2double(get(hObject,'String'));
guidata(hObject,handles);
```

```
% --- Executes during object creation, after setting all properties.
function StockPrice_CreateFcn(hObject, eventdata, handles)
% hObject    handle to StockPrice (see GCBO)
% eventdata  reserved - to be defined in a future version of MATLAB
% handles    empty - handles not created until after all CreateFcns
%            called

% Hint: edit controls usually have a white background on Windows.
%       See ISPC and COMPUTER.
if ispc && isequal(get(hObject,'BackgroundColor'),
get(0,'defaultUicontrolBackgroundColor'))
    set(hObject,'BackgroundColor','white');
end
```

```
function Strike_Callback(hObject, eventdata, handles)
% hObject    handle to Strike (see GCBO)
% eventdata  reserved - to be defined in a future version of MATLAB
% handles    structure with handles and user data (see GUIDATA)

% Hints: get(hObject,'String') returns contents of Strike as text
%        str2double(get(hObject,'String')) returns contents of Strike
%        as a double
handles.Strike=str2double(get(hObject,'String'));
guidata(hObject,handles);

% --- Executes during object creation, after setting all properties.
function Strike_CreateFcn(hObject, eventdata, handles)
% hObject    handle to Strike (see GCBO)
% eventdata  reserved - to be defined in a future version of MATLAB
% handles    empty - handles not created until after all CreateFcns
%            called

% Hint: edit controls usually have a white background on Windows.
%       See ISPC and COMPUTER.
if ispc && isequal(get(hObject,'BackgroundColor'),
get(0,'defaultUicontrolBackgroundColor'))
    set(hObject,'BackgroundColor','white');
end

function BarrierPrice_Callback(hObject, eventdata, handles)
% hObject    handle to BarrierPrice (see GCBO)
% eventdata  reserved - to be defined in a future version of MATLAB
% handles    structure with handles and user data (see GUIDATA)

% Hints: get(hObject,'String') returns contents of BarrierPrice as
%        text str2double(get(hObject,'String')) returns contents of
%        BarrierPrice as a double
handles.BarrierPrice=str2double(get(hObject,'String'));
guidata(hObject,handles);

% --- Executes during object creation, after setting all properties.
function BarrierPrice_CreateFcn(hObject, eventdata, handles)
% hObject    handle to BarrierPrice (see GCBO)
% eventdata  reserved - to be defined in a future version of MATLAB
% handles    empty - handles not created until after all CreateFcns
%            called
```

```
% Hint: edit controls usually have a white background on Windows.
%       See ISPC and COMPUTER.
if ispc && isequal(get(hObject,'BackgroundColor'),
get(0,'defaultUicontrolBackgroundColor'))
    set(hObject,'BackgroundColor','white');
end

function RiskFreeRate_Callback(hObject, eventdata, handles)
% hObject    handle to RiskFreeRate (see GCBO)
% eventdata  reserved - to be defined in a future version of MATLAB
% handles    structure with handles and user data (see GUIDATA)

% Hints: get(hObject,'String') returns contents of RiskFreeRate as
%        text str2double(get(hObject,'String')) returns contents of
%        RiskFreeRate as a double
handles.RiskFreeRate=str2double(get(hObject,'String'));
guidata(hObject,handles);

% --- Executes during object creation, after setting all properties.
function RiskFreeRate_CreateFcn(hObject, eventdata, handles)
% hObject    handle to RiskFreeRate (see GCBO)
% eventdata  reserved - to be defined in a future version of MATLAB
% handles    empty - handles not created until after all CreateFcns
%            called

% Hint: edit controls usually have a white background on Windows.
%       See ISPC and COMPUTER.
if ispc && isequal(get(hObject,'BackgroundColor'),
get(0,'defaultUicontrolBackgroundColor'))
    set(hObject,'BackgroundColor','white');
end

function Maturity_Callback(hObject, eventdata, handles)
% hObject    handle to Maturity (see GCBO)
% eventdata  reserved - to be defined in a future version of MATLAB
% handles    structure with handles and user data (see GUIDATA)

% Hints: get(hObject,'String') returns contents of Maturity as text
%        str2double(get(hObject,'String')) returns contents of
%        Maturity as a double
```

```
handles.Maturity=str2double(get(hObject,'String'));
guidata(hObject,handles);

% --- Executes during object creation, after setting all properties.
function Maturity_CreateFcn(hObject, eventdata, handles)
% hObject    handle to Maturity (see GCBO)
% eventdata  reserved - to be defined in a future version of MATLAB
% handles    empty - handles not created until after all CreateFcns
%            called

% Hint: edit controls usually have a white background on Windows.
%       See ISPC and COMPUTER.
if ispc && isequal(get(hObject,'BackgroundColor'),
get(0,'defaultUicontrolBackgroundColor'))
    set(hObject,'BackgroundColor','white');
end

function Volatility_Callback(hObject, eventdata, handles)
% hObject    handle to Volatility (see GCBO)
% eventdata  reserved - to be defined in a future version of MATLAB
% handles    structure with handles and user data (see GUIDATA)

% Hints: get(hObject,'String') returns contents of Volatility as text
%        str2double(get(hObject,'String')) returns contents of
%        Volatility as a double
handles.Volatility=str2double(get(hObject,'String'));
guidata(hObject,handles);

% --- Executes during object creation, after setting all properties.
function Volatility_CreateFcn(hObject, eventdata, handles)
% hObject    handle to Volatility (see GCBO)
% eventdata  reserved - to be defined in a future version of MATLAB
% handles    empty - handles not created until after all CreateFcns
%            called

% Hint: edit controls usually have a white background on Windows.
%       See ISPC and COMPUTER.
if ispc && isequal(get(hObject,'BackgroundColor'),
get(0,'defaultUicontrolBackgroundColor'))
    set(hObject,'BackgroundColor','white');
end
```

```
function DividendYield_Callback(hObject, eventdata, handles)
% hObject    handle to DividendYield (see GCBO)
% eventdata  reserved - to be defined in a future version of MATLAB
% handles    structure with handles and user data (see GUIDATA)

% Hints: get(hObject,'String') returns contents of DividendYield as
%        text str2double(get(hObject,'String')) returns contents of
%        DividendYield as a double
handles.DividendYield=str2double(get(hObject,'String'));
guidata(hObject,handles);

% --- Executes during object creation, after setting all properties.
function DividendYield_CreateFcn(hObject, eventdata, handles)
% hObject    handle to DividendYield (see GCBO)
% eventdata  reserved - to be defined in a future version of MATLAB
% handles    empty - handles not created until after all CreateFcns
%            called

% Hint: edit controls usually have a white background on Windows.
%       See ISPC and COMPUTER.
if ispc && isequal(get(hObject,'BackgroundColor'),
get(0,'defaultUicontrolBackgroundColor'))
    set(hObject,'BackgroundColor','white');
end

% --- Executes on button press in PriceButton.
function PriceButton_Callback(hObject, eventdata, handles)
% hObject    handle to PriceButton (see GCBO)
% eventdata  reserved - to be defined in a future version of MATLAB
% handles    structure with handles and user data (see GUIDATA)
% European Barrier Option Pricing(Black-Scholes)
% Price Calc버튼을 누르면 다음 사항들이 실행됨
C_P=handles.CallPut;
S=handles.StockPrice;
X=handles.Strike;
r=handles.RiskFreeRate;
T=handles.Maturity;
vol=handles.Volatility;
B_Type=handles.BarrierType;
H=handles.BarrierPrice;
q=handles.DividendYield;
Price=BS_Barrier(C_P, S, X, r, T, vol, B_Type, H, q);
```

```
                                                        % 베리어옵션 가격결정함수

% set함수를 이용하여 결과 값인 Price변수 값을 Static Text 객체인
% OutputPrice에 출력
set(handles.OutputPrice,'String',Price);

% --- Executes on button press in GraphButton.
function GraphButton_Callback(hObject, eventdata, handles)
% hObject    handle to GraphButton (see GCBO)
% eventdata  reserved - to be defined in a future version of MATLAB
% handles    structure with handles and user data (see GUIDATA)
% Graph버튼을 누르면 다음 사항들이 실행됨
C_P=handles.CallPut;
S=handles.StockPrice;
X=handles.Strike;
r=handles.RiskFreeRate;
T=handles.Maturity;
vol=handles.Volatility;
B_Type=handles.BarrierType;
H=handles.BarrierPrice;
q=handles.DividendYield;

% 주가와 변동성 시나리오 설정
S_Chg = S * (1+[-0.5:0.05:0.5]);                   % 주가변화
V_Chg = vol * (1+[-0.5:0.05:0.5]);                 % 변동성변화
% 주가와 변동성 시나리오에 해당하는 옵션가격 초기화
P_Chg = zeros(length(S_Chg),length(V_Chg));

% 각 주가와 변동성에 따른 시나리오값 생성
for i = 1:length(S_Chg)
    for j = 1:length(V_Chg)
        P_Chg(i,j) = BS_Barrier(C_P, S_Chg(i), X, r, T, V_Chg(j),...
                    B_Type, H, q);
    end
end

% 3차원 mesh그래프 출력
[S_Chg V_Chg] = meshgrid(S_Chg, V_Chg);
mesh(S_Chg,V_Chg,P_Chg')
title('Price Scenario (Stock Price & Volatility)')
xlabel('Stock Price')
ylabel('Volatility')
```

```
zlabel('Price')
```

② 실행 및 배포

Command Window에 Barrier_Pricer를 입력하고 엔터를 치면 Stand Alone프로그램으로서 지금까지 작성한 Barrier Option 가격계산기 화면이 생성되며 이를 실행하면 다음과 같다. 또한 앞의 부록에서 Excel Builder기능처럼 지금 작성한 GUI프로그램도 배포파일을 만들 수 있으며, MATLAB이 없는 PC에서도 사용할 수 있다.

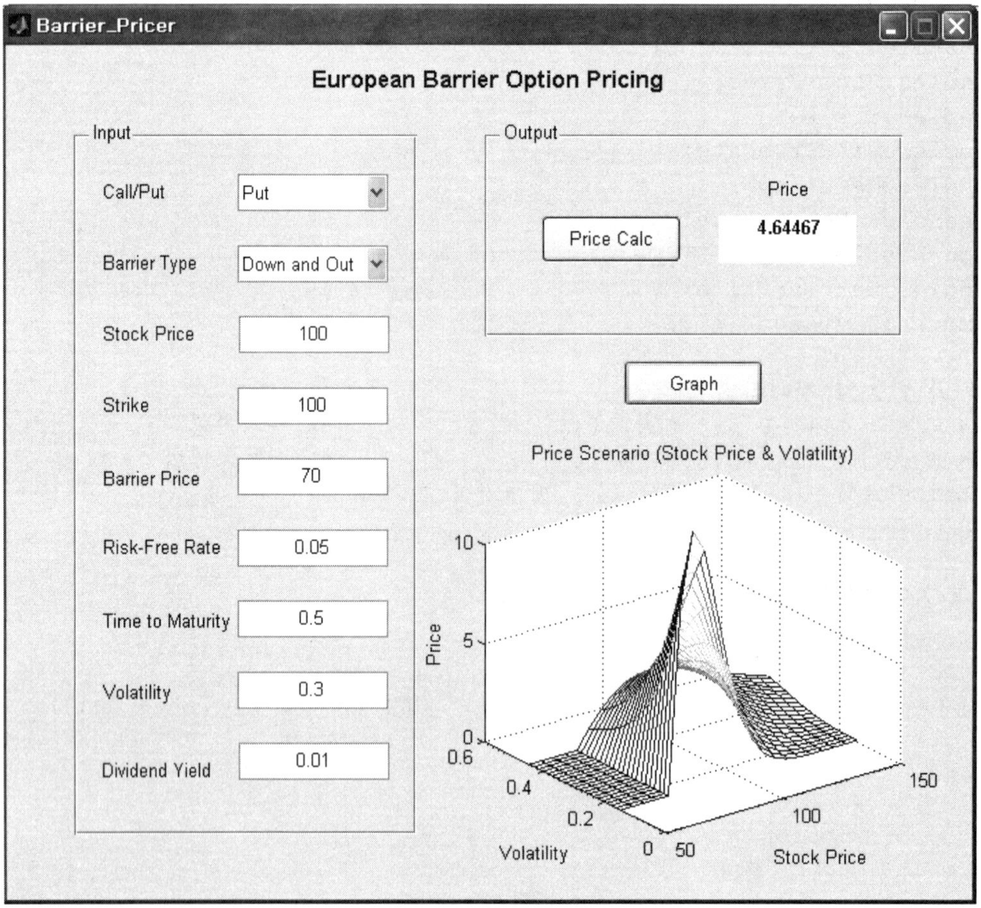

[그림 15.8] European Barrier Option Pricing 계산기

참고문헌

양원영 (2000) : 「수치해석과 MATLAB」, 교우사.

윤평식 · 김철중 (2003) : 「금융기관 시장위험관리」, 한국금융연수원.

이경수 (2006) : "변동성스마일을 이용한 델타헤징 실증분석", *한국과학기술원,* 석사학위논문.

이준행 · 이종식 (2004) : 「엑셀/VBA를 이용한 금융공학」, 경문사.

Barone-Adesi, G., and R. E. Whaley (1987) : "Efficient Analytic Approximation of American Option Values," *Journal of Finance*, 42(2), 301-320.

Black, F., and M. Scholes (1973) : "The Pricing of Options and Corporate Liabilities," *Journal of Political Economy* 81, 637-654.

Brandimarte, P. (2006) : Numerical Methods in Finance and Economics, 2 edition, Wiley.

Cox, J. C., and S. A. Ross (1976) : "The Valuation of Options for Alternative Stochastic Processes," *Journal of Financial Economics*, 3, 145-166.

Cox, J. C., S. A. Ross, and M. Rubinstein (1979) : "Option Pricing : A Simplified Approach," *Journal of Financial Economics*, 7, 229-263.

Dowd, K. (2005) : Measuring Market Risk, 2 edition, Wiley.

Dupire, B. (1994) : "Pricing with a Smile," *Risk Magazine*, 7(1).

Elder, J. (2002) : "Hedging for Financial Derivatives," *University of Oxford*, Ph.D. Thesis.

Gilat, A. (2004) : MATLAB : An Introduction with Application, 2 edition, Wiley.

Glasserman, P. (2003) : Monte Carlo Methods in Financial Engineering, Springer.

Haug, E. G. (2006) : The Complete Guide to Option Pricing Formulas, 2 edition, McGraw-Hill.

Hull, J. (2005) : Option, Futures, and Other Derivatives, 6 edition, Prentice Hall.

Hull, J., and A. White (1987) : "The Valuation of Options on Assets with Stochastic Volatilities," *Journal of Finance*, 42, 281-300.

Jarrow, R., and A. Rudd (1982) : "Approximate Option Valuation for Arbitrary Stochastic Processes," *Journal of Financial Economics*, 10, 347-369.

K. Itô, (1951) : "On Stochastic Differential Equations," Memoris, *American Mathematical Society*, 4, 1-51.

Longstaff, F. A., and E. S. Schwartz (2001) : "Valuing American Options by Simulation : A Simple Least-Squares Approach," *Review of Financial Studies*, 14, no. 1, 113-147.

Merton, R. C. (1973) : "Theory of Rational Option Pricing," *Bell Journal of Economics and Management Science*, 4, 141-183.

Merton, R. C. (1976) : "Option Pricing When Underlying Stock Returns are Discontinuous," *Journal of Financial Economics*, 3, 125-144.

Reiner, E., and M. Rubinstein (1991) : "Breaking Down the Barriers," *Risk*, September, 28-35.

Sepp, A. (2002) : "Pricing Barrier Options under Local Volatility," Working Paper

MATLAB® Code 목록

Code 목록형식

[코드 번호] 코드명, page
- 파일형태(Script File or Function File) / 파일명(Function File은 함수명)
- 주요내용
- Outputs = 함수명(Inputs)

  % Outputs

  % Inputs

x - 실제 관측된 기초자산가격의 수익률의 시계열자료

- EWMA_llh.m / Function File
- EWMA 모수인 λ를 MLE로 추정하기 위한 log-likelihood function
- f = EWMA_llh(b, x)

  % Outputs : f - EWMA log-likelihood function 값

  % Inputs : b - 추정할 모수인 λ 초기값

  x - 실제 관측된 기초자산가격의 수익률의 시계열자료

- MLE_Para.m / Script File
- 최우추정법을 이용하여 SMA, EWMA, GARCH(1,1) 모수를 추정

- Bisection_ImpVol.m / Function File
- Bisection Method를 이용하여 Implied Volatility 추정
- Imp_Vol=Bisection_ImpVol(C_P, S, X, r, T, q, MP)

  % Outputs : Imp_Vol - Implied Volatility

  % Inputs : C_P - 'C': Call, 'P': Put,

  S - 기초자산 현재가격, X - 행사가격, r - 무위험이자율,

  T - 잔존만기, q - 배당수익률, MP - 옵션 시장가격

- Newton_ImpVol.m / Function File
- Newton-Rapson Method을 이용하여 Implied Volatility 추정
- Imp_Vol = Newton_ImpVol(C_P, S, X, r, T, q, MP)

  % Outputs : Imp_Vol - Implied Volatility

  % Inputs : C_P - 'C': Call, 'P': Put,

  S - 기초자산 현재가격, X - 행사가격, r - 무위험이자율,

  T - 잔존만기, q - 배당수익률, MP - 옵션 시장가격

% Inputs : C_P - 'C': Call, 'P': Put,
B_type - 'di' : Down and in, 'do' : Down and out,
'ui' : Up and in, 'uo' : Up and out
S - 기초자산 현재가격, X - 행사가격, B - 베리어 가격
r - 무위험이자율, T - 잔존만기, vol - 변동성,
q - 배당수익률, Reb - 리베이트, N - time step 수,
ns - 시뮬레이션 횟수

- B_payoff.m / Function File
- 유럽형 베리어옵션 평가시 payoff 결정
- result=B_payoff(z, B_type, SP, X, B, Reb, N, ns)

% Outputs : result - 베리어옵션 payoff
% Inputs : z - 1 : Call, -1 : Put,
B_type - 'di' : Down and in. 'do' : Down and out,
'ui' : Up and in. 'uo' : Up and out
SP - 주가 path, X - 행사가격, B - 베리어 가격
Reb - 리베이트, N - time step 수, ns - 시뮬레이션 횟수

- Binomial_Vanilla.m / Function File
- Binomial Tree를 이용한 유럽형/미국형 바닐라옵션 평가
- [price, f_tree] = Binomial_Vanilla(Style, C_P, Model, S, X, r, T, vol, q, N)

% Outputs : price - 평가가격, f_tree - 파생상품 가격 tree
% Inputs : Style - 'EU' : European, 'AM' : American,
C_P - 'C': Call, 'P': Put,
Model - 'CRR' : Cox-Ross-Rubinstein
'JR' : Jarrow-Rudd,
S - 기초자산 현재가격, X - 행사가격, r - 무위험이자율,
T - 잔존만기, vol - 변동성, q - 배당수익률,
N - time steps

- Trinomial_Vanilla_Greeks.m / Function File
- Trinomial Tree를 이용하여 유럽형/미국형 바닐라옵션의 Greeks를 근사적방법으로 측정
- result = Trinomial_Vanilla_Greeks(Style, C_P, Greeks, S, X, r, T, vol, q, N)

  % Outputs : result - price, delta, gamma, vega, theta

  % Inputs : Style - 'EU' : European, 'AM' : American,

  C_P - 'C': Call, 'P': Put,

  Greeks - 'price', 'delta', 'gamma', 'vega', 'theta'

  S - 기초자산 현재가격, X - 행사가격, r - 무위험이자율,

  T - 잔존만기, vol - 변동성, q - 배당수익률, N - time step 수

- Trinomial_KnockOut_Greeks.m / Function File
- Trinomial Tree를 이용하여 유럽형/미국형 Knock-Out옵션의 Greeks를 근사적방법으로 측정
- result =
  Trinomial_KnockOut_Greeks(Style,C_P, Greeks, S, X, r, T, vol, KO, barrier, q, N)

  % Outputs : result - price, delta, gamma, vega, theta

  % Inputs : Style - 'EU' : European, 'AM' : American,

  C_P - 'C': Call, 'P': Put,

  Greeks - 'price', 'delta', 'gamma', 'vega', 'theta'

  S - 기초자산 현재가격, X - 행사가격, r - 무위험이자율,

  T - 잔존만기, vol - 변동성,

  KO - 'D' : Down and Out, 'U' : Up and Out,

  barrier - 베리어 가격, q - 배당수익률, N - time step 수

- Para_VaR.m / Function File
- 부분가치법인 Delta-Normal VaR & Delta-Gamma VaR 측정
- VaR = Para_VaR(S, r, HS_Vol_Y, q, CL, N, POS)

  % Outputs : VaR - Value at Risk 측정값

% Inputs : S - 기초자산 현재가격, r - 무위험이자율,
HS_Vol_Y - Historical Volatility(yearly), q - 배당수익률,
CL - Confidence Level, N - Target Period,
POS - Option Portfolio 정보 matrix로서 다음과 같은 차례로 입력
Long(1)/Short(-1), Call(1)/Put(2), Number of Contracts,
Multiplier, Strike, Time to Maturity, Implied Volatility,
Option Market Price

- HS_VaR.m / Function File
- 완전가치법인 Historical Simulation VaR 측정
- VaR = HS_VaR(S, r, q, CL, N, POS, HS_Price)

% Outputs : VaR - Value at Risk 측정값
% Inputs : S - 기초자산 현재가격, r - 무위험이자율, q - 배당수익률,
CL - Confidence Level, N - Target Period,
POS - Option Portfolio 정보 matrix로서 다음과 같은 차례로 입력
Long(1)/Short(-1), Call(1)/Put(2), Number of Contracts,
Multiplier, Strike, Time to Maturity, Implied Volatility,
Option Market Price
HS_Price - Historical Stock Price Data

- MC_VaR.m / Function File
- 완전가치법인 Monte Carlo Simulation VaR 측정
- VaR = MC_VaR(S, r, HS_Vol_Y, q, CL, N, ns, POS)

% Outputs : VaR - Value at Risk 측정값
% Inputs : S - 기초자산 현재가격, r - 무위험이자율,
HS_Vol_Y - Historical Volatility(yearly), q - 배당수익률,
CL - Confidence Level, N - Target Period, ns - 시뮬레이션 횟수
POS - Option Portfolio 정보 matrix로서 다음과 같은 차례로 입력
Long(1)/Short(-1), Call(1)/Put(2), Number of Contracts,
Multiplier, Strike, Time to Maturity, Implied Volatility,
Option Market Price

찾아보기

저자약력

■ 이 경 수

現) NH투자증권 파생상품 리스크관리팀 팀장
前) 산업은행 트레이딩 센터 Validation Quant
前) 하나IB증권 리스크관리팀
KAIST 테크노경영대학원 금융공학 MBA
FRM(Financial Risk Manager)
주요논문) 변동성스마일을 이용한 델타헤징 실증분석

■ 권 영 은

現) 하나IB증권 파생운용팀 OTC Trader
前) 삼성SDS Financial Industrial Expert
前) LG투자증권 리스크관리팀
FRM(Financial Risk Manager)
주요저서) Visual Basic6 (교학사, 1999.10)
Excel Visual Basic (삼각형익스프레스, 2001.04)

■ 신 진 호

現) 하나IB증권 리스크관리팀
前) 피스트글로벌 시장리스크 컨설턴트
연세대 경영전문대학원 금융MBA 재학 중
FRM(Financial Risk Manager)

파생상품 Modeling I :

MATLAB® 활용

A-JIN

지은이와 협의 인지 생략

인　　쇄 : 2008년 2월 5일
발　　행 : 2008년 2월 10일
저　　자 : 이경수 · 권영은 · 신진호
발 행 처 : 도서출판 아진
135-010
서울시 강남구 논현동 148-19 한미빌딩 201호
TEL:02-737-0663 FAX:02-737-0664
Homepage:ajin.to
E-mail:kgb@ajin.to
발 행 인 : 김 근 배
등록번호 : 제300-1995-56호
ISBN : 978-89-5761-234-7 93320

가격 30,000원